中国文学人类学理论与方法研究系列丛书

深度认识中国文化：

理论与方法讨论集

顾锋 杨庆存 主编
胡建升 唐启翠 副主编

復旦大學出版社

上海交通大学文学人类学研究中心、神话学研究院
上海市社会科学创新研究基地——中华创世神话　　　资助项目
中国社会科学院比较文学研究中心

前　言

开拓神话学研究新境界

杨庆存
上海交通大学人文学院

人类由口头、器物、文字三大支柱构成的庞大文化载体群，是纵贯古今、遍布全球的思想、智慧、艺术的巨大宝藏，也是取之不尽、用之不竭的文化资源富矿。其中的神话，尤其是创世神话，是人类先民思考宇宙和诠释现实世界的重要方式，不仅蕴含丰厚深刻的人类初始文化元素与人类文明始源信息，而且成为促进人类文化发展和社会文明进步的重要思想资源。神话学研究对于人类文化寻根铸魂，诠释人类命运共同体，意义重大。深入研究、深刻认识和科学诠释神话性质、内涵、特点与规律，特别是用中国文化的理论与方法来研究和认识神话学，创建神话学的本土化理论体系与话语体系，充分运用和发掘神话研究的学术成果，推动新时代的文化创新与建设，是学界义不容辞的历史责任。

奉献给读者的这本《深度认识中国文化——理论与方法讨论集》，正是体现当前中国学界神话学研究新角度、新高度、新视野的新成果。一部著作付梓面世，总要对读者说点什么，似乎早就成为定例。这里重点介绍论文结集成书的前后过程与相关背景，或许有助于读者理解，甚至可作学科建设的案例参考。既然是会议论文集，那就先从会议本身说起。

一、首届新成果发布暨专家论坛

2019年4月7日上午，上海交通大学神话学研究院、上海市社会科学创新研究基地“中华创世神话”首届新成果发布暨专家论坛，在上海交通大学闵行校区学术活动中心演讲厅开幕。“首届”，表明这是研究院与创新基地揭牌后围绕神话研究组织的第一次新成果发布会与专家论坛。

主持人以屈原《天问》开篇“遂古之初，谁传道之？上下未形，何由考之”、李白《把酒问月》“青天有月来几时，我今停杯一问之”、苏轼《水调歌头》“明月几时有？把酒问青天”发端，指出“这些震撼天地、惊心动魄的经典金句，表达和透露的都是对宇宙形成、人类起源和未来发展的思考、探索与追问。这是一个人类发展史上从未停止过思考的大问题。在文明高度发达、新材料和新方法不断涌现、高新科技飞速发展的当今时代，更是加快了这种探索和认识的速度，成为推动中华优秀传统文化创造性转化、创新性发展的重要方面。今天发布的四部新书与各位专家即将交流的发言讨论，都是探索过程中阶段性成果的一部分”。开幕式由此进入昂扬振奋、高潮迭起的状态中。

上海交通大学党委常委副书记、神话学研究院院长顾锋教授在致辞中指出，这次发布的新成果“中国文学人类学理论与方法研究”的四部系列专著——《玉石神话信仰与华夏精神》《文学人类学新论——学科交叉的两大转向》《四重证据法研究》《希腊神话历史探赜——神、英雄与人》，对根植中国人的文化心理重要问题做出了全新阐释，为中华文明的探源找到了“玉石信仰”的突破口，并从文学人类学层面，探索和初步创建起中国本土文化理论体系。这是“文学人类学中心和神话学研究院进行学科交叉、视界融合研究的集中呈现，为中国文科学术进行范式转型、走向‘创新主导’提供了宝贵的经验”。由此说明了新成果的深厚思想内容、重要学术价值和现实文化意义。上海市社会科学界联合会专职副主席任小文、复旦大学出版社总编辑王卫东也分别致辞，对神话学研究院成立与中华创世神话研究基地揭牌以来取得的首批新成果表示祝贺。而人文学院资深教授、神话学研究院首席专家叶舒宪的主旨演讲——“玉石神话观：华夏文明信仰之根”，香港中文大学中国考古艺术研究中心主任、德国考古研究院通讯院士邓聪教授的考古报告——“世界最早玉石之路”，相继将新成果发布和专家论坛推向高潮。

参加这次会议的国家一级学会会长如中国社会科学院学部委员、民族文学研究所所长、中国民俗学会会长朝戈金，中国社会科学院学部委员、历史研究所研究员、中国先秦史学会会长宋镇豪，中国人民大学国学院教授、秦汉史学会前会长王子今，文学人类学研究会名誉会长萧兵，上海交通大学资深教授、欧洲科学院外籍院士、人文艺术研究院院长王宁，上海大学党委副书记、故宫博物院原副院长段勇教授等，这些重量级专家的精彩发言赢得阵阵热烈的掌声，其文字稿成为论文集的主体核心内容。以上所述不仅足以表明这次学术会议的高规格，也尤其彰显了学术分量的厚重度。

此次会议的另一亮点是文化业界的深度参与。会议不仅有众多著名专家与会支持，有新华社、中央电视台、《人民日报》、《中国社会科学报》、《解放日报》、《文汇报》等主要媒体的积极参与，而且还有央视第九频道的导演团队、北京电影学院动画专家、上海电影集团领导以及国内电视剧收视率位居第一的华策影视克顿传媒等文化业界的领军人物参会并深入交流，且与神话学研究院形成共识并达成部分合作协议。神话学研究院将在2020年与央视合作完成24集纪录片《山海经》的创意制作，并携手中国比较文学学会、中国先秦史学会、中国秦汉史学会、中国神话学会，在上海交通大学举办首届“《山海经》与中国神话历史”国际研讨会。与此同时，将以北京电影学院团队的动画片《山海搜神》、央视纪录频道的电视片《山海经》、上海交通大学人文学院文学人类学研究中心的“深度认知中国文化的理论与方法”为基础，努力打造上海交通大学神话研究学术品牌与大众传播品牌的共赢局面。

二、神话学研究院与创新基地同时揭牌

这次“上海交通大学神话学研究院、上海市社会科学创新研究基地‘中华创世神话’首届新成果发布暨专家论坛”，会议全称似乎冗长而不够简洁明快。这与不能省略的两个修饰、限定和体现会议发起者、主办者的关键名词词组——“上海交通大学神话学研究院”“上海市社会科学创新研究基地‘中华创世神话’”有关。介绍清楚二者的来龙去脉，需要从之前的“中华创世神话上海论坛”说起。

2017年12月22日，“中华创世神话上海论坛”在上海交通大学徐汇校

区举行。论坛由中共上海市委宣传部主办，上海市社会科学界联合会、上海市文学艺术界联合会和上海交通大学共同承办。这是上海围绕中华创世神话研究举办的首届学术论坛，论坛以“中华创世神话的文化精神”为主题，旨在通过学术与人文的对话交融，共同推动中华创世神话研究沿着创造性转化、创新性发展的路径扎实前行。中共上海市委宣传部副部长、上海市社会科学界联合会党组书记燕爽在致辞中指出：“开展中华创世神话学术研究是上海市委宣传部着力推进的‘开天辟地——中华创世神话文艺创作与文化传播工程’的重要组成部分。‘中华创世神话上海论坛’的开幕，标志着上海市全面启动实施中华创世神话学术研究高地建设工程。上海交通大学中华创世神话基地是上海市成立的首个新一轮社会科学创新基地，具有重要的开创性、示范性、典型性意义。”致辞对此次论坛的性质、特点、定位和意义作了明确说明。上海交通大学党委常委、副校长奚立峰的欢迎辞，则侧重于学科建设，强调了神话学研究院的职责与任务，指出：“中华创世神话作为中华优秀传统文化的重要组成部分，有着生生不息的强健活力，蕴含着永恒的艺术魅力和民族文化智慧。成立上海交通大学神话学研究院，旨在对接国家文化战略的同时，加强学科建设力度，协调校内外相关学科的力量，努力成为国内和国际领先的一流学科。”两位领导的致辞不仅明确指出了此次论坛的重要意义，而且也说明了神话学研究院、创新研究基地的特殊性与重要性。

开幕式上，燕爽与奚立峰共同为“上海交通大学神话学研究院”“上海交通大学中华创世神话研究基地”揭牌 。上海交通大学人文学院讲席教授、中华创世神话基地首席专家叶舒宪，中国比较文学学会副会长、中国人民大学原副校长杨慧林，上海市文艺评论家协会主席、复旦大学中文系教授汪涌豪，上海交通大学人文学院院长、特聘教授杨庆存，分别在开幕式上作主题发言。上海市文学艺术界联合会党组书记尤存、上海交通大学人文学院院长杨庆存共同为首批承担研究课题的15位专家颁发特聘研究员聘书。上海市社科联专职副主席任小文、上海交通大学文科建设处处长吴建南分别主持开幕式与闭幕式。上海市委宣传部社科规划办主任李安方，上海10多所高校领导及北京大学、中国社会科学院、香港中文大学等20多家单位的著名学者共计100多人出席。论坛的规格、层次、规模、意义和影响力可见一斑。

三、揭牌前的充分酝酿与精心准备

论坛的顺利举行，得力于上海交通大学党委的大力支持和指导协调，得力于人文学院的具体落实与文学人类学研究中心的精心准备。

回忆论坛的酝酿筹划，可追溯至上海交通大学新人文学院成立后的2015年7月。当时新人文学院与学校宣传部共同举办“玉帛之路”新闻发布会。叶舒宪教授带领的文学人类学研究团队，将玉石考古、神话研究与田野考察相结合，研究中华民族文明起源问题，不仅提出中华文明9 000年的新观点，而且在吸收前贤成果与借鉴西方学说基础上，提出“大传统、小传统”的划分、“四重证据法”的运用等，引起高度关注，也开辟了中华文明探源的新途径。这是事关中华民族文明历史和国家世界形象的重大学术问题，成立神话学研究院展开深入专门研究的想法，由此产生和得以酝酿。我们就此事向分管文科建设的学校党委常务副书记郭新立（2017年7月调任山东大学党委书记）作了专门汇报，拟以文学人类学研究中心为基础，利用已有玉石文化与神话学研究的人才优势、成果优势和影响优势，成立上海交通大学神话学研究院，建设世界一流学科，得到郭书记的充分肯定和积极鼓励。

其后，文学人类学研究中心即开始筹划在上海交通大学召开第七届学术年会以蓄势。叶舒宪教授既是中国文学人类学学会会长，又是中国神话学会会长，具有很强的学术凝聚力、影响力与号召力，遂决定以“重述神话中国”（会议论文集）为主题，于2017年4月15日在闵行校区召开年会，吸引了全国80多位专家与会并展开深度交流。文学人类学是当代异军突起的新兴交叉学科，而与此关联密切的神话学研究，将是21世纪人类文化寻根、人类命运共同体诠释的重点内容。叶舒宪教授将玉石考古和田野考察运用于中华创世神话研究，突破了文献研究的固有模式，创造了重新探索中华文明起源、重新塑造中华民族历史形象的新路子和新格局。神话研究将是今后10年、20年乃至更长时期学术研究与文化建设的热点、焦点与亮点，其人类视野、国家观念、文化价值和学科意义，不容低估。上海交通大学人文学院将把文学人类学特别是神话学研究，作为学科建设的重点和人才培养的抓手，将玉石文化、创世神话作为研究的重中之重，打造世界一流学科品牌和国际学术研究重镇。

需要特别指出的是，此次学术年会召开时，正值2016年5月17日在北京召开哲学社会科学工作座谈会、习近平发表重要讲话一周年前夕，而中央全面深化改革领导小组2016年12月30日审议通过了《关于加快构建中国特色哲学社会科学的意见》已广为人知。上海市委正在以"'开天辟地——中华创世神话'文艺创作与文化传播工程"为抓手，实施中央"文化强国"战略，落实习近平"5·17"讲话精神，旨在将上海打造成中华创世神话的艺术创作高地、学术研究高地和教育传播高地。参与组织实施这项文化工程的上海市社科联专职副主席任小文，多次来上海交通大学考察调研，这次又出席年会并致辞鼓励。叶舒宪教授神话研究的新视角、新方法和新观点，及其学术团队取得的突出成就和展现的学术活力、研究潜力与精神风貌，赢得了与会学者的点赞和认同，上海交通大学人文学院不仅被公认为全国文学人类学研究的第一学术重镇，而且神话学研究成果之丰富在世界范围内也处于领先地位。由此，上海交通大学成了最早为"开天辟地"工程提供学术支撑的高校，以叶舒宪教授为首席专家的研究团队，承担了上海市特别委托重大项目"中华创世神话与玉文化"研究系列，负责为文艺创作与文化传播提供学术支持。人文学院自2015年7月召开"玉石之路"新闻发布会即开始酝酿并筹划成立神话学研究院计划的实施，迎来新契机。

当学术年会结束后向郭新立书记汇报相关情况时，郭书记当即建议抓住时机，同学校文科建设处一起，加强与上海市委宣传部、市社科联、市社科规划办的联系沟通，并尽快拿出工作方案、建设方案，向学校党委汇报。遵照郭书记的意见，学院立即组织力量，经过一个多月艰苦奋战，6月中旬完成《关于成立上海交通大学神话学研究院的工作方案》《上海交通大学中华创世神话研究基地建设方案》以及《上海市社会科学创新研究基地申请书》的起草与填写，并提交学院党政联席会讨论通过。与此同时，启动筹备召开"中华创世神话上海论坛"。

尤其令人难忘的是，学校主要领导同志对这项工作高度重视并给予重点支持。学校党委书记姜斯宪专门安排时间听取汇报后，不仅表示全力支持，而且还与学校党委副书记顾锋一起，向上海市委常委、宣传部长董云虎作了汇报，得到高度关注并获得大力支持，奠定了中华创世神话研究基地获批的坚实基础，更增强了成立神话学研究院的动力与信心。林忠钦校长则召集专门会议，听取学院汇报，并征求文科建设处及相关专家意见，作出具体部署，提出明确要求。2017年10月上旬，向上海市哲学社会科学规划领导小组办公室递交《上海市社会科学创新研究基地申请书》，12月初"中华创世神话研究基地"即获得上海市委特批，且与上海市委宣传部、上海市社科联、上海市文联、上海市社科规划办共建，这是上海市"十三五"发展规划的第一个创新研究基地，也是上海市特批成立的第一个市级文科创新中心和高端智库。12月11日，人文学院正式向学校党委会汇报《关于成立上海交通大学神话学研究院的工作报告与建设方案》，顺利获得批准。

至此，成立神话学研究院、申请创世神话研究基地均获批准，而在12月22日如期召开的"中华创世神话上海论坛"开幕式上，研究院与创新基地同时揭牌，双莲并蒂，尘埃落定，由此形成上海交通大学神话学研究一支队伍、两块牌子，且跨学科、跨院系、携手全国专家共同工作的开放格局。

四、开拓神话学研究新境界

研究院的成立和创新基地的揭牌，标志着上海交通大学神话学研究进入新阶段。其实，不论是学术界的认同还是学校党委的支持，乃至上海市的重视与信任，都蕴含着同一个意思——满满的希望与期待。人文学院与研究团队深深感受到其中沉甸甸的责任与压力，必须出成果、出思想、出人才、出影响，开拓创世神话研究新境界，成为大家的共同信念和愿望。

根据国家发展战略部署和学校"双一流"建设需要，研究院与创新基地设计的主要工作目标包括四个方面：一是建成世界神话学研究的学术重镇；二是建成国家级神话学研究的高端智库；三是建成神话学方面上海文化创意与文化传播的学术支撑基地；四是建成神话学世界一流学科、上海交通大学学派。而着力构建有中国底蕴、中国特色的神话学理论体系、话语体系和人才培养体系，形成人文学科建设的亮点和品牌，自然是重中之重。在神话学研究方面已经推出的成果有："神话学文库""神话历史丛书""文明起源的神话学研究丛书”“华夏文明之源·玉帛之路丛书”“玉帛之路文化考察丛书”，其中包括《神话叙事与集体记忆》《断裂中的神圣重构》《神话传说与民族记忆》《神话气象——山海经的神话世界》《开天辟地——中国古典神话时代与文化类型》《甲骨文与殷商人祭》等系列原创性著作。此外，叶舒宪《玉成中国：玉石之路与玉兵文化探源》《中华文明探源的神话学研究》《图说中华文明发生史》等更是分量厚重、影响深广。以上成果为上海交通大学目前在这一领域占据世界领先地位，打下了很好的基础，但是，实现规划的四方面目标，依然任重道远，需要多方面的合力与努力。

研究院与创新基地揭牌后，学校与上海市相关部门都加大了指导和支持力度。揭牌3个月后，学校就于2018年4月召开神话研究工作推进会，市社科联、市社科规划办主要领导均出席会议并提出建议。7月中旬，神话学研究院召开“中华创世神话与玉文化”中期研讨会，市委与学校相关领导与会并作具体指导。9月11日，召开申请“双一流”校级研究院平台资助方案研讨会，学校规划处、文科建设处负责同志到会指导。11月9日，神话学研究院召开“双一流”项目论证会，学校党委常委、副书记顾锋及相关部处负责人出席。这些密度甚大的工作会议，都确保了工作的正常开展与有效进行。与此同时，叶舒宪教授带领的研究团队更是不辞辛苦，在确保完成教学任务的前提下，既抓紧时间对“中华创世神话与玉文化”项目展开深入研究，发表了一批阶段性成果，又承担了对上海市社会科学界、文艺创作界、文化传播界的骨干进行创世神话学术研究成果方面的知识普及与培训，颇受欢迎。

揭牌1周年前夕的2018年12月6日，神话学研究院通过了学校组织的专家论证，被纳入高校首批“双一流”建设项目，获批上海交通大学“双一流”建设校级研究院。以上海社科院文学所所长荣跃明研究员为组长的专家组，充分肯定和高度评价了研究院已有成绩的厚重基础和今后工作开展的具体思路。学校党委常委副书记顾锋、常务副校长奚立峰、常务统战部部长张卫刚以及文科建设处、重点建设办、人力资源处等部门领导出席会议，给予政策、资金等方面的支持。

揭牌刚满周岁，学校又于2019年1月16日组织召开年度工作汇报会。上海市市委宣传部原副部长潘世伟教授、市社联任小文副主席、市社科规划办李安方主任等，学校党委常委顾锋副书记以及上海社会科学院、复旦大学、华东师范大学等单位著名专家参会。会议对研究院一年来积极承担上海市社科重大委托项目、国家社科基金项目，深入开展科学研究取得丰硕成果，并在人才培养、社会服务、国际交流等诸多方面的出色表现，以及2019年度的工作计划表示满意，与此同时也提出了切实的建议和殷切希望。召开“首届新成果发布暨专家论坛”，即是2019年度工作计划中的一项。

时隔不足3个月，“首届新成果发布暨专家论坛”于4月7日在上海交通大学如期举行，于是有了第一部分内容的介绍与描述，会议成果则形成了目前奉献给读者的这本《深度认识中国文化——理论与方法讨论集》，中国文化的理论与方法突出了“本土化”视角与“方法论”高度，“深度认知”则是文集内容的轴心与重心。

五、新 期 待

神话，尤其创世神话，是民族记忆、民族精神和民族文化的重要载体，也是民族文化“根”与“魂”之所在。中华神话研究可以说是中国文化培根固源的基础工程，也是中华民族塑魂铸魄的文艺复兴工程。上海交通大学神话学研究院的成立与中华创世神话研究基地的揭牌，为神话学研究的深入开展搭建了更为宽阔的学术平台，也为实践和弘扬唐文治老校长关于“为第一等学问、为第一等事业、为第一等人才”和“砥砺第一等品行”的教育理念创造了条件。

新成果发布暨专家论坛闭幕后，按原定计划编辑会议论文集，由复旦大学出版社出版。鉴于对神话学研究院成立与中华创世神话研究基地申请的全程参与谋划和全面推进实施的经历，叶舒宪教授执意请我撰写前言，遂挂一漏万地整理撰写了以上描述过程的文字，既稍尽职责，又聊复雅意。

期待本书能够吸引读者的兴趣，启发深入思考；期待神话学研究新成果发布与国际论坛盛会的不断召开；期待神话学研究院与创新基地建设目标的早日实现，为国家文化建设与人类文明发展作出更多更大的贡献，发挥更深更广的国际影响！

2019年4月下旬草拟于上海奉贤，8月中旬修改于京郊

目　录

深度认知中国

文学人类学新论

四重证据法

跨学科与文化创意研究

附录一 会议综述

附录二　学者访谈

中国文化理论建构与文化自觉

早在国家文明建立之前，玉代表着神，代表着人格的最高理想，代表着人的生命永生的保障，这一系列神话观念早已成熟，并已经深入人心。华夏精神就是君子精神，华夏精神之源就扎根于这种玉石神话信仰之中。孔子的名言“君子比德于玉”，原来也是对大传统悠久信仰的伦理概括。

当有了文学人类学学派提供的文化大传统理论和四重证据法的文化文本论研究全新范式之后，再说文化自信，我们便有了足够的底气；当看到“一带一路”向外输出中国制造的时候，人文学科也终于有了属于中国本土的文科研究范式，再说文化自信，我们才有名副其实的底气。

万年中国说[1]

——大传统理论的历史深度

叶舒宪
上海交通大学人文学院

说到“万年中国”，或10 000岁的中国，有人会以为不合逻辑：从夏代开始算起的文明国家，仅有4 000年出头而已。5 000年以上尚无国，何来万年中国？我们说，这样的逻辑质疑貌似合理，其实是深陷在文献史学旧观点窠臼中不能自觉的表现。若要让新知识与时俱进，必须先走出文献史学的牢笼，利用中国考古发现的全新材料和全新知识，重建华夏文明发生的大传统脉络，这才会有从万年看中国由来的可能。

一、考古新知：中国“大历史”有多大？

中国人对“万岁”这个词自古就习惯了，那是称颂帝王的美词，有成语“山呼万岁”为证。

不过“万岁”这个词，仅是用于美好祝愿的一种祝词，不能拘泥其所表示的时间长度。毕竟人是生物，而非木石，孰能万岁？如今大量能够落实其文物年代的史前玉器重见天日，八九千年是实数，也接近万岁。这就使得谈论万岁中国，有了实打实的依据，不再是空口无凭的祝词了。玉代表

---

① 本文为上海交通大学神话学研究院第一个自选项目《玉石里的中国》一书第一章的改写。感谢邓聪教授2019年3月10日惠赐巨著《哈民玉器研究》，给“万年中国”说提供新的考古依据。

中国文化中的最高价值，玉器的出现便是核心文化要素的出现，值得大书特书。

2017年公布的黑龙江饶河小南山遗址，出土了9 000年前的玉礼器组合。2018年夏，为求证“玄玉”（墨绿色蛇纹石玉）如何先统一中原地区并奠定中原玉文化第一个时代，笔者撰写了一部彩图书册《玄玉时代——五千年中国的新求证》（上海人民出版社）。交稿之后的暑假，即展开第十四次玉帛之路田野考察，其简报主题为《玄玉与黄帝》[①]。这次考察的范围是渭河支流北洛河流域。查阅该地区的考古资料，读到国家文物局编《中国文物地图集·陕西分册》记录的大荔县沙苑遗址，情况如下：

> 黄河流域典型细石器遗存的代表性遗址和“沙苑文化”的命名遗址。位于本县南部洛河、渭河之间的沙丘地带，面积约120平方公里。1955年至今多次调查，共发现遗址30余处（含洛河以北3处）。1977年采集到1件小孩顶骨化石，石化程度很浅。1980年试掘，在沙丘底部的全新世地层中，发现零星的炭粒，未见灰层等遗迹及早期陶片。遗物均散布于地表粗砂砾中，石器一般与石化程度较浅的兽骨残块共存，采集有标本万余件。石器分为细石器、石片石器和石核石器三类，原料多采用燧石、石英砂化粉砂岩、玛瑙、蛋白石、碧玉和淡色砂质砾石等。……关于该遗址的文化性质，一些学者认为属于旧石器与新石器时代过渡阶段的中石器时代遗存，其时代开始于1万多年前的全新世时期，下限则延续较长。也有学者认为应属于新石器时代早期遗存。[②]

这里提示的重要信息是，早在万年以上的旧石器时代或中石器时代，黄河流域腹地的沙苑文化先民们，在还没有开始农业革命的艰苦条件下，就已经开始采用玉石原料制作其日常的生产工具了。玛瑙和碧玉，两种材料，毫无疑问都属于中国传统认识的美玉范畴。这里出现的虽然还不

---

① 叶舒宪：《玄玉与黄帝》，《丝绸之路》2018年第11期。
② 国家文物局编：《中国文物地图集·陕西分册》下，西安地图出版社，1998年，第568页。

是玉礼器，只是玉质工具而已，但毕竟为后来的玉礼器生产奠定了更加深远的取材找玉的经验基础。玉文化万年的观念，由此可以得到出土实物的证明。

2018年年底出版的《哈民玉器研究》一书也正式宣称，吉林白城双塔遗址发现一万年前的玉器[①]。聚焦东北史前玉器的由来,专家们一定会将考察的视野继续向北亚地区聚焦。贝加尔湖和西伯利亚地区，出土有万年以上的玉器，表明玉文化传统是自北向南依次传播的。跟随玉文化发展的线索，去探究汉字所没有记录的东亚史前文化动向，需要首先明确北玉南传现象，那是名副其实的第一次玉文化跨地域的传播运动。经过旷日持久的多米诺效应，最终将玉文化的火种播撒到广东的珠江流域和广西的右江流域。这是一个长达数千年的漫长过程。

从农耕革命视角看，中国大历史呈现出北方较短而南方较长的不均衡局面，这主要是以农业立国的华夏文明，其本土驯化的两种主要的农作物有一个时间差，即：北方黄土地上所驯化的小米（粟）目前所知仅有8 000年，尚未找到9 000年以上的人工栽培小米的证据；南方水乡所驯化的大米（稻）则有10 000多年的历史，在湖南、江西和浙江等地，都发现了距今11 000年左右的早期新石器时代遗址及驯化的稻谷。21世纪在浙江浦江县发现的上山文化遗址及人工驯化稻谷遗迹[②]，就给审视长三角地区文化上万年的地方传统带来前所未有的深度见识。荀子说，“衣食足而知礼节”。虽然目前所知玉礼器最早出现的地点是在北方，但是在北方农耕文化不够发达的情况下，社会生活的物质条件不足以支持作为奢侈品的玉礼文化的大繁荣和大发展，只是在西辽河地区的兴隆洼文化和红山文化时期昙花一现，未能得以持久不断地发展繁荣，反而是在辗转传播到南方鱼米之乡后，在长三角的稻作农业发达地区率先获得突飞猛进的大繁荣，成就了举世罕见的良渚文化“玉礼王国”的极致景观。若没有万年的稻作农业文化的大视野，对于良渚文化的社会统治者们为何如此这般痴迷于切磋琢磨大量玉器的现象，无论如何都难以理解透彻。

---

① 吉平、邓聪主编：《哈民玉器研究》，中华书局，2018年，第219页。

② 参看浙江省文物考古研究所编：《上山文化：发现与记述》，文物出版社，2016年。

图1　马家浜文化炭化稻谷，距今约7 000年（2019年1月摄于嘉兴市博物馆）

万年之久的稻作农业的繁荣（图1），间接促成5 000年之久的长三角史前玉文化大繁荣局面。无论是以上所述的万年农业革命成果，还是5 000年玉礼文化大繁荣景观，都是大大超出汉字记录的文献史学传统观念，大大出乎传统知识人意料之外的。何谓文化大传统，为什么要强调它的存在和意义，至此已经明确。

二、玉文化万年VS汉字3 000年

把年代上大大早于汉字的玉礼器作为一种华夏精神的和物质的符号，今日的学人能够从中解读的文化史传统，居然是长达万年的。这比传统文献所说的华夏5 000年文化史多出一倍！当代的玉学研究提供的全新知识，前无古人，也是今日的学者赖以重新进入华夏历史源头深处，提出文化大传统理论的学术依据。

本文拟举出万年视野内的四个考古遗址案例，皆以玉文化的大传统呈现为共同特点，昭示在文明国家出现以前很久的时候，华夏文化的重要渊源和流变。前两个遗址的发掘是在20世纪后期；后两个遗址则是在21世纪以来才有的发现和认识。第一个发现是在长三角腹地的浙江嘉兴南河浜遗址的崧泽文化。第二个是在安徽含山发现的凌家滩遗址。第三个是在浙江杭州湾一带的良渚文化遗址群。这三个重要的史前文化遗址合起来，恰好对应今日所称的长三角地区。在这里，玉文化在距今7 000多年时发源（玉玦、玉璜），在距今6 000年至5 000年之际繁荣发展（璧、琮、璜、钺组合），登峰造极，至距今4 200年之际便衰败了。辉煌一时的史前玉礼器传统，在良渚文化灭亡之后，究竟去了哪里？第四个遗址能够给出部分解答：长三角玉文化的衰落，并不意味着玉文化生命传承的灭绝，而意味着一场以往我们根本无从知

晓的文化大转移。其基本方向是，从长江下游向西转移，到达长江中游地区江汉平原一带，催生石家河文化的玉礼器生产体系；从长江流域向北越过淮河流域抵达黄河流域，再从黄河下游传播到黄河中游，催生龙山文化的玉礼器体系，从而给中原文明的夏商周三代玉礼文化奠定基石。所有这些历史内容和历史过程，都是晚出的汉字根本不可能记录的，只有依靠考古报告的内容去逐一认识。

三、四个遗址：从长江到黄河

南河浜遗址位于嘉兴市东11公里处，1996年因修建沪杭高速公路而被发现，当年4月至11月展开考古发掘，共发掘崧泽文化墓葬92座、良渚文化墓葬4座，出土大量石器、陶器、玉器、骨器等。这些发现，给距今5 000年繁荣起来的玉文化地方王国——良渚文化，找到了直接的地方文化源头。据测定，崧泽文化的起止年代是距今约6 000年至5 100年，持续时间约900年[①]。可以说，崧泽文化是江南玉文化发展过程中的承前启后者，没有崧泽文化玉器传统作铺垫，就不会有随后崛起的良渚文化。6 000年前，这个年代数字，大约是甲骨文汉字产生在3 000多年前的两倍。

按照墓葬规模和随葬品数量，92座崧泽文化墓葬被划分为四个等级，第四等级是没有随葬品的墓，而玉器集中在第一等级墓葬，其年代距今约5 500年。下面举例两个墓葬加以说明。

其一为M15，为长方形竖穴土坑墓，人骨已朽坏，随葬品6件，玉玦1件，鹰首陶壶1件（图2），陶鼎2件，陶杯、陶豆各1件。玉玦以单个的形式出土，说明不是双耳用的一对玉玦。鹰形陶器的出现，在南河浜共发现3件，考古报告推测或许为部落的图腾圣物。与此对应的是北方红山文化牛河梁女神庙出土的泥塑鹰爪，其年代大致相当或稍晚；还有中原仰韶文化的陕西华县太平庄出土的国宝级陶器——陶鸮鼎（一说陶鹰鼎），现存中国国家博物馆。还有陶鸮面等，现存北京大学塞克勒考古与艺术博物馆。欧亚大陆

① 浙江省文物考古研究所编：《南河浜——崧泽文化遗址发掘报告》，文物出版社，2005年，第207页。

图2 嘉兴南河浜遗址出土崧泽文化鹰首陶壶（2019年摄于嘉兴博物馆）

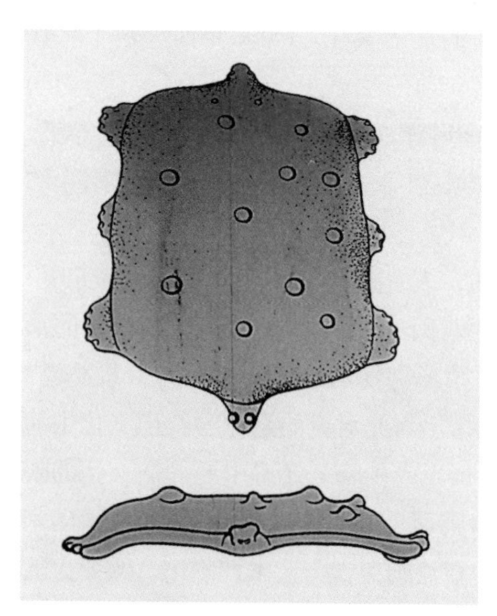

图3 嘉兴南河浜遗址出土崧泽文化陶龟图（2019年摄于嘉兴博物馆）

西端地中海沿岸地区有大量出土的鹰鸮类型陶器和文物，美国考古学家金芭塔丝提出女神文明的象征动物理论，可为参照。南河浜M15玉玦与鹰首陶壶的并出，使得这座墓葬有了不一般的意义。佩戴玉质耳玦的现象，在《山海经》里称为“珥蛇”。而龙蛇在史前信仰中代表升天与通神能量。鹰的形象一旦出现，即可给人带来展翅高飞和上方天宇的丰富联想。几百年后的良渚大墓玉琮王上神徽形象以头戴巨型鹰羽冠为突出特色，其鸟人合体的神话化观念可以部分上溯到崧泽文化的猛禽崇拜现象。由此可知，崧泽文化时期是长三角地区宗教意识形态与玉文化载体获得同时孕育的时期。鸟崇拜与玉崇拜都要等到社会物质财富发达程度大大提高的良渚时代，才会迎来一次大爆发式的神话和信仰的奇观景象，催生某种统一的鸟人合体形神徽。

其二为M27，也是长方形竖穴土坑墓，人骨已朽坏，随葬品23件，是崧泽墓葬随葬品较多的代表。其中玉饰5件，陶器共有18件：盆2件，壶1件，鼎2件，杯8件，豆2件，纺轮1件，还有陶龟2件（图3）。这两件陶龟造型逼真，奇特的是每件陶龟都塑造为六足的形象。这在现实中是没有原型的。崧泽先民为什么要这样表现呢？古书里，仅有《山海经》中讲述帝江的形象，是以“六足四翼”为外形特点。这显然是神幻想象的产物，自古以来没有人知道《山海经》描述的六足神话生物是什么样子，如今居然能够在约6 000年前的崧泽文化中找到半个原型——六足之龟！这个发现让我们对古人最不相信的《山海经》（被权威的“四库全书”归入最不重要的子部小说家一类），不得不刮目相看；也让我们从该书中一些自古无解的怪异和神幻内容中，获得对史前大传统再认识的新契机。

考古报告对这一对雌雄双龟的陈述为：“乌龟作为长寿的灵物，在新石器时代的许多文化中都有被崇信的现象，雕刻乌龟的形象，即是信仰的一种。以龟甲作为材质进行占卜，架起人神之间沟通的桥梁，应该是对乌龟的神性的利用和延展。”考古报告据此将2件陶龟确认为“非同一般的神龟”[①],这的确是难能可贵的见解。

笔者根据考古报告对两件陶龟的描述，展开进一步的信仰观念分析。先民对这两个神物形象的塑造，显然包含着某种神话宇宙观念：一只龟稍大，呈长方形，刻画出尾部凸起，龟背上塑造出11个乳钉状，其中9个围成一圈，中间有2个；一只龟稍小，呈椭圆形，没有尾部，龟背上塑造出9个乳钉状，其中8个围成一圈，中间有1个。出土时，两只龟一上一下扣合在一起：长方形的大龟在下，仰身；圆形的小龟在上，俯身。若按照天圆地方的神话宇宙观，在上的小龟象征天-阳-乾-玄-圆规；在下的大龟象征地-阴-坤-黄-方矩。二龟合起来是天地未分的混沌状态，二龟分开，则象征宇宙开辟和乾坤始奠。

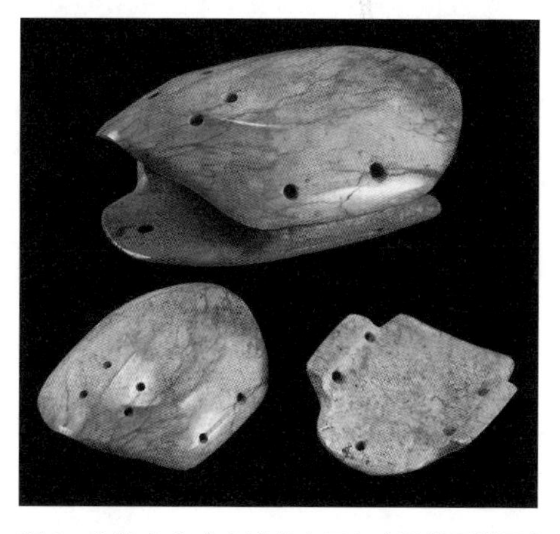
图4　安徽含山凌家滩出土玉龟（张敬国供图）

北方红山文化墓葬出土过玉雕的双龟，把握在一位墓主人双手中；南方凌家滩墓葬则出土过更加精致的二合一表现的玉龟（图4），让上

① 浙江省文物考古研究所编：《南河浜——崧泽文化遗址发掘报告》，文物出版社，2005年，第179页。

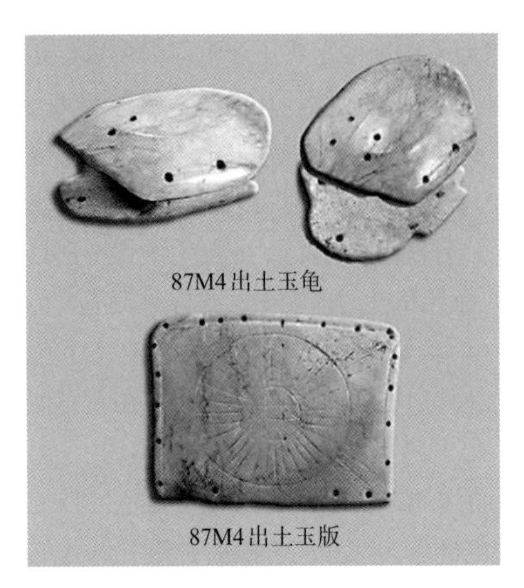

图5 凌家滩87M4墓出土的玉龟中夹着的八角星纹玉版，专家认为其显示出八卦观念的起源

下两个龟壳夹持一件刻有八角星纹的玉版，其神话宇宙论的意蕴表达得更加明确。

1987年6月，安徽省考古工作者在含山凌家滩遗址发掘出2件轰动一时的文物，即玉龟和玉版（称为“含山玉版玉龟”）[①]，其墓葬年代距今约5 300年，略晚于嘉兴南河浜的崧泽文化（图5）。这就给其间的源流关系带来了探索空间。30年来，学界对“含山玉版玉龟”倾注了极大的解读热情，一般认为玉版的八方图形与中心象征太阳的图形相配，玉版上八等分圆的作法可能与冬、夏二至日出、日落方位及四时八节有关，并且符合古代的原始八卦理论。由此推断，这一组玉龟玉版形成的礼器组合，可能是迄今所知的中国最古老的通神占卜神器。还有专家指出，玉龟分背甲和腹甲两部分，上面钻有数个左右对应的圆孔，应为拴绳固定之用。出土时，玉片夹在玉龟腹、背甲之间，玉片上面刻有八角星纹。这表明叠放在一起的玉龟和玉版，根本不是日常生活实用器，也并非毫无意义的装饰，而只能代表某种不知名的史前宗教的法器。饶宗颐先生的看法是，玉版图纹结构是外方而内圆，像玉琮之形，方指地而圆指天。还值得关注的是，玉版周边的钻孔，代表着某种已经失传的数度：

> 玉版是上9下4，而左右各为5，说明它很重视9、4、5这三个数字。玉版数字安排，看来是河图、洛书以外另一套数理系列。[②]

---

① 安徽省文物考古研究所《凌家滩——田野发掘报告之一》（文物出版社，2006年，第46—70页）用很大的篇幅描述这一座墓的文物情况。

② 饶宗颐：《未有文字以前表示方位与数理关系的玉版》，载安徽省文物考古研究所编：《凌家滩文化研究》，文物出版社，2006年，第19—20页。

结合崧泽文化的这一对雌雄陶龟造型来看，它们可充当凌家滩出土玉龟的原型。换言之，长三角地区的史前文化经过数千年积淀，孕育出华夏文明的阴阳八卦理论雏形，不足为奇。要说“中国最古老的通神占卜神器”，如今显然不是5 000多年前长江下游北岸的凌家滩，而要上溯到距今6 000年前太湖以南的嘉兴地区，这让人感到匪夷所思。大传统新知识，足以给那种沉陷在文献史学老窠臼中的传统历史和文化观念，带来一种颠覆和拓展。

嘉兴南河浜M27墓还出土了一件玉璜，也较为奇特，出土时发现含在墓主人口中[①]。其他崧泽墓葬出土玉璜，一般作为女性佩饰，位于墓主人（通常为女性）胸前。而玉钺则摆放在男性墓主人身下、身旁或身体中央，璜与钺二者的性别象征性意义非常突出。M27则是将其他4件玉饰串起来挂在墓主胸前，唯有一件玉璜，却专门放入死者口中。发掘者推测这件玉璜是墓主生前佩戴的器物，死后被有意安放在她口中，并不是作为冥器而生产的玉璜。在后世的商周两代及其以下，常见的放进口中的玉器是玉蝉（图6），形成一种相对持久的葬俗，一般称为玉琀或口琀。蝉是季节性出现的生物，其活动

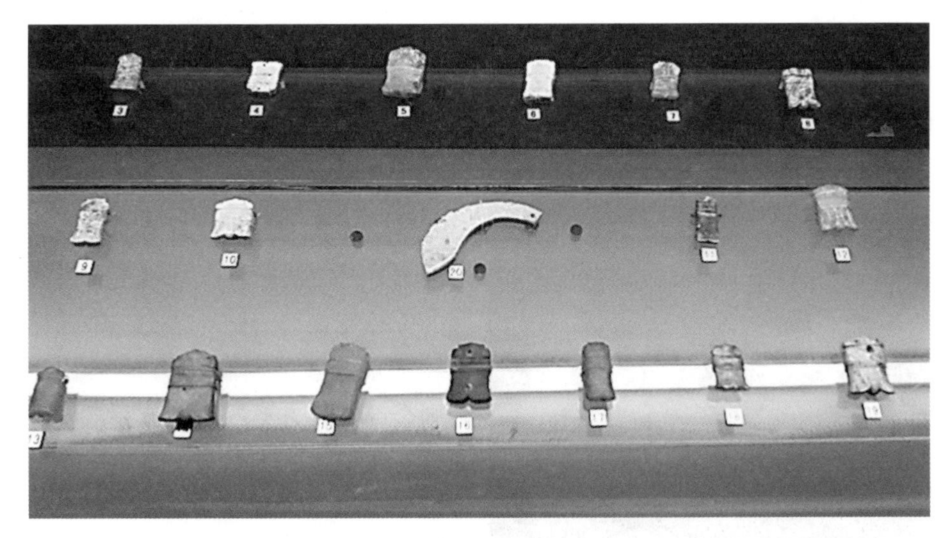

图6　湖北天门出土石家河文化玉蝉等，距今约4 100年（2014年摄于荆州博物馆）

① 浙江省文物考古研究所编：《南河浜——崧泽文化遗址发掘报告》，文物出版社，2005年，第117页。

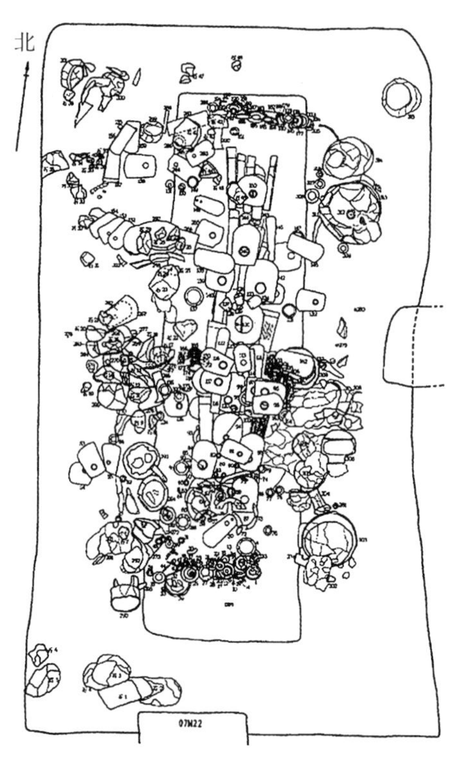

图7　安徽含山凌家滩07M23全景图——300多件玉礼器，距今5 300多年

图8　安徽含山凌家滩出土八角星纹双兽首玉鹰，距今约5 300年（张敬国供图）

特征是既能够升天（有蝉翼助飞），又能够入地。这种自由出入三界的穿越性能力，自然为那些被牢牢限制在地面上生存的人类所艳羡，甚至被视为生命周期循环以至于永生不死的象征物。死者口含玉蝉的礼俗，显然是希望借助于玉与蝉的双重能量（精），为死者祈祷生命的再生。没想到崧泽文化的这件玉璜，一下子将玉琀的历史提前到五六千年之前。

接下来要考察的第二个考古发现的玉殓葬奇观，即是2007年发掘的安徽含山凌家滩墓地的一座顶级大墓，考古编号为07M23（图7、图8）。

该墓最大的特色是，创了一座距今5 000年以上的史前墓葬出土玉礼器总量的纪录，达300多件！而且墓葬的玉器布局也表现出中国式神话宇宙观的对应现象，即天圆地方，对应头圆体方：墓主人头部的玉礼器全部为圆环状的，以玉环和玉瑗为主；身体下方的玉礼器则全部为长方形的玉石钺和玉石锛等，数量达100余件。5 300年前长江下游一位地方的统治者能够享有如此奢华的葬礼待遇，说明以玉为核心信仰的社会礼俗已经发展到史前社会的登峰造极的地步。这是夏商周的历代君王们连做梦也不曾想到的。除了后来在浙江余杭良渚遗址群的几座“王者”大墓以外，凌家滩07M23墓在5 000多年前的同时代所有被发现的东亚墓葬中，堪称无与伦比。根据这些21世纪的考古新发现，我们将“玉文化先统一中国”理论，更进一步细化为：“玉文化先统一长三角，再统一中国。”即从分步骤、分阶段的视角，具体说明玉文化统一中国的发展历程。

仅此而言，生活在21世纪的人在见多识广方面要比古人幸运许多。如今可以推测说，古人在阅读司马迁《史记》讲述的周武王伐纣这一重大事件时，大多会困惑不解：西周统治者的一次改朝换代革命，就能缴获前朝统治者积聚数百年的宝玉数十万件吗？为什么司马迁特意写殷纣王自焚时的细节——取出宫廷所藏各种宝玉缠绕在自己身体上，然后再点燃自焚之火？尽管执笔者司马迁没有对这个纣王用玉的细节作任何解释，若对照5 300年前的地方统治者的玉殓葬行为，还是能够清楚判断出殷纣王宝玉缠身的玉石神话信仰意义——那是利用天赐神物获得灵魂升天的能量。

这个案例表明了大传统的新知识对于解读小传统文献的深度透视和解码作用。由此可知，中国文化的重要基因，一定是来自四五千年以上的文化大传统之中，也一定与神话观念和史前信仰传统密切相关。这是古人的眼界所无法企及的全新的考古学成果。正是万年中国史的大传统视角，帮助我们读懂了古代读书人无法看懂的小传统史书的叙事之谜。商纣王借助商王朝国家宝玉的精神作用，祈求死后魂归天国的意愿，现在终于可以被理解了。虽然说败军之将不足言勇，亡国之君不可言善，但是史书叙事留下的文化悬念则需要有人去填补，或迟或早终究要有所解答：从夏桀建瑶台、玉门，到商纣的宝玉缠身自焚，为什么华夏第一王朝和第二王朝的亡国之君，不约而同地留下宝玉叙事？

这样的问题一旦提出，就会聚焦到玉石承载的信仰。同样的道理，明代的亡国之君——崇祯皇帝为什么在国破家亡之际从紫禁城跑到北面的景山树林上吊自尽？其中的文化底蕴，只有当年设计建造紫禁城的江西客家风水师廖君卿团队最清楚：如今的景山是先于紫禁城修造的，用人工封土垒起小山，名为“万岁山”，其目的就是让4 000公里以外的中国万山之祖昆仑山，向遥远的东方皇城这里再探出头来，构成神话宇宙观方面的完整山河龙脉，也暗喻着紫气东来的瑞兆。如果大家记得昆仑山在《山海经》里被称为“玉山”和天帝之“下都”，则明朝统治者在创建王朝新都城时利用景山的人工修筑，希望联通紫禁城与昆仑及天神世界的神话期盼，也就全盘浮出水面了。华夏文明的文化文本，作为一种天人合一神话观支配下的潜规则，早在石峁建城的4 300年前，就已经无声无息地悄然存在于设计师们的头脑之中了。

当2008年为北京奥运会的举办而新修的全钢结构体育馆命名为“鸟巢”时，多数国人不会想到鸟巢的位置，恰恰就在以紫禁城为核心的北京古城中轴线上。如今这条中轴线已经申报世界文化遗产，其知识产权的真正始作俑者，无疑是明代初年精通华夏神话风水观的江西兴国三僚村的客家人廖君卿。

第三个案例为1986年发掘的浙江余杭反山大墓群，属于良渚文化中期早段，其年代是距今5 000年至4 800年之间。9座大墓共出土单件玉器3 500件，占据所有出土随葬品器物的90%以上[①]。这又构成一个空前绝后的玉殓葬现象的奇观，举世皆惊。其中的顶级墓为M12，出土了体积巨大的“玉琮王”（重达6公斤多）和精雕细刻的“玉钺王”。其级别之高，艺术水准之精细华美，古今皆无出其右者。

在玉琮王和玉钺王上都看到了雕刻精致的神徽（图9、图10），这让考古工作者兴奋地认为，找到了5 000年前长三角地区的一神教之创世主神形象。之所以称为“一神教”，是因为对于良渚时代的先民社会而言，这种神徽的地位和功能，也就大致相当于西方基督教信仰者的上帝。

笔者在2018年年底写有《创世鸟神话“激活”良渚神徽与帝鸿》一文[②]，对其中的问题解释如下：《萨满之声》第八章的一个梦幻叙事案例——南美洲瓦劳族印第安萨满的“黎明创世鸟”（Creator-Bird of the Dawn）故事，为重新面对良渚神徽的解读任务，提供了“再语境化”的直接帮助。首先，今天的东亚人群中已经看不到头戴巨大羽冠的族群形象了，但是太平洋彼岸的美洲印第安人恰恰是以头戴巨大羽冠而著称的民族，鸟和鸟羽之于印第安萨

---

① 浙江省文物考古研究所编：《反山》上册，文物出版社，2005年，第366页。

② 《民族艺术》2019年第3期。

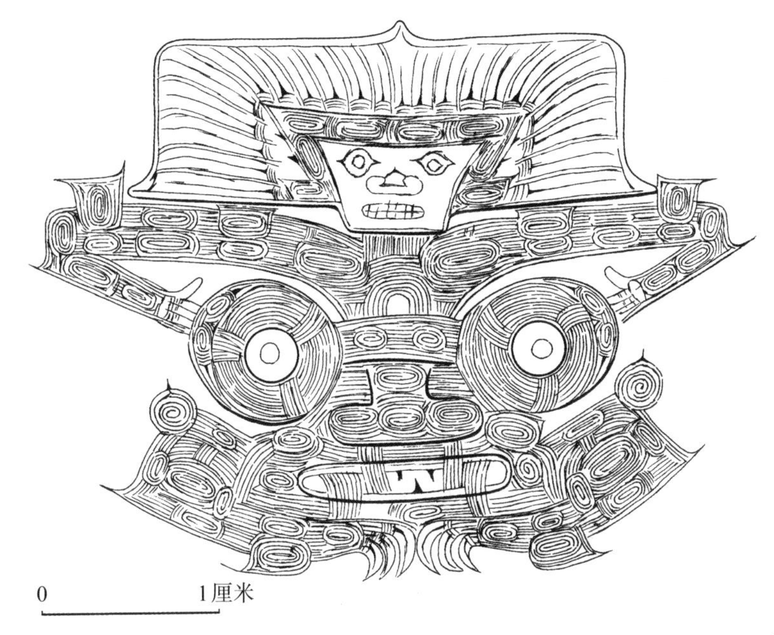

图9 浙江余杭反山M12出土良渚文化玉琮阴刻鸟人合体神徽，距今约4 800年①

图10 反山玉琮王四面雕刻的8个羽冠鸟人神徽线描图（出处同上）

① 引自浙江省文物考古研究所编：《反山》，文物出版社，2005年。

满的意义，或许更接近良渚巫师头戴巨型羽冠的原初意义。张光直和萧兵等都曾论述过史前期“环太平洋文化圈”的存在，良渚神徽的巨型羽冠图像的重现天日，必将给这个广阔范围的文化圈研究带来新的学术憧憬。将欧亚大陆东部沿海地区的史前文化放在整个环太平洋文化圈大视野中，最好的启迪就是改变以往那种作茧自缚的地域性视野限制，克服见木不见林的短视和盲视，在宏阔的文化关联体系中重新审视对象。

其次，美洲印第安人的祖源是亚洲，在距今15 000年之前即白令海峡形成之前就已经迁徙到美洲。瓦劳族印第安人讲述的鸟神话，不是文学或审美的文本创作，而是萨满出神幻象中呈现出来的超自然意象。这样具有十足的穿越性质的神话意象，给良渚时代神徽为代表的史前图像认知带来重要的方法论启迪，那就是：不能一味地用非此即彼的逻辑思维（逻辑排中律）去认识数千年前的神幻形象，需要尽可能依照当时人仅有的神话感知和神话思维方式，去接近和看待这些神秘造型的底蕴。而大洋彼岸的现代萨满的幻象体验，恰好鲜明地表现出这种神话感知方式的穿越性和非逻辑性：A可以是B，也可以是C……准此，人可以是鸟，也可以是鸟兽合体，或人、鸟、兽的合体。良渚神徽恰是这样一种多元合体的形象。尽管复杂微妙，但神徽中的人面和鸟羽冠、鸟爪，都是一目了然的。其所对应的当然不是现代科学思维的“可能”与“不可能”截然对立的判断，而反倒是吻合较多保留着神话式感知方式的《山海经》叙事特色：其神人面鸟身，其神人面虎身，以及“鱼身而鸟翼，音如鸳鸯”“有鸟焉，其状如鸮而人面，蜼身犬尾”[①]，等等。人禽兽三位一体的想象，不是出于创作需要，而是萨满特殊意识状态下的幻象产物。

统一标准的鸟神崇拜和神徽意象——头顶巨大鸟羽冠、中间为神人面，足为鸟爪的鸟人形象——也是后来商周两代青铜礼器饕餮纹的原型之一。那么，这种半人半鸟的神秘神像，代表着怎样的崇拜观念和神话蕴含呢？5 000多年过去了，今人的解说怎样才能更加接近或契合良渚时代的巫师萨满们创制这类神徽形象的初衷呢[②]？

---

① 参见袁珂：《山海经校译》，上海古籍出版社，1985年，第38—39页。

② 叶舒宪：《创世鸟神话“激活”良渚神徽与帝鸿——兼论萨满幻象对四重证据法的作用》，《民族艺术》2019年第3期。

第四个案例为陕西神木石峁遗址（图11）。该遗址2012年入选全国十大考古发现，2013年再度入选世界十大考古发现，一下子从默默无闻的黄土高原之乡野，变成举世闻名的旅游胜地。石峁古城的存在年代是距今4 300年至距今3 800年。一个绵延500年的史前王朝，在古代浩如烟海般的文献中居然没有任何记录，一切全靠出土的文物来辨识和重建。文物中最令人咂舌的就是大量的玉礼器，甚至在建城时用的石块缝隙中都夹着大件的有刃的玉兵器（图12）。这又是一个匪夷所思之地。

图11　4 300年前中国最大的石头城：陕西神木石峁古城，400万平方米的巨大城墙中穿插了大量玉礼器

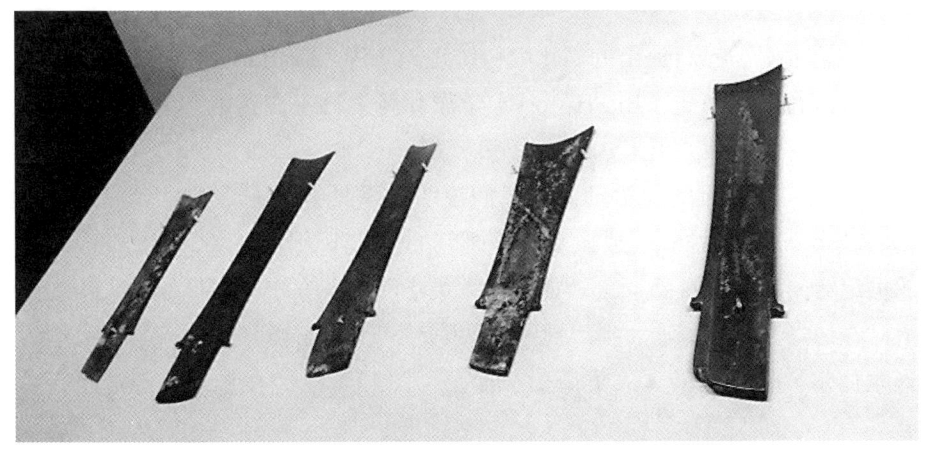

图12　石峁遗址采集的玄玉大玉璋（2016年摄于陕西历史博物馆）

笔者在《玉石神话信仰与华夏精神》一书中，有专章介绍石峁古城及其玉礼器的精神武器护卫功能[①]。将上述四个新发现考古案例，链接21世纪澳门黑沙遗址玉石作坊的发现，则五者均属近年来的中国境内史前文化新发现，半数为21世纪以来的最新发现，四大遗址的年代皆在6 000年前至4 000年前，均属我们重新定义的文化大传统范围。那时连甲骨文还没有产生，这就足以刷新自古以来对中国历史的认知，可见其意义非凡。将这几个地域连起来，大致吻合全景中国的大视野，不再局限于中原中国的小视野。

从东亚玉文化万年史的脉络看，距今5 000多年至4 000多年这一时期，是玉文化发展的巅峰期，随后就开启了金属冶炼的新时代。伴随着青铜时代的到来，大传统的唯一圣物玉石被新应用的金属物所补充，形成金玉共振的新景观。玉石独尊的数千年历史得以终结，而且一去不返。青铜器登场，以其铸范制造的优势，在礼器生产的体积上和批量生产的规模上，皆能后来居上，形成繁荣之势。在一定程度上，这自然会削弱玉礼器在上古礼制中的重要地位。好在如今已有相当丰富的出土实物，能够对先玉礼器后铜礼器的转化过程作出清晰的历史判断。古人所说的“金声玉振”之类本土话语的底蕴，终于得到更深层的认识。

四、对话:“大历史”学派与“大传统”理论

中国本土学界新提出的文化大传统理论（Big Tradition），对接了国际上目前最流行的大历史（Big History）学派和新学科（在我国，世界史专业最近从历史专业中独立出来，升格为一级学科）。

按照世界一流的前沿动向，我们说明一下具有普遍性学术转向意义的“人类学转向”问题。一般做文史哲研究的人，不大关注整个人文社会科学的世纪转向和范式革新问题。如今“人类学转向”在史学界掀起的大历史潮流已经风靡全球。其创始人大卫·克里斯蒂安的《时间地图》，其普及推广人尤瓦尔·赫拉利的《人类简史》等书（图13）已经在世界范围流行，并

---

① 叶舒宪:《玉石神话信仰与华夏精神》，复旦大学出版社，2019年，第424—456页。

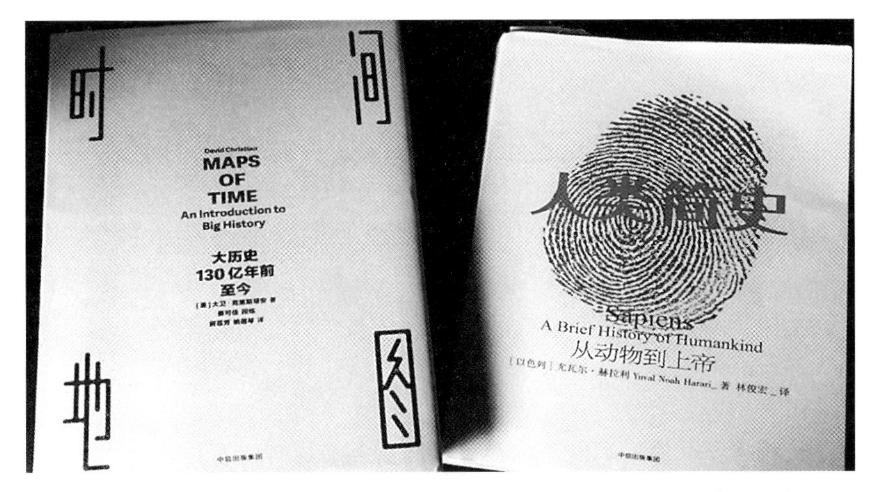

图13 国际大历史学派的两部代表作:《时间地图》和《人类简史》中译本

都有中文译本。这足以给本土的文学人类学派提出的大传统理论提供一个国际对话空间。没有人类学转向，学界根本不会有人去研究无文字的口传文化和多民族文化，也不会有联合国教科文组织引领全球观念变革的新概念——“口传与非物质文化遗产”。如今亟待解决的难题是中国自己的理论建构，而不是像200年来西学东渐风潮席卷下那样人云亦云和移植照搬。

大传统与大历史，是指向未来的新知识观和历史观，其意义在于打破文字小传统和文献知识的局限，还原一个前所未有的全景中国和全景世界。在后殖民理论的再启蒙下，编撰出全景视野（即覆盖到每一地区和每一族群）的世界文学和中国文学读本尤为必要，即将出版的上海市重大委托项目成果《中国创世记——54民族创世神话读本》，是神话学研究院为还原中华多民族口传文化及神话信仰真相的初步尝试。

需要理论上补充阐明的是，要真正做到深度认识中国——这个世界上唯一没有中断的古老文明，首先需要有能够深度透视的理论大视野。文学人类学一派的理论建构，将这种深度的大视野称为文化的“大传统”，与之相对的是汉字记录的文化传统，称之为“小传统”。

大传统的新视野的创新意义在于：开启万年中国史观，必将极大释放被汉字小传统压抑3 000多年的潜在知识能量，和被秦帝国武力统一所压抑的比中原华夏国家要大得多的地理空间的文化认同潜力。

最早玉石之路探索的三个阶段

邓 聪
山东大学文化遗产研究院

谈玉石之路起源，不能不提及最近叶舒宪教授《玉石神话信仰与华夏精神》一书中很多精辟的见解[①]。该书珠玉杂陈，高度概括中国玉文化研究现今的概况，又指引出一条从玉石神话新角度，探索我国万年玉器历史、爬梳华夏玉文明信仰根源之路，对华夏文明重建发挥了重要的作用。笔者深受是书的启发。叶教授的玉石之路命题，无疑是在建树以中国为核心的东方玉国的精神文明，对现实社会也具有重大意义。

世界最古老玉石之路的课题，包括数万年以来玉文化发展的历史。在历史长河中，中国作为东方玉国，在这一体系中起着核心作用，然而越来越多的考古发现和跨国界交流，让我们更清晰地勾勒出玉文化在东亚很大范围内广泛分布的图景。因此，要解决古老玉路的源流，俄罗斯西伯利亚、外蒙古、日本、朝鲜半岛、东南亚特别是越南等地的考古出土玉器，都必须融合到中国玉文化的体系中考虑[②]。搜集研究资料，特别是各国间出土玉器实物相对比、文献上资料的整合、多种语言上的贯通，为此项研究得以成功的关键所在。换句话来说，以中国出土古玉为核心的玉文化研究，有必要结合周边国家玉器考古及研究的现况。在理论分析层面上，美国学者在中美洲玉器研究中偏重考古学及人类学理论方法的应用，对奥尔梅克及玛雅文明玉器的象征意涵、社会使用及区域间交流有大量精彩的研究，同样值得我们深入学习

① 叶舒宪：《玉石神话信仰与华夏精神》，复旦大学出版社，2019年。

② 邓聪：《序：蒙古人种及玉器文化》，载《东亚玉器I》，（香港）中国考古艺术研究中心，1998年，第XXIV—XXVII页。

并借鉴[①]。东亚玉器与中美洲玉器的对话与比较研究，亦有待开展。

目前从国际角度来看，西伯利亚考古学所发现的软玉文化最为古老，年代达到20 000多年前[②]。遗憾的是过去俄罗斯考古学中对玉文化方面的专题研究寥若晨星。甚至可以说，西伯利亚史前玉器连一部专刊都未有过，玉器研究专题论文也并不多见[③]。外蒙古地区出土过一些玉器，尤以汉代玉器的发现较多[④]。朝鲜半岛北部玉器考古也几乎是空白。韩国方面新石器时代7 000年前玉器有若干发现，很可能来源于中国的东北地区[⑤]。日本的玉石饰物也有万年的历史。日本列岛考古学工作发达，有专门玉器考古研究学会，定期出版玉器研究论文专刊[⑥]。从1960年以来，相关研究者在日本北陆地区密集玉作坊及聚落遗址大规模开展考古工作，对玉器原料特别是翡翠矿源探索、玉作坊内结构及各种加工玉器工具、玉器社会价值与流通等重要的问题，都有较为深入的研究[⑦]。日本学者对玉器的研究目前仍集中在日本列岛的范围。由于政治、经济及语言文化因素，日本学者少有从东亚角度深入研究玉器的个

---

① Rowan Flad, “Xionglongwa Jades and the Genesis of Value”, *The Origin of Jades in East Asia*, Hong Kong: Centre for Chinese Archaeology and Art of Hong Kong, CUHK, 2007, pp.224–231; Richard G. Lesure, “One the Genesis of Value in Early Hierarchical Societies”, *Material Symbols: Culture and Economy on Prehistory, Carbondale*, IL: Centre for Archaeological Investigations, Southern Illinois University, 1999, pp.23–55.

② А. П. Окладников, “Новые данные опалеолитическом прошлом Прибайкалья: Кисследованиям Бурети 1936–1939 гг.” (A.P. Okladnikov, “New Data on the Paleolithic Past of Cis-Baikalia: Investigations of Buret’ in 1936–1939”), Краткие сообщения Ин-та историиматериальной культуры(Brief Reports of the Institute for History of Material Culture), 1940, Issue V, pp.59–61.

③ Sergei A. Komissarov, “The Ancient Jades of Asia in the light of Investigations by the Russian Archaeologists”, *East Asian Jades: Symbol of Excellence*, vol.3, Centre for Chinese Archaeology and Art, CUHK, 1998, pp.250–279; Sergei A. Komissarov, “Jade Implements in the Finds of Russian Archaeologists (within the Period of 2000s–2010s)”, *Proceedings of the International Conference on Prehistoric Rotary Technology and Related Issues at Hac Sa*, Macao, Civic and Municipal Affairs Bureau of MSAR, 2014, pp.418–437.

④ 白石典之：《モンゴルにおける新石器时代の装饰品》，载《东亚玉器II》，（香港）中国考古艺术研究中心，1998年，第291—296页。

⑤ 何仁秀：《櫛文土器社会の耳饰》，《日韩交涉の玉文化》，日本玉文化学会，2018年，釜山大会研究发表会，2018年，第1—29页。

⑥ 2004年，《玉文化创刊号》，日本玉文化研究会；2015年，改称《玉文化研究创刊号》，日本日文化学会；2016年，《玉文化研究第2号——寺村光晴先生卒寿纪念号》，日本玉文化学会。

⑦ 寺村光晴：《日本の翡翠》，吉川弘文馆，1995年。

案。然而日本学者所采用的学术手段及研究成果，在东亚仍处于领先位置。目前考古学发现所见，世界上玉器最早发源于东北亚地区，东南亚地区是玉文化后继者的角色。中南半岛最早的玉器不超过距今5 000年前，更多玉器的出现都在距今4 000年以后。越南在新石器时代晚期以至金属时代玉文化显得相当发达，其中很大部分与夏商玉礼器的扩散相关①。泰国出土玉器极少②,而是以贝制饰物代替软玉的角色。至于菲律宾③及我国的宝岛台湾④,其玉文化与东南亚的关系较密切。以上我们可以初步了解东亚各国玉文化发现与研究的概貌。

世界最早玉石之路的研究，与东亚地区各国出土玉器的年代早晚有着密切关系。我国对最早玉石之路的认识，分以下三个过程：

第一阶段，从20世纪初至1980年。在这个阶段内，20世纪20年代安阳殷墟商代玉器不断出土，青铜时代玉器的存在为学术界所公认。到了70年代，妇好墓一处出土玉器就超过500多件，大型玉制容具的发现，让人对商文明玉器工艺技术的高超水平刮目相看⑤。20世纪70年代以后，5 000多年前的良渚、红山文化精美玉器的发现，完全颠覆了过去认为石器时代不可能有玉器制作的常识。良渚玉器大型管钻技术，徒手刻划细如毫丝（1毫米以下宽度刻划5—6条）、红山玉器玉龙及大型勾云形器等的出现，令人耳目一新⑥。1982年夏鼐发表《商代玉器的分类、定名和用途》，开篇即指出："从新石器时代直到今天，它经过了四千多年的发展。"⑦夏鼐为80年代以前中国考古学界的代表。他认为中国玉器仅有约4 000年的历史。1989年故宫博物院

---

① Nguyen Kim Dung, "Ancient Jade-manufacturing Tradition in Vietnam", *East Asian Jades: Symbol of Excellence*, vol.2, Centre for Chinese Archaeology and Art, CUHK, 1998, pp.383-396.

② Nitta Eiji, "The Respected White Shell-Southeast Asian Shell Ornaments", *East Asian Jades: Symbol of Excellence*, vol.2, Centre for Chinese Archaeology and Art, CUHK, 1998, pp.402-411.

③ Eusebio Z. Dizon, "Earings in Philippine Prehistory", *East Asian Jades: Symbol of Excellence*, vol.2, Centre for Chinese Archaeology and Art, CUHK, 1998, pp.377-382.

④ 连照美：《台湾卑南玉器研究》,《东亚玉器I》,（香港）香港中文大学中国考古艺术研究中心，1998年，第350—367页。

⑤ 中国社会科学院考古研究所、广东省博物馆：《妇好墓玉器》，岭南美术出版社，2016年。

⑥ 邓聪、曹锦炎：《良渚玉工》,（香港）香港中文大学中国考古艺术研究中心，2015年；辽宁省文物考古研究所：《牛河梁：红山文化遗址发掘报告（1983—2003年度）》，文物出版社，2012年。

⑦ 夏鼐：《商代玉器的分类、定名和用途》,《考古》1983年第5期。

杨伯达先生在《中国玉器全集1》中主张和田玉是我国玉材的精英，仰韶文化半坡遗址出土了一件被认为是和田玉的玉斧①。如此推论，6 000年前西北地区就有和田玉被运送到关中地区。据此，最早玉石之路，也就成为从新疆和田由西向东传播的玉路。这可以视为国内有关最早玉石之路探索的一个出发点。

第二阶段，玉石之路研究第二次突破发生于1990年前后。中国地质科学院研究所闻广教授1990年在《建材地质》发表《中国古玉的研究》一文，指出："迄今全世界最早的真玉器，系出土自我国早期新石器时代遗址之一，公元前第六个千纪的辽宁阜新查海，出土8件玉器，经研究全是真玉。"②后来确认为辽宁阜新玉器，玉料很可能来自同省岫岩一带。2007年中国社会科学院考古研究所与香港中文大学合作，共同研究内蒙古兴隆洼及兴隆沟遗址的玉器，出版了《玉器起源探索》。当时我们认为，兴隆洼-查海文化中的玉器，很可能是中国地区最早的玉器，并曾对黄河、长江流域乃至东北亚范围内多个遗址产生过广泛的影响。这样，最早玉石之路探索一下就由西北和田玉转移到东北辽宁岫岩软玉③。其间北京大学王时麒、赵朝洪结合地质与考古的研究，认为岫岩是"中华第一玉"，"是我国开发最早的玉石"。岫岩软玉向北传至今吉林和黑龙江，向西传至辽西和内蒙古东南，向南传至长江中下游，远至广东。由此可见，第二阶段玉石之路的主角是岫岩无疑④。

第三阶段玉石研究之路与内蒙古哈民玉器研究相关。2019年香港中文大学与内蒙古文物考古研究所合作出版《哈民玉器研究》⑤。自2012年后，邓聪从东北亚整体把中国东北出土玉器资料置于西伯利亚、朝鲜半岛、日本等更大范围全面考察。从结论上来看，最早玉石饰物如绿泥岩手镯及一些其他环状饰物（包括大理石及猛犸象牙）等，最早在约40 000年前首先出现于西

---

① 杨伯达：《中国古代玉器概述》，载《中国玉器全集1：原始社会》，河北美术出版社，1992年，第1—22页。

② 闻广：《中国古玉的研究》，《建材地质》1990年第2期。

③ 王时麒：《岫岩玉的宝玉石学特征及其对中华玉文化的重大贡献》，载《玉根国脉——"岫岩玉与中国与文化学术研讨会"文集》，科学出版社，2011年，第3—9页。

④ 赵朝洪、员雪梅、徐世炼：《辽海地区新石器时代玉器原料产地的初步探讨》，载《玉根国脉——"岫岩玉与中国与文化学术研讨会"文集》，科学出版社，2011年，第244—252页。

⑤ 吉平、邓聪主编：《哈民玉器研究》，中华书局，2018年。

伯利亚西南阿尔泰地区。这是东亚地区最早的玉石饰物，但当时未见使用软玉。

在距今23 000年前的旧石器时代晚期，西伯利亚贝加尔湖畔马耳他-布列齐文化开始使用软玉制作璧形饰、珠、弯条形器等饰物，揭开了人类使用真玉历史的第一页[①]。我们推测随后真玉文化从贝加尔湖畔向东渗透，自外贝加尔湖东南进入黑龙江上游，随着大河古文化向我国东北发展，特别是一些白色透明度较大的软玉原料，自新石器时代至青铜时代，经数千公里运输至我国东北地区，对我国史前文化产生了强烈的影响。

此外，很值得注意的是吉林大学和黑龙江省文物考古研究所在田野考古学领域有突破性的发现，把中国东北地区玉器的起源逐步推前至约距今10 000年前。吉林大学王立新在吉林白城双塔遗址第一期遗存中，发现一件浅青白色软玉的玉环（IIT405②：6），直径2厘米、厚0.7厘米，年代可上溯到距今10 000年前后[②]。

2017年，邓聪与黑龙江省文物考古研究所制定合作方案，共同研究小南山出土的玉器。从2015年7月起，黑龙江省文物考古研究所在饶河小南山遗址正式开展田野考古工作。小南山遗址堆积分早晚两阶段，早期第三层开口墓葬的碳十四测年分别为距今8 020年 ± 30年、8 150年 ± 50年和7 800年 ± 30年，树轮校正后为距今8 595—9 135年。这些早期遗存包括墓葬中出土的大量玉器、石器和陶器。玉器包括匕形器、弯条形器、管珠、璧、环、锛、斧等。因此，小南山所发现的玉器年代上接近10 000年前。

按现今所知情况，当下正进入最早玉石之路研究的第三个阶段。我们认为，最早玉器的诞生很可能出现于俄罗斯西伯利亚与中国东北部之间。40 000年前阿尔泰地区是玉石饰物精神革命的原创地[③]。在距今20 000年前，贝加尔湖一带已出现由软玉制作的璧形饰及坠等玉器，但软玉不是主导的矿

---

① G. Medvedev, “Mal’ta & Buret”, *The Paleolithic of Siberia: New Discoveries and Interpretations*, Champaign: University of Illinois Press, 1998, pp.126–129.

② 王立新、金旭东、段天璟等：《吉林白城双塔遗址新石器时代遗存》，《考古学报》2013年第4期。

③ A. P. Derevianko, M. V. Shunkov, P. V. Volkov, “A Paleolithic Bracelet from Denisova Cave”, *Archaeology, Ethnology and Anthropology of Eurasia*, 2008, 34(2), pp.13–25.

物。在距今10 000年前，软玉文化从贝加尔湖向东跨入黑龙江北部，小南山遗址出土大量的玉器环状饰物，软玉与其他矿物如蛇纹石饰等混杂共存。到距今8 000年前后，内蒙古及辽西地区兴隆洼查海文化中所有重要的玉器，几乎无一例外均采用软玉制作，显示出中国真玉文化的诞生。从这个角度来看，现今所知最早的玉石之路探索，已覆盖东北亚全面的范围。目前我们的工作刚刚踏上征途，漫漫求索，乞请大方之家的指导。

在文化原根探寻的道路上

——文学人类学团队的学术探索

王一川
北京大学艺术学院

我这次专程赶来上海，是要对叶舒宪教授表达双重的祝贺：一是祝贺他领衔的国家社科基金重大招标课题组“中国文学人类学理论与方法研究”成果发布会的召开；二是祝贺他担任首席专家的上海交通大学神话学研究院的成立。

我与叶教授相识多年，可谓老朋友了。不过，我和他之间平时几乎没有什么往来，大都只在学术活动时偶遇，借机聊聊而已。但在我心目中，他就是一位没什么个人爱好，而只以学术为志业的成果丰盈的真学者。因而凡是他的学术成果，我总是有关注；凡是有他需要时，我总愿到场尽一分力。这或许就是人们所谓的“君子之交淡如水”吧。这样的真朋友，在一个人的一生中想必都不会多，我觉得很宝贵。

这里我想谈三点，主要是围绕叶教授和他领军的团队所做的工作。一个学者能够自己持续取得“著作等身”的学术成果，已经了不起了。他不仅如此，而且还能带领一拨同行，持续多年，共同完成重大学术课题。这样的事，说说容易，而如今还有多少人能办到呢？能像他这样呢？

一、治学三阶段

我自己对文学人类学及神话学都没有专门研究，仅仅作为一名旁观者来谈，当然就不一定准确，只能算一种友情观察而已。

回看叶舒宪教授的40年学术道路，中间经历过若干变化，但其间还是可以隐约显出大致的三阶段轨迹：第一阶段为神话研究，第二阶段为文学人类学研究，第三阶段即现在进展到文化文本论或文化发生论研究。

在20世纪80年代后期开始的神话研究阶段，他从当时的那些如今可能早被遗忘的学术热点上撤出来，一头扎进当时属于冷门的神话研究领域，阅读原著，做翻译，在此基础上撰写研究著作，从而陆续有众多著述问世。这里有他译编的《神话-原型批评》（1987）、《结构主义神话学》（1988），著作《探索非理性世界》（1988）、《英雄与太阳：中国上古史诗原型重构》（1991）、《中国神话哲学》（1992）、《诗经的文化阐释》（1994）、《高唐神女与维纳斯：中西文化中的爱与美主题》（1997）、《庄子的文化解析》（1997）等。给我印象最深的是他的《高唐神女与维纳斯：中西文化中的爱与美主题》，他从自己感兴趣的两种文化传统中分别抓取到一个美人形象作为代表，展开跨文化的神话传统比较。这是过去没有人做过的事情，向学术界初步显示了他的学术研究的独创性。

在随后的文学人类学阶段，好比从巍巍昆仑山脉下来的他，顺势进入文学人类学的绿洲，在那里潜心耕耘多年，直到培植出文学人类学著作的森林：《文学人类学探索》（1997）、《阉割与狂狷》（1999）、《原型与跨文化阐释》（2002）、《文学与人类学》（2003）、《圣经比喻》（2003）、《千面女神》（2004）、《人类学关键词》（合著，2004）、《〈山海经〉文化寻踪》（合著，2004）、《老子与神话》（2005）、《熊图腾——中华祖先神话探源》（2007）、《神话意象》（2007）、《现代性危机与文化寻根》（2009）和《文学人类学教程》（2010）等。

在最近的文化文本论阶段，他似乎重新走上了昆仑探宝的道路，但这次寻找的已不再是中西神话中的最美女神，而是他逢人开口必谈的玉石。这些年来，每每偶遇他，总是三句话不离本行，必跟你谈玉。他的谈话的中心点不外是："丝绸之路"最初和根本上不是寻找丝绸，而是寻玉。中国帝王爱玉爱疯了，派出一拨拨人到西边去找玉，从而无意中开创了后人所称的"丝绸之路"。这"丝绸之路"当然是确确实实的，但实在只是由寻玉而附带出来的成果，实质上是"玉石之路"。而且据了解他的朋友们插话说，他每到一地，逢玉必观，已经炼就玉石鉴定的火眼金睛了，也就成了远近闻名的玉石鉴定专家了。

一边听叶舒宪教授如此眉飞色舞、两眼放光地说着，再想想他接连出版或主编的多部新著——《玉成中国——玉石之路与玉兵文化探源》（主编，2015）、《中华文明探源的神话学研究》（2015）、《玉石之路踏查续记》（2017）、《文化符号学——大小传统新视野》（合著，2018）、《人类学关键词》（合著，2018）、《神话意象》（2018）、《文化与文本》（主编，2018）、《熊图腾：中华祖先神话探源》（2018）、《重述神话中国——文学人类学的证据间性视角》（主编，2018）、《文学人类学新论——学科交叉的两大转向》（合编，2019）、《四重证据法研究》（合编，2019）、《玉石神话信仰与华夏精神》（2019）等——就更能理解他这些年的动力之所在了。

这次用这些成果来完成国家社科基金重大招标项目的结项工作，来支撑神话学研究院的成立，我看不仅绰绰有余，而且成果丰硕。

二、学 术 特 色

要评说叶舒宪教授和团队的学术特色，那需要真正的行家，而我只能提一点粗浅的感受。一个团队的成功，关键在于领军人物的治学风范。我的突出感觉有四点。

首先是宽广且丰厚。他从中国语言文学学科领域出发，稍不留神就伸展到了人类学、民族学、历史学、考古学和图像学等多学科领域，在那些地方探路寻宝，屡屡取得收获，再由此反哺中文学科。

其次是多变而专一。他的治学路径在过去40年来发生了多次转变，从中可以清楚地见出他主动求变的踪迹，但终究还是围绕着文学这个圆心去转动。立足于文学这个圆心，他不停地求新求变，力求让文学之圆画得更圆，并且产生出一个又一个更大的外围圆圈。而外围圆圈无论有多少圈，都总是围绕这个圆心在旋转，不会飞出这个圆心之外。

再次是丰产又育才。他的治学特点在于，既自己产出丰盛的学术成果，又力推出众多学术人才，包括前来合作的朋友和众多后辈学人。在如今这个急功近利的学术界，要做到他这样很不容易。

最后是方法论创新，特别是提出“四重证据法”并加以实践，即将文字训诂、出土文献、民族图志、考古发现四重方法融会为一体。这里有丰富的材料搜集、整理，更有新理论的提出，还有具体研究方法的支撑。

这样，叶舒宪教授通过多年的努力，逐渐形成了一个多层次的、完整有序的学术共同体。

三、原创性建树

叶舒宪教授和他领军的团队作出的学术建树是多方面的，无法在此一一列出，但假如需要归结起来的话，那就是万变不离其宗地集中为文学的文化原根探寻。无论是第一阶段的神话研究，如高唐神女与维纳斯等，还是第二阶段的文学人类学，如“千面女神”探索，以及第三阶段的文化文本论，如玉石等，终究都指向文学的文化原根探寻，也就是说清楚支撑中国文学的那种原初的集体意义根基或意义根源究竟如何。

这些表明，叶舒宪教授和他的团队在文学的文化原根探寻上作出了独树一帜的学术建树，是中国语言文学学科中独放异彩的学术重镇。这也是值得在此向上海交通大学和人文学院致以祝贺的。

最后，期待这支跨学科、跨领域、跨机构的队伍，能够继续其学术攻坚势头，产出更多的学术果实，特别是在神话学研究院成立之后，在神话学领域作出更多建树。

如果说对叶舒宪教授和他这支队伍有所建议的话，那就是适当走出文学研究的理性或神秘性，从文学的文化原根追寻而返回到文学经典文本的体验之中，也就是带领读者从多少有些神秘意味的文化原根上重新返回到文学经典的直接吟诵、真切体验和深度细读之中，以便呈现上述文化原根探寻在文学文本解读上的应有贡献。

我想这或许可以成为这个团队近期值得做的一项返本开新的基础性工作。因为，按我个人的理解，当前中国语言文学学科以及其他相关学科都在期盼这样的成果问世。

中国本土的文化理论建构之路

——《玉石神话信仰与华夏精神》的创新意义

杨　朴
吉林师范大学博达学院

一、发现我们文明的信仰之根

新著《玉石神话信仰与华夏精神》一书中，作者将史前玉石崇拜作为一种来源非常古老的神话信仰体系来研究，在逐一阐释玉璧、玉璇玑、玉人、玉柄形器、玉璜、玉龙及二龙戏珠、玉戈、玉兔等造型的源流和神话编码意蕴基础上，提出了“玉文化先统一中国”和“玉教”——玉石宗教的全新理论命题，使华夏文明独家崇奉的核心物质和核心精神得到深度的探源性关照。这就给文学人类学派的前一个重大项目——中华文明探源的神话学研究，再增添了一个成果厚重的研究案例。

读这本新书，会受到很大的思想震撼。一种震撼是来自作者的渊博广大的学问及其深邃的思想智慧。读此书，你会被他的博古通今、融汇中西的知识背景所折服。在他对神话学、考古学、人类学、民俗学、宗教学、文字学、历史学、哲学、文学、心理学、符号学、艺术学、图像学等的广泛涉猎中，人文社会科学领域的打通式知识结构，给引用、阐释与论证带来综合优势。他对国际学术前沿动向的敏锐把握和对中国学术史传承的自觉意识，使得这部专著立意高远、目标明确——那就是要给西学东渐风潮裹挟之下的中国本土文化建构自己的理论和方法论体系。台湾学者杨儒宾在评价伊利亚德“宗教史学”时，曾说：“耶律亚德的‘宗教史学’就像天罗地网，笼罩住许多人文社会科学的辖区，他所以采取这样的进路又奠基在对人的理解上。”“他的学说弥天漫地，讲的完全是一种神圣之展现。”杨儒宾对伊利亚德著作的评价，亦可以移用来评价《玉石神话信仰与华夏精神》。当代中国学术需要自己的“金枝”，也需要有自己的“神圣与世俗”。西方文明肇始的拜金主义价值与华夏文明的崇玉精神，恰好形成反差鲜明的对照。

从一个人文学科研究者和教师的角度看，我感到的震撼的是，《玉石神话信仰与华夏精神》所具有的巨大的穿透力和解释力。《红楼梦》的原名为什么叫“石头记”呢？红学研究多年来并未得到彻底的阐明。本书用大传统的玉石神话信仰理论来解释，就好像找到文学与文化的一张王牌，一下子能够让人明白究竟。女娲补天所炼五色石就是炼玉，因为，天是青色的，玉也多是青色的，玉是象征天的，因而，女娲才炼玉补天。但这个玉又是通神的，或者，它本身就是神。贾宝玉由女娲当年补天遗留的一块顽石幻化成人投胎而来。“贾宝玉、甄宝玉，都是象征啊。这块通灵宝玉有什么功能？玉上写得很清楚：通灵宝玉！正面有‘莫失莫忘，仙寿恒昌’，反面写着‘一除邪祟’，‘二疗冤疾’，‘三知祸福’。这几行字不是曹雪芹的臆想，近了说是汉代人明确记载的传统，远了说也就不知几何了。这不是强加的，至少是8 000年的信仰。”（第519页）叶著对“通灵宝玉”的解释，对红学研究具有很大的启发性。“通灵”即“通神”，这是叶著钩沉出的华夏玉石信仰的核心内容。《红楼梦》用了整整的第五回写了贾宝玉的太虚幻境梦，对这个太虚幻境梦，自有《红楼梦》研究以来，似乎都没有说得很清楚。在本书对通灵宝玉的解读中，我们终于明白了，那是贾宝玉有了这块通神、通天的宝玉，因而才做了一个梦见警幻仙姑即梦见女神的梦。在那梦里，警幻仙姑这位女神告诉他家族未来的悲剧命运，各个女性的悲剧命运，以及他自己未来的悲剧命运。原来曹雪芹是以“通灵宝玉”的神性来表现贾宝玉能梦见女神，梦见神谕，从而梦见未来的。西方人需要在教堂和神庙中完成的事，中国人只凭借自己身上的宝玉就能完成。这是何等敏锐的文化洞察力！很可惜的是，我们的文史哲研究者和我们的红学家们过去根本不知道玉文化大传统的近万年历史。因而，不仅不能透彻理解通灵宝玉的信仰意蕴，也还不能彻底解释为什么贾宝玉可以梦见女神指示他看象征女性悲剧命运的金陵十二钗正副册。在叶著之中，此类的例子，不胜枚举。从完璧归赵的历史事件，到鸿门宴上的化干戈为玉帛，玉石神话信仰支配下的上古史真相，和盘托出。由此可以看出，一个文明国家的核心价值必有其史前的信仰之根。在没有找到这个深远的信仰之根以前，这个文明的密码是难以揭开的。窃以为，《玉石神话信仰与华夏精神》是可以和西方社会学奠基人韦伯的名著《新教伦理与资本主义精神》比肩的对照之作。在对中国文化的深度解释力方面，甚至是比韦伯的理论原创更加令人信服的。

文学人类学方面对中华文明探源的神话学研究范式，是一项没有先例的学术原创。这首先要归功于跨学科意识的自觉。要知道，我国以往的神话学研究归属于文学类的民间文学范围，其受制于学科设置的画地为牢性质，根本无法拓展到文史哲不分家的打通境界。叶舒宪早年研究曾经特别关注“中国神话哲学”（1988），近10年来则全力以赴地专攻“神话历史”（2009—2019）。其学术起步期即把打通文史哲和宗教、艺术等学科作为己任。他把中华文明作为一个大文本，放在史前文化大传统的近万年脉络中去研究，从而爬梳出华夏精神的信仰之根，这又是前无古人的学术洞见。他在1994年总结出三重证据法，到2005年拓展提升为四重证据法，这是一个伴随改革开放40年成长起来的本土学者的自我超越和自我升级更新之路。要问文学人类学派新建构出的“文化文本”理论是从何而来？40年锲而不舍的研究创新与理论追求，就是最佳答案。

叶著认为玉石神话背后有一种宗教信仰，是这种玉石神话信仰先统一了中国，而这种玉石神话宗教信仰又奠定了华夏精神的信仰之根。整部《玉石神话信仰与华夏精神》就是论证这些新观点的。第一部分“玉的信仰”是全书最关键的论述，其中包含着神话观念决定论的理论新命题。所谓神话观念决定论，就是信仰决定论，是对神的信仰决定了玉石神话的想象发生。先民在玉石的特质中投射了对天神和永恒性的超越现实的神性，从而使玉石成为一种神话观念和一种信仰的实物载体。这种信仰形成先民普遍的精神依赖，因而成为一种持久不衰的宗教神话。第二部分“寓道于器”是对玉璧、玉人像、玉柄形器、玉璜、玉龙、玉戈、玉兔等玉礼器造型所体现的神话观念与神话故事的逐个探究，旨在揭示玉的信仰观念体系。第三部分“玉教及其神话流变”是从玉石崇拜的变化和衍生视角，审视冶金神话的本土起源过程，揭示从玉帛到金玉的核心价值变迁，再从玉教的原生性审视儒道佛三教的次生性和派生性，并给中国思想史研究带来前所未有的大传统深度关照的可能性。第四部分“玉文化先统一中国”，探讨考古新发现的陕西石峁建城用玉表现出的信仰内涵如何成为一种精神防御的观念原型，是这种神话观念的认同使“多元”成为“一体”，也就是“玉成中国”的原理；兼及中原史前用玉的西部来源和玉石之路，提出华夏文明孕育的“新黄河摇篮说”“资源依赖说”等一系列重大的理论新命题。由此，本书深刻地揭示出：华夏文明发生期的原动力之一即玉石神话信仰。

这是中华文明研究的一个突破性成果。中华文明探源工程的前身是夏商周断代工程，这个系列的探源工程对中华文明起源的探讨，意义十分重大。但是，它缺少了神话这个重要方面，而神话是人的精神信仰之根，缺少神话学关照的文明探源必定是不完整的、有缺欠的。本书所论玉石神话，即从先民的思想精神方面探讨中华文明的起源，不仅可以有效弥补这个工程的缺欠，也极有说服力地创建出中国本土的文化理论和研究方法论。这个学术贡献确实具有引领和示范的作用，完全吻合国家重大招标项目的设立初衷。

怎样才能有效地对接中华文明起源研究与神话学研究呢？该书如何获得其巨大的穿透力和解释力呢？理论的引导作用，无疑是现成的答案。文学人类学派的“文化文本论”研究范式的运用，在此居功至伟。从应用性的角度，可将其简括为文化大传统观和四重证据的研究方法。从20世纪初王国维提出的二重证据法，到20世纪末文学人类学派提出的三重证据法，再到21世纪的文化大传统理论和四重证据法，这正是外来的人类学思想在中国本土催生新理论与新方法的清晰过程，并敞开了一条光明而又宽广的融通中西学术的研究之路。我国高校的老师和同学们早已经习惯了标榜和援引形形色色的外来理论和方法的做派，最欠缺的就是如何建构更加符合中国国情的中国本土理论和方法论的理论自觉，更谈不上理论自信了。《玉石神话信仰与华夏精神》在开辟中国学者理论思维空间方面堪称范例。书中说得十分鲜明：“做学术研究，如果没有高瞻远瞩的理论视野，做得再好也类似匠人，无法提升到一种高度和境界上。”（第5页）

文化大传统和四重证据法的研究范式，并不是在这本书中才提出的，而是在国家重大项目立项之初就已经明确提出的。中华文明的玉石神话学解释，在玉石神话信仰中探讨出中华文明之根，以坚实的结论无可辩驳地证明了文化大传统和四重证据法新的研究范式立竿见影、行之有效的充分实效性。

文化大传统是由四重证据法重构起来的，因而，四重证据法实际成了文化文本论的关键。由《玉石神话信仰和华夏精神》可以看出，四重证据法是一种立体阐释的方法，在地上文献（一重证据）、地下出土的文字（二重证据）、非文字口传文化与仪式民俗（三重证据）和出土遗址、文物及图像（四重证据）的多重证明中，玉石神话信仰和玉石宗教的观点呼之而出。

在一般的理解中，在与文化大传统的有机联系中认识文化小传统，这个理论方法的概括是简单的，但是，它的证明过程却是不简单的。因为这个文化大传统并非是不言自明的，而是需要“再发现和再认识”，也就是重构。“再发现和再认识”的过程其实就是一个重构的过程。在对玉石神话的“图像叙事和物的叙事”第四重证明中，把属于玉石的图像，从8 000年前的兴隆洼文化到5 000年前的红山文化，从7 000千年前的河姆渡文化再到4 000年的石峁文化；从玉柄形器到秦始皇的玉玺，再到刘邦献给项羽的白玉璧；从红山文化玉人到晚近时代的象征符号；从8 000年前的玉玦到21世纪的北京奥运会金镶玉奖牌等等；所有重大的玉器，几乎毫无遗漏地一网打尽，呈现在本书中。图像以它的直观性和形象性，能将玉石神话信仰表达得淋漓尽致。作者用四重证据法重新建构了玉石的神话信仰体系，完成文化文本的一级编码重构，又用文献的第一重证据验证文字对玉文化传统的二级编码，还用民间口传文化的第三重证据作为玉石神话信仰大传统传承至今的活态案例，这就用多重证据构成了文化文本的立体而完整的证据链，从而呈现出玉石神话的多级编码历史过程。本书对每一件重要玉礼器背后那个专有的神话意蕴的解读，既使人们看到了玉礼器光鲜的外表之下隐含着的神话与信仰，又使人们看到了华夏神话总体格局的原型和演化，与此同时，又使读者充分领略到，为什么说玉石神话确实表现着中国人独有的宗教信仰体系。

为发挥物的叙事能量，文学人类学研究会组织考察玉石资源，先后有14次田野考察，足迹覆盖西部7省区250个县，踏查、调研与采样，摸索出一条先于丝绸之路的玉石之路。而这种玉石资源和玉石之路的考察，为先民的玉石神话信仰作出最有力的实物证明。不仅如此，作者团队对玉石的来源（包括“玉门关”的再认识）、玉石的成色、玉石的造型和玉石的功用，重新学习和持久体察，在学理研究的同时努力成为名副其实的玉石知识专家。因为在文化大传统中，玉是代表神的，当今学者要体验民间以佩玉的方式与神的交流。玉文化的实地考察和亲身体认功夫，在整个学界也是空前的。这正应验着人类学原理的“从本土的观点”看待文化的内部视角。正是在亲自考察和体认的前提下，以玉石图像和玉石资源的叙事作为论证的证据，使被遮蔽、被遗忘、被歪曲的玉石文化大传统——玉石神话信仰——得到了非常完整、清晰、精准的重构。本书为我们勾勒出近万年的玉石信仰文化链条，其一直传承到我们今天的中国玉雕经济现象。

本书结论是，正是这个玉石信仰先统一了中国，从物质和精神上引领着秦帝国的军事和政治的统一。早在国家文明建立之前，玉代表神，代表人格的最高理想，代表人的生命永生的保证，这一系列神话观念早已成熟，并已经深入人心。华夏精神就是君子精神，华夏精神之源就扎根于这种玉石神话信仰之中。孔子所言“君子比德于玉”，原来也是对大传统悠久信仰的伦理概括。

本书的这种认识源于文化大传统理论和四重证据法的运用。对玉石神话与华夏精神的再发现，有力地证明了文化大传统论和四重证据法作为一种全新的中国文化研究范式，具有怎样的实效性和深度解释的潜力。

也许，有初读本书的朋友会产生怀疑，玉石怎么会有神话信仰，针对玉石怎么会形成先民的一种宗教信仰呢？其实，关于早期神话的起源迹象，早已消失在茫茫时光的那一头了。今人对早期神话的探求就只能靠考古学发掘出的图像与实物。玉石便承载着神话观念信息与宗教信仰。本书指出：“几乎每一种玉器背后都有一个专门的神话。古人不会制造没有意义的东西来。古人并非茫然无知，从浩渺宇宙中切磋、琢磨、筛选出来的珍贵之物，需要花费大量的人力、物力甚至财力，不是非常虔诚是无法做到的。晶莹剔透的玉代表神，背后是一整套神话信仰。而在这么广远的时空中延续传承，非‘玉教’不足以说明。我们要做的是把每一种玉器背后的神话观揭示出来，它是不是宗教就很清楚了。”（第515页）在图像与实物之中探求神话思维，是所有神话学家和人类学家的艰巨任务。著名的宗教学家阿姆斯特朗通过尼安德特墓葬留下的动物骸骨重新构拟了“墓边神话”，重新构拟了旧石器时代的精神信仰。阿姆斯特朗的基本观点是，人类一开始就不停地追问意义。“人类很容易陷入绝望之中，因而从一开始我们就创造出各种故事，把自己放置于一个更为宏大的背景之上，从而揭示出一种潜在的模式，让我们恍然觉得，在所有的绝望和无序背后，生命还有着另一重意义和价值。”[①]而故事是要靠仪式表现出来的，举行仪式时，就需要象征符号，因而，象征符号就成为神话与信仰的象征。神话学家坎贝尔说：“神话的象征符号不是制造出来的，这些符号不能定制、不能发明，也不能永远被抑制。它们是心灵的自然产物，每一个象征符号都含有心灵的完整无损的萌芽力量。”[②]玉石是信仰的实物象征，而神话就具有宗教的性质。伊利亚德说：“石头象征的复杂性以及石头的宗教价值是众所周知的。岩石、石板、花岗岩石块所展现的是持久、永恒和不朽，总之，是一种独立于时间的存在模式。”[③]玉是出于石头又比石头更具宝贵价值的奢侈物，它的宗教价值对于古人来说是不言而喻、其意自明的。因而，我们不必因为没有教堂、教义而否定玉石神话后面潜隐着的宗教性质。因而，我们也不必怀疑通过史前玉文化的系统研究，求证华夏精神源于玉石神话信仰的结论。

二、从理论自觉到文化自觉

文学人类学派对玉石神话信仰与华夏精神探讨的意义是重大的，此乃对中华文明探源工程的重要补充。同样，文化大传统理论和四重证据法的全新研究范式的建构，对于整个文科都有启示意义。只要我们把这种新的范式放在中国文学批评史中去审视，就会看到其特殊贡献。中国古代的文学批评方法最主要的是感受性的点评法。这种批评方法是对文本阅读的感受阐发和对文本的解说与评价。它的优点是以文学性或诗意性的表达来评论文本，它本身就能成为一种文学形式。但是，其明显不足之处是在诸多的文本感受性阐发中并没有抽象提升为一种科学的批评方法。最明显的是用于《红楼梦》的

---

① 阿姆斯特朗：《神话简史》，胡亚豳译，重庆出版社，2005年，第3页。
② 约瑟夫·坎贝尔：《千面英雄》，张承谟译，上海文艺出版社，2000年，第2页。
③ 伊利亚德：《宗教思想史》，晏可佳等译，上海社会科学院出版社，2004年，第101页。

批评方法并不能用于《金瓶梅》。如果一定说是批评方法，那就是表达感受的点评法。我们有世界上堪称伟大的经典，但是并没有与伟大经典相匹配的研究方法。正因为古代批评方法的科学性的欠缺，因而，从伟大的《诗经》开始，到《红楼梦》的优秀经典，均没有获得足够有效的解读。

乾嘉学派的考据方法对中国文史研究具有重要推进作用。但是由于考据方法还拘泥于文字训诂等具体问题，其一方面造成丧失宏观的整体性理论观照视角，另一方面又缺少来源于本土文化传统的文化阐释范式。从鸦片战争以来的近现代，一直到当代，我们的文科仍然没有建立起属于中国本土的理论和研究方法。20世纪30年代我国曾经引进西方精神分析等批评方法（曾再版，《精神分析狂潮——弗洛伊德在中国》，吴立昌编，江西高校出版社，2009年），一直到新时期的20世纪80年代，我国又再一次掀起引进西方文学批评方法的狂潮。这种引进是创造本土理论方法必要的阶梯。那时，有些学者也尝试开始建构某些理论，但是，他们对国外的美学理论并不了解，针对这种情况，著名美学家李泽厚指出："现在有许多爱好美学的青年人耗费了大量的精力和时间苦思冥想，创造庞大的体系，可是连基本的美学知识也没有。因此他们的体系或文章经常是空中楼阁，缺乏学术价值。这不能怪他们，因为他们根本不了解国外研究成果和水平。……科学的发展必须吸收前人和当代的研究成果，不能闭门造车。目前应该组织力量尽快地将国外美学著作翻译过来。"[①]国外理论与批评方法的大量翻译，使人们特别是青年学子得到了文学批评的不二法宝。从精神分析、原型批评、结构主义到符号批评等西方几百年流行的方法被我们的文学批评在几年内尝试了个遍，一时间，我们又重新掀起国外批评方法的狂潮。这种狂潮一直延续到21世纪之初。我们为什么对国外的批评方法趋之若鹜呢？这是因为我们中国本土缺乏科学的对解读文本行之有效的方法。

这种外国批评方法的引进与运用，对于我们解读文学作品起到了积极作用。但是，由于它是基于国外的文学经验建立起来的批评方法，因而对于解决中国本土的文化研究与文学解读，就有一定的盲区和限制性。这就造成批

① 李泽厚：《美学译文丛书序》，载克莱夫·贝尔：《艺术》，周金环、马钟元译，中国文联出版社，1984年，第1页。

评界一部分人对它的抵制。因此，批评界就出现两种情况：一方面是一大批学人对国外批评方法的热衷实践，另一方面是另一批学人对其的坚决拒绝。前一种批评实践是运用国外批评方法，后一种情况是使文学批评仍然沿着传统国学的老路向前滑行。两种批评方法的实践者都相互指责没有运用属于自己的批评方法。如果从高校的文学理论教育来看，文学批评方法的教学内容大多都是西方各种理论方法的简易翻版。在这种情况下，中国急需建构属于中国本土的全新的文化理论与批评范式。

从另一个角度说，问题更为明显。鸦片战争以来，我们与国外的社会科学交流基本上都是单向引进，而很少向外输出。即使输出也都是作为一种了解中国基本信息的东西，而不是作为学术创新成果来对待的。新文化运动以来，这种单向输入而绝少输出的状态并没有得到多少改变。这种状态与作为一个文化大国的中国是极不相称的。我们的“一带一路”使经济交往对象扩展到了100多个国家。但是，我们在文科研究方面，仍然是在搬用和套用其他外来的理论和方法，这是文化传播格局中严重失衡的现象。我们经常说文化自信，但是，如果我们的文科没有自己的本土文化理论和研究方法，那么说文化自信是缺乏底气的。理论自觉应该是新时代中国文化自觉的一个重要前提。同理，理论自信也是文化自信的重要前提。

为什么100多年来，我们在文科研究方面总是在搬用外来的理论和研究方法而没有形成自己本土的理论与方法呢？笔者认为，我们在长期沿用国外理论方法的过程中，形成了一种依傍、依赖和依附的心理习惯甚至传统，而自己的创新精神和创造能力变得萎缩、低下，创造属于中国本土的文化理论和研究范式，甚至很少有人提起，文科的教学中甚至根本上回避这个方面。

在这种大背景下看文化大传统论和四重证据法的研究新范式，具有引领本土文化再自觉的前瞻性意义。这是属于中国本土研究范式的建构，虽属初创，还有待修订和完善，但毕竟是一项学术创举。这种本土理论和研究范式的建构，可以结束百年来对外国研究范式的机械搬用，也结束了自古以来没有本土的科学理论指引的历史，为解决中国本土的文史哲各科的“文本”研究，提供了行之有效的方法。从中国文学研究方法的角度看，这种文化大传统论和四重证据法新范式的建构，具有里程碑的意义。

文化大传统论和四重证据法的文化文本论新研究范式，其突出的特点是关照文化的总体性。我国的文学理论和文学研究，在过去长期受制于学科本位主义，缺乏文化整体的考虑，因此科学性不足。其原因是，我们不是从文化传统的总体脉络来审视研究对象的。反思我们的文学理论和研究方法，大都是离开了本土文化整体系统，即离开了文化文本而对他国文学理论挪用照搬。因为没有本土文化整体性的理论认识，因而，批评或研究就犹如离开了文化大树及其之根的枝枝叶叶的挪用，它在本土没有生命力、科学性和实用性是必然的。这种"只见树木不见森林的近视症"（弗莱语）不仅是文学批评界和研究界的弊端，也是文科的通病。所以，弗莱在他的《批评的解剖》中就极力倡导一种整体性批评。弗莱说："批评看来非常需要有一个整合原则，即一种中心的假设，能够像生物学中进化论一样，把自己所研究的现象都视为某个整体的一部分。""像任何其他科学一样，文学批评要实现这种'归纳的飞跃'，其首要前提是应认识存在着一种紧密结合的整体性。这一认识虽看似简单，但每一门科学都要经历漫长的岁月才发现自身实际上是个完全可以理解的知识体系。"[①]对于怎样把握整体，弗莱给出的答案是"建立系统的知识体系"[②]。但这种系统性的知识体系怎样建立呢？弗莱的进一步回答是，"这个文学整体可以通过它的更大的结构原则，也就是我刚刚所描述的常规、文类、反复出现的意象群或原型来研究"[③]。弗莱说："我所说的原型，是指将一首诗与另外一首诗联系起来的象征，可以把我们的文学经验统一并整合起来。……力图把个别的诗篇纳入全部诗歌的整体中去。"[④]弗莱"批评的解剖"核心思想是用原型模式寻求整体性，我国的文学人类学派则是用文化大传统获得更加具有深度的整体性。文化大传统主要是指文字之前和文字之外的文化传统，它可以包含原型模式，但它又比原型模式有更多的要素，还包含原型产生的文化语境。弗莱的原型模式所重视的是找到一首诗与其他诗的联系；大传统理论所重视的首先是诗所由之产生的文化整体性。比如玉石神话信仰，如果运用弗莱的原型研究，它就要找到今天玉石崇拜在历史中

---

① 弗莱：《批评的解剖》，陈慧等译，百花文艺出版社，2006年，第22页。

② 同上书，第25页。

③ 弗莱：《批评之路》，王逢振、秦明利译，北京大学出版社，1998年，第9页。

④ 弗莱：《批评的解剖》，陈慧等译，百花文艺出版社，2006年，第142页。

的原型及其模式，而《玉石神话信仰与华夏精神》不仅是找到玉石神话的来龙去脉，同时更注重阐释玉石作为拜物教对象所滋生的宗教信仰体系情况。

在原型批评基础上融进格尔茨的文化解释论，就使得本土的文化大传统理论的整体性有更加丰富的内涵。这种文化大传统的创建，既能够使研究对象与原型建立内在的必然性联系，又使其文化意义得到立体阐释，从而使研究对象在大传统传承脉络中得到深度透视、完整把握和透彻解读。这就使整体性方法具有可操作的具体性，从而发展并超越和推进了弗莱所倡导的整体性批评范式。

四重证据法是运用多重证据的文科研究方法，它使文化和文学等对象的研究，能够有效地进入文化大传统中去。如果说文化大传统是某学科的整体、系统和结构性存在，那么，四重证据法则是保证研究者能够进入这个学科整体、系统和结构的具体路径。四重证据法同样可以纠正与救治我们文学批评和文学研究中的盲目性。弗莱说："凡对文学认真研究过的人，都了解这项研究中认知过程跟科学研究一样，是有条不紊、循序渐进的。两者对人的智力训练完全相同，又同样使人确立学科应具有完整性的信念。"[①] 弗莱揭示了文学研究的内部规律，它是一个具有完整性的体系，文学研究要有进入这个体系的方法。正是在这一重要问题上，文学人类学派构建的四重证据法具有照亮批评之路的引领作用。它的可操作性，可以使刚刚入门的青年学人看到走入文学和文化研究的宽广之路，也可以把那些有一定经验的研究者带入隐秘的文化和文学系统内部去，发现原来被遮蔽、被遗忘的隐秘内容。

大传统理论和四重证据法的本土实用性，是它最显著的品格。它不是一种纯思辨式的理论论证，而是在钩沉华夏玉石神话信仰的研究中，展开对方法论的具体实际说明。它同时还具有很强的可传授性、可训练性特点。由于这种方法具有相当于生物学揭示了生物史内部规律的系统性，因而就具有使掌握这种方法的人走进文化和文学系统内部中去，进行"有条不紊、循序渐进"（弗莱语）研究的极大可能。在传世文献与出土文献、非文字口传文化与仪式民俗和出土遗址、文物及图像的具体方法规约下，进行有步骤的跨学科学习与训练，使学术思想智慧与实际能力得到行之有效的训练、教化与提

---

① 弗莱：《批评的解剖》，陈慧等译，百花文艺出版社，2006年，第14页。

升。因为有了文化大传统理论和四重证据法的新范式，我们就会获得如弗莱所说的批评境界——“让思想围绕一个人们曾百般努力却无法洞察其奥妙的课题自由驰骋”[①]，从而不断逼近我们研究的高远目标，而不是停留在就事论事的层面上。

当有了文学人类学派提供的文化大传统理论和四重证据法的文化文本论研究全新范式之后，再说文化自信，我们有了足够的底气；当看到“一带一路”向外输出中国制造的时候，人文学科也终于有了属于中国本土的文科研究范式，我们才有名副其实的文化自信。

三、文学人类学派的知识生产谱系

对文学人类学派的中国文化理论体系的价值估量，还有待未来文科研究成果的进一步证明。但是，未来是由历史决定的，看到了历史就看到了未来。由于中国文化理论的新范式有一个不断探索的建构过程，是40年如一日逐步积累和建构起来的，因而，在其建构过程中已经产生了较大的影响。在今天，终于可以看清在1986年翻译编著的《神话-原型批评》，可以视为文化文本论新范式整个建构过程的奠基或者第一步。《神话-原型批评》对中国文学研究的影响，是学界尽人皆知的。近几十年来，在中国文学研究中，神话原型批评是有突破性成就的，而大凡做神话原型批评和文学人类学研究的人，都是受到神话原型批评理论影响的。

但是这是属于建构文化文本论新范式的第一步，或者说是第一个阶梯。在翻译编著这本书之后，译者本人便开始运用神话原型批评破译中国文学经典的实践。这属于理论本土化诉求的第二步，或者说第二个阶梯。在《诗经的文化阐释》《老子的文化解读》《庄子的文化解析》《汉字的原型批评》《中国神话哲学》《高唐神女与维纳斯：中西文化中的爱与美主题》《熊图腾》《千面女神》等一系列具有重要突破性的成果中，可以看出灵活运用神话原型批评进行探索的果实。与其他学者不同的是，文学人类学派在运用新方法

① 弗莱：《批评的解剖》，陈慧等译，百花文艺出版社，2006年，第3页。

破译本土文学典籍的同时，还探索总结这些理论方法的意义，带着这种实践性经验与体会，开始尝试建构中国文学人类学的理论和研究范式。那就是在吸收神话原型批评基础上，建构属于中国文化实际的研究新范式。以文学人类学方法为基础，吸收神话原型批评方法和格尔茨的文化解释论，加上对王国维二重证据法的扩展，便成为文化文本论的重要基石。这个时期推出了有影响的著作是《文学与人类学》（社会科学文献出版社，2003年），后来又出版了《文学人类学教程》（中国社会科学出版社，2010年）、《比较神话学在中国》（社会科学文献出版社，2016年）等。这应该是建构新理论范式的第三步。完全运用这种文化文本论研究新范式，探索中国文明的神话起源，应用、检验、体现与展示这种新范式的新成果有《中华文明探源的神话学研究》（社会科学文献出版社，2015年）、《图说中华文明发生史》（南方日报出版社，2015年）和本书《玉石神话信仰与华夏精神》等。这属于建构文化文本论新范式的第四步，或者说是第四个阶梯。

文化文本理论新范式建构的过程，就是实际产生重大影响的过程。从第一步即编译《神话-原型批评》开始，文学人类学派的身后，就开始跟着一批浩浩汤汤的学术队伍。这批今天看来可以归结到文化文本论一派的文学研究队伍，跟着探索者一步一个阶梯地向前走去，从神话原型批评一直跟着走进文化大传统和四重证据法的新范式研究，从而获得丰厚的研究硕果，展现了中国文化和文学研究的新天地。我自己就是这浩浩汤汤队伍中的一员。在2017年上海交通大学举办的文学人类学研究会第七届学术年会上，杨庆存院长等专家对这一学派的理论探索给予高度肯定，并由此促成上海交通大学神话学研究院的成立。我们吉林师范大学有一个吉林省教育厅社科研究基地东北文化研究中心，多年来我们都是在文学人类学派的指引下进行研究的，本人长期研究东北二人转，也是亦步亦趋地跟着这些新方法进行的。我们研究中心的满族说部研究、萨满研究、东北民间文艺研究等，也获得了很好的成绩，这充分说明了文化文本论研究新范式的可行性与行之有效性。如果把眼光放到整个中国文化和文学研究界去看一看，我们就会清清楚楚地看到，文学人类学新范式使中国文化和文学研究发生了翻天覆地的革命性变革，其未来还将借助于国家重大项目成果的作用，发挥更大的示范效应。

现代文化何以自信

——《玉石神话信仰与华夏精神》的理论创新诉求

胡建升
上海交通大学人文学院

经历了百年现代文化洗礼的中国人，一方面获得了科技飞速发展、物质极大丰富的现代性物欲满足，另一方面又目睹了社会道德下滑、人心流俗不古的人为文化危机。站在新时代的文化十字路口，如何复兴华夏民族优秀传统文化精神，如何在现代文明中创造具有中国自信的现代文化精神，成为学术界为之奋斗的重要使命。

文学人类学是在全球化进程中催生出来的一个新兴学派。在诞生之初，文学人类学大胆借鉴西方文化人类学、比较神话学、比较宗教学、比较文学等诸多学科的理论经验，深入阐释和破译中国传统文学与文化的深层密码。经历了30余年的阐释实践、摸索思考，21世纪以来，文学人类学在数十年的阐释经验基础上，立足本土地方性知识，开展长期的田野调研，形成了自身对华夏文明起源和本土文化精神的全新认知，提出了一系列的文化理论命题，也形成了以四重证据法为核心的方法论，为重建华夏现代文化的自信问题提供了本土经验。

一、失语与失根：现代中国人不自信的文化根源

20世纪90年代中期，季羡林、曹顺庆等一批学者针对当时学术界一部分人过分崇洋媚外的现状，提出了著名的“失语症”问题，诊断出当时学术

界一部分学人患有严重的话语疾病。这种学术诊断是震聋发聩的，也是发人深省的。20多年过去了，反思“失语症”，当代华夏学术的病征不仅仅表现在话语的表述方面，而且之所以患有这种病征的最为根本原因是“失根症”。所谓“失根症”，就是失去根部力量而导致的文化病征。由于过分依赖西方文化，用西方文化的世界观与价值观来审视和阐释华夏文化，表面上看，尽管说得头头是道，持论甚高，理论甚深，但以西释东，东西杂陈，免不了郢书燕说的文化弊端，说了很多，终归还是没有触及华夏精神的核心内容。具体说来，“失根症”表现在以下几个方面。

一是对西方精神的过分依赖。近代以来，西学东渐，的确为中国的现代化进程带来了一些活力。但随着现代化在中国的深入发展，各种社会问题也随着出现了，尤其出现了唯西方精神马首是瞻的文化异象。西方精神代表的是西方文化的逻辑价值，是西方人处理西方社会的根本精神。如果将西方精神机械拿来，全面渗透到现代中国社会中，就会导致中国现代化“黄皮白心”的后殖民心态。换句话说，中国的现代化进程就很容易失去自身的文化特色，由此而成为文化后殖民思想在中国的区域巩固与不良发展。另外，西方精神极为重视理性自觉的知识建构，尤其重视主体与客体二元对立的结构模式，很容易形成人与自然的对立关系，这种文化对立的二元模式成为全球化时代现代性危机的深层文化根源。与此同时，伴随着人类自身理智意识的过分张扬，人类天生所具有的物质欲望也随着不断膨胀，这也会导致人欲的无限放大，以致欲壑难填。人类在现代性的自我张扬之中，又不自觉地掉进一个自掘的陷阱中。立足本土文化，适当借鉴西方文化中能够取长补短的优点，达到中西文化的有机融通，这样才能更好地利用西方精神来发扬本土文化的价值。魏晋时期，魏晋人善于利用西来的佛教形式，融入本土清谈的文化价值，是利用西方文化来建构本土精神的成功示范。

二是对西方理论的机械使用。西方人重视理性，擅长建构各种人为智慧的理论形式。中国现代化的100年，从中西学术交流来看，其实质是模仿与挪用西方理论的100年。这100年是西方理论的单方面输入，中国理论的输出几乎是一片空白。西方形式多样的现当代理论有现象学、存在主义、结构主义、后现代主义、后结构主义、建构主义，等等。西方人善于理论翻新，善于立足一点展开理论思辨，擅长理论体系的宏大建构，而且自成格局，逻辑严谨，的确有其长处，但面对纷繁众多的西方理论，也的确令一部分现当代中国学者有点应接不暇，甚至出现了盲从的现象，由此引发了一些为理论而理论、以理论追新为时髦的唯理论流俗学风与不良士风。至于理论创新是为了什么？这种理论跟风又有什么作用？以及运用这种理论来阐释中国文化与中国经验是否合适？这些问题都成为大家所忽略的重要问题。理论研究原本是对实践经验的总结，其目的是用来指导实践，而学术界一部分人的理论模仿与机械移植，不仅使得西方理论陷入困境，而且使自身的理论建构也被西方理论所绑架。西方人说某种理论很流行，部分中国学人就不假思索主动将其模仿过来，这种理论跟风已经成为部分学人的陋习。西方人说理论死了，那些理论跟风者就摸不着头脑，不知该怎么办，表现出一副无奈的模样。其实，我们可以借鉴西方理论的创新方法与建构路径，用来重新思考本土文化的理论问题，这样才能既吸收西方理论的长处，又弥补华夏文化理论不足的短板。文学人类学充分借鉴马克斯·韦伯利用新教伦理思考资本主义精神的成功方法，有效地建构了华夏本土精神的史前玉石神话信仰，发掘出华夏精神潜藏未知的文化驱动力，充满了学术智慧。

由于华夏本土精神的百年迷失，以及当代西方理论的模仿习性，导致全民文化的“失根症”越来越严重，由此产生了各种稀奇古怪的文化弊端、身份危机、心理焦虑，也引发现代中国人的心灵创伤和文化危机。这种建立在他者文化与文化危机之上的文化自信，本身就很难长期维系。要重建华夏民族的文化自信，仅仅躺在西方精神与理论话语的文化温床上，用机械模仿的方法，而不是积极联系本土特质，自觉建构自己的理论，是永远难以达成的。只有重新发现与认知华夏精神的根性特征，才能发掘组成华夏共同体的内在动力，才能重新树立国民发自心性根部的文化自觉与文化自信。展开当代文化的寻根活动，成为当前中国人文学科最急迫、最重要的学术使命。

二、文化寻根：文学人类学的神话探源

文学人类学作为一个跨学科研究的全新学科，自觉将发掘华夏本土精神

的原始动力作为学科建制的重要使命。尽管文学人类学在建制之初也是在理论模仿中蹒跚而行，但又从来没有满足于理论模仿，而是逐渐摆脱理论模仿的陋习，大胆建构自身学科的理论体系与研究方法。文学人类学早期提倡的原型批评属于理论学习的借鉴阶段，中期生发的神话原型理论属于跨学科研究的整合阶段，现阶段倡导的文化大传统玉石神话信仰属于本土理论的创新阶段。可见，从早期的模仿，到现阶段的理论创新，文学人类学也经历了一个由模仿到整合、由整合到创新的长期过程。概括文学人类学40余年来理论成长、理论整合、理论创新的本土经验，主要表现在以下几个方面。

一是回归本土。全球化时代，是西方知识在全球渗透的现代过程。文化人类学反思知识全球化，提倡知识本土化，为文学人类学的回归本土提供了学理依据。同时，一批早期本土的文学研究者，在实际的研究过程中，也深深感觉到，如果仅仅用我们的现代知识眼光去观察早期文化的本质，是不足以发现本土文化精神的。如宋兆麟在《巫与巫术》中认为："过去研究史前史，人们往往用现代人的想法去观察史前时代的思想意识和科学文化，而那些科学文化和宗教意识恰恰是由另一种眼光创作的，与我们的思想方法大相径庭。究其原因，不外乎史前人类有他们自己的世界观和方法论，我们有我们的世界观和方法论，而史前人类的世界观的核心是鬼神世界观，或者是巫教世界观。"[①]宋兆麟研究西南少数民族的巫术文化，通过大量的民俗调研，他深深地认识到，史前时代与全球化时代在思想意识方面存在很大的不同，他揭示出，史前人类的核心世界观是"巫教"世界观。

文学人类学善于整合西方文化人类学、本土民族学、本土考古学等诸多学科的文化经验，自觉地走上了一条回归本土的知识阐释路径。"回归本土"不是一句口号，说来容易，做起来却极为艰难。第一，回归本土是对西方学理的全面挑战。跳出西方学理的理论视野，诊断现代性的诸多危机，提出现代性的潜在风险，可见，文学人类学不仅仅是在做一件纯粹的理论创新的学术之事，学术乃天下公器，文学人类学首先是在为全球化时代人类的现代狂欢、未来命运提前作出诊断。诊断之后，给出的诊治药方就是全球的本土知识。第二，回归本土是对现代中国的未来出路作出的积极探索，并给予学理

① 宋兆麟：《巫与巫术》，四川民族出版社，1989年，第4—5页。

的回答。全球化时代，是科学技术兴盛的霸权时代，“人”被科学理性所挤压，乃至于趋于毁灭的生存边缘。回归本土，就是要回归到崇尚自然生命的东方精神，以及生生不息的东方思维，回归到女神生命之初的神话存在。

二是神话本性。东方思维不同于西方思维，最关键的地方就在于东方人始终保持了人类之初的神话思维。人类之初，不分东西方文化，都是神话思维的产物。但是随着人类理性的崛起，从轴心时代开始，西方人就走向了一条对原初诗歌不信任、要驱逐神性诗人的不归之路。而在东方，古老诗歌成为后来知识分子文化身份认同的重要文化形式，神奇诗歌的迷狂声音成为指点东方人的重要文化途径，它引导着东方人沿着数千年来永恒执着的神话追求而谨慎前行。神道与神德的文化想象成为东方生命的无尽遐思。

文学人类学经历30余年的本土文化阐释，深深地认知到，神话才是华夏精神的本性所在。一切脱离神话的科学研究与本本研究，都是人为想象的不着边际的现代人思考，是一种南辕北辙的无效阐释。文学人类学的神话观，不是西方人的神话故事，而是与人的生命存在和精神维度密切关联的整合存在。《周易·系辞上》云：阴阳不测谓之神。中国人的神不是高高在上的上帝，而是阴阳永恒运化的自然存在。“神”和谐统契着宇宙之间的天地人神，是阴阳运化的神奇力量。“神”既是天地之神，也是祖先人神，是一种浑然一体、渗透融合的神圣存在。“神话”就是这种特殊自然之“神”或祖先神灵的显现方式与表述形式。神是根性存在，万物是居舍形式，神话就成为神灵居于万物之中的形式表现。

文学人类学一方面总结了华夏精神的内驱力在于神话，认为只有依据神话思维的文化特性，才能认知华夏文化的深层结构，否则，就只能在文字表面兜圈子，可见，神话思维成为文学人类学打捞华夏精神、深入民族灵魂的重要指针。另一方面，文学人类学又不满足于西方人以神话人物故事来框定神话，而是立足本土的文化认识，重新改造神话的内涵与外延。欲善其事，先利其器，文学人类学对神话观的全新改造，使神话思维成为进入本土文化的重要思想武器。

华夏文化自信来自本土文化自觉，只有深入本土文化的潜藏层面，才能提炼出华夏文化的精神特质与隐蔽秩序，才能体验并认知到天地人神共为一体的天人合一价值观。

三、根性认知：从玉石信仰到儒道思想

文学人类学提倡根性认知，不做表层认知。庄子认为，用有限的生命去追求那些无限的真假难辨的知识形式，只会令人倦怠不已。换句话说，追求那些表层的无穷尽的知识，一定会令人疲惫不堪，也一定会令一个民族疲惫不堪。文学人类学要用有限的生命存在去寻求真知，让真知来揭橥华夏精神的内驱动力。

一是作为精神内驱力的玉石神话信仰。位于华夏文化核心位置的玉石之物，就成为华夏神话中最为典型、最具魔力的神话之物。文学人类学认为，在早期华夏居民的眼中，玉石是从天上落到人间的精物。玉石不是一种物理学、化学、审美等方面的纯粹物质，而是承载了华夏初民精神信仰的文化之物。

玉石成了人间的神物，它是神灵在人间的物质化身。由此，人的日常生活就不是一种为生活而生活的平常事件，而是要将玉石神话信仰的原型动力贯穿在生活事件中，使神话故事在人体存在、人间价值中展现出来。可以这样说，凡是有人的地方，就是充满了玉石神话想象的文化存在，玉石神话信仰渗透在人类生活的方方面面。

第一，人的身体须佩戴玉器。佩戴了玉器，人体就能感受到神圣力量的存在，人就能摆脱人在世界之中的各种诱惑，以免心神纷乱，精离命亡。身体所佩戴的玉器，就成了保命治病的良药，成为人在世界中最好的寄托。“通灵宝玉”，解决的不仅是审美的问题，更多的是神话信仰的文化治疗问题。

第二，玉器可以永恒不朽，而注定要死的人类，面对这种可以超越时空局限的神性物质，就想象着通过“衾玉”成为玉人。因此，玉人形象成为古人在人间最佳的偶像，充满神话想象，成为人类对自身存在最美好的文化期待，也成为各种文学作品再三吟咏、赞美不已的神话意象。玉石之物，随着神性想象的展开，也成为人间最美好的神话“食品”，诸如玉泉、玉液、玉粉、玉精等。通过“衾玉”，人就可以摆脱有形生命的时空局限，实现长生

久视的生命想象。玉石神话给人类带来的是充满生命遐思、永恒激情的文化想象。

第三，玉是天上之物，使用玉器，就相当于生活在天堂之中。古人用玉石材料建构了各种人间的生活器具与制度礼器，诸如玉杯、玉壶、玉盘等玉器，还有玉璧、玉圭、玉琮、玉璜等礼器。古人还有以玉石作为建筑材料，来建构安置身体的天堂居所，诸如琼楼、瑶台等。人虽然活在人间，但犹如活在天堂之中，享受着天人一体的完美神性存在，而支撑这种神奇的文化想象与玉质器具，都是史前玉石神话在具体生活、社会礼制中的具体表现。

第四，人生离不开玉，人死了，也要用玉陪葬，这也就形成了华夏文化以玉为葬的特殊葬礼文化奇观。人死之后，还可以凭借玉石的神话力量，或希冀顺利穿越地狱之门，或希望展开天堂之旅，或寄寓生命重新获得再生。玉石带着人类对未来生命的神奇想象，将人类世界无限延伸，形成了华夏人对生命时空的独特结构。

可以说，史前华夏居民生在玉中，活在玉中，死在玉中。那么，这贯穿人自身生命历程的“玉”又是什么？玉成了支撑华夏先民的神奇生命动力。在先民眼中，有玉的地方，就是人心凝聚、文化自信的地方；无玉的世界，就成为黯淡无光、人神分离的世界。在人与鬼神的精神信仰之间，玉就充当着这样一种神奇的中介之物。玉石物质的在场，就意味着神灵的降临与在场，人就不再是人间没有精神的蠢物存在，而是神灵附体、生命旺盛的精神存在，由此人类的一切社会活动，就不是个体意志、人为理性的表现，而是玉石神话信仰在人类社会各个方面的渗透与贯通。玉石信仰一旦成了驱动人类精神世界的原动力，也就成了支撑人类一切文化建构的基本内驱力。叶舒宪在《玉石神话信仰与华夏精神》中认为：“作为华夏大传统固有的深层理念，玉石神话对构成华夏共同体起到的统合作用不容低估。在广大的地理范围内整合不同生态环境、不同语言和族群的广大人群，构成多元一体的国家认同，是华夏文明发生和延续的关键要素。”[①]无论是史前还是今天，生命存在，家庭和谐，民族延绵，邦国建立，国家维护，都需要一种超越个体存在的文化精神来支撑。在华夏文化共同体的万年传承中，玉石神话信仰就扮

---

① 叶舒宪：《玉石神话信仰与华夏精神》，复旦大学出版社，2019年，第18页。

演着一种超越个体、直达神灵的文化角色，华夏人认同玉石，就等于认同人类自身与天地之间的文化神性，就等于万众可以在天地之间获得一种共性存在。这种共性存在，不是一种人为建构的文化价值，而是以一种神性物质的精神存在表现出来，是以一种无言胜有声的证悟方式获得心领神会。这种发自人心深处的神性凝聚力自强不息，无比强大，以至于万年而不断，生生不息，延绵不绝。

二是儒道同根同源。毫无疑问，轴心时代儒道两家思想是华夏精神的两大文化支柱。但是历代学者过分拘囿于文字文本的表层论述，认为儒道两家思想存在很大的文化差异，或以儒家否定道家，或以道家讥讽儒家。由于强调两家思想之间的差异性，就忽略了儒道两家思想存在可以相通相融的可能性。

华夏原初大传统文化发展到文化小传统时期，儒家以弘扬两周文化为己任，发扬王道，提倡君子，反对霸道。儒家提倡“君子比德于玉”。道家崇尚自然无为，反对各种人为的智慧与法术，强调虚静柔弱的生命本根。道家提倡圣人“被褐怀玉”。如果仅仅在文字上去追究，就很难发掘出儒家精神与道家思想的文化原动力。文学人类学所发现的超越文字传统的玉石神话信仰，就成了一扇打开儒道精神、贯通文化大小传统的神奇之门。打开这扇神奇的文化之门，我们就能获得一种全新知识的豁然开朗之感。原来，儒道文化是同根同源的，它们都是从史前玉石神话信仰中衍生出来的，“玉”成为儒道两家文化的核心价值承载物。

玉石信仰是史前文化大传统之根，儒道思想是轴心时代文化小传统之主干。史前玉石神话信仰是原型编码，是主编码，儒道思想是派生编码，是次编码。有了这样的全新认知，我们才能发现，华夏精神的原动力在于史前玉石神话信仰，这种原动力在文化大传统时期就已经形成，而且发挥了重要的文化自觉与文化自信作用。而儒道思想是在文化小传统时期形成，本土早期知识分子用文字语言形式的方式，将其传承、发扬下来。作为轴心时代的文化领袖，如孔子、老子、庄子、孟子等人，他们怀有一种远古文化的认同情结，将玉石神话信仰的文化精神贯穿在圣人文化与君子文化之中。可见，玉石神话信仰不仅在远古之初成为建邦立国之本，而且就是到了春秋战国大分裂的关键时期，依旧澎湃着如何重建华夏文化共同体的文化动力。此后

2 000余年的帝王时代，从秦皇汉武，到唐宗宋祖，再到康乾盛世，从禹赐玄圭，到传国玉玺，再到通灵宝玉，史前玉石神话信仰以不同的表述方式传递着极为古老的神话信仰精神和文化认同，成为支撑着华夏民族生生不息、永恒变革的精神动力和文化要素。

文学人类学提倡知识生产的根部认知，通过发掘文化精神的深层内涵和内部动力，来透视在文字表述之下所潜藏的不为人知的根性知识。根性知识才是真知，表层认知属于真假掺和的知识。只有发掘出了根部真知，我们才有可能辨明表层认知的真伪情形。只有分辨出各种纷繁理论的亦真亦伪，我们才有强大的文化信心，确信我们走在一条属于自己的康庄大道上，不会因为前途歧路而迷失方向。文学人类学的文化自信不是建立在文字表层的叙事之上，而是建立在对华夏精神的根性认知之上，因为真知才能出真信。

玉石如何“表述”华夏精神的信仰之根

——简评《玉石神话信仰与华夏精神》的理论自觉与创新意义

唐启翠
上海交通大学人文学院

2019年1月16日，在上海市社科联组织的对上海交通大学神话研究院——中华创世神话研究基地评估会上，评估专家一方面叹服于神话研究院丰硕的研究成果和勇于创新的学术探索，另一方面也提出了疑问。比如：文明探源与神话研究如何无缝对接？考古遗物、口传神话、仪式展演（大传统）与文献（小传统）如何无缝对接？有形实物或器物与无形的信仰、观念或价值如何有效对接？如果说神话观念决定了玉器的生产和使用，那么玉石神话观念又是从何而来？能否将玉石文化上升为华夏精神的信仰之根或者甚至以“玉教”概括之？为何是玉承载着华夏精神的象征与传承？玉石信仰是中国的拜物教吗？如何理解史前拜物教和人类学方法论的拜物教？

毫无疑问，只要有对话与交流，这样的疑问总是不时地闪现。笔者相信，随着国家哲学社会科学重大招标项目“中国文学人类学理论与方法研究”结项成果之一《玉石神话信仰与华夏精神》（复旦大学出版社，2019年1月）的出版发行和广泛传阅，此类疑问和讨论还会更多，更深入。我们先来看看该书如何回答吧。

一、玉魂国魄、玉根国脉与华夏精神

该书可谓作者近30年来致力于本土文化视角的文学人类学理论与方法建构与实践的代表作，也是其从文学原型批评转向文化原型批评的代表作。作者将考古所见的近万年玉石文化和书写文献所载的3 000年玉石神话礼仪等所呈现的中华文明发展史，视为一个可以释读的文化文本，将历史深远的史前玉石文化视为书写文献所载的华夏玉石神话乃至汉字构形编码的文化大传统。透过重述从女娲炼石补天到《红楼梦》“通灵宝玉”，从天子佩白玉到《红楼梦》“白玉为堂”，从史前玉璧到完璧归赵、秦始皇“传国玉玺”、鸿门宴刘邦献白玉璧再到北京奥运金镶玉奖牌，从玉人像、玉柄形器到祖先牌位，从玉璜到天桥，从二龙穿璧到二龙戏珠，从史前唯玉为葬到儒家君子玉德、道家圣人怀玉、道教玉皇、佛教玉佛、玉观音，从史前玉兔到玉兔号月球车，从石峁石城到玉门瑶台，从玉帛之路到玉帛二精，从玉石为葬到金玉组合、金声玉振、金玉满堂等历史源流演变及其神话编码意蕴，探索国人熟知的“天人合一”观念背后的玉石神话信仰——玉石为天、玉石为神/圣、玉帛为精、玉石不朽（长生不死）等，犹如潜藏在文化表层之下的深层结构，如何奠定、塑造了“以玉为礼”“以玉比德”“以玉喻美”“化干戈为玉帛”“宁为玉碎不为瓦全”等中国礼乐文明核心价值观和行为模式（即作者所言的华夏精神）。

总之，该书作者怀抱着本土文化自觉、文化自信和理论话语重建的迫切使命感，系统地运用新材料、新方法重新观照旧材料，讲述以往未知或未曾注意且独此一份的“玉成中国”（2013年）故事。这与著名社会人类学家费孝通先生2001年提出的“玉魂国魄”说，中国科学院院长白春礼2011年提出的“玉根国脉”说，一脉相承，又更进一步，不仅描述了玉在中华文明多元一体格局进程中的核心地位（魂与根），而且动态地呈现了玉石信仰的驱动力和符号原编码效应，从而重现了华夏精神（即君子玉德精神）的信仰之根。

贯穿于本书的核心理论基础是神话历史观和神话观念决定论，方法论是文化大小传统论与四重证据法，对玉石神话信仰与华夏精神的成功重述与再现，无疑展示了作者多年来所倡导和实践的四重证据及其间性互补法的可操作性和有效性。

因此，本书的看点和难点，可能都聚焦于：玉石神话信仰是什么？华夏精神又是什么？为何是玉石神话承载了华夏精神的信仰之根？有形的玉石器如何表述或见证神秘无形的信仰和华夏精神？下面分两部分来谈谈本人学习的心得体会。

二、为何只用玉石神话承载“华夏精神”？

众所周知的事实是，“China”命名的背后是瓷器中国，古老的丝绸之路上，最吸引外商的中国地道土特产是茶叶和丝帛，玉则是反向输进中原的商品。考古遗物有9 000年玉文化史，同时也有近20 000年的陶器史，7 000年的彩陶史、漆器史、象牙器史，那么，为何单单是玉石神话承载了“华夏精神”的信仰之根呢？

在《玉石神话信仰与华夏精神》的作者看来，玉石器与陶瓷器、漆木器、牙角骨器、青铜器、金银器等，都是中国文明发展史和中国神话信仰变迁史这部“大书”的物质文化符号表述，而独独青睐“玉石神话信仰”，并将玉石神话定位为华夏精神的信仰之根，并不是出于个人喜好，而是根据目前可见的证据立论的。9 000年玉文化史，不仅是更长远的石文化史的延续和提升，与陶瓷器、漆木器、青铜器等形成强烈反差的是，9 000年来，唯有玉是人在生死两界都贴身佩戴的器物，在3 000多年的文字文献记载中，也只有玉是人关于此在的现实身份、等级秩序和彼岸世界神灵、天庭、冥府以及天地通道（昆仑玉山、璜桥）等的想象或建构中的核心物象。《说文解字》中124个从玉的字，不是表示具有超自然力量的神、灵、圣、巫，就是表示现实生活最美好的音、色、形，乃至人。即使是瓷器时代的中国，最高意匠的瓷器也是追求玉质、玉形，如宋代钧瓷、琮瓶等。更勿论孔子那句著名的反问“礼云礼云，玉帛云乎哉”背后隐藏的以玉帛为礼仪之邦象征这一重要事实。华夏精神是什么？是成君成圣，即君子精神、圣人追求，君子比德于玉。而圣人不是儒家的“金声玉振”，就是道家的“被褐怀玉”，这还不足以说明问题吗?

作者引入“神话历史”概念，就是要突破既有观念的束缚，着力于研究“神话中国”这一文化文本及其编码程序。神话历史（Mythistory）观，一方面是区别于传统的神话与历史的虚实对立，认为神话和历史一样，都是关于过去的认识、记忆和叙事形式；另一方面也区别于过去的神话和历史研究，不只关注神话的历史化或历史的神话化，或者从历史中分辨、剔除神话因素，而是要在关注实际发生了什么（即历史）的同时，还要关注人们对已发生事件的想象（即神话），更要关注影响历史意义的诞生与再生过程（即神话历史）①。在此理论视域下，虽然中国文明起源期的神话早已消失在茫茫历史中，今天的人只能通过考古学发现的墓葬、祭祀、建筑等遗存遗物和文献记载、口传神话仪式中物物互证互释来探求早期神话信仰。为什么敢如此肯定地相信玉石承载华夏独有的神话信仰和价值观？为何相信考古发现的万年玉石文化史就是一部中华文明发生史？玉石文化为何要提升到神话信仰、华夏精神乃至“玉教”？作者是如此回答的：

> 玉石文化主要是从物质文化形态着眼，什么样的材质，什么样的形制代表什么等等，几乎每一种玉器背后都有一个专门的神话。古人不会制造没有意义的东西来。古人并非茫然无知，从浩渺宇宙中切磋、琢磨、筛选出来的珍贵之物，需要花费大量的人力、物力甚至财力，不是非常虔诚是无法做成的。晶莹剔透的玉代表神，背后是一整套神话信仰。而在这么广远的时空中延续传承，非“玉教”不足以说明。我们要做的是把每一种玉器背后的神话观揭示出来，它是不是宗教就很清楚了。比如玉璜，弯弯的，在东亚大陆有约7 000年的历史（墓主项饰的核心配件），干什么用的？夏启怎么上天？《山海经》说得很清楚，就是佩玉璜。玉璜是彩虹的人工模拟物——天地之间相通的彩虹桥。孔子修《春秋》，史传说当年他修成之时，天降玉璜，为什么？因为春秋时

① Joseph Mali, *Mythistory: The Making of a Modern Historiography*, Chicago: The University of Chicago Press, 2003, p.27.

> 的孔子代天立言，上天降下玉璜，那就是天命瑞征啊。这就是大小玉器背后的神话。……再如玉玦（耳饰），从8 000年前的兴隆洼到5 000年前的田家沟玉蛇耳坠到商周龙蛇玉玦再到楚汉相争的鸿门宴举玦决断，一直到21世纪的台湾岛、海南岛原住民的银耳玦，功能、材质或许有变，而背后的神话信仰是：人与祖先、神灵沟通器的想象。[①]

在原始艺术或者实物与图像中探求神话信仰及其思维模式，几乎是文化人类学、认知考古学、宗教学和神话学不约而同的尝试。比如，著名的认知考古学家伦弗瑞（Colin Renfrew）在其《史前：文明记忆拼图》中如此说道：

> 人类创造了物质符号，于是形成可感知的现实。……人类透过与世界的物质交会过程，创造出新奇且富有意义的结构，对于深信这种思维的人而言，这是非常明确易懂且深具说服力的结构，它使生命本身有了目的。他们如此系统化地阐述这类现实面及真实性的结构，以致在体现的过程中投注了极大的心力。偶尔他们甚至做到进行活人献祭的地步。这些是被创造出来的思想，不过却带有可怕的现实面及真实感——透过仪式和臆想，建构出权力和神性，而且这些思想皆被含括在神殿和肖像中。在此讨论的这个过程可以看出人类解读世界的企图：将自身及其社会置于更宽广的世界，以及更浩瀚的现实——宇宙之中。……我们可以发现，大多数的社会都有创世神话，解释万物是如何产生的；这类解释也说明了万物是如何变成他们该有的样子。然而，我们谈论这些的立场大部分是充满假设与想象的，因为我们无法直接接触到史前时期所构思出的神话故事。然而，我们确实能获得早期社会活动的痕迹，借由这些活动，人类试图透过他们在世上的行动与这些现实产生关联，他们的行动曾留下某种物质痕迹。……特殊的物质，包括象征崇高威望的贵重物品，在宗教仪式的过程中被安排消耗使用，同时受到了行使权力的精英

---

① 叶舒宪：《玉石神话信仰与华夏精神》，复旦大学出版社，2019年，第515—516页。关于耳玦的例子，笔者在作者口述的基础上进行了语言重组。

分子所掌控。[1]

著名的宗教学家和神话学家阿姆斯特朗，则通过尼安德特人墓葬留下的白尾海雕佩饰、赤铁矿粉等遗物，重新构拟了10万年前尼安德特人的神话信仰“灵魂不死观”及其思想源泉。

> 人类很容易陷入绝望之中，因而从一开始我们就创造出各种故事，把自己放置在于一个更为宏大的背景之上，从而揭示出一种潜在的模式，让我们恍然觉得，在所有的绝望和无序背后，生命还有着另一重意义和价值。[2]

尼安德特人的神话故事是怎么讲述的，今天的人已不得而知，然而10万年前的葬礼仪式的遗留物，则让今人得以依稀看见并确认灵魂不死神话信仰的存在。与此相应，中国大地上，从北京山顶洞人洞室葬仪留存至今的由穿孔贝壳、石子和兽牙串成的项链、赤铁矿粉，到黑龙江饶河小南山9 000年前墓葬中的玉玦、玉斧以及可能为项饰组件的玉珠、玉管等，一直到明清帝陵的唯玉贴身而葬的礼仪遗存，无疑都是以可见的玉石符号来表征的某种神话信仰。

那么，这种延续近万年的玉石符号究竟表征的是什么神话信仰呢？玉石究竟是神话信仰的象征符号，还是其本身就是神话？本书的作者毫不犹豫地回答：玉石不仅是神话信仰的核心表征符号，而且其本身就是神话：神、天、美、德和不朽或不死、神秘变化等信仰与价值观的直观呈现。在后世讲述的创世神话中，珠玉本由创世大神盘古的精髓化生，玉石斧则是盘古的牙齿或者金星所化。女娲之所以能炼五彩石补天，正是源于苍天本为玉石所打造的奇思妙想，就好比中国式的天堂想象一定是琼楼玉宇一样。从禹生石纽、启自石出，到石头缝里蹦出个孙悟空，再到贾宝玉含通灵宝玉而生（本

---

① 伦弗瑞：《史前：文明记忆拼图》，张明玲译，台北猫头鹰出版社，2009年，第202—203、206页。

② 阿姆斯特朗：《神话简史》，胡亚豳译，重庆出版社，2005年，第3页。

为女娲补天遗留之石幻化而来)、戴通灵宝玉而梦游太虚幻境得见神谕、失通灵宝玉则痴傻呆滞医药无效……借助苏美尔人以天青石为宇宙中星星之夜的象征，是神庙和神像的建造材料，也是神明和王权节杖的象征符号物，古埃及“开端之神”伊西斯也被称为“绿松石女神”，她所召唤的奥西里斯则是“绿松石和天青石之神”，亚述的光明与智慧之神辛的形象特征是留着长长的天青石色的胡须，象征着真理的显现……作者以跨文化视野雄辩地论证了从以玉石为天为神为精为德乃至人玉一体神话在世界文明早期的普遍性和中国玉石神话信仰的编码与再编码过程。

因此，当代神话学家坎贝尔说:“神话的象征符号不是制造出来的，这些符号不能定制、不能发明，也不能永远被抑制。它们是心灵的自然产物，每一个象征符号都含有心灵的完整无损的萌芽力量。”①

在世界文明起源期，玉石信仰为何具有普遍性？为何在新石器时代中期出现了东西方黄金与美玉的文化差异或者说价值观的差异？东西方的早期神话中，“石头以其可展现的持久、永恒、不朽等独立于时间的存在模式”②，都具有鲜明、复杂而恒定的象征性——大地之神，即生命力的载体。神话学者王孝廉曾在其《中国古代神话与传说》中用60页的篇幅论述古代石头信仰与神话。

> 石头，是打破人类的原始动物性的蒙昧而进入文明的第一个符号，是人类最早的工具和武器，也是最早被视为神圣的东西。……古代人把各种不同的石头，如巨石、板石、岩石、人状石或兽状石、陨石、水晶、宝石、境界石或墓石等等，赋予各种人文性的解释，把各种不同的石头视为力量、生命、丰饶、永恒、信义、幸运等的象征，在各种不同时代和不同环境下，石头的原始信仰往往和当时的社会和文化现象相结合，由此而形成了各种石头的神话传说与宗教礼仪。……玉是一种美丽的石，玉与古代中国文化有极密切的关系，玉在人们的观念中是不死的仙药，镇邪避祸的护符，君子的象征，是能感天地动鬼神的灵物，玉的

① 约瑟夫·坎贝尔:《千面英雄》，张承谟译，上海文艺出版社，2000年，第2页。

② 米尔恰·伊利亚德:《宗教思想史》，晏可佳等译，上海社会科学院出版社，2004年，第101页。

信仰自然是源于古代圣石崇拜。[1]

《玉石神话信仰和华夏精神》着力于玉，显然，玉是在漫长石器时代脱颖而出的石之美者，是比普通的石头更珍稀、更宝贵的奢侈品。然而正如认知考古学家伦弗儒对黄金的论述那样：

> 一个商品变得有价值，必须具备稀有性，世人无法轻易地大量获得该物品。然而，只有稀有性是不够的。许多矿物比黄金更稀有，但就货币的意义而言却未被认为是有价值的。这里的基本论点是：被赋予在一块黄金上的价值，尽管价值的订定就某种程度来说是任意的，但是对接受它的人来说，是一种事实。这或许就是制度实体。对于接受它的社会而言，黄金的价值确实是一种事实，人可依存此事实而生活，并且决定个人的生活常规。然而，在每个案例里，都能实际感受到价值是物体或物质固有的、内在的。[2]

然而，仅仅珍稀是不够的，玉石本身固有的内在的价值，才是其成为几千年来中国人丧葬、祭祀和建筑奠基仪式的宠物，成为身份等级、权力、天命和美德的象征物，趋吉避邪的护身符，长生不死的仙药，精纯圣德的生命之精，以及德、精与道的实物载体和礼乐通天地的物质基础。因此，以此反推，即透过史前玉石文化的系统研究，求证中华文明的特质、精神及其信仰之根，是可行的必由之路。

三、物的象征与文本性：玉石为何能“表述”信仰的神秘性

作为物的玉石器，也能像文字文本、图像文本那样，成为拥有巨大的意

---

① 王孝廉：《中国古代神话与传说》，台北联经出版事业公司，1977年，第41—101页。

② 伦弗瑞：《史前：文明记忆拼图》，张明玲译，台北猫头鹰出版社，2009年，第139—140页。

义解读空间的文本吗？这一追问质疑的是：物虽然存在那里，有质感、有样态、有位置，然而，“物”自己不会说话！说话的依旧是人。那么，如何确认人说的就是物本身的历史状态或彼时鲜活的生活世界中的意义呢？同时，物是实在直观的，信仰和精神都是无形的不可见的，有形的实物和无形的观念究竟如何有效对接？

《玉石神话信仰与华夏精神》以实例给出了肯定有力的回答：玉石，抑或承载神话信仰叙事功能的其他圣物，在这一部由物质文化构成的文明史“大书”中，本身就是符号，就是信仰观念的表述，是值得深入探究的文化文本，何况中国本来就有着悠久的“寓道于器”“铸器象物”“立象尽言”的文化传统。而探究的不二法门则是比较神话学、文化符号编码论和四重证据法。“寓道于器——四重证据法重建玉器神话学”部分对玉璧、玉柄形器、玉璜、玉龙、玉兔、玉戈等历史源流演变和神话编码意蕴的重构，可谓作者作出回答的尝试。

其实关于神话学与物质文化研究之间的密切关系，作者自2005年提出“第四重证据——实物与图像”以来，就在具体阐释的实践中展示着考古实物的文本性与象征性。其中集中进行的理论说明，可以参见《神话学与物质文化、文化传播》[①]，作者以其惯有的广博深厚的跨文化研究理论素养，从物质文化研究的哲学、人类学、宗教学和神话考古学四种理论视域，论述了物质文化本质上是物与人关系的反映，物不仅是所有过往文明存在的“踪迹”，是物的民族志，也是人类情感、观念和行为的物化符号载体。某些特殊材质或形制的被认为具有超自然神力的“物神”（fetish），其实就是各种各样具体可感的物质实体，诸如护符、法宝、神谕等，甚至比抽象的神或神力的观念发生得更早。关于非洲原住民物神的研究发现，即使是偶然“第一次邂逅”的纯自然的、没有规范的物神，也是对某种社会秩序得以运行的认知与表述[②]。神或神力观念应是先于物而存在的，物的材质、造型等深深地受制于神话观念。因此，研究者欲有效地进入古代的文物世界，就必须洞察物本身所承载的人类神话和观念。

---

① 叶舒宪、谭佳：《比较神话学在中国》，社会科学文献出版社，2016年，第310—344页。
② 同上书，第333页。

考古学家金芭塔丝对欧洲史前物质文化背后所潜隐的女神信仰观念的系统进行了考察和揭示：坟墓是再生女神的象征物，该女神的子宫和产道是通往再生之路。三角形棚屋（女神生殖系统的物化符号）、赭土（生命之血的物化符号）、石雕（生命之源的物化符号），每一种物都在雷贫斯基·维尔那里被赋予神圣的再生观念，女神不仅在那里掌握着失去生命者的尸体，更重要的是让死者获得再生[①]。比较宗教学家伊利亚德对金属冶炼与技术加工背后潜隐的神话观念形态进行了研究与揭示：唯有摈弃自己的现代科学观念，借助模仿原始宗教体验的眼光，才能理解此类现象的发生机制。一切矿石都来自大地母亲的身体，对于今人来说是世俗事物的冶金，对于原始人来说则是神圣事务。而设身处地参与到物质变化体验之中的最佳途径，莫过于启蒙仪式：被启蒙者亲身观察启蒙仪式上展演的各种象征变化，全程体验这种对于某个神灵的受难—死亡—再生的模拟，也会象征性地获得不老或者再生能量[②]。因此可以说，无论是炼丹、炼金、铸铜还是炼石，皆非纯粹的自然技术，而是充满了人性化的、神秘化、权力化观念的矿物加工世界，神秘物质背后所追求的驱动力总是一致的，即生命变化与生命不死的神话。

中国文献中记录的诸如黄帝种玉与服玉、大禹获赐玄圭、夏启佩璜升天、姜太公钓璜得知天命、周穆王瑶池会王母、玉帛二精、传国玉玺等玉石神话叙事的信仰内涵和想象模型的形成，都隐藏在史前漫长的玉石文化大传统中[③]。而绵延万年的以玉为佩、以玉为葬、以玉为祭/食、以玉奠基的物质文化史背后是神话观念：以玉为神、为圣、为宝、为德、为美、为精，以玉为生命永续的象征，和以玉为天人沟通的礼器符号。玉石本身及其各种形态的制品如璧、圭、璜、玦、鸟、龙、蚕等，以物的形态表述了超越物的信仰观念，成为“天人合一”这一中国文化深层语法的中介物。因此，相对于其他古老文明的黑曜石、绿松石、青金石和黄金信仰，玉石神话无疑是解读中

---

① 马丽加·金芭塔丝：《活着的女神》，叶舒宪等译，广西师范大学出版社，2008年，第62—64页。

② Micea Eliade, *The Forge and the Crucible,* Translated by Stephen Corrin, Chicago and London: The University of Chicago Press, 1962, p.143.

③ 叶舒宪：《玉石神话与中华认同的形成——文化大传统视角的探索发现》，《文学评论》2013年第2期。

国文明发生史的有效门径[①]。

文化人类学家面对每一种区域性的社会文化共同体，考古学家面对每一个考古文化遗存，都要找出该文化特有的信仰、观念要素和独特的物质文化符号，才好区分、确定该文化与其他文化的差异与认同，形成文化特性的认知与重述。与文化人类学家可以细致地观察现实生活和仪式展演中的器物、图像等的象征意义，并能通过与文化持有者进行深度对话来反复验证不同，考古学家或利用考古发现的物进行研究的学人，是没有机会对话和验证的，因此，对物的符号意义的解释自然也就蒙上了诸多假设性和不确定性；但并不能因此就否定物的文本性、象征性和可读性。

人是符号动物，是追求意义的动物，文化——诸多符号编织的特有的意义之网，提供了双向可视的通道。信仰、观念的确无形不可见甚至不可言说，然而当某种信仰从个体经验或体验上升为群体甚至代际共同的信仰，并且代代相传时，信仰者就要考虑如何建构、传达不可言说的信仰及其观念。口唱的神话、身体展演的仪式、物质性的器物、视觉性的图像乃至建筑布局、墓室空间等，都会成为无形信仰、观念表述的载体。因此，从这个意义上说，从没有无意义的造物，物即符号即文本，特别是那些具有时空分布深远的明显具有公共观念或审美情趣的非实用器，呈现出来的几乎都是带有某种独特文化意义的生活模式、社会关系及其背后的社会秩序和历史表述。也就是说，远古而来的物，虽然不会自主发声说话，却因文化的物质性表达和物质对精神世界的承载，观看者可以根据其出现的时空轨迹，解读并重述其身上承载的不可言说的东西。

从上述引论可见，目前可见的物质文化研究的三条经典路径是物作为商品（马克思主义研究）、物作为符号和文本（文化人类学）和面向事物本身的物（现象学）[②]。《玉石神话信仰与华夏精神》同时兼具上述三种研究视角，而“拜物教”作为最早的对“物神”信仰的表述，也成为所有论述的基础。不过更多关注的是玉石作为“物神”的神圣信仰意义，对其如何在世俗生活的交换和交易、材料和技术垄断等方面的论述尚待更深入论述。

---

① 叶舒宪、谭佳：《比较神话学在中国》，社会科学文献出版社，2016年，第340页。

② 王垚：《物质文化研究方法论》，兰州大学博士学位论文，2017年。

从文献记载来看，至迟在西周，玉器不仅是用以命赐的礼器，也是可以用马、贝或土地等价物进行购买和交换的礼器，《礼记》所载的明令市场私相售卖祭器和礼器，《管子》所载的“石璧谋”等，都证明玉石器作为商品或准商品的存在。而在秦汉以后，特别是宋元，随着玉器从帝王将相之家进入寻常人家，乃至当今，作为商品的玉器，又是如何承载信仰观念的？同时，考古遗存所呈现的“玉石之路”中玉料、玉器、琢玉技术和信仰的远距离传播与认同过程中，特别是某些特殊的具有鲜明标识性的玉器如玉玦、玉龙、玉琮、牙璋、牙璧（璇玑）、柄形器等是否存在着类似库拉圈“准商品式”的交易或交换？这是未来值得深入探究的问题。

玉石神话信仰是否等同于玉石即“物神”？也就是说，玉石神话信仰与文化人类学在原住民中发现的“拜物教”是否相同？中国思想史围绕着玉石器是否存在一个从拜物到格物的转变？抑或从神物到德物的转变？

笔者认为，既存在，又不存在。在儒家那里存在，在民间百姓和中医学那里不存在：玉养人和保佑人的观念，万古不变传至今。

简评《玉石神话信仰与华夏精神》

黄景春
上海大学文学院

叶舒宪新出版的学术专著《玉石神话信仰与华夏精神》（复旦大学出版社，2019年），是继《中华文明探源的神话学研究》（社会科学文献出版社，2015年）后，又一部深入研究中国上古神话和华夏早期宗教信仰的重要著作。此新著主要学术贡献有以下三点：

其一，以考古发掘的各地玉石器物为系统化的新材料，探讨中国上古神话和宗教信仰之根，提出了中国早期宗教信仰与玉石崇拜紧密结合在一起的新观点。叶教授称之为“玉石神话”或“玉教”，并试图通过玉人、玉龙、玉璜、玉琮、玉璧、玉璇玑、玉戈等一系列华夏文明初始期所独有的神圣器物，勾画出这个东方古文明史前神话和宗教信仰的一方面原貌，为中华民族早期文明探源，开辟出一种新的路径与研究范式。因为史前既无文字，也不可能留下讲述现场，但在古人的居室和墓葬等遗址中，留下了大量玉石器物。叶舒宪把汉字记录的传统叫作“小传统”，把汉字出现前已经流传的各种符号性器物（包括玉器在内）的文化表现传统视为“大传统”，通过解读形形色色玉礼器符号意蕴，窥探早期人类的宗教形态和艺术特征。这就真正突破了千百年来人们习以为常的文献研究范式的局限，将探索目光投向史前文化的纵深之处。史前玉礼器成为比甲骨文更古老的系统性符号物，承载着先民的精神、信念与情感。

其二，在系统考察早期华夏玉石神话的基础上，叶舒宪提出“玉文化先统一中国”“玉石之路是丝绸之路中国段原型”的观点，为理解中国与西域的关系，中华文明与中亚、南亚、欧洲、非洲文明的关系，提供了崭新的思路。从早期文明世界地图看，华夏文明孤悬于东亚，远离西亚、南亚、东欧、北非文明区，给人以华夏文明孤立发展演进的错觉。通过考察玉石器物可以发现，华夏文明与西亚等主要文明区是相通的。出产于中亚阿富汗的青金石大量向西传播，与其比邻的新疆和田玉则只向东传播。东亚与西亚古文明发生期在玉石崇拜的性质上有异曲同工之妙，但是所崇拜的玉石种类却大相径庭。正因为如此，我们中国人至今还是非常专注地喜爱玉石。其深层原因被归结为数千年前早已发生对玉的神圣化信仰，由此揭示出玉文化对华夏早期文明发展和华夏民族的统一具有特别的意义。这方面的深入认识对于当代重建中国文化的本土话语，具有直接的启迪。

其三，在研究方法上，叶舒宪坚持采用“四重证据法”，把传世文献、出土文本、田野调查资料、出土文物和图像结合起来，多种资料相互印证，各种证据之间也相互检验，相互印证，从而增强学术论证的可靠性。这种论证方式贯穿于《玉石神话信仰与华夏精神》，书中数以百计的图片不仅是供观赏之用，而且也是重建失落的历史文化脉络的直观性的“呈堂证供”。这是本书表达方式的一大特色。

深度认知中国

作为精神和观念统一体的“中国”或“华夏”是如何形成的？其中的精神和观念动力究竟如何？《玉石神话信仰与华夏精神》考察观念史的助力，主要来自著者近年熔铸成型的方法论，即“多重证据法”，尤其借助了文化期玉器的“物的证据”。

华夏精神的动力学解析

——简评《玉石神话信仰与华夏精神》

赵周宽
西安外国语大学人文社科研究中心

复旦大学出版社出版的叶舒宪教授新著《玉石神话信仰与华夏精神》（以下简称《玉》），接续了著者近年来的学术探索，向着文明精神探源的深度掘进，再次展现了文学人类学方法的辐射力和溶渗性。

该著以文化期玉器作为切入宏大高深理论问题的“观测点”，提出在中国人对玉器的痴迷中，融入了超越性的精神追求；把全民族的玉神信仰看作一种宗教即“玉教”，并认为，正是这种弥纶古今的玉神（玉石神话）信仰，建构起了中国/华夏独立而有机的文明整体。在此意义上，该著提出了“玉文化先统一中国”的崭新命题。该著还在华夏文明系统内部描绘了无文字的“大传统”与以文字为标志的“小传统”之间的互动关系，独辟蹊径地阐释了同为“小传统”的儒道思想在玉石神话信仰范围内的对立互动关系，理清了19世纪由德国人命名的“丝路”的本土原型——玉石之路；并结构性分析了这条文化通道上玉教与佛教的接引和置换关系。

《玉》著把玉石神话信仰放在华夏精神发生、融合的文明史背景中加以考察，这不仅拓展了文学人类学的理论视野，深化了玉石神话观念的思想意义，还深刻回应了两个重大理论问题。第一，作为精神和观念统一体的“中国”或“华夏”是如何形成的，其中的精神和观念动力究竟为何？《玉》著考察观念史的助力，主要来自著者近年熔铸成型的方法论，即“多重证据法”，尤其借助了文化期玉器的“物的证据”。这些玉器的确定年代介于夏商之际，这就使得《玉》著必然与另一个重大问题直接相关。这第二个问题就是，是否真的存在夏代？

对这两个相关性问题，《玉》著没有遵循传统的“答题思路”。新的理论方法让问题以全新的“问题式”呈现出来，并得到了深度关涉和全新解答。这一“问题式”的典型特征在于，这两个问题是深度纠缠和绾合在一起的。在叶氏全新的“解题思路”中，夏（还有更早的禹）的存在不能仅靠文明萌芽指标“老三样”（城市、语言、青铜器）来判断，而必须把最具动力性的观念以及观念自身的动力结构揭示出来，以精神动力的存亡问题补充和矫正纯实证之陋，把王朝的有无与精神动力的确认与否相关联。这就跳脱了考古学对“物”（考古发掘物和遗址）的“实证性征用”，在考古发现基础上，借助于通神之物美玉把文明发生学中最灵动的精神和观念能量从现代学科分档分格的抽屉柜里释放出来。华夏诸文明幼芽跨地域的共生和相互引动、华夏文明的多元融汇、文明统一体的铸塑成型、文明体内部诸观念体系间的同构关系等动力学的课题，在玉石神话信仰的跨地域呼应中得到解答。

就其瞩目于信仰和观念来看，《玉》著可以称得上最本色的“观念史研究”。《玉》著没有依傍煊赫一时的“观念史”或“文化史”的“学脉”（这方面的理论引擎主要来自西方史学界），而是在对玉器（玉璧、玉人像、玉柄形器、玉璜、玉龙、玉戈、玉兔）的细致鉴识和对玉石神话信仰的动力学式“显幽阐微”中探索文明发生发展的观念“原力”。《玉》著把华夏文明中的玉石与苏美尔的绿松石、古埃及青金石等“显圣物”相比对，在对话中坚守着文明动力学研究的“中国性”立场。这一研究刷新了中国问题的自我表述方式，开拓出“讲好中国故事”的新路径。

著者反复表明玉神信仰对于“文学”观念的深化和刷新之效，《玉》著也再一次显示了其对传统“历史”概念的全新理解。在玉石神话信仰的牵动下，“历史”的研究，首先就是观念史的研究，其核心的课题是对观念之动力体系的描述，其中包括动力之源、动力的方向、动力结构以及精神动力对物质实践和社会结构的塑形作用等。另外，在《玉》著中屡屡触及但未曾体系性展现的，还包括一系列极具思辨张力的哲学命题。形上与形下、物质与意识、唯心与唯物、儒与道、玉与佛、天人合一、祖灵与神灵……诸多可在现代学术分科体系的“哲学抽屉”里找到的问题，《玉》著也都借玉神信仰的“观念探测仪”——“刨出”。玉神观革新了这些哲学命题的内涵和思路，必将对体系性的哲理探讨带来启迪。

以“物质与意识”问题为例。“物质”与“意识”的关系问题是在马克思主义哲学体系中突出强化的一个基本问题。马克思在物质生产第一性的基础上确定的“物质决定意识”的基本判断，扭转了西方自柏拉图以来的“理想主义”（唯心主义）的动力学方向，用尘世物质的优先性替换了观念的优先性。世界观的纯粹世俗化取向把人从观念的束缚中解放出来，给予人解放的力量。但在对这一基本观念的教条化理解中，“物质的优先性”原则又被“观念化”了，成了新的观念教条。哲学所具有的启悟力，随时可能会因为这一启悟自身的教条化而归于无效，成为陈词滥调。物质与意识关系问题在庸俗马克思主义者的理解中被“口号化”“标签化”，限制了思想的革新。《玉》著围绕美玉，把精神观念的生成、物质资源的竞夺、玉帛之路的打通、文明观念的成形、理想人格的塑造、信仰体系的建构、文化政治体的融合等多角度、多层次的动力学问题束集一体，展现了物质和意识的多元共生和相互决定。在“物质”与“意识”的关系问题上，传统哲学坚持物质的卑微和意识的独断。但其所理解的卑微和独断，都是一种理论的抽象。在玉石神话信仰中，“神秘石头”所具有的灵性得到深刻的解析，玉石既是物质可感的矿物质，也是牵动华夏文明体内部一切“意识流”的“心中之石”。“物质”和“意识”相互赋义、相互激活，同构圆融无碍的“观念流”（玉神观念在方国间的传播和认同）和“物质流”（玉石运输的路线和方向）。著者对曾主张的“（玉石）观念决定论”作出调整，不对“物质”和“意识”的优先性问题下非此即彼的“强论断”，而是敞现这两者在文明发生“动力场”中的双向引发关系。玉石信仰动力学的思路贯穿著作始终，并充分激发出了思辨的力量，深度介入哲学思辨课题之中。

《玉》著用动力学既刷新了观念史，也刷新了哲理命题。而在最根本的意义上则可以说，《玉》著提供的是一种全新的文化发生发展观。该著以观念的传播流布勾画出了华夏文明萌芽期“沛然莫之能御”的精神动力，其最根本的启迪不限于思想和学术，而更在时代和社会的“日新，日日新”征程中。

何以深度释中国？

——评《玉石神话信仰与华夏精神》和《四重证据法研究》

柴克东
上海交通大学人文学院

一、玉文化大传统揭示华夏文明基因——评《玉石神话信仰与华夏精神》

国家重大项目成果之一《玉石神话信仰与华夏精神》一书，由复旦大学出版社出版。本书与2015年出版的《中华文明探源的神话学研究》以及即将由上海人民出版社出版的《玄玉时代——五千年中国的新求证》共同构成了叶舒宪教授“玉成中国”理论研究的三部曲。作为三部曲中最能体现新理论和新方法的研究成果，本书可以说代表了中国玉文化研究的人类学转向趋势，以及通过玉文化大传统的新视野和新知识，去洞悉和揭示华夏文明起源奥秘的学术思路。

自十八大以来，习近平主席就多次提到要坚定“文化自信”。自信的基本根据之一就是国族深厚悠久的历史。但由于国际上用来衡量文明出现的标准之一是文字，甲骨文在我国也只有3 000多年的历史，这就使得一些人认为中国文明与古埃及、古巴比伦文明相比是四大文明古国中出现最晚的一个。传统观念所说的华夏5 000年文明，由此遭受到了学术上的尖锐质疑。叶教授的玉文化研究始于2005年，其初衷就是为了从物质文化的角度来证实中国的历史延续脉络要远远超出文字诞生的历史。

众所周知，先秦时期的中国从地域上来说主要存在着以下几种主流文化：东方的鲁国是周王朝古典传统的中心，北方的海滨地区和燕国、齐国是巫术和萨满思想的故乡，南方的楚国则拥有恢宏的宗教幻想与繁复的祭祀礼俗，西北边陲粗犷的文化风尚则是法家思想的温床。但是，这些“多元”的不同色彩的地域文化却能够在一个共同的话语框架内相互作用，最终凝聚形成一个统一国家，这其中必定有着相同的文化基因。叶教授认为，要寻找这一文化基因层面，不能局限于书本知识的有限范围，必须要深入文字诞生以前的“大传统”时代。叶教授最具原创性的理论命题就是通过对考古发现的石峁遗址玉璋进行研究后得出的。玉璋这种玉器，是迄今为止在中华大地上分布最为广泛、形制最为稳定的一种史前期玉礼器。在玉璋、玉琮、玉璧的文化传播脉络和礼制整合基础上，奠定中原国家以玉为礼和以玉通神的礼制基石。在此类史前玉礼器广泛分布的现实启示下，叶教授得出了“玉文化先统一中国说”的理论。这一卓识终于将我们审视中国历史的深度，达到如今与时俱进的“万年玉文化”大视野！

《玉石神话信仰和华夏精神》对玉文化先统一中国的路线作出了较详细的归纳。简言之，即“先北方，后南方，最后进入中原”，这就对传统上认为中原文化是华夏文化之根的观念形成了挑战。事实上，叶教授得出这一结论绝非纸上谈兵，而是有着艰辛的实地考察背景。自2013年初次踏上玉石之路，5年多来文学人类学团队对我国西北地区共进行了14次考察，行程约4万公里，最终才梳理出西玉东输5 000年来的历史运动的层次和脉络。14次考察的重要成果还体现在对于西北史前文化即齐家文化的再发现。叶教授认为齐家文化因其占有河西走廊的特殊地理位置，是将新疆和田玉输入中原地区的中转站，并成为商周两代统治者崇拜和田玉的先河。

总之，叶教授在这本书中提出的新知识非常丰富。全书以失落已久的华夏文明的早期文化文本重建为己任，从史前史的漫漫黄土尘封中复原出一个早于甲骨文字的相对统一的玉石神话信仰体系。书中对应的新理论有“大小传统”论和新方法论——“四重证据法”。有对传统的文献史学的历史观的敏锐批判和超越，也有重建中国大小传统贯通的神话历史的宏大设计，亦有刷新古史体系的理论雄心。本书的第一章和最后一章，可以当作一个整体来阅读，它们分别提供了建构中国文化理论话语的可能性和重建国家文化品牌的紧迫性。相信任何一位读者在阅读完本书后都会对作者的良苦用心深有体会，即玉石神话包含有一种异常深远的文化信仰，这种信仰正是构成华夏文明国家的精神基因。

二、何以深度释中国——评《四重证据法研究》

四川大学锦城学院杨骊副教授和上海交通大学叶舒宪教授共同编著的《四重证据法研究》一书（复旦大学出版社，2019年），集中展示了文学人类学研究30年来的新方法论探索成果。本书重点论述如何利用四重证据法对古史、神话传说和考古资料进行多方位的解读。书的上编为“理论篇”，主要介绍了四重证据法的理论沿革、学理研究以及方法论价值问题；下编为“实践篇”，主要通过对多个案例的释读，突出展现了四重证据法方法论在立体释古的文化文本重建工作中可能发挥的巨大效力。

以文字的诞生为节点，按历史纵向发展将文字诞生以前的文化定义为“大传统”，将文字诞生以后的历史定义为“小传统”，这是我国文学人类学派倡导的一种新研究范式。不同于美国人类学家雷德菲尔德从思想性角度将精英文化传统称为“Great Tradition”，将通俗文化传统称为“Little Tradition”，当代中国学者重新定义的“大、小传统”理论，主要针对的是认为文字创造了历史、无文字就无历史的偏见。按照文学人类学派的观点，小传统对大传统既有延续的一面，又有严重遮蔽的一面——使得后世读书人根本无从知道前文字时代的世界是什么样子的。

《四重证据法研究》一书着重展示的就是通过多重证据之间的“间性”，使得被文字符号所遮蔽、掩盖的大传统文化重现信史的光芒。在大传统时代，支配人们认识世界的方式主要是神话思维，因此，大传统时代是产生神话意象的黄金时代。在缺少文字符号的情况下，这些神话主要通过口耳相传、仪式表演以及图像造型的方式得以传承。这也是为什么文学人类学派特别重视“第三重证据”（口传与非物质文化遗产）与“第四重证据”（图像实物）的原因。就此意义而言，四重证据法无疑是对古史辨派“层累观”的拨正，也是对王国维“二重证据法”的与时俱进的补充和完善。

然而，四重证据法的运用绝非易事。在本书“实践篇”所展示的案例中，像对鸱鸮崇拜、熊图腾、人首蛇身玉玦等文化内涵的解读，因作者对考古新资料、图像叙事理论以及民族志材料的熟练掌握，其立论令人信服。但也有一些案例，因作者或是缺乏专业的民族志田野训练，或是对考古资料相对陌生，或是对金文、甲骨文、玉文化一知半解，其证据往往会给人以“拼凑”的印象，其结论也就不能令人信服。此外，中国文化丰富多彩，相同的意象在不同地区、不同时代可能有着完全不同的寓意，这就要求在四重证据法的实际使用中一定要辨析证据的特殊性和普遍性，而这一点，在“理论篇”中也是缺失的。

中国是一个被神话观念支配的国度。千百年来古人之所以缺少神话概念和神话理论，是因为概念的界定和理论的建构有赖于分析性思维，而中国古人的神话思维在本质上与分析性思维是不兼容的。所谓“不识庐山真面目，只缘身在此山中”。如今，文化研究破旧立新，建构中国理论和中国话语势在必行，《四重证据法研究》一书及时地为我们重释中国文化提供了一把可行的理论钥匙。

寓道于器　玉成中国

——《玉石神话信仰与华夏精神》札记

昃　昊
上海交通大学人文学院

2019年4月6日至7日，上海交通大学神话学研究院、上海市社会科学创新研究基地“中华创世神话”首届新成果发布暨专家论坛举办，会上发布的《玉石神话信仰与华夏精神》一书，是国家社科基金重大招标项目“中国文学人类学理论与方法研究”的最终成果，是中国本土新文化理论体系和新方法论的全面应用和攻坚案例。

前有2015年出版的重大项目成果《中华文明探源的神话学研究》（社会科学文献出版社），后有2018年完成、2020年出版的《玄玉时代——五千年中国的新求证》（上海人民出版），与本书一起构成了“玉成中国”理论研究的三部曲，为我们勾画出完整的玉石神话信仰脉络与华夏精神之“器物”渊源。

一、学术方法论

《玉石神话信仰与华夏精神》由四部分构成，每一部分有所专攻，总起来又构成一个逻辑整体。第一部分概论“玉的信仰”，代读者发出疑问：“玉石神话背后有一种信仰吗？”从宏观角度构建玉石神话观；第二部分从微观着眼，“寓道于器”，以玉璧、玉人、玉璜、玉龙、玉戈、玉兔为个案，逐个击破，揭开玉器背后的神话信仰；第三部分“玉教及其神话流变”，从历时角度解析玉教神话到金属神话的更替，玉教在儒、道两派的文化衍生，玉教到佛教的信仰置换；第四部分立足空间视阈，以石峁玉器与石峁古城为引，将玉石神话信仰升华至文化多元一体的高度，总结出“玉文化先统一中国”是“先北方，后南方，最后进入中原”，重建“玉帛”国家文化品牌的理念。“玉”绝不仅是大众认知里可供观赏、把玩的文物，而是蕴含着华夏文化精神的神话原型，是中华文明信仰之根。

可以说，《玉石神话信仰与华夏精神》既是一本关于文学人类学的理论书，又是一册实用的工具书——全方位多层次的“玉器”考古图鉴，更可以作为每一位青年学者做学问、做研究的参考书。本书的行文逻辑与风格有如下突出优点，为我今后治学提供了方法论的指南：

第一，目标明确的问题意识，完整缜密的解题流程。这一特点在全书第一部中表现得尤为明显。“华夏文明信仰之根”，多么宏大的命题，旁人望洋兴叹、无从下手，叶老师却条分缕析、从容不迫。首先抛出问题：华夏文明发生背后是否有统一的神话信仰？玉的宗教算不算一种潜在的宗教（拜物教）？随后，从项羽在鸿门宴上为何不杀刘邦的历史疑案，到求证夏文化是否存在这个考古悬题，从女娲补天神话到《国语》中“玉帛二精”的探讨，钩沉玉教伦理，对文字小传统中“玉”的历史叙事作出新的历史理解和深度文化阐释。最后，摆出“玉人”为证据，这种神话性工艺制作实践是人体佩玉制度的源头。以玉雕神人形象来表现通神者，是天人合一思想最简洁明快的物质确认。四重证据步步为营，层层深入，仿佛呈堂证供，越来越直接，越来越质实，从而对开篇的问题作出回应与解答：玉是天人合一的神圣中介物，是华夏文明信仰之根，整体思路构成一个犹如“玉璧”一样闭合的圆环。

第二，敢说敢为的学术胆识，清楚明晰的概念界定。从神话信仰视角谈“玉”，无疑带有一定程度的挑战性，学界对玉石神话信仰本就存在诸多质疑：没有教堂、寺庙和圣经，没有传教人员和固定的仪式规范，“玉”何以为宗教？叶老师参考国际上比较宗教学有关原始宗教和拜物教对信仰的观念，尤其是伊利亚德“神圣与世俗”的划分，作出回复：对玉的崇拜和信仰形成一整套相关的神话观——它在大传统中一直支配着华夏文明的最高统治者，在文字书写小传统中逐渐沦落为民间信仰和中医的若干信条——玉石神话信仰（玉教）无疑是这些文化现象最契合的理论概括[①]。《玉石神话信仰与华夏精神》厘清了玉石文化与玉教的区别：玉石文化始终盘桓在物质层面，无法突破小传统的束缚；而玉代表神，背后有一整套神话信仰在广远的时空中延续传承，“非玉教不足以说明”。总而言之，“玉教”理论是找到了玉石文化的核心和动力。

二、理论范式革新

毋庸置疑，《玉石神话信仰与华夏精神》是中国文学人类学研究范式的集大成产物，与其说它是文学人类学理论的灵活运用，不如说是一种鲜活展示。它不只是理论的搬运、知识的灌输，而是“有理有据”的论证——“理”是大传统之道理，“据”是四重乃至多重证据，理论为指导，实例为支撑，且必择取最有力、最直接、最精准的案例来佐证论断。

据叶老师自序，本书的理论目标在一开始立项时就确认为树立文学与文化的关系，随着研究工作展开，这一目标日益明晰：在一般而言的文学理论之外，重新构建一套新的文化理论，即“文化文本论”，其内涵包括从前文字时代（即文化大传统）的图像叙事和物的叙事所构成的“文本”（文化的一级编码）到象形文字本身的“文本”（二级编码），再到文字书写的早期文本（三级编码）和后期文本（四级编码，或称N级编码）[②]。《玉石神话信仰与华夏精神》作出了很好的表率与示范。

大传统与四重证据、多级编码的理念始终贯彻其中，表面看并未标彰，实则融会贯通。除第二部的四重证据法“玉器”个案外，书中还包含三条“玉路”的解码：玉帛之路、白玉崇拜之路、石峁古城建设之路。以石峁古城为例，叶老师专注其建筑用玉器的现象，以“玉门”为参照，以普米族建筑仪式和李世民修建陵墓传说为参照，凸显了玉石神话信仰的辟邪禳敌功能。但解码不仅是对编码的逆推与回溯，我们也不能只局限于对其精神防御

① 叶舒宪：《玉石神话信仰与华夏精神》，复旦大学出版社，2019年，第8页。
② 同上书，第2页。

与建筑巫术的认识，石峁玉器还充当“东玉西传”（玉文化传播）和“西玉东输”（玉料传播）中转站的可能，提示我们中国东西部之间存在一条以玉石为载体的文化交通路线①。“玉”不仅可以重建神圣符号物叙事链，也在勾画着中华地理版图从新石器时代多中心分立格局（所谓满天星斗说）到有史以来到一元中心格局（华夏国家）的转换路径。在叶老师的手中，工具绝不仅是工具，本身就有压倒性的分量。《玉石神话信仰与华夏精神》以“玉器”为环节，以“玉路”为线索，整部作品宛若玉组佩，熠熠生辉，其光芒力透文学范畴。

我们常说“文史不分家”，并不应只是人文学科思维的统一，知识的重叠，更应该注意学科间的互证与互训。自20世纪20年代，王国维于《古史新证》中提出“二重证据法”，用地上的传世文献和地下文献（甲骨文、金文、竹简帛书）互证的方式研究古史；至郭沫若、郑振铎、闻一多、顾颉刚、孙作云等学人借鉴民俗学、神话学、人类学的理论方法，进行“三重证据法”的理论实验；再到叶舒宪将民间口传类和民族学考察的活态材料纳入第三重证据，并明确把考古实物、传世文物及图像归为第四重证据，倡导多重证据立体释古②。叶老师直言，文学人类学研究正经历一场考古学的转向。

相比于之前解决某一特定问题、特殊信仰，《玉石神话信仰与华夏精神》明显有了更为宏观的视野、更为广阔的胸怀，突破文学这个现代单一学科的“老版”研究路径，进行跨学科或破学科的人类学视野的大文化关照，从而揭开最深处的人文奥秘。

除与历史学、考古学的直接关系，文学人类学的理论与西方的比较神话学也存在可对照性。比较可知，苏珊·朗格和卡希尔的神话学是纯理论上的建构，而《玉石神话信仰与华夏精神》具有一定的应用性③。书中对比苏美尔、古埃及和古印度文明的金属崇拜与神话，明确了中华文明发生期存在一个长达数千年的具有过渡性质的玉器时代，继往开来，完成石器时代到青铜时代的转换。文学人类学的目标是解读中国文化的特殊性和特殊原因所在，

---

① 叶舒宪：《玉石神话信仰与华夏精神》，复旦大学出版社，2019年，第423页。

② 同上书，第526页。

③ 同上书，第529页。

获得本土文化的深度理解和解释[①]。中国讲述“中国神话”，重建“神话中国”，而“玉”就是这“中国故事”的突破口和关键点。

《玉石神话信仰与华夏精神》在学科范畴上，在中国领域以历史学、考古学为切口，以西方比较神话学为考量，实现合纵连横、双向突破。这不仅是玉文化理论的建构，也是对中国人文学界“独当一面”“自立门户”的一大鼓舞。正如叶老师自己所说：“明的是追问中国的玉石信仰是不是一种宗教，暗题是实现文学人类学一派的中国范式理论建构和提升。”[②]我们不得不感怀于叶老师的良苦用心。

三、神话研究的现实关怀

《玉石神话信仰与华夏精神》大处着眼，高屋建瓴，但我认为全书最精华处在于第二部分的“见微知著”，从器物着手，对文本与文物中的神圣内涵进行了全新揭示。

全书的目标是回答“玉是什么？玉为何神奇？”第二部分则是将这个大问题拆解后的具象化呈现。《礼记·学记》中有一句名言：“玉不琢，不成器。”那么何为器？玉为什么要成器？为什么要以玉为器？玉为什么会被构成这样的器？这是这一部分要直接回答的问题。从有形到无形，从分散到集中，从物质到精神，我们不仅要看到目见的形态各异的玉器，也要看到蕴含其中的统一的神话信仰，这可以视作格物致知论的新阐释。

如果说《哪吒之魔童降生》试图以动漫的形式构建一个封神神话宇宙，那么叶老师便是在用玉器建立一个完整的“玉石”神话信仰宇宙。所有玉器均可看作玉石神话原型派生的多种文化再编码：玉璧——涵盖天圆的含义，是运转而不能自止的天体象征；玉柄形器——祖灵牌的早期雏形，即祖先崇拜的符号原型，重建失落的祖神偶像源流；玉璜——立足于天梯与天桥神话，蕴含天人合一、天人沟通的神话想象；玉戈——昭示西北游牧文化

① 叶舒宪：《玉石神话信仰与华夏精神》，复旦大学出版社，2019年，第15页。
② 同上书，第4页。

元素对中原文明建构的影响，西北玉兵文化对中原王权玉礼器体系形成的贡献……

《玉石神话信仰与华夏精神》可谓是“抛玉引玉”，启迪我们找回贯穿在华夏大传统和小传统之间的这些神圣符号物及其失落的意义，毕竟玉的大家族中还有众多神圣器物等待我们去挖掘更深刻的内涵。虽然这一部分只有短短六章，但足以构成丰富的玉器图鉴，为我们的发散解读提供了解析范式。例如，谈到玉璧之圆象征天圆，可环形玉器还有多种，《荀子·大略》记载：“聘人以珪，问士以璧，召人以瑗，绝人以玦，反绝以环。”各式圆玉在形制上相近，但在实际用途上却功能迥异：玉璧是中心孔径小于边宽的圆玉，中心孔径大于边宽为玉瑗，中心孔径等于边宽为玉环，周边有一个缺口即玉玦，它们背后又有什么样的神话信仰主宰着这份异同呢？

“神话动物”一直是叶老师著作中的亮点，《玉石神话信仰与华夏精神》也不例外。在第八章中，叶老师从二龙戏珠这一华夏文明中最常见的神话入手，探究玉龙的变形意义，并借助跨文化视野认识神话思维的类比联想，解释不同意象彼此间的关联性[①]。从龙戏珠到戏火球、戏桃、戏蜘蛛，再到二龙戏钱、二龙穿璧，以及后来的二龙戏型纹饰，以玉龙为基形形成了一条贯穿中华文化的图像谱系。弗莱认为：“原型不是静止的，而是在不同时代，不同文化背景因发生了变异而具有了新的特质。”原型的置换变形生生不息，而玉本身就有超越时空的强大生命力和吸引力，玉器或图像的组合并不只是某种权威的简单多重叠加，而是有内在的多元转换逻辑。

在第九章，叶老师从嫦娥三号与玉兔号月球车的命名出发，在大传统新视野中解析华夏文明的玉兔神话起源与形象演变过程。“为什么是嫦娥？”“为什么是玉兔？”古老的神话母题与当代科技结合，焕发新的生命力。这为我们对“新神话时代”与“新神话主义”的理解提供了摹本，打开了思路。

2019年，华为在年度开发者大会发布基于微内核的全场景分布式OS，命名为“鸿蒙”。在古代典籍中，最早出现“鸿蒙”这两个字的是《庄子·在宥》：“云将东游，过扶摇之枝，而适遭鸿蒙。鸿蒙方将拊脾雀跃而游，

---

① 叶舒宪：《玉石神话信仰与华夏精神》，复旦大学出版社，2019年，第193页。

云将见之，倘然止，贽然立。”庄子借鸿蒙之口宣无为之道：“汝徒处无为，而物自化。堕尔形体，吐尔聪明，伦与物忘，大同乎涬溟。解心释神，莫然无魂。万物云云，各复其根，各复其根而不知。浑浑沌沌，终身不离。若彼知之，乃是离之。无问其名，无窥其情，物固自生。”而在其他神话中，“鸿蒙”引申为一个上古时期的统称，指天地开辟之前的混沌，如《西游记》的开篇：“混沌未分天地乱，茫茫渺渺无人见。自从盘古破鸿蒙，开辟从兹清浊辨。”《红楼梦》的开篇：“开辟鸿蒙，谁为情种？都只为风月情浓。”再深究，《史记·五帝本纪》：“昔帝鸿氏有不才子，掩义隐贼，好行凶慝，天下谓之浑沌。”帝鸿是黄帝的名号，《庄子·应帝王》：“南海之帝为倏，北海之帝为忽，中央之帝为浑沌。”鸿本身即是大鸟的意思，可推断鸿蒙与黄帝、与“黎明创世鸟”也有密不可分的联系。《玉石神话信仰与华夏精神》为我们对新材料进行释读提供了范例，我们对神话信仰的解读不应停留在书卷，可以是考古报告、文物图像、仪式传说，也可以是最先进的科技资讯。

四、神圣与世俗

诚然，“玉”在叶老师的著作中已经是一个老生常谈的话题，而《玉石神话信仰与华夏精神》将这些讨论引向更深、更远的地方去。书中曾不止一次提到“神圣与世俗”的概念，窃以为《玉石神话信仰与华夏精神》将“玉”的“神圣与世俗”分别阐释为两个层面。

从神圣的角度来讲，玉在纵向上重述神话历史，形成了完整的神话信仰链；在横向上，玉作为核心依赖的资源促进华夏文明从多地域文化起源到统一国家政治体形成。玉是给予华夏认同的神话化物质基础，引发一系列文化联动，玉教神话观奠定了华夏国家诞生的共同信仰观念的基石。千年文化何以统一口径，多元文化何以整合为一，“玉”是当仁不让的核心纽带。

而玉的世俗性也有两说：从历时角度看，玉经历了由祀到礼的“世俗化”；从空间角度，玉帛之路的问题、玉料调度问题都是更具有现实意义的“世俗行为”。对玉石神话信仰的认知不应该局限于参观博物馆看到玉衣、玉人后知道侃两句“天人合一”，更应该认识到，“玉”是作为重建中国话语和重塑国家文化品牌的学术引领性对策。作为宏观的国家行为，“玉石”这条文化线路还将发挥更多方面的价值力量。所谓“玉成中国”，即中国何以凭玉成为中国，启示不仅要在本国文化语境中看到中国特色，更要将中国放置在世界视阈下考量。

全书以玉开始，凭玉深入，却不仅限于玉，而是在讨论“器物”问题、阐述“物的叙事”。《玉石神话信仰与华夏精神》试图以玉为例，明确物质与精神的关系，追溯文明的起源：文明不是伴随理性和哲学而来，也可能是伴随宗教信仰而来，文化在早于文字的大传统时代已经存在。在文字之外看文明，在文物之中寻文化，这便是全体文学人类学学人的治学准则。

中国何以为中国

——评《神话中国：中国神话学的反思与开拓》

胡建升
上海交通大学人文学院

21世纪以来，科技兴盛，物质繁荣。与此同时，中国人在沉醉于物质文明的极大满足之中，也深深感受了社会文化变迁带来的人心不古、世道浇漓等现代性文化危机。在学术界，也随之出现了一股以“中国”为反思对象的文化新现象，学者们想通过对“何为中国”的多维度拷问，来重新发现中国，来重述中国故事，以回应这个时代出现的各种人文异象与文化危机。葛兆光在《宅兹中国——重建有关中国的历史论述》中对“中国”提出了一系列的问题，诸如“谁是东方”“何为中华”“中国意识从什么时候凸显”“汉族与中国有什么关系”“如何从历史与现实中界定中国”等，他超越中国现实的地理局限，希望在世界和亚洲的文化大背景中来重审“中国”[①]。叶舒宪在《玉成中国》中认为“中国”之所以是“中国”，在于“玉魂国魄”，只有玉石神话信仰才是“中国”最根本、最具有原型意味的文化基因[②]。叶舒宪还在《重述神话中国》中提倡立足文化大传统，以四种证据法为主，重视证据间性，来重述中国文化的原初价值[③]。李零在《我们的中国》一书的序言中云：“什么是中国？这是本书的主题。”他想通过自己多年的文化思考，来回

① 葛兆光：《宅兹中国：重建有关中国的历史论述》，中华书局，2011年。

② 叶舒宪：《玉成中国》，中华书局，2015年。

③ 叶舒宪主编：《重述神话中国：文学人类学的文化文本论与证据间性视角》，上海交通大学出版社，2018年。

答“我们的中国是这样的中国”[1]。由此可见,“中国”一词,在数年之间成了学者们争相思考与反复阐释的文化热点。

2017年秋，叶舒宪、谭佳等人组织的“神话中国”工作坊如期举行，后来经过数易其稿，叶舒宪领衔的神话学研究团队精心打造的《神话中国》付梓出版了。本书不仅聚焦于“中国”问题，而且以“神话中国”的独特理论体系与知识话语诠释了神话学界关于“中国”问题的本土学理回答，这是对先前“中国”问题的重要突破。《神话中国》的作者来自不同的专业领域，涵盖了神话学、比较文学、民俗学、人类学、考古学、分子人类学等学术领域，是多学科的文化共识与密切合作，充分体现了研究“中国”当下问题的跨学科新范式。

一、当代中国诊断：以西方文化为理论标准的机械移植

文化兴，则国运兴；文化强，则国运强。百年来，随着西学东渐，中国现代文化出现了西体中用的文化理论风气。具有长达数千年的中国本土文化传统，却在现代化的进程中，被漂洋过海的西学喧嚣所隐没，也正是现代中国的过分依赖外来理论的学风士风，直接导致了现代中国文化的不自信和不自觉。《神话中国》可谓时代急先锋，将文化反思的矛头直指学术界挪用西方理论的不良风气，认为现代中国文化危机的思想根源就在于西方理论的东方移植。这种文化诊断可能有些逆耳难听，但却发人深省。

叶舒宪在《“神话中国”VS“轴心时代”:“哲学突破”说及“科学中国”说批判》长文中指出，要重新认识中国文化传统，首先必须立足本土立场，对现代中国学术场域中两个误区（哲学突破和科学中国）展开反思，通过重审这两种未经证实的西学外来学术假说，揭示其“理论旅行”的后殖民实质。他认为，现代中国文化之所以不自信，是因为现代文化的学理根基不在中土，而在西学。《神话中国》对“中国”问题的学理诊断，直接指出了现

---

① 李零:《我们的中国》，生活·读书·新知三联书店，2016年。

代中国文化的病症根源。只有确诊了现代性文化危机的病理根源，才能对症下药，由此才有痊愈的可能。叶舒宪认为："这种将先秦思想与希腊哲学世界相提并论和等量齐观的做法，对这一批热衷于效法西方理论家的中国学研究者而言，好像已经成为一种习惯成自然的研究立场和出发点。在笔者看来，这是误导性极大的一种通病，必须得到及时诊断和治疗，否则会在不知不觉中传染和误导更多的后学。"[①]这种毫不含糊的文化诊断是震聋发聩的，直接揭示出了学术界热衷于效法西方理论的文化通病，有针对性地治疗这种文化通病，才能避免病情的传染和误导。陈泳超亦认为："他们（现代学人）重建中国神话系统的共同方法，乃是以希腊、罗马神话为标准，力图在宏大结构和具体细节上与之尽量对应。……可是这样竭尽全力地比附，始终给人以左支右绌、裁割灭裂之感，反而失去了中国古典文献自己的话语自足性和整体感。究其原因，根底还在于对人类文明一元进化论的过于崇敬，缺乏民族文化的内在自信。"[②]建立在他者崇拜基础上的文化自信，是一种虚妄的文化自信。而现代中国文化的学术标准不是立足中国文化传统，而是全力比附于外来的西方理论，过于依赖西方文化的理论标准。

学术界这种西方理论的跟风习气，直接导致了本土传统文化的巨大遮蔽。研究对象是中国的，研究材料也是中国的，而文化理论却是西方的，用西方的理论来强制阐释发生于东方的文化现象，臆想出许多风马牛不相及的文化命题，反而引发了许多令人困惑不解的问题，而实际上的"中国"就在这种理论跟风中越来越被疏远了。叶舒宪云："面对这些中国文化十足的本土素材，我们还能亦步亦趋地跟着德国学者的'轴心时代'说去研究古代中国吗？跟风者臆想出来的所谓'内在超越'，如果仅仅发生在个别思想者的内心，对社会与时代没有起到决定性的影响，那又何须夸大其词去强调'轴心突破'呢？按照'哲学突破'的形而上思维方式，岂能读懂一件件新出土的玉璧、玉璧图像和金缕玉衣？遮蔽我们认识自身的东西，原来正是空降一般地来到我们这里的外来话语。"[③]欧美学者提倡"轴心时代""哲学突破"，彰显

---

① 谭佳主编：《神话中国：中国神话学的反思与开拓》，生活·读书·新知三联书店，2019年，第14页。

② 同上书，第314页。

③ 同上书，第18页。

欧美文化的理性精神，而中国学者不加反思就跟风臆想传统中国也存在相应的“轴心突破”，这种文化话语的机械挪用与假设，不仅未能揭开本土文化对象的文化意义，反而令华夏精神支离破碎，备受屈辱，难以为继。

众人皆醉我独醒。《神话中国》的作者对这场百年旷日持久的文化移植、“理论旅行”的当代学案有着十分清醒的文化认识。这是一场中西学者共同参与、循环论证的后殖民文化转移，最终结果，作为舶来中国的西方理论话语，落实成了理所当然的阐释中国的“真实存在”与终极原理。叶舒宪指出：“作为一个典型的理论旅行的当代学案，‘轴心突破’说空降中国，完全可以当成一个盲目崇洋语境下的传播学事件来考察：欧陆思想家的学说在欧洲本土时默默无闻，经过美学学界的再阐释过程，发扬光大，再经过美国著名汉学家的二传手作用，推波助澜，最后成功打入海外的华语学术圈，再假道香港媒体而全面登陆中国，其结果就是在人云亦云中，被当成一种看似理所当然的真实存在。”[①]如果没有本土文化的价值立场，如果没有十足清醒的文化认知，如果没有长期在华夏文化传统中浸润提炼的文化经验，面对这场人云亦云、雾里看花的跨世纪文化游戏与理论殖民，很难达到如此透彻、一针见血的文化论断。

为了让读者更为清楚地认知这场持续百年的文化移植学案，《神话中国》还给出了文化移植全过程的诸多清晰站点，以此具体揭示出外来话语辗转输入中国的五级步骤。叶舒宪总结为：“依据理论旅行的时空轨迹，归纳出‘轴心时代’说空降中国学界的全过程，共五个站点。第一站，发源地。德国的社会学家马克斯·韦伯和哲学家雅斯贝斯。第二站，美国社会学家帕森斯。第三站，美国汉学家史华兹。其早期文章为《古代中国的超越》，后期代表作《古代中国的思想世界》。第四站，美国的华裔学者代表人物：余英时、杜维明、许倬云等。第五站，国内学者。他们紧跟着第四站的美国华裔学者新儒家代表们，将‘轴心时代’说、‘哲学革命’说或‘科学革命’说推向一个新高潮。”[②]这五个站点包括：文化起点站、中转站和终点站，“轴

---

① 谭佳主编：《神话中国：中国神话学的反思与开拓》，生活·读书·新知三联书店，2019年，第27页。

② 同上书，第28页。

心突破”的外来理论经历欧洲，再到美国，再经由美国汉学界，再到海外华裔学者（新儒家），最后不断经国内学者反复引述与重复论说，完成了其生根、开花、结果的移植全过程。叶舒宪将这个西方理论东方移植的文化全过程形象地称之为理论旅行“接力赛”，其云：“这样一套纯粹外来的力量话语，在经历过从欧到美，再到美国汉学界和美籍华裔学者为代表的新儒家，再到留美或访美的中国教授们，最后到中国高校，就是这样五站的理论旅行，被这些思想界和学术界的大腕们，像接力赛一样地绵续到中国学术话语中来了。”[①]只有揭示出西方理论的文化移植全过程，才可以让现代中国人清醒认识到，西方学术话语是怎样在现代中国未经论证，就获得了一种不证自明、不言而喻的正当性和合法性，由此而建构了一个现代“中国”的虚妄文化存在。

《神话中国》的作者们对外来西方话语的“理论空降”持有一种深切的、沉重的忧患意识，他们批判“轴心突破”的理论假说，就是想重新立足本土的文化真知，依靠重新梳理中国文化现象，希冀能总结出一套符合中国历史实际、属于中国自身的文化理论。叶舒宪云：“这种援引西方观念和术语，照搬用于中国材料的情况，直到近期学者们的反思和批判。倡导‘神话中国’说的目的，即在于推进这种反思和清理的再认识。”[②]可见，“神话中国”的文化命题不是凭空而来，也不是为了哗众取宠，而是立足中国，有的放矢，针对西方外来的“轴心突破”学术假说，在现代中国学术处于迷失困顿、人云亦云之时，自觉开展本土视野的理论创新，用“神话中国”的中国版文化理论，展示华夏精神的万年文化传统，揭示出华夏精神的原初文化基因。

二、大神话观念：反思对西方神话观念的因袭比附

西方学术界所谓的“哲学突破”，其实质是哲学对神话的文化突破，即

① 谭佳主编：《神话中国：中国神话学的反思与开拓》，生活·读书·新知三联书店，2019年，第31页。
② 同上书，第41页。

理性思维对神话思维的人为超越。哲学突破的重要任务之一就是对神话的文化放逐，由此，神话开始成为哲学的对立面，成为虚构、想象、不真实的代名词。近现代以来，随着“轴心时代”“哲学突破”等理论话语被引入中国，与之相随的神话概念，也被机械地移植到现代中国，成为研究中国传统文化与历史的重要理论范畴。

《神话中国》不仅深刻反思了“哲学突破”的文化假说，而且对西方文化的神话观念移植比附也展开了清理与批判。学者们认为，外来神话观念强调“神的故事”，重视在传世文献中寻找关于神的故事，如果机械移植这种外来的神话观念，就会大大遮蔽中国神话的本土经验。吕微指出：“中国古代汉语文化中，明明存在着超越性、统一性的信仰-叙事实践，早期的神话学家们却视而不见，坚持中国古代汉语文化中的神话现象——‘神的故事’只是零散的、不成体系的存在，而这正是人的本原的存在与实践，被用理论概念（‘神的故事’）所支配的神话现象、神话经验所遮蔽的结果。”[①]如果依据西方的神话观念，中国神话的特征就表现为“零散的、不成体系的”，吕微认为，这种对中国神话特征的文化概述，只是被西方神话理论概念（神的故事）所遮蔽的结果，完全不符合中国神话的特征。

陈连山对现代中国的神话学研究作了深入的学理剖析，他认为，这种“神的故事”的神话观念已经渗透到了诸多具体的学科研究中。首先，中国文学史的书写中应用了西方现代神话概念。其云：“现代学者们的无数本《中国文学史》无不从远古神话开始讲起，就是模仿西方文学史模式以建立中国新的文学史模式的努力。引入西方现代神话概念，在中国古代文献中发现了神话，使中国人找到了与西方文化的共同点。”[②]其次，古史研究中也应用了西方现代神话概念。其云：“古史辨学派借助于西方现代神话概念，打破了中国传统文化十分神圣的历史观，神话观念的引入，对于中国反对传统文化，建设接近于西方现代文化的中国新文化的影响是非常重大的。”[③]可见，现代中国诸多学科依据西方神话的概念，在讲述着中国古老的文学史与历史，中

---

① 谭佳主编：《神话中国：中国神话学的反思与开拓》，生活·读书·新知三联书店，2019年，第77页。

② 同上书，第144页。

③ 同上书，第145页。

国诸多学科直接应用这种虚构想象的西方神话观念，其具体结论就表现为对传统中国文化与历史的怀疑否定。陈连山提出："人们无暇反思这个借来的神话概念是否符合希腊神话的现实，在中国使用是否符合中国古代文献的实际，是否需要对概念做修正等问题。"① "中国现代神话学是引进西方现代文化的结果，对于中国神话的研究必然是'中西比较'的眼光下进行的；而西强中弱的现实则使人们自觉不自觉地以西方文化为学习榜样，于是把西方神话概念作为标准来看待中国神话材料，不能以平等的眼光对待西方神话和中国神话。在超过一个世纪的漫长历史中，西方神话及其概念似乎完全笼罩了中国神话学研究。"②这种机械使用西方神话观念的文化弊端是不言而喻的，以西论东，直接导致了现代中国文化的不自信。陈连山还指出："中国神话学将全部力量都用在挖掘'神的故事'上，忽略了作为中国古代主要神圣叙事形式的关于远古帝王的历史叙事，这是一个失误。"③ "我觉得简单模仿西方神话学的方法无法解决中国的实际问题，甚至还会制造出很多虚假的学术命题。很多人盲目崇信西方理论，不加反思地拿来随意剪裁中国神话资料，这是中国现代神话学一个致命的缺点。西方文化与中国文化是两个不同的文化体系，神话在不同文化体系所处的地位和发挥的社会功能是不同的。"④神话学研究者们为了能够满足这个西来的神话观念，他们不顾中国神话历史材料的实际，随意剪裁传统中国的神话资料，臆造出很多的虚假命题，这种胶着于他者神话观念的神话学研究确实是隔靴搔痒，难得其核。

李川对现代学人的"再造中国神话"行为也是不满的。其云："西方（古希腊）既然有，中国文化并不输于西方，也应该有。西学理论观照下的'再造中国神话'，学术目的只是为了和西方抗衡，中国典籍成为西方科学理论阐释的内容对象。在将本土资源对象化的经验对应模式下，现代学人只在古典载籍中发掘出和西方'神话'内容相似的'片段'，而不得不采取'镶嵌、拼凑'之文本重构的方法以建构完整的中国神话学体系。因此进入具体学术

---

① 谭佳主编：《神话中国：中国神话学的反思与开拓》，生活·读书·新知三联书店，2019年，第145页。

② 同上书，第146—147页。

③ 同上书，第155页。

④ 同上书，第163页。

实践中便陷入捉襟见肘的窘境。”[1]现代中国人的攀比思想比较严重。他们一根筋地认为，西方有哲学与神话，中国就一定也有哲学与神话，在这样的思维定势之下，什么“哲学突破”“神话故事”就逐渐在中国学术界扎根落户了。但究其文化实质，这种“哲学”视野下的现代中国神话研究终究还是方枘圆凿，难以相合。

只破不立，这是后现代学者的学术立场。《神话中国》不仅要破除旧的神话观念，而且还要立足本土文化，结合自身神话研究的实践经验，大胆改造旧有因袭比附的神话观念，建构一种符合中国本土实际的新型神话观。早在10年前，叶舒宪就写有《中国的神话历史——从“中国神话”到“神话中国”》，在此文中，他提倡一种全新的大神话观。其云：“神话在今日学科体制中归属于文学是一个大错误。因为神话概念远大于文学。神话作为初民智慧的表述，代表着文化的基因。后世出现的文、史、哲等学科划分都不足以涵盖整体性的神话。作为神圣叙事的神话与史前宗教信仰和仪式活动共生，是文史哲的共同源头。”[2]叶舒宪认为，神话不仅仅是指那些书写文献中所有的支离破碎的神话故事，而是指向了文史哲的共同文化源头，是初民智慧的特殊表述，是民族精神的文化基因。这种大神话观念直接跳出了文字书写的文本神话观，摆脱了西方以“神的故事”为主题的神话观念。在《神话中国》一书中，叶舒宪将“西方神话观念”与“轴心突破”放在一块，重点展开了学理反思，其云：“对天命、天德和天子的信仰，可以说在中国历史上从来也没有‘一去不返’。如果说，神话作为一种研究对象，是由于哲学与科学将其作为对立面，才有独立的神话学出现，那么，中国有神话而没有神话学的最好解释，就是中国传统从来没有哲学与科学的权威。这个事实足以成为‘轴心突破’说适合中国文化史的反证。”[3]“天命”“天德”“天子”这些代表了中国传统文化的核心术语，传递的就是对神圣之天的文化信仰和天命神

① 谭佳主编：《神话中国：中国神话学的反思与开拓》，生活·读书·新知三联书店，2019年，第169页。

② 叶舒宪：《中国的神话历史——从“中国神话”到“神话中国”》，《百色学院学报》2009年第1期。

③ 谭佳主编：《神话中国：中国神话学的反思与开拓》，生活·读书·新知三联书店，2019年，第17页。

话。叶舒宪强调，传统中国不仅没有哲学，也没有神话学，这并非意味着传统中国就没有神话。他尤其强调，传统中国虽然没有西方式的神话故事，但却有着铺天盖地、对中国文化具有全覆盖式的神话叙事。

《神话中国》的其他作者也对“神话”观念有着独特的理解。他们尝试立足传统中国与现代中国，来阐释本土知识的神话观念。吕微认为：“神话学因特别关注神话的体裁信仰形式进而纯粹信仰形式，而指向了人的本原存在方式的实践认识的可能性。……只有在对人自身最本原、最本真的道德性、超越性、神圣性存在的信仰条件下，人才能因信仰而作为人、成为人。而神话所讲述的正是人如何能够作为人、成为人的信仰形式的故事。”[①]吕微立足于人本身，以自身对自身的神话想象，揭示出神话是作为人本真存在的信仰形式，是一种本真信仰的超越存在。户晓辉认为，神话不是一种与人无关的外在知识，“神话是关于事物‘神性’的话语，它‘神’就‘神’在将人与事物的整体呈现出来，而不像在认识或知识中那样，总是把人和事物分割为片面的东西”[②]。户晓辉提倡从神话认识论走向神话的存在论，最终要用人的生命存在，来激活神话，让神话的本真世界自身向我们开显出来。可以这么说，神话和人的生命是一体两面的，神话是鲜活的生命体验，不是死的僵化知识。杨利慧提倡“朝向当下”的新神话主义观点，关注传统神话在当下社会中的有效激活与文化运用。其云：“‘新神话主义’是指20世纪末以来，因电子技术和虚拟现实的推波助澜，而在世界文坛和艺坛出现的大规模的神话-魔幻复兴潮流。”[③]“我提出的‘神话主义’概念，力图探究的则是神话传统在当代社会中被挪用和重述的情况。”[④]“一个毋庸置疑的社会事实是：新兴电子技术的发展不但没有促成神话的消亡，反而造成了神话的复兴和‘神话主义’的广泛流行，尤其是青年人越来越依赖电子媒介来了解神话传统。”[⑤]新神话主义认为，神话不仅是古老的文化传统，而且还具有穿越时空的文化

---

① 谭佳主编：《神话中国：中国神话学的反思与开拓》，生活·读书·新知三联书店，2019年，第65页。

② 同上书，第100页。

③ 同上书，第123页。

④ 同上书，第130页。

⑤ 同上书，第131页。

表征。在工业文明时代，神话依旧可以成为工业文明人的一种生存状态，可以成为历史传统与当下存在共生共存的文化样式。

《神话中国》深刻反思现代中国的神话观念，提倡本土知识的大神话观念，彰显神话作为文化基因、文化源头的大神话精神，大大超越了古今中外的时空观念，建构了符合传统中国与现代中国的新型大传统神话观。

三、神话中国：认知中国的神话立场

在《科学革命的范式》一书中，库恩将非常时期“科学共同体的专业承诺发生了转移”的文化现象，称之为“科学革命”，或“范式转型”[①]。《神话中国》不仅批判了当代中国学术的西方理论跟风习气，而且立足本土文化立场，更新了西方“神的故事”的书写小传统神话观念，提倡利用文化大传统的新神话观来重新认知中国，确立了人类文明起源之初的神话新范式。此时，原本作为“哲学”对立面的、属于被打压状态的神话，由边缘转为中心，由虚构不真变为神话历史。曾经被学术界误认为是文化小道的神话，一跃成为认知华夏文化精神的文化利器。“神话中国”说解构了以文字书写的西方哲学突破与神话虚假观念，同时，彰显了“中国之所以为中国”的神话编码与文化基因功能。叶舒宪认为：“为此，我们才要宣扬‘神话中国’论和‘神话历史’论的力量命题，这正是为对抗或替代所谓‘轴心突破’说的误导作用，从2009年开始倡导的。此后至今的七八年时间里，又衍生出更新的学术命题，如‘神话观念决定论’与‘文化基因’论等等。这一系列新命题的孕育过程，也就是尝试有效悬置不适合本土的外来理论话语，对本土历史叙事和思想史再认识不断深入的过程。”[②]按照虚构的神话观念，古史辨派认为，中国早期历史乃是神话传说的历史化，是不可靠的，是值得怀疑的。现在如果转换视角，站在作为文化基因的本土神话观念，从大传统文化的神

① 托马斯·库恩：《科学革命的结构》，金吾伦、胡新和译，北京大学出版社，2003年，第5页。
② 谭佳主编：《神话中国：中国神话学的反思与开拓》，生活·读书·新知三联书店，2019年，第17页。

话视野来审视早期华夏文明，就会得出新范式的结论。华夏原初居民利用神话的文化资源，不仅讲述了古老的华夏起源与人文历史，而且铸就了凝聚人心、万年不变的华夏精神，属于文化历史的神话化，这样就生发出“神话历史”的新型历史观。比较神话历史与神话历史化，可以发现，神话历史是历史与神话思维的神圣叙事，认为历史既是一种神话叙事，又在神话叙事之中饱含了人的真实情感。而相对来说，神话历史化则认为古史都属虚构，需要全面怀疑，甚至否定古史传统，显得有些过了头。“神话中国”立足于文化大传统时期的大神话传统，还生发出一系列与之相关联的本土理论命题与文化体系，诸如“神话决定论”“文化基因”“N级文化编码”等。

立足“神话中国”的整体视野，“中国”就从文字书写的小传统标准中释放出来。此时的“中国”，就不再是从甲骨文开始的3 000年中国，而是具有万年文化传统与神话信仰的中国。如果以万年的玉石神话信仰来重审“中国”，放眼文化大传统视野下的“中国”，中国就由3 000年的文字中国，变为具有万年文明历史与神话信仰的神话中国。由此出发，要解释“中国之所以是中国”，要发现中国文化最基本的民族精神与文化认同，就不仅仅指向文字书写的文化意义，而是指向万年华夏先民用生命守护的方式传承下来的大传统玉石神话信仰。“神话中国”不仅破解了西方文字标准的文明起源论断，也为重新认知“中国”，提炼华夏精神，提供了一条行之有效、时空超凡的神话信仰新途径。叶舒宪在《中国的神话历史——从“中国神话”到“神话中国”》中认为：“中国早期历史具有‘神话历史’的鲜明特点。文学人类学与历史人类学的会通视角，是重新进入华夏文明传统，重新理解中国神话历史的门径。从《尚书》《春秋》到《周礼》《说文解字》，古代经典体现着神话思维编码的统一逻辑。参照玉神话与圣人神话的八千年传承，呼吁学界从文学视野的‘中国神话’转到文化整体视野的‘神话中国’。”① 只有抛弃以西方标准的神话观念，我们才能摆脱“中国神话”极为狭隘的文学史书写神话观，才能产生全新的中国认知范式转型，由视野极小的文字书写神话故事，转向文化整体视野的大传统神话思维，由“中国神话”转向“神话

① 叶舒宪：《中国的神话历史——从“中国神话”到“神话中国”》，《百色学院学报》2009年第1期。

中国”。谭佳也认为：“国际学界历来只承认商代甲骨文记录以来的中国历史，即有文字以来的三千多年中国史。同时，国内外更是不乏学者仅从现代国族认同立场理解‘中国’，拒绝承认或忽视几千年未曾间断的中国文化大传统，否定至少五千年以上的中华文化共同体，忽略基于文明起源特色的中国文化如何在几千年的传承中被表述、被传承。神话——应该是我们整合历史的最佳载体。”[①]由本土立场生发出来的“神话中国”，不仅适合于理解中国文明的起源问题，而且适合于理解人类从旧石器到新石器文字还没有出现的文明起源问题。大传统的神话观念不仅发现了一个全新的“中国”，从某种意义上说，还发现了一个全新的“神话世界”。在“神话世界”中，人类才能共享地球村。

“神话中国”指引我们，要想重新认知“中国何以为中国”，不能拘囿于文字书写的小天地，而要到更为久远的大传统神话中去发现“中国”的文化基因，只要提炼出文化大传统的神话编码和文化基因，我们就可以利用大传统的文化编码，来解码小传统的诸多层级的文化编码。叶舒宪强调：“中国文化的所有重要原型，全部来自无文字时代的大传统。以甲骨文为代表的象形汉字本身的造字取象也来自大传统。大传统时代根本不存在无神论，其核心的思想观念必受神话观念支配。若无法走出文字牢房，只研究神话之流，而无法溯及其源头，就无法找出真正的原型。”[②]以前学术界的原型概念，都是文字书写时代的小传统文化原型，这种小传统的文化原型还不是中国文化的最初原型。甲骨文代表了中国文字的萌发阶段，其文化意义的解读，不能仅仅通过文字书写的传统获得解码，而要在无文字时期的大传统视野中，才能获得其造字取象的文化编码真相。可见，要认知真正的中国，只有在文化大传统中才能触及和发现神话信仰的本真原型。

“神话中国”还会帮助我们重新认知中国传统文化的一些核心价值观念，诸如“道生一，一生二，二生三”“阴阳五行”等传统文化命题。以前，学术界将中国传统文化中一整套的文化观念打入迷信、荒诞的冷宫，认为这些东

① 谭佳主编：《神话中国：中国神话学的反思与开拓》，生活·读书·新知三联书店，2019年，第17页。

② 同上书，第45页。

西违背了“科学”，属于落后野蛮的文化标志。立足“神话中国”，我们才能理解，这些代表了“中国”之所以为“中国”的神话观念，恰恰可以帮助我们重新认知一个全新的、可以持续发展的文化中国。杨儒宾以“五行”为例，剖析了“科学”理性对“五行”的文化判决，其云：“在‘科学’一词成为流行口号的年代，‘五行’自然而然地被视为中国落后的象征，这也是中国科学所以不发达的罪魁祸首。它和小脚、辫子、鸦片一样，都被视为封建中国的残渣，早该被丢入历史的灰烬当中。”[①]同时，他又将“五行”放置在“神话中国”的全新视野中，阐释和发现了“五行”思想的生克流行观念，他认为，这种相生相克的文化制约反而会赋予“科学”一种全新的科学观念。其云：“角度调整了，溯源即是正本清源，原‘五行说’不一定是明日黄花，有可能是黄金之华。它揭开了一种原初的，也是新颖的物理，一种大不同于当代科技物理学的物理。”[②]“五行”不再是迷信，也不再是科学的对立面，而是可以与科学融合为一体的原初神话观念，“五行”不仅需要重新发现，而且需要阐释，只有重视了“阴阳五行”，我们才能认知“中国”最为重要的文化基因。杨儒宾认为：“但随着历史的变迁，它们却被时潮挤到社会的角落，成了落伍、迷信的标志，构成这些技艺理论因素的‘五行说’更成了‘迷信之大本营’。然而，回到源头，考察‘五行’的出处，不难发现它的身份极高贵，它一出世，既是《洪范》‘九畴’中的第一畴，在构成国家大法上，‘五行’扮演着关键性的角色。”[③]“神话中国”不仅释放了“五行”，改造了“科学”，而且可以启迪工业文明时代的中国人，重新立足华夏精神，继而才能认清“中国何以为中国”的社会问题，才能认知“中国人何以为中国人”的文化问题。

“神话中国”不仅是一个亟待重视的文化命题，而且也是一场具有预流指向的范式革新，是文学人类学勤勉思考，积极进取，奉献给当代中国学术界的一份学术厚礼。理解中国，不能忽略神话，更不能脱离神话，否则所理解的中国将不成为中国。只有回归到华夏大传统的神话世界，我们才能找到

---

① 谭佳主编：《神话中国：中国神话学的反思与开拓》，生活·读书·新知三联书店，2019年，第224页。

② 同上书，第228页。

③ 同上书，第230页。

华夏民族的神话信仰与文化之根。

由此出发，华夏传统文化中还有很多曾经被科学主义打压遮蔽的文化观念，在神话中国的范式革命中，将会得到一定程度的释放，也会显现出早期中国人独有的大智慧，诸如神话生命、神话世界、神话人观、神话物观等。传统中国中诸多神话命题，还等待着学术界一部分能够摆脱跟风习气、具有本土理论认知的开明学者，来丰满其羽翼，建立符合本土实际的新型文化理论体系。“神话中国”首发其论，意蕴丰厚，开启心智，也面向未来，期待来者。

良渚文化与华夏文明

易　华
中国社会科学院民族学与人类学研究所

一、环太湖文化考察

2012年冬天，我与叶舒宪、冯玉雷在陕西师范大学一见如故，共同踏上了玉帛之路与青铜文化探索之路。2013夏天，叶舒宪和我从北京前往大同，经雁门关、代县、忻州、太原前往兴县小玉梁、神木石峁遗址，开始了第一次玉帛之路考察活动，以上海交通大学与中国收藏家协会名义举办了“中国玉石之路与玉兵文化研讨会”，并出版《玉成中国》，明确了考察研究宗旨①。2014年的第二次玉帛之路考察活动以齐家文化为主题，在西北师范大学举行了“玉帛之路与齐家文化学术座谈会”，时任甘肃省委常委宣传部部长连辑发表讲话，使甘肃境内考察活动异常顺利。我们途经临夏广河，与当地学者和政府官员深入交流，促成了“齐家文化与华夏文明国际研讨会”的召开和“齐家文化博物馆”的建立，并出版了《齐家文化与华夏文化国际会议论文集》②和《齐家华夏说》③。最近6年，我们陆续开展了14次玉帛之路考察活动，叶舒宪收获巨大，诸位也获益匪浅。我们深切感受到叶氏学术思想的熏染，小传统与大传统、四重证据法、符号解码编码深入人心。

最美人间四月天，寻玉访古到太湖。第十五次玉帛之路（环太湖）文

① 叶舒宪、古方主编：《玉成中国：玉石之路与玉兵文化探源》，中华书局，2015年。

② 朱乃诚等主编：《2015中国·广河齐家文化与华夏文明国际研讨会论文集》，文物出版社，2016年。

③ 易华：《齐家华夏说》，甘肃人民出版社，2015年。

化考察活动以良渚文化遗址与文物为中心，一如既往探讨华夏文明形成之道。我们4月8日从上海交通大学启程依次参观考察了上海青浦崧泽遗址和福泉山遗址，江苏苏州太仓博物馆、绰墩遗址、草鞋山遗址、赵陵山遗址、苏州博物馆、东吴博物馆、木渎遗址、黄泗港遗址、张家港博物馆、东山村遗址、常州博物馆、南京市博物馆、南京博物院、江南考古工作站，浙江湖州博物馆、德清博物馆、防风氏祠、良渚博物院、瑶山祭台与墓地、良渚遗址管理委员会、桐乡博物馆、嘉兴博物馆，顺利完成了考察任务，对马家浜、崧泽与良渚文化有了感性认识，对良渚文化崩溃之后钱山漾、广富林、马桥、湖熟文化也有了初步了解。东南地区新石器时代稻作农业文化兴旺发达，良渚古国达到了顶峰，4 000余年前夏代开始之际便分崩离析，而大西北齐家文化方兴未艾。

上海交通大学神话学研究院首次成果发布会办成了全国性神话、文学、考古、历史、民族、人类学会议，既有高“坛”阔论也有小组切磋，各抒己见，意犹未尽。我们开启环太湖良渚文化考察活动正好可以继续交流探讨。第一站是上海青浦崧泽遗址博物馆。王仁湘先生以西北边疆考古著名，40年前在中国社会科学院攻读硕士研究生时就以崧泽文化为研究对象，与发掘者黄宣佩不约而同提出崧泽文化概念。他曾提议考古研究所在长三角设立江南考古工作队，没有如愿，只好服从安排到大西北开展考古工作。今天他故地重游，另有一番感慨：东南崧泽文化相当于西北庙底沟文化。第二站走进福泉山，马家浜、崧泽、良渚文化齐备，不愧是史前上海文化高地。出土了大量精美良渚文化玉器，现在上海博物馆收藏或展览。遗址实地展示文物照片、祭坛、考古地层和殉葬模型值得特别留意，目前它正在被打造为国家考古遗址公园。

中午路过太仓进入苏州，顺便参观太仓博物馆，碰上大元瓷仓特展。宋元时代，太仓是六国码头瓷器转运销售中心。然后前往昆山绰墩遗址参观，位于阳澄湖和傀儡湖之间，我们找到了全国重点文物保护碑，但已见不到遗址痕迹。直接赶往附近更加著名的同类遗址草鞋山，也已夷为平地，见了一小片森林和荒地。昆山赵陵山遗址尚未充分发掘，但已经确认是良渚文化早期重要墓地。发掘者陆建芳特别提示已有集体殉葬现象，多达19人，男女性别还不清楚。赵陵山油菜花开，是一座人工堆筑的台状土山，占地约

10 000平方米，高出四周近10米，有古河道环绕，是太湖地区典型的土台型遗址，与唯亭草鞋山、角直张陵山、千灯少卿山、青浦福泉山等古遗址处于同一纬度。三次考古发掘2 000平方米，上层为春秋时代遗存，中层为良渚文化，下层为崧泽文化。共发现以良渚文化为主墓葬94座，按墓主贫富贵贱分区埋葬，出土文物有玉器、石器、陶器。1992年被评为全国十大考古新发现，2013年被定为第七批全国重点文物保护单位。一天参观了6处全国重点文物保护单位，上海、苏州海拔只有几米，大都为平地，只有福泉山和赵陵山仍然高达10米，令人特别难忘。

晚上抵达苏州城，苏州考古研究所张照根所长和东吴博物馆陈凤九馆长等热情款待，介绍情况，赠送书籍。第二天走进苏州博物馆，验证了张照根关于马家浜、崧泽、良渚文化连续发展的观点。良渚时代辉煌之后就跳到了周代，几乎没有夏商文化遗物。苏州博物馆展出的真山大墓出土战国玛瑙珠串令人眼前一亮，元代娘娘墓出土的张士诚之母曹氏文物亦令人大开眼界。贝聿铭为家乡设计的博物馆独具中国风格，附属太平天国忠王府亦令人感慨。追溯苏州历史，我们冒雨走进苏州古城木渎遗址，参观中国社会科学院考古所与苏州考古所联合考古队最新发掘成果，见到一批刚出土的良渚文化玉器。然后前往张家港参观东山村遗址，路过刚刚荣获2018年十大考古新发现称号的黄四浦遗址，听发掘领队周润垦讲解鉴真东渡日本启航码头的故事，得知唐代此地就是瓷器转运中心。东山村遗址曾经轰动全国，出土文物正在张家港博物馆展出。东山村遗址崧泽文化邦主拥有5把石戉或玉戉，严文明先生称之为崧泽王；而同一遗址马家浜文化大墓墓主胸戴5件玉璜，与之形成鲜明对照。

第十五次玉帛之路（环太湖）文化考察活动终于从大西北走进了江南，没想到文化遗址如此密集和丰富，大家风雨兼程，下午六点多才赶到常州博物馆，错过了参观寺墩遗址和博物馆展览。黄馆长和保管部工作人员还在耐心等候，我们仔细观摩切磋了部分馆藏出土的良渚文化玉器，特别注意了与齐家文化玉器之异同，发现西北文化与江南文化并不遥远。9日晚上在宾馆重读世界考古权威科林·伦福儒和中国考古代表刘斌合作的论文，得出如下知识：良渚古城是一座公元前3 300—2 300年设防的城镇，同时还发现规模宏大的防洪和灌溉水坝系统，中心分布人工营建宫殿台基，反山墓中出土了大量精美文物，都表明这里是东亚最早的国家社会产物。

10日清早参观南京市博物馆，展示南京地区历史文化序列：北阴阳营文化比较发达，几乎没有夏代文化，商周湖熟文化之后就到了太伯奔吴、范蠡筑城了。南京博物院展示的文物表明，江苏新石器时代文化相当繁荣，良渚时代达到了顶峰。常州武进寺墩遗址M3尤其震撼人心：百余件玉琮、玉璧、玉戉集于一墓，创造了良渚文化墓葬出土玉器数量之最。南京博物院展出的良渚文化玉器精彩纷呈，花厅遗址出土的大汶口文化串饰令人难忘。花厅遗址同时存在南北两种不同文化类型，被称为“文化两合现象”，为我们认识不同文化交流模式提供了例证。南京博物院展出汉代玉器亦值得欣赏：亡秦必楚的项羽和刘邦逐鹿中原，鸿门宴刘邦奉上一双白玉璧死里逃生建立汉朝。玉璧常有，白玉璧难见。

11日走进太湖西南岸浙北名城湖州，湖州博物馆长兴赋主题展立体、形象、生动地展示了马家浜、崧泽、良渚、钱山漾、马桥5种新石器时代考古学文化——距今4 200—3 800年前夏代开始之际又是空白。战国春申君黄歇始置菰城县统管长三角地区，故上海至今简称“申”。湖州确是一个神奇的地方：上次到湖州听到一部民国史半部在湖州，中国书画史半部在湖州；这次看到考古发现表明湖州可能是中国三大特色文化丝、瓷、茶起源地。钱山漾遗址出土的丝绸是考古正式发现最早的丝绸样本，湖州被认为是丝绸或丝路起源地。最近又在德清考古发现了原始青瓷窑址，推测湖州很可能是青瓷起源地。茶不太可能起源于湖州，但茶圣陆羽生于竟陵（今湖北天门），流浪到湖州，与皎然成为知心朋友，在此写作《茶经》，并葬于此地。湖州博物馆展览了古人的优雅生活。路过湖州德清防风氏祠，得以收集四重证据。神话传说落地生根，防风古国也是汪氏之源。

良渚博物院由英国人设计，采用伊朗石材装饰，清楚地展示了环太湖地区良渚文化的兴衰过程。瑶山既是祭坛也是贵族墓葬，南排居中7号墓和北排11号墓出土遗物最多，分别被推定为良渚国王和王后墓，王后墓规模还略大于国王墓。参观良渚遗址之后，我们在良渚遗址管理委员会召开了一次比较正式的座谈会，与管委会副主任李新芳、监测中心主任郭青岭、博物院院长周黎明、浙江文物考古研究所王宁远等进行了讨论，加深了对良渚文化的系统认识。

太湖东边嘉兴桐乡市博物馆亦自称江南文化之源与文明之源：马家浜、崧泽、良渚文化之后直接进入吴越大战。嘉兴是马家浜文化命名地，南河浜遗址崧泽文化很发达。嘉兴从良渚文化走向文明。12日，我们圆满完成第十五次玉帛之路（环太湖）文化考察活动，对良渚文化来龙去脉有了感性认识，为探索华夏文明提供了新视角。现在我们可以初步肯定定居农业文化源自东南，玉文化来自北方，并在良渚时代登峰造极。良渚文化衰落后长三角地区有钱山漾、广富林文化以及马桥、湖熟文化，既少玉也缺铜，都不太可能是夏朝主流文化，但良渚文化是夏代文化或华夏文明形成的重要基础。

二、定居农业文化源自东南

长江中下游是照叶树林文化带核心地区，良渚时代定居农业生活方式已成熟，稻作农业、漆器、黑陶和玉器发展已达到高峰。良渚遗址群出土数以吨计稻谷与石犁、镶玉漆木器，黑陶和微雕玉琮都是空前重大的发现。

水稻一般分成两种：亚种日本稻和印度稻，中国分别称之为粳稻和籼稻。粳稻源于多年生野生稻，籼稻源于一年生野生稻。多年生野生稻广泛分布于长江流域，早于河姆渡文化稻作遗存而被不断发现，表明长江流域先民大约在10 000年前就开始驯化稻。江西万年县吊桶环遗址、仙人洞遗址和湖南道县玉蟾岩遗址稻谷年代均超过10 000年[①]。目前公认栽培水稻见于约8 000年前的贾湖遗址，人骨同位素分析表明稻谷已成为贾湖人饮食的重要组成部分[②]。河姆渡、马家浜、崧泽文化时期稻作初具规模，奠定了水田稻作基本模式。良渚时代稻作农业生产规模大、产量高，稻米成为唯一主食。这种湿地稻作农业有别于黄河流域黍粟旱作农业，也异于西方麦作农业，是良渚文明区别于其他文明的重要特征之一。

---

① Zhao Zhijun, "The Middle Yangtze Region in China Is One Place Where Rice Was Domesticated: Phytolith Evidence from the Diaotonghuan Cave, Northern Jiangxi", *Antiquity,* 1998, 72.

② Hu Yaowu, et al., "Stable Isotopic Analysis of Human Bones from Jiahu Site, Henan, China: Implications for the Transition to Agriculture," *Journal of Archaeological Science*, 2006, 33(9), pp.1319–1330.

良渚文化时期流行石犁或破土器，到唐代流行江东犁有3 000年考古文物空白。茅山遗址居住区发现组合石犁，长58厘米、宽38厘米；庄桥坟遗址所出者还保留木犁座，总长达106 厘米。良渚石犁空前绝后而又昙花一现，其功能和用法还没有确解。徐中舒认为中国牛耕不早于战国，系统考述了耒耜形制、古代耕作状况和汉代牛耕推广①。耒耜是人力工具，犁是复合农具或农业机械。东亚最早的整地工具耒或耜是中国历史上的标志性农具，先是木耒，后有木耜，稍后又发明了石耜和骨耜②。目前发现早期骨耜最多的地方是距今7 000年左右的浙江余姚河姆渡遗址和桐乡罗家角遗址③。《韩非子·五蠹篇》："禹之王天下也，身执耒臿，以为民先。"耒耜是三代主要农具，一直到春秋战国时代耒耜仍是东亚农民必备生产工具。《管子·海王》："耕者必有一耒、一耜、一铫。"

良渚时代猪是主要家畜，还未有黄牛、羊、马。养猪是东亚定居农业生活传统，无"豕"不成"家"。在东亚新石器时代主要文化遗址中几乎均有猪骨出土。猪是东亚新石器时代六畜之首，猪骨和玉器一样是东亚新石器时代最宝贵的陪葬物品。来自中国、东南亚、印度的567只家猪和155只野猪mtDNA研究表明，东亚家猪和野猪可追溯到同一世系D；根据系统发育地理图可推断湄公河流域是驯化中心，然后分别向西北和东北方向分布④。跨湖桥遗址出土动物骨骼部分被确认为家猪，也是中国最早的家猪实例之一⑤。良渚时代养猪成风，猪亦是良渚先民的主要肉食来源。卞家山遗址共出土动物骨骼2 058件，可辨识动物骨骼中猪数量最多，共1 526件，占总数74%。良渚文化时期家猪已成为人们主要的肉食来源，此外人们也狩猎鹿和野猪⑥。

良渚遗址是一座水城，舟船是常用交通工具和捕鱼采集设备。良渚独木舟和独木棺的出土表明良渚人与舟生死相依。余杭茅山遗址良渚文化层出土

---

① 徐中舒：《耒耜考》，《中央研究院历史语言研究所集刊》二本一分，1930年。

② 陈文华编著：《中国农业考古图录》，江西科学技术出版社，1994年。

③ 浙江省文物管理委员会等：《河姆渡遗址第一期发掘报告》，《考古学报》1978年第1期。

④ Gui-sheng Wu, et al., "Population Phylogenomic Analysis of Mitochondrial DNA in Wild Boars and Domestic Pigs Revealed Multiple Domestication Events in East Asia", *Genome Biology*, 2007, 8, p.245.

⑤ 袁靖：《动物研究》，载浙江省文物考古研究所、萧山博物馆：《跨湖桥》，文物出版社，2004年。

⑥ 兰廷成、赵大川：《钱塘江流域新石器时代驯猪研究——马家浜文化、崧泽文化及良渚文化篇》，《猪业科学》2019年第5期。

的长7.35米、宽0.45米的独木舟是国内考古发掘最长的完整史前独木舟。上万块1吨左右的城墙垫脚石来自城北大遮山南坡和城南大雄山北坡，考古队用20根竹子拼成双筏，才可以撑得起1吨重石头。东亚紧靠太平洋，以筏、舟为象征的海洋文化是东亚基层文化①。目前东亚最早的独木舟见于8 000年前的浙江萧山跨湖桥遗址，显然不是原始独木舟。"岛夷""百越"善于用舟。《淮南子·主术训》："汤武圣主也，而不能与越人乘舲舟而浮于江湖。"

漆树是照叶树林文化带标志性植物，应用大漆是东亚文明特色之一。新石器时代考古发现漆器主要集中在长江下游地区，黄河流域仅在山西襄汾陶寺遗址有发现。浙江杭州萧山区跨湖桥遗址出土木胎漆弓距今8 000年，余姚河姆渡遗址出土漆木碗和田螺山遗址出土漆绘木蝶形器距今约7 000年。浙江余杭反山、瑶山出土漆器上嵌玉，配朱漆彩绘，是我国漆器和玉器工艺相结合的早期例证。夏代漆器应该是继承良渚文化为代表的长江流域漆文化的结果。考古发现主要见于河南偃师二里头遗址和内蒙古敖汉旗大甸子墓葬，以生活用具为主，器形有觚、匣、豆、盒、钵、匕、勺、瓢状器等，还有漆鼓和漆棺等。漆器上髹红、黑、褐、白四色漆，出现了镶嵌绿松石、蚌片、螺片漆器②。

1958年浙江湖州吴兴钱山漾遗址发现良渚文化丝织品，说明东亚约4 000年前就有了养蚕和丝织业③。最近钱山漾遗址又有丝绸出土，提供了新证据④。1978年浙江余姚河姆渡遗址出土带有编织纹和蚕纹图案牙雕盅形器以及麻线、纺轮和原始织机零件，可以作为丝绸生产的佐证⑤。新石器时代长江流域丝绸遗迹遗物集中于长江下游三角洲地带，后来扩大到中游以两湖为中心，最后才到上游四川一带⑥。山西夏县西阴村1926年出土的半个蚕茧可能属于仰韶文化⑦。中国丝织与养蚕技术出现相继发生，丝织大概起源于河姆

---

① 凌纯声：《太平洋上的中国远古文化》，《大陆杂志》1961年第23卷第11期，载《中国边疆民族与环太平洋文化》，联经出版事业公司，1979年。

② 洪石："山西省考古研究所2019年度系列学术讲座第一讲：中国古代漆器"，2019年3月13日。

③ 周匡明：《钱山漾残绢片出土的启示》，《文物》1980年第1期；徐辉等：《对钱山漾出土丝织品的检验》，《丝绸》1981年第2期。

④ 周颖：《丝之源——湖州钱山漾》，《丝绸》2006年第6期。

⑤ 周匡明：《养蚕起源问题的研究》，《农业考古》1982年第1期。

⑥ 刘兴林、范金民：《长江丝绸文化》，湖北教育出版社，2003年。

⑦ 李济：《西阴村史前的遗存》，清华学校研究院丛书第三种，1927年。夏鼐认为蚕茧大概是后世混入的东西。日本学者布目顺郎对蚕茧作了复原研究，推断是桑蟥茧；但池田宪司认为是家蚕茧。

渡文化，养蚕成熟于仰韶、良渚文化[1]。有人主张家蚕起源于黄河流域，泰山周围的夷人可能最早利用蚕丝和驯养家蚕[2]。黄河中下游流域和长江中下游流域可能都是蚕丝业起源地。家蚕（Bombyx mori L.）由野桑蚕（Bombyx mandarina）驯化而来[3]。用分子生物学手段对11个地区的野桑蚕和25个家蚕品种研究进一步证实家蚕起源于中国野桑蚕[4]。蚕、桑、丝绸是中国古代伟大的系列发明[5]。种桑、养蚕、缫丝、纺织、刺绣是十分复杂技术活动。新石器时代丝绸和玉是相提并论的礼仪用品。安阳殷墟出土过形态逼真的玉蚕，武官村发现戈援上残留着绢或帛，甲骨文已有蚕、桑、丝、帛等文字[6]。

从上山到良渚文化的5 000余年，江南定居农业生活方式已经成熟。崧泽文化出现了大型石犁和石镰等，提高了劳动效率，代表性陶器是“鼎、豆、壶”组合，已经种植水稻，开凿水井，驯养家畜，制造陶器，建造房屋，这种定居农业文化生活方式还可以经过马家浜、河姆渡、跨湖桥文化追溯到万年前的上山文化。上山遗址是中国长江下游及东南沿海地区迄今发现年代最早的新石器时代遗址，距今11 000—9 000年，发现了不同形式的灰坑、灰沟、建筑遗迹，陶胎中普遍发现了稻壳、稻叶及稻茎，表明已经进入定居农业生活阶段。长三角地区最著名的考古遗址良渚遗址、崧泽遗址、马家浜遗址、河姆渡遗址、跨湖桥遗址、上山遗址，构成了完整的考古学文化序列。定居农业生活方式日益成熟，良渚时代达到了史前定居稻作文化的高峰。

三、良渚玉文化来自北方

玉被认为是东亚文明第一块基石。杨伯达将中国玉文化分为东夷玉文

① 卫斯：《中国丝织技术起始时代初探：兼论中国养蚕起始时代问题》，《中国农史》1993年第2期。

② 华德公：《从史籍看东夷人最早利用蚕丝和驯养家蚕》，《浙江丝绸工学院学报》1993年第3期。

③ 蒋猷龙：《家蚕的起源和分化》，江苏科技出版社，1982年。

④ 鲁成等：《中国野桑蚕和家蚕的分子系统学研究》，《中国农业科学》2002年第2期。

⑤ 夏鼐：《我国古代蚕、桑、丝、绸的历史》，《考古》1972年第2期。

⑥ 胡厚宣：《殷代的蚕桑和丝织业》，《文物》1972年第11期。

化、淮夷玉文化和东越玉文化三大板块，揭示了玉与夷越的特殊关系[①]。邓聪系统考察全球玉器之后指出人类历史上欧洲、北非、西亚和南亚奉黄金为尊，东亚蒙古人种以玉为极品，玉金两者分别为东西方人类物质文化的最高代表[②]。玉玦分布最广，可能起源于东亚北部，向南扩散到越南，向东流传到日本；北纬60° 至南纬10° 、东经80° 至东经150° 均有玉玦分布[③]。河姆渡、马家浜文化中出现了玉玦，标志着东北玉文化传播到了东南地区。玉文化深深扎根东亚大地，东北亚才是玉文化起源地[④]。俄罗斯远东地区特别是贝加尔湖附近发现了大量新石器时代玉器，个别可以早到20 000年前旧石器时代晚期[⑤]。东亚大约5 000年前已进入了新石器时代鼎盛时期，红山文化玉猪龙和良渚文化玉琮可以作为东亚新石器时代的文化象征。先有玦、璧、环源自东北，后有璜、戉、琮兴起于东南。璧、琮、戉、璜是良渚文化代表性玉器，在中国玉文化发展史上承前启后。从玉器加工技术角度亦可看出从东北到东南传播的大趋势：线切割和片切割技术均来自东北亚，仅微刻工艺是良渚独创[⑥]。例如，凌家滩玉人双腿之间空隙以线具拉搜而成，良渚文化出现复杂纹样线搜玉器不是偶然。

玉玦、玉璧、玉璜、玉环、玉镯均可象征升天或通灵；琮出现更晚也更复杂，具有更丰富内涵。河姆渡遗址出土“双鸟朝阳蝶形器”与半圆形玉璜接近，崧泽至良渚文化璜在墓葬中彰显出性别和身份地位[⑦]。潜山薛家岗出土三件璜形玉器扁平半圆近似蝶状，均以尖状弧突为中心，这类“人”字形见于凌家滩，与瑶山璜有联系[⑧]。璜源起长江流域，在马家浜文化至崧泽文化、

---

① 杨伯达：《历史悠久而又永葆生机的中国玉文化》，载《巫玉之光》，上海古籍出版社，2005年。
② 邓聪：《蒙古人种及玉器文化》，载《东亚玉器》，香港中文大学中国考古艺术研究中心，1998年。
③ 邓聪：《东亚玦饰四题》，《文物》2000年第2期。
④ 中国社会科学院考古研究所等编：《玉器起源探索》，香港中文大学中国考古艺术中心，2008年。
⑤ Sergei A. Komissarov, “The Ancient Jades of Asia in the Light of Investigation by the Russian Archaeologists”，载邓聪编：《东亚玉器》，香港中文大学中国考古艺术研究中心，1998年。
⑥ 邓聪、曹锦炎主编：《良渚玉工》，彩版三—十七，香港中文大学中国考古艺术研究中心，2015年。
⑦ 陈淳、孔德贞：《玉璜与性别考古学的关系》，《中国文物报》2004年7月9日；《性别考古与玉璜的社会学观察》，《考古与文物》2006年第4期。
⑧ 朔知：《初识薛家岗与良渚的文化交流——兼论皖江通道与太湖南道问题》，载浙江省文物考古研究所编：《浙江省文物考古研究所学刊》（第八辑），科学出版社，2006年。

凌家滩文化、北阴阳营文化和良渚文化时期流行。进入良渚时代，体现男性威权的戉地位彰显，琮成为核心玉器，璜退居次要地位。

斧戉是新石器时代主要的生产工具，穿孔石戉在东亚新石器时代晚期文化中很流行，薛家岗、凌家滩、崧泽、良渚文化中尤其盛行。良渚文化墓葬中大都有石戉出土，余杭横山 M2 墓内随葬玉石戉 133 件。戉与钺的功能有所不同，三代铜钺是实战兵器或军权象征，新石器时代石戉、玉戉更可能是工具或礼器。商纣王封周文王为西伯，赐他“弓矢斧钺，使得征伐”。周武王指挥牧野之战“左杖黄钺，右秉白旄以麾”。西周重器“虢季子白”青铜盘内壁铭文：“赐用钺，用征蛮方。”

玉璧是一种圆形有孔玉器，《说文》释璧“瑞玉，圆器也”。玉璧出现于红山文化时期，成熟于凌家滩和良渚文化，战国两汉时代登峰造极，一直流传至今；可以追根溯源到贝加尔湖畔马耳他文化（Mal’ta-Buret’ culture）三角璧形器[①]。红山文化玉璧有圆有方，不中规矩；凌家滩、良渚文化玉璧有精粗之别，已进入成熟阶段。反山 M20 出土玉璧 42 件，反山 M23 则出土 54 件。玉璧源自上古先民太阳崇拜，亦有人认为源自纺轮或环形石斧，其功能和作用因时而异。玉璧可祭天、祭神、祭山川河海，是身份标志，亦可作为财富象征。新石器时代玉璧以素璧为主，尺寸较大，厚薄不匀，不够规整。二里头文化中并未发现玉璧；商代流行有领璧，多饰弦纹；春秋战国至汉代玉璧为云纹、谷纹、蒲纹，间或有螭纹。1983年广州南越王汉墓出土了一件玉璧，直径达54厘米。《荀子·大略》载：“问士以璧，召人以瑗，绝人以玦，反绝以环。”

琮是良渚文化复杂礼仪系统中最重要的器物。良渚文化时期出土玉琮见诸报道有148件，其中江苏80件分别出于9个遗址，浙江57件分属10个遗址，上海 11 件均出于福泉山遗址。周边区则有11件，其中苏北3件，安徽2件，江西2件，广东4件。江浙两省所属县博物馆所藏出土玉琮加起来，其数量应在 200 件以内[②]。张陵山M4和赵陵山M77 出土琮被认为是初始阶段

① 邓聪：上海交通大学讲演“最早玉石之路”，2019年4月7日。

② 赵晔：《良渚玉琮再探》，载杨晶、蒋卫东执行主编：《玉魂国魄——中国古代玉器与传统文化学术讨论会文集》（五），浙江古籍出版社，2012年。

玉琮。张陵山琮高 3.4厘米、射径10厘米、孔径8.2厘米，玉质晶莹呈黄绿色，四面各饰一组兽面纹，称之为镯式琮。赵陵山琮外方内圆素面，高3.44厘米、长8.3厘米、宽8.5厘米、孔径6.9厘米，黄斑绿玉。镯式琮在良渚文化中并非主流，但张陵山玉琮上兽面到瑶山 M7：55 兽面，再到殷墟玉器兽面，一脉相承。赵陵山方体琮放置在右手边上，原位可能是墓主裆下，墓主又是最高男性首领，王仁湘推断原始玉琮是“宗函”。张陵山M4和瑶山M9均是良渚早期显贵大墓。方向明把瑶山M9琮共存小琮（琮式管）认作最早的琮，具备了大琮发展基本形制：四方柱体，外壁弧凸，小射孔，复式节面，节面雕琢简约神像。因此，良渚文化一开始琮就设计好了[①]。反山M12处于南列男性墓中心位置：有琮6件及璧、钺、半圆形冠饰一组4件，三叉形器及玉管，锥形饰一组9件，玉梳背1件，4件器物上装饰了20个神徽。反山墓地所出4组半圆形饰中只有M12使用神徽图案。反山北列墓 M22不出琮，被认为是女性墓，出土了除M12以外唯一饰有神徽器物。他们应该是最高等级夫妇。

玉琮是良渚文化的标志性器物，有可能源自薛家岗文化。安徽潜山薛家岗遗址发现小型玉琮两件，高2.1厘米，两角射径1.6厘米，内圆外方四面各有一垂直凹槽，分为上下两节，两端各有一切去四方角而成的圆环形口，鸡骨白色。其特征与良渚文化玉琮类似。太湖西北角常州寺墩 M3墓主是青年男子，随葬 33 件多节玉琮，是良渚文化晚期典型墓葬。国家博物馆十九节良渚文化琮高49.7厘米，大英博物馆十九节良渚琮高49.5厘米，台北故宫博物院十七节良渚琮高47.2厘米、重5.85公斤，意味着良渚遗址为代表的良渚古国崩溃之后，良渚文化仍延续或发展了一段时间。三代最精美玉琮是西北齐家文化静宁七宝之一青玉琮和西南金沙遗址黄玉琮。

夏代最著名的玉器不是戉，也不是琮璧，而是“夏后氏之璜”或“禹锡玄圭”。《山海经·海外西经》:“大乐之野，夏后启于此舞《九代》，乘两龙，云盖三层。左手操翳，右手操环，佩玉璜，在大运山北。”《淮南子》四次提到夏后氏之璜：“夫有夏后氏之璜者，匣匮而藏之，宝之至也。”《尚书·禹贡》:“九州攸同：四隩既宅，九山刊旅，九川涤源，九泽既陂，四海

① 方向明：《良渚文化琮——神权中的天地宇宙观》，“浙江考古”公众号，2018年9月23日。

会同……东渐于海，西被于流沙，朔南暨声教讫于四海。禹锡玄圭，告厥成功。”考古发现，夏代中国最重要的玉器是牙璋[1]。

四、玉帛古国还是干戈王国？

良渚文化时代贫富分化明显，似乎已有战争迹象，但男女依然相对平等。战争踪迹见于花厅、蒋庄遗址，良渚古城亦有迹象，但没有发现武士墓和实战兵器。花厅、赵陵山、福泉山遗址已有殉葬现象，但反山、瑶山、汇观山王室贵族墓地反而没有，说明良渚时代殉葬是偶然现象，还没有形成制度。

花厅遗址位于江苏徐州新沂马陵山丘陵地带，是大汶口文化中晚期大型遗址，北区10座南北向排列大墓随葬品丰富，其中8座大墓发现了中国早期人殉实证。人殉人祭是原始祭祀文化极端形式，并不等于有战争。花厅遗址出土陶器和玉器具有两种不同文化风格，反映出海岱和太湖两大文化区间有人员与物质文化交流和共同原始宗教信仰。蒋庄墓地是长江以北首次发现随葬琮、璧高等级玉器良渚文化墓地：共清理墓葬280座，涵盖良渚早中晚期，葬式葬俗丰富多样，是良渚文化迄今为止发现骨骸最丰富的墓地。发掘者认为江淮之间自东向西依次有海安青墩遗址、蒋庄遗址、阜宁陆庄遗址、涟水三里墩遗址、淮安金湖夹沟遗址、定远山根许遗址出土有琮璧，以及其他良渚文化玉器、陶器，显示出良渚文化在长江以北的江淮地区存在着一条宽阔的战略缓冲地带。墓地中无首、独臂、无掌或首身分离以及随葬头颅现象与战争或戍边相关，可能是捍卫良渚王国的英雄。墓中尸骨完整保存实为罕见现象，缺臂少腿无头乃是常事。江南地区尸骨保存尤其不易，骨骼缺失不是战争存在的证据。世界上还没有一个大型墓地骨骼能保持完好无损。斧戉是生产工具或礼器，并非兵器。崧泽和绰墩遗址发掘表明崧泽文化时期墓中女性陪葬纺轮、男性陪葬石戉，表明男耕女织生活方式已成定式。石斧、石戉是开荒辟地的生产工具，亦是木器加工工具或制造工具的工具。旧石器

① 邓聪主编：《牙璋与国家起源》，中华书局，2018年。

时代流传手斧，新石器时代才发明穿孔装柄，大大提高了生产效率。农耕生产和独木舟及家具棺材加工离不开斧戉。良渚文化遗址中还未发现真正的兵器干戈，也不太可能发现武士墓。

良渚文化时代还是以祭祀为中心的社会，即使有暴力或战斗也是小规模偶然事件。全民尚神崇鬼，还没有出现全民皆兵的状况。祭祀是新石器时代社会生活的主要内容，祖先崇拜是东亚文化传统[①]。玉器可以作为工具或装饰品，但在新石器时代其主要功能是作为祭祀礼器。原始宗教与祭祀在王权与国家形成过程中发挥着重要作用[②]。红山文化中庞大的宗教祭祀遗迹、良渚文化玉器与祭祀遗迹、陶寺遗址出土龙盘等以及商代神权政治都可以说明宗教祭祀的神圣作用。

“玉帛古国”时代“有祀无戎”[③]。红山、良渚文化有专业祭祀队伍，率民以祀神，唯祀为大。史前先民与其说是政治动物，不如说是宗教动物[④]。他们祭祀是出于对天、地或宇宙自然的敬畏，或为了生殖、丰收和安康。玉帛古国有祀无戎是可能的。《庄子·盗跖》云：“神农之世……无有相害之心，以至德之隆也。然而黄帝不能致德，与蚩尤战于涿鹿之野，流血百里。”《商君书·画策》叙述更为具体：“神农既没，以强胜弱，以众暴寡。故黄帝作为君臣上下之义，父子兄弟之礼，夫妇妃匹之合，内行刀锯，外用甲兵，故时变也。”他们仍然生活在男女相对平等、人神共处的和平状态。只有进入所谓“文明”社会之后，自我中心主义日益严重，人类才能发动有规模的战争。

距今5 000年左右，中国南北交汇产生的坛、庙、冢和东西交汇产生的鼎、豆、壶等固定组合，都与礼制有关。从仰韶文化的彩陶到红山文化、良

---

① Liu Li, “Ancestor Worship: An Archaeological Investigation of Ritual Activities in Neolithic North China”, *Journal of East Asian Archaeology*, 2000, 2(1), pp.129–164.

② 王震中：《祭祀、战争与国家》，《中国史研究》1993年第3期；王巍：《论原始宗教与祭祀在王权与国家形成过程中的作用》，《中国社会科学院古代文明研究通讯》2001年第2期。

③ 易华：《红山文化定居农业生活方式》，《2004年红山文化国际学术研讨会论文集》，文物出版社，2006年。

④ Robin Clarke and Geoffrey Hindley, *The Challenge of the Primitives*, London: McGraw-Hill, 1975.第四章中将亚里士多德“人为政治动物”修正为“人是宗教动物”，他们发现仪式与宗教行为在原始人生活中是必要的，它们具有调节人与自然、整合人与社会的作用。

渚文化玉器都可能是通神工具。良渚文化大墓也基本上唯玉为葬，规模并没有明显超过红山、凌家滩文化大墓，也没有超越大汶口、龙山文化大墓。大汶口M10长4.2米、宽3.2米、深0.36米，墓主为50—55岁女性。随葬品摆放极有规律，墓穴内除了墓主身上佩戴及手执器物，以及棺椁间各一对象牙雕筒和漆器之外，所见随葬品主要有两类，一类是食器和猪骨，另一类是饮器。瑶山既是祭坛也是贵族墓葬：南排居中7号墓和北排11号墓出土遗物最多，分别被推定为良渚国王和王后墓，王后墓规模还略大于国王墓。大汶口-良渚文化时代男女仍然相对平等，尚未进入干戈王国父系男权社会。

刘斌等将良渚称之为神王之国。良渚文化核心分布区长江下游环太湖流域与古埃及、苏美尔、哈拉帕等文明发源地均大致处于北纬30°附近，经过马家浜文化和崧泽文化发展积淀到良渚文化迎来了中国早期文明发展第一个高潮。良渚文明是中国距今5 000年最为耀眼和突出的区域文明，是土筑文明，又是水利文明，高度发达的玉器系统在同时期世界可谓独树一帜，水稻作为唯一主食又揭示出良渚文明的稻作文明属性①。莫角山遗址是人工堆筑土台，东西长约670米、南北宽约450米、高达10米，其上又加筑3座较小土台，体积约300万立方米，是已知东亚新石器时代最大的土木工程。反山12号墓出土“玉琮王”高8.8厘米，射径17.1—17.6厘米，孔径4.9厘米，重约6 500克，内圆外方，雕刻了8个神人兽面纹，体现了东亚非金属时代最高工艺水平，据推测使用了更硬的宝石或钻石②。良渚遗址群包括宫殿、祭坛、墓地、城址、村落、水坝等各类文化遗存，以琮、戉、璧为主的玉器组合规整，社会分层明显，已进入了复杂社会③。良渚文化分布区内祭坛形制一致性表明礼已经趋于制度化。瑶山遗址祭坛呈方形，从里向外为红土台、灰土围沟和砾石台，外围边长约20米。祭坛上有大墓，可能是祭祀先祖、土地神的场所。红山文化玉人（神人像）和良渚文化神徽（神人兽面纹）很可能是祖先崇拜的体现。1958年，钱山漾良渚文化遗址出土了东亚最早的丝

---

① 刘斌、王宁远、陈明辉等：《良渚：神王之国》，《中国文化遗产》2017年第3期；朱雪菲：《神王之国：良渚古城遗址》，浙江大学出版社，2019年。

② Lu P. J., et al., “The Earliest Use of Corundum and Diamond in Prehistoric China”, *Archaeometry*, 2005, 47, pp.1–12.

③ 李绍连：《从反山墓地和瑶山祭坛论良渚文化的社会性质》，《中原文物》1992年第3期。

织物。良渚遗址是名副其实的“玉帛古国”遗址。禹会诸侯于涂山，执玉帛者万国，其中最有可能的古国是“良渚”。良渚文化不止有一个古国，而是先后或同时并存多个古国。琮是良渚文化聚落等级和规模的标识，也是划分聚落集群的重要依据。中村慎一曾根据“当时被视作至高重器的玉琮的出土地点”将良渚文化遗址划分为八个集群：良渚遗址群、桐乡—海宁遗址群、临平遗址群、德清遗址群、海盐—平湖遗址群、吴县—昆山遗址群、青浦遗址群和常州遗址群①。常州遗址群寺墩遗址位于江苏武进县，面积约90万平方米，是良渚文化晚期大型中心遗址。遗址中心是圆形祭坛，周围是墓地，外围是住地，四周有围沟。墓地东南部发现了4座大墓，其中第三号墓随葬100多件器物，包括24件玉璧和33件玉琮，是良渚文化随葬玉琮最多的一座墓葬。这些玉器从材质、制作工艺看与良渚遗址玉器有所不同，可能是本地制造。寺墩遗址作为太湖以北良渚文化中心，是另一个玉帛古国遗存。

礼制是中国早期社会秩序的主要支柱，是人本传统、祖先崇拜的综合体现，也是中国古代文明的一大特征②。中华文明被称作礼乐文明。在古代中国，礼是一个完备的文化体系，构成夏、商、周三代以来礼乐文明之主体，这在红山文化、良渚文化中已经生根发芽。

五、良渚文化与华夏文明

司马迁读千卷书，行万里路，察天人之际，通古今之变，成一家之言。《史记》六国年表总结秦与魏、韩、赵、楚、燕、齐兴亡云：“秦始小国僻远，诸夏宾之，比如戎翟，至献公之后常雄诸侯。论秦之德义不如鲁卫之暴戾者，量秦之兵不如三晋之强也。然卒并天下，非必险固便形势利也，盖若天所助焉。或曰：‘东方物所始生，西方物之成孰’。夫作事者必于东南，收功

① 中村慎一等：《良渚文化的遗址群》，载北京大学中国考古学研究中心、北京大学震旦古代文明研究中心编：《古代文明》（第2卷），文物出版社，2003年。

② 邵望平：《礼制——中国古代文明的一大特征》，《文史哲》2004年第1期。

实者常于西北。故禹兴于西羌，汤起于亳，周之王也以丰镐伐殷，秦之帝用雍州兴，汉之兴自蜀汉。”

司马迁注意到“作事者必于东南，收功实者常于西北”现象，既是对夏、商、周、秦、汉五朝兴亡历史的总结，也是归纳逻辑结果。他认为是历史大势所趋，“天所助矣”。实际上东亚进入青铜时代也就是玉帛古国进入干戈玉国时代，传统礼乐文化与青铜游牧文化结合形成了复合文明。枪杆子里面出政权，金戈铁马是战略武器，三代、秦汉时期西北的青铜游牧文化是中国历史发展的根本动力。炎黄蚩尤与尧舜禹神话传说被司马迁糅合成一个体系，创作了五帝本纪。夏、商、周、秦、汉重演“国之大事，在祀与戎”。东南经济文化基础厚实，是玉帛古国礼仪之邦；西北号称虎狼之国，以政治军事取胜，建立干戈王国。

启是西羌大禹与东夷涂山氏之子，以干戈立国。《夏书·甘誓》是启讨伐有扈氏时发布的战争动员令。甘之战巩固了夏朝统治，确立了父子继承制，也就标志着东亚进入了父系男权时代。《史记集解》马融曰：“甘，有扈氏南郊地名。”《史记索隐》又云：“夏启所伐，鄠南有甘亭。”《后汉书·郡国志》云：“鄠县属右扶风，有甘亭。”《简明中国历史地图集》“夏时期全图”将有扈氏标注于西安附近[①]。大战于甘已公认发生在今陕西户县西南甘峪和甘亭一带，正是齐家文化或客省庄二期文化分布区。其实《世本》云“有扈姒姓”，与夏启同姓。《国语·周语下》：“皇天嘉之，祚以天下，赐姓曰‘姒’，氏曰‘有夏’。”《史记·夏本纪》载禹为姒姓，其后分封，用国为姓，故有夏后氏、有扈氏……《说文解字·女部》：“姓，人所生也，从女、生，生亦声。”这说明姓来自母系而不是父系[②]。由此可见夏代之前从母，夏代开始从父，父系父权正是于夏代开始巩固成制度。

良渚文化年代上早于夏商周，相当于虞朝。《礼记》云：“虞夏之道寡怨于民，殷周之道，不胜其敝。”《左传》《国语》将虞夏商周四代连称，《韩非子》有“虞夏两千年”。《清华大学藏战国竹简》第八辑收录8篇战国佚籍，其中《虞夏殷周之治》论述虞、夏、商、周四代礼乐的特点，阐发崇俭

① 谭其骧主编：《简明中国历史地图集》，中国地图出版社，1991年，第5—6页。
② 杨希枚：《杨希枚集》，中国社会科学出版社，2006年，第26—28页。

戒奢的治国思想。大型水利工程遗迹是良渚遗址群重要的组成部分。虞是尧舜时代，大型水坝还是以堵为主，可能是大禹父辈鲧的所作所为。良渚文化早于夏代，是先夏文化。防风氏与大禹神话传说故事有历史的影子。禹兴于西羌，会盟涂山，崩于会稽。环太湖地区夏代文化遗址稀缺。钱山漾、广富林、马桥、湖熟文化欠发达，到商周才开始重新繁荣。良渚文化在距今4 300年或4 000年消亡，后续文化缺玉少铜，不可能是夏代主流文化。长江流域稻作文化良渚、龙山、齐家文化时传播到了黄河流域，甘肃庆阳和天水地区发现了4 000年前的稻作遗存。良渚玉文化顺着长江流域西传到了四川盆地，亦可经淮河流域进入黄河流域。长三角琮、璧、戉、璜组合进入中原，加上龙山文化圭、璋，演变成齐家文化或石峁玉礼器体系：《周礼》“六器”中五器琮、璧、圭、璋、璜齐备。良渚文化玉器对龙山时代诸文化产生了极大影响，分布范围达大半个中国。齐家文化不仅继承了璧、琮，璜亦多种多样，出现了金（铜）玉（绿松石）镶嵌璜。齐家文化全面继承了良渚玉文化，而玉文化传统成为华夏文明特色。

伦福儒和刘斌认为有三个因素可促使人们去重新评估良渚作为早期国家社会代表的历史地位：首先是良渚古城规模，包括内城和外城；其次是根据墓葬材料所得出的社会等级划分，精美玉器基本都出土于贵族墓葬中；最后一点是公共工程规模，包括莫角山土台，以及用来控制季风性山洪的高坝和低坝系统。良渚在规模和复杂性上要超过酋邦社会，符合戈登·柴尔德提出的城市革命标准。相比于同时期英国巨石阵以及更早出土精美饰物的瓦尔纳墓地，良渚社会组织都更为复杂①。我们也可以从四个方面来论证良渚文化与社会还没有复杂到进入了王国时代。良渚没有发现文字与青铜，尽管陶器或其他人工制品上发现了刻画符号，但还没有成组符号可以确认为书写系统，肯定没有进入青铜时代。没有发现小麦和马、羊、黄牛，水稻与猪为主经济体系还是比较单纯，五谷丰登、旱涝保收、六畜兴旺、猪肥马壮才是复合经济体系。虽有贫富分化贵贱之分，但男女依然相对平等，没有进入父系男权社会，也没有进入多民族社会。祭祀明显重于战争，故是玉帛古国（神权王

---

① 科林·伦福儒、刘斌：《中国复杂社会的出现——以良渚为例》，陈明辉、朱叶菲、宋姝等译，“浙江考古”公众号，2018年9月11日。

国），还不是戎与祀并重的干戈王国。因此，良渚文化时代东亚进入了玉帛古国时代，齐家文化时代以石峁遗址为代表才进入干戈王国时代，也就是进入夏商周三代和青铜时代世界体系[①]。良渚文化是华夏文明的基础或源头之一，是静脉或母亲；华夏文明之父或动脉来自西北青铜游牧文化，齐家文化较为符合夏代时空和社会状况，以及文化性质。

---

① 易华：《从玉帛古国与干戈王国》，《甘肃社会科学》2017年第6期。

历史传说能否求证：夏王朝与上古五帝

唐际根
南方科技大学

一、历史认知挑战历史真相

历史，指过去发生过的事情。历史的真相只有一个。然而事发之后，人们对历史的描述却不尽相同，对历史的评介更是千差万别。

安阳西高穴二号墓是否是曹操墓？虽然主流考古学界给出了肯定回答，但仍有个别学者持怀疑态度。曹操墓的确认几乎有完整的证据链，真实性却仍然被人质疑。

曹操墓事件甚至发展成为许多人的情绪宣泄口。有人调侃说，考古队在安阳的一座古墓中发现了两个人头，“经鉴定一个是曹操的，一个是曹操小时候的”。讥笑之余，严肃的考古问题被娱乐化。有人为了表白自己“学术严谨”，声称要想证明西高穴二号墓是曹操墓，仅凭出土文物形成的“证据链”远远不够。在这些“无比严谨”的学者看来，要认定安阳西高穴二号墓是曹操墓，唯有墓中的那具男性人头突然睁开眼睛亲自说“我是曹操”。如此严苛的要求，真的是科学态度吗？如果考古学必须这么严苛，即使人头突然开口说话，仍然无法证明他就是曹操。万一这具人头复活后“撒谎”了呢？一个严肃的考古问题，瞬间又与学术立场相关，甚至变成了道德问题。常常有人为标榜“学风严谨”，无视学理，不断拔高标准，将学术研究押往道德平台。

这样的结果，理论历史学家和理论考古学家早就注意到了。

19世纪初，历史学家本着美好的愿望，呼吁据事直书，不偏不倚，去伪存真，客观描述历史，从而形成名噪一时的“兰克学派”（Ranke School）。“兰克学派”希望将史学与自然科学并列，摆脱哲学与视觉的控制。然而，兰克学派不久即受到“年鉴学派”（Annales School）的挑战。在年鉴学派看来，往事发生在“多重时间”中，要取得客观的历史知识是十分困难的，甚至是不可能的。

考古学的理论发展，也反映了类似变化。20世纪60年代，过程主义考古学（又称为新考古学）兴起，受科学实证主义影响，当时的考古学家信心满满地认为，利用实验考古学、民族考古学和其他科学手段，地下发掘出来的资料可以建立客观的历史知识。然而20世纪80年代开始，新考古学受到“后过程主义”考古学家的多重批判。越来越多的考古学家意识到，人们在寻找历史真相的过程中，研究者的政治立场、人生经历、知识结构和个人爱好都参与了资料解读，因而考古学不可能寻求“绝对的历史真相”。

无论是曹操墓事件，还是历史学家的理论思考，抑或是后过程主义对新考古学的批判，都反映了一个事实：要追求绝对的历史真相，几乎是不可能的。然而，无论是历史学中的“年鉴学派”，还是考古学中的“后过程主义”，他们并不否认对客观历史基本事实的探索。考古学的任务就是通过寻找各种材料，尤其是地下的发掘材料，寻找尽可能接近历史真相的知识。撇开对历史的种种评论，历史学家的本质任务，是要寻找最接近历史真相的知识。从学科角度说，考古学、历史学不是万能的，但也不能采取消极和不作为的态度。

二、夏王朝能否求证

按照历史文献记载，商王朝是在推翻夏王朝的基础上建立的。由于长期从事商代考古研究，人们常常问我：夏王朝真的存在吗？夏王朝的遗址找到了吗？

倘若回到20世纪初，这样的问题恐怕根本不会发生。因为大家都相信司马迁，都相信他写的《史记·夏本纪》。为什么现在夏王朝的存在反倒成了问题了呢？是因为有些学者将求证历史的“门槛”提高了。许多人看来，只要不出土文字，就不能证明夏王朝的存在。而且必须是写明了“夏王朝”的文字。按照前述分析，持这种观点的人，显然受到了自己和他人的“道德胁迫”。因为他（她）要表明自己的学术态度非常端正、非常严谨。

夏王朝的遗存非得要文字来证明吗？其实不然。从学理上说，证明夏王朝遗迹，单一的证据当然不行，但如果有严格的证据链，则可以判定为“接近历史真相的知识”。

考古学界的主流观点，认为河南偃师二里头遗址是夏王朝都城。支撑这一条知识的，便是证据链。

如同数学家解决问题，夏王朝的论述必须“从已知到未知”。商王朝是已知点。因此论述夏王朝，工作要从商王朝做起。

主流考古学家认为，他们找到了商王朝各个不同阶段的遗迹：安阳殷墟代表商王朝晚期，洹北商城代表商中期，郑州商城则是商王朝早期都邑。然而也有少数学者对此持异议，认为商王朝当前唯一能够被证明的，只有安阳殷墟。因为殷墟发现了甲骨文，而甲骨文刻写着各代商王的谥号，证明了商王朝的存在。而比安阳殷墟更早的郑州商城，是否是商王朝的遗存，值得高度怀疑。没有文字佐证，怎能说这座城就一定是商王朝的城呢？他们宁愿将其称为“二里冈帝国”。

确认商王朝遗存一定要有明明白白的文字证据吗？

有文字证据当然好，但没有直接的文字，我们可以通过其他证据形成证据链来寻找历史真相。这条证据链，其起点是大家公认的可以信众的甲骨文。

从“大乙（成唐）”到“帝辛”，甲骨文契刻了31位商王。长期的发掘表明，殷墟的考古发现，大体只能够与商王朝第20位国王盘庚至最后一位国王帝辛相对应。道理很简单，如果甲骨文是可靠文献，则与商王朝第1—19位国王相对应的古遗存必然存在。传世文献说，商王朝曾多次迁都。如果有遗址年代刚好早于殷墟，文化特征与殷墟同属一脉，又具有都城规模，我们就不得不高度怀疑它可能是早于殷墟时期的商王朝都邑。

郑州商城正是这样一处都城。这座古城的年代刚好早于殷墟，规模足以与王城对应，地理位置恰好又与文献中商王朝的都邑“亳”吻合。郑州商城发现的考古遗物（无论是陶器、铜器、玉器），其风格和制造技术都是殷墟同类器物的祖型，这种文化的一致性，也支撑“郑州商城是早商都城”的论述[①]。何况，郑州商城的战国地层中，居然直接出土了刻有“亳”字的陶文。

然而，上述证据，尚不足以形成证据链。真正形成证据链的，是公元前16世纪至公元前1046年这550年间，考古学家所发现的若干都邑级大遗址与文献资料中商王朝的王都迁徙之间形成的“次序耦合与时长耦合”。

从安阳殷墟前推，中原地区文化面貌与殷墟相衔，地理位置也在文献中的商王朝范围内的具有王都规格的遗址（发现了大型宫殿建筑、发现城垣、发现铸铜作坊、发现大型居民点），目前可列出以下一组线索：

殷墟（安阳）→洹北商城（安阳）→小双桥遗址（郑州）→郑州商城（郑州）/偃师商城（偃师）

按照文献记载，商王朝曾多次迁都，从最晚的殷墟前推，也可形成序列：

殷→奄→邢→相→隞→亳

文献数据中还有一项重要的信息，即：给出了每个都邑的相应王世。这就意味着给出了每个都邑之间的次序，以及每个都城被使用的时间。

例如，按照文献，商王朝最后的都邑“殷”，历时8代12王；而商中期之都“相”，仅经历2代2王；商王朝最早一都“亳”，则经历了自大乙至中丁6代9王。不同时期商王所盘踞的都邑，形成了次序上的规律与时长的差别：

亳（6代9王）→隞（1代3王）→相（2代2王）→邢（3代4王）→奄（2代3王）→殷（8代12王）

上述列出的具有都邑规模的系列遗址，其次序与时长情况如下：

郑州商城/偃师商城（约200年）→小双桥（时间短）→洹北商城（时

---

① 邹衡：《夏商周考古学论文集》，文物出版社，1980年。

间短）→殷墟（200年以上）

郑州商城、小双桥、洹北商城等遗址，不但具备都城规模，不但享有与安阳殷墟相同的文化属性，不但地理位置与文献所记录的商都各自对应，而且相互之间形成的“次序与时长”与文献中的商都迁徙大体契合（仅缺一处与文献“南庚迁奄”相对应的遗址）。遗址与文献中都邑迁徙的关系，可用下图1来表示：

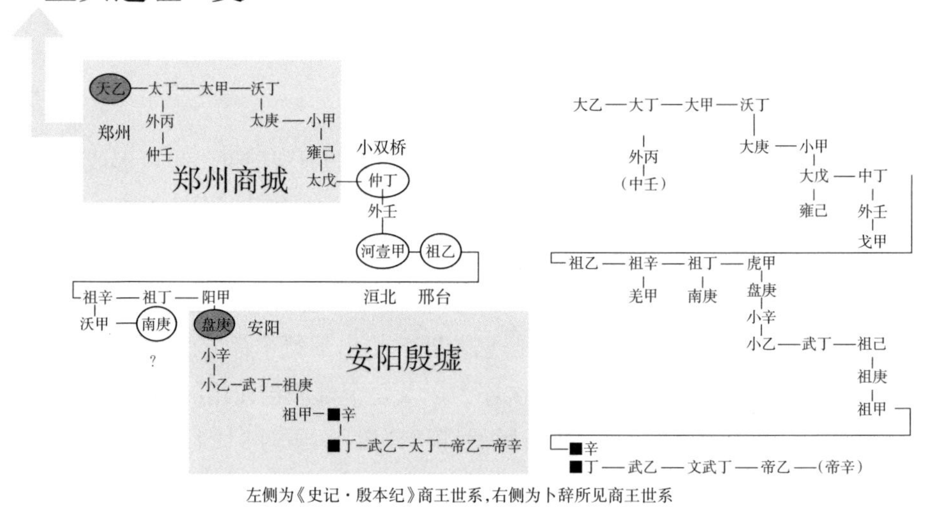

图1　二里头遗址与夏王朝对比图

考古学找到的“次序与时长”的契合，使得商王朝都邑的论证形成了可靠的证据链。由此可以认为，商王朝的主要都邑已经被发现，郑州商城是商王朝早期都邑，应该是接近历史真相的基本事实。

有了这个已知基础，便可以讨论夏王朝遗存了。

按照文献记载，商王朝是在推翻夏王朝的基础上建立的。按照王朝更替的一般规律，如果郑州商城是“最早的商都”，则它应可成为夏商两朝分界的标志。如果我们能够找到一处年代刚好早于郑州商城，具有都邑规模，而且其地理范围又被后来的商王朝势力所覆盖的遗址，它就有可能是夏王朝的都邑。

河南偃师二里头遗址便是这样一处。二里头遗址面积宏大，其核心位置发现了大型建筑遗迹，发现了宫城，发现了青铜器和铸铜作坊。这些遗存都表明它具备都邑性质。主流学术界认为，二里头遗址最可能是夏王朝最后一处都邑。

为什么？除了二里头遗址本身具备都邑规模之外，最重要的理由是它在年代、地望、文化三方面与文献中的夏王朝最后一都契合。

偃师商城是与郑州商城年代基本一致，同样有着巨大城垣的商代遗址。这座遗址与二里头遗址的空间距离仅6公里。这样的空间距离，完全符合商王朝推翻夏王朝这样的历史背景。有学者甚至认为，偃师商城正是灭夏之后商人专门为镇抚伊洛河流域的夏人而建。时间上，偃师商城（包括郑州商城）正好是二里头遗址的衰败相接。文化属性上，呈现的是商文化对二里头文化的迅速取代。这些现象，都有利于论述二里头遗址是夏王朝遗存。遗憾的是，当前的考古资料，并未形成类似“次序与时长”那样的证明商王朝存在的证据链，因而早于二里头遗址的更早的夏王朝遗址，还需要小心求证。不过，邹衡分析文献资料后发现，商人伐夏的路线，是从豫北冀南沿太行山南下奔袭，正好符合商文化由豫北冀南向郑州一带和豫西地区发展，最后定点于偃师商城全面取代夏文化的路线。这也算是重要的补证。

当然夏王朝需要论述的问题还很多，但可以放心的是，二里头遗址是夏王朝遗存，是建立在可信的“已知点”之上的。从学理上说，我们不仅应该相信夏王朝的存在，并且应该相信已经找到了部分夏王朝遗存。二里头遗址就是这类遗存。

三、传说中的上古“五帝”

《史记·殷本纪》被证实了，《史记·夏本纪》也部分被证实。作为开篇的《史记·五帝本纪》能否被证实呢？

《史记·五帝本纪》记录了黄帝、颛顼、帝喾、尧、舜，并且提到神农、嫘祖。司马迁撰《史记·五帝本纪》时，显然是按“信史”来记录上述人物的。“五帝”作为中国早期历史真实人物的观念沿袭了2 000多年。直到20世纪初中国现代史学家撰中国通史，人们都相信有史可考的中国历史应该从黄帝算起，经颛顼、帝喾、尧、舜，直到禹传位于启，夏王朝登场[①]。然而随着现代西方史学传入中国，“五帝”身上的某些神奇荒诞的色彩引起人们注意。受兰克史学影响，要求客观描述历史的学者，开始将黄帝、颛顼、帝喾、尧、舜，与有巢氏、燧人氏、伏羲氏、神农氏等，一并归入“古史传说时代”。

我们很难相信黄帝、颛顼、帝喾、尧、舜完全是古人“编”出来的。但我们如何证明他们曾经是真实的存在呢？有学者认为，五帝注定只能存在于“传说”中，因我们根本无法验证有关五帝的记载。一些学者因之对《史记·五帝本纪》采取完全否定的态度，并据此认定，中国的王朝史，只能从夏、商算起。夏商王朝是真正意义上的国家，而“国家是文明社会的总结”。依此推之，中国文明当然只能从夏王朝算起。若这种观念成立，中国哪里来的5 000年文明史呢？

但我们为什么一定要完全验证有关五帝的记载呢？五帝并非一个整体，本不需要从整体上一次性论证。黄帝、颛顼、帝喾、尧、舜，每一位帝王的文献记录并不相同，有的丰富，有的零散，有的略偏荒诞，有的相对平实。其实只要证明五帝或者五帝中的某一位“帝王”不是虚构，即打破了《史记·五帝本纪》完全不可信的武断说法。无论五帝的存在是“全直全假”还是“半直半假”，我们或许只能证其一部而不是全部。换言之，我们所说的“古史传说”时代，很可能是部分可证的。

最近学术界围绕山西陶寺古城的性质展开了许多讨论，甚至波及对陕西石峁古城的解读。例如，不少学者将陶寺遗址与尧都联系起来。由于缺少文字作为直接证据（尽管陶寺发现了有限的陶文），各种看法尚停留在学术研究阶段，还不能作为结论，但五帝“传说”部分可证的端倪已现。尧作为五帝之一，有可能会成为第一个被证实的上古帝王。

---

① 20世纪初史学著作多将传说时代当作历史内容对待。例如1923年由商务印书馆出版的吕思勉《白话本国史》，即以“三皇五帝”“三王时代”为纲撰写国史。参见吕思勉：《中国的历史》，新世界出版社，2017年。

当然，即使是部分证实，也是极具挑战性的课题。学者们有过许多方法论上的思考。例如，张光直提出研究中国上古社会的“五道门”（张光直《商文明》一书）；李伯谦提出依靠传统历史学、考古学、人类学三条渠道探索传说时代；叶舒宪提出“四重证据法”思考上古社会的问题。然而宏观的应对之道并不能替代具体问题的解决。要最终解决问题，还要靠新的考古发现。并且还有个重要前提，古人的确给我们留下了重要证据，否则我们即使“死等”，也等不来能够解决实际问题的考古资料。

因此，上古历史的研究，要长期秉持“多种解读，各自表述，相机整合”的原则。基于传说的“上古中国”，基于文献的“上古中国”，基于考古资料的“上古中国”，三者可能还要长期并存，我们并不急于关联解读。

文学人类学新论

文学人类学的理论建构意在突破西方知识范式的束缚，并非生硬地援西套中，也不是与西方理论扞格不入，而是引领本土文化自觉，建构出一套具有鲜明中国特色的文化研究和阐释的理论体系，让被现代性的学院制度弄得偏狭化、僵硬化、驯顺化的文学和文化观念丰满起来；进而重建文学人类学的本土文学观，重建文学人类学真正意义上的中国文学观，以期不至于再次陷入价值判断式争论怪圈。

正本清源，交融创新

——评《文学人类学新论——学科交叉的两大转向》

尹庆红
上海交通大学人文学院

2018年是改革开放40周年，许多学科都在总结和反思这40年来的研究成果。在文艺学研究领域，朱立元教授在《中国社会科学》上发表长文《当代中国文艺理论的演进与思考》，对当代中国文艺理论研究所取得成就和存在的问题进行了全面的总结和客观的反思。其中他对文学人类学给予了高度的评价："又如文学人类学方法。随着人文学科跨学科研究趋势的不断强化，跨文学与人类学学科的文学人类学也引起更多学者的兴趣和关心。对于西方当代文学人类学的四种主要形态，即以原型批判相号召的文学批评家的文学人类学、新历史主义文学人类学的文化诗学、人类学家整合文学与人类学的文学人类学，以文化主体性为根基的人类学诗学，中国学者努力思考如何从中国文化的实际出发，对上述诸种人类学的理论和方法加以清理和综合，建构真正以多元对话为基础的、具有开放性的中国文学人类学。"[①] 文学人类学无疑是新时期文学理论研究的重要成就之一，促使文学研究观念和方法的变革，大大丰富了文学研究的理论话语和学科形态建设。而最近，由叶舒宪和唐启翠教授编著的《文学人类学新论——学科交叉的两大转向》可以看作文学人类学研究在理论上的又一成果。阅读完此书，我感受最深的是，该书系统而深入地研究了中西方学术界在人类学和文学两大学科中的两大转向是如何进行的，通过正本清源两大学科在发展历程中的相互交叉融合，为文学人

① 朱立元：《当代中国文艺理论的演进与思考》，《中国社会科学》2018年第11期。

类学研究总结和提炼了明确而具体的研究方法，并由此提出了一些新的理论和思想，将中国文学人类学研究从学理上往前推进了一步。

一、人类学如何与文学性相关？

一般而言，一门新兴学科在诞生之初都是不自觉的，但当学科发展到一定阶段，自然要求从学理上梳理该学科发展的内在脉络，从而推动学科由不自觉向自觉发展。中国文学人类学的发展也是如此，它从传统的文学研究领域中生长出来，由不被人看好的边缘地位，到赢得主流学界的认可。经过40年的发展，文学人类学研究队伍在逐步壮大，生产的知识成果越来越丰硕。此时，对其学科发展史进行梳理和研究，从理论上总结和反思是非常必要的，也是该学科继续向前发展的必要举措。正如叶舒宪教授在该书的序言中明确指出的："孕育文学人类学生长的学术潮流可概括为两个学科领域的研究转向：一是文化人类学研究的文学转向，又称人文转向；二是文学研究的人类学转向，又称文化转向。……这是本书致力于陈述人类学的文学转向的初衷。只有充分从两大专业方面理解了转向所具有的学术史意义，才能为文学人类学这门新兴的交叉学科找到立足的理论基础。"[①]作者的意图非常明确，《文学人类学新论》主要就是对人类学和文学两大学科在中西方学术界是如何转向的学术思想史的脉络进行正本清源，为文学人类学的合法性和进一步发展奠定坚实的理论基础。

在西方，人类学自19世纪中叶诞生以来，经历了上百年的发展，期间出现了多种研究范式的革新和理论流派。因此，在什么意义上说人类学向文学转向了呢？或者人类学是如何与文学性相关呢？这是作者想要探究的问题。作者从三个关键点切入，对此问题进行研究：一是20世纪70年代格尔茨的解释人类学的出现；二是人类学的表征危机；三是民族志书写的文学性特征。

---

① 唐启翠、叶舒宪：《文学人类学新论——学科交叉的两大转向》，复旦大学出版社，2019年，"序言"，第1页。

人类学诞生于科学主义思维盛行的19世纪中叶，科学理性主义思想渗透到所有的学科研究中。早期的人类学研究主要是考古学和体质人类学，都必须借助科学的手段和技术。因此，追求科学性、客观性是人类学与生俱来的特征。但由于他们所研究的材料大多来自航海探险者、私人收藏家和博物馆等，他们本人并没有深入物品所产生的社会，因此，被称为“摇椅上的人类学家”。而马林洛夫斯基和拉德克利夫-布朗开创的现代人类学，要求研究者亲自到研究对象所在的田野进行调查，客观地记录当地人的生活和所看到的一切，从而保证研究资料的真实性，这也是人类学研究客观性的体现。由他们发展出的现代功能主义人类学，以及后来法国列维-斯特劳斯的结构主义等，都强化了人类学的科学性和客观性特征。到了20世纪60—70年代，格尔茨的解释人类学的出现就是不满此前人类学所标榜的科学性、客观性形象。他认为人类学不是探究科学的学科而是寻找意义的学科，从而把人类学从科学性转向人文性，促使人类学的一个转向。在《文学人类学新论》中“把这种转向称为人类学的文学转向或人文转向”①。于是,作者追溯了格尔茨解释人类学的思想源泉，重点考察了哲学家肯尼斯·伯克的思想对格尔茨的学术影响。伯克从文学批评和修辞学出发，走向社会行为的动机和意义的思考，启发了格尔茨关于文化文本的理论，隐喻与文化文本的建构关系，以及深度描述这种文化文本的多重意义等。这些都成为格尔茨解释人类学的核心思想。由此我们可以清晰地看到解释人类学是如何将人类学的科学性转向文学修辞的。

当然，格尔茨除了受肯尼斯·伯克的影响较深外，他早期还受象征人类学的影响。而象征人类学把文化看作一个社会所拥有的基本价值和信仰的符号体系，人类学的目的就是去发现这些文化符号所承载的社会意义。但后来格尔茨开始觉察到象征人类学的弊端，认为象征人类学把文化看作一个封闭的象征体系，在这个体系中研究孤立的元素之间的关系是有问题的。他把常识、宗教、社会思想和艺术都看作是一种文化体系，各自在特有的形式下，赋予人类以意义。一方面，无论是什么样的物品、行动、事件和语言中，如

① 唐启翠、叶舒宪：《文学人类学新论——学科交叉的两大转向》，复旦大学出版社，2019年，第4页。

果运载了某些意义即是象征；另一方面，不论什么意义，都是由某些有形的象征物来承载的[1]。格尔茨看到了“符号—意义”形成过程中的各种力量关系和社会的物质条件的影响，也看到了社会中的个体的能动性和情感在创造符号—意义中的重要作用。格尔兹的解释人类学的提出在当时具有革命性的意义，他把人类学的研究重心从衡量社会结构转向通过事物表面症候追究其深层原因和意义的阐释，这种“符号—意义”的解释学研究范式对人类学产生了深远的影响。然而，他的研究路径也不是没有弱点，他强调对符号的意义分析，但符号不是一个封闭而静止的客观对象，符号所承载的意义也并不是固定不变的。这些问题受到法国符号学家罗兰·巴特以及人类学家迈克尔·赫茨菲尔德等人的批评[2]。

另外，受后现代主义思潮的影响，关于解释的有效性问题让人类学随后卷入一场关于民族志书写的危机和意义表征的危机讨论中。最直接的成果体现在《写文化——民族志的诗学与政治学》和《作为文化批评的人类学——一个人文学科的实验时代》。这两本著作在西方人类学界产生了重要的影响，此前国内学者还没有从人类学转向这个角度来研究这两本著作。在《文学人类学新论》中，作者通过研究指出《写文化》最引人注目的特点是对民族志修辞性的关注。在民族志书写中存在民族志诗歌、戏剧、传记、小说，以及女性主义写作等多种文学类型。传统的民族志写作范式中，那种客观、权威、价值中立的形象是不存在的，这恰恰体现了当代人类学书写的文学转向。20世纪80年代受文化研究的影响，人类学界也出现对人类学如何书写“他者”的反思和批判，《作为文化批评的人类学：一个人文学科的实验时代》成为后现代人类学实验民族志的重要范本。通过作者的研究，我们可以看到人类学的民族志书写一直都是与文学性纠缠在一起的。“从人类学诞生开始，民族志的书写就不是一种属于硬科学的客观表述，而是一种文学式的写作。”[3]

---

① 绫部恒雄编：《文化人类学的十五种理论》，中国社会科学院日本研究所社会文化室译，国际文化出版公司，1988年，第152页。

② 迈克尔·赫茨菲尔德：《人类学：付诸实践的理论》，载中国社会科学杂志社编：《人类学的趋势》，社会科学文献出版社，2000年，第179—180页。

③ 唐启翠、叶舒宪：《文学人类学新论——学科交叉的两大转向》，复旦大学出版社，2019年，第77页。

关于民族志写作的文学性，作者还考察了英国、法国、美国人类学家的经典作品。如英国早期人类学著作弗雷泽的《金枝》、马林诺夫斯基的《西太平洋的航海者》，美国的人类学者玛格丽特·米德的《萨摩亚人的成年》，法国的列维-斯特劳斯的《忧郁的热带》等作品。这些人类学著作都融合了人类学家的观察、体验、虚构、想象和情感，与其说它们是科学而客观的人类学报告不如说是文学作品。人类学的民族志写作就是一部文学作品，与其说是人类学的文学转向，不如说人类学的民族志写作从一开始就是与文学密不可分的。这种人类学书写的文学性主要表现在三个方面：一是民族志写作方式的多元化，除了论文式的科学报告外，诗歌、小说、戏剧、绘画、影视等文学形式成为民族志书写的重要文类；二是具有人类学意义的文学创作；三是人类学史中的文学内容得到重新审视①，通过作者的梳理，表明“从某种意义上说，人类学书写在本质上就是文学的，而不是科学的。所谓人类学的客观性只是一种假象。所谓的文学转向其实是一种策略性的强调，或许本身就难免一定的误导作用”②。由于人类学与文学是与生俱来的，人类学的文学转向，从实质上说，并没有转，只是从正面肯定了人类学的文学性；人类学的文学转向，从形象上说，是人类学家对“写文化”以来人类学整体发展的历史趋势进行的一种理论修正，也是人类学这门学问因语言的承载表现为写文化的问题后的理论思考③。

二、文学人类学如何可能？

由于此前文学人类学研究团队已经对中国文学人类学的发生、发展和研究对象等有过大量的研究，在《文学人类学新论》中，作者只从中国文学思想中的人类学思想、文学研究的人类学思想和中国文学中的人类学主题，以及当代日本文学中的人类学转向等几个个案进行分析，进一步说明文学研究

① 唐启翠、叶舒宪：《文学人类学新论——学科交叉的两大转向》，复旦大学出版社，2019年，第127—128页。

② 同上书，第78页。

③ 同上书，第96页。

的人类学转向。综合此前的文学人类学研究成果，我认为在理论上可以从三个方面来回答文学人类学如何可能的问题：一是文学研究的危机；二是从作品分析到文本文化批评；三是从书斋到田野。

中国文学研究向人类学转向与20世纪80年代的美学研究和文学研究的危机有关。传统的哲学美学研究陷入了困境，文艺美学的出现就是为了走出这种困境，寻找适合中国的美学研究路径。随着国门打开，西方各种学术思潮纷纷被引进来，在美学、文学研究中出现了方法论大讨论。学者们试图将科学方法运用于文艺学、美学研究。方法论的讨论和西方思潮的涌进极大地活跃了文艺理论界的学术思想，强烈地冲击了传统的研究范式和思路，开阔了文艺学的研究视野和思维空间。美学、文学研究思维模式发生了现代转型，开始以一种更为清醒自觉的姿态寻求文学研究方法的变革。在美学、文学研究领域，一批西方人类学著作被翻译和介绍，如布留尔《原始思维》（1981）、格罗塞《艺术的起源》（1984）、弗雷泽《金枝》（1987）、维科《新科学》（1989）、博厄斯《原始艺术》（1989）、列维-斯特劳斯《野性的思维》（1987）、罗伯特·莱顿《艺术人类学》（1990）等。这为研究艺术的起源与美感意识的发生等问题提供了实证材料。一些学者从历史学、考古学、民族志材料中寻找与原始艺术相关的文献资料，从而突破传统美学在此问题上的玄之又玄的思辨性困境。这些西方人类学著作的翻译和介绍，为中国的美学、文学研究注入了新的研究方法和理论资源，也成为文学人类学和审美人类学等学科的发展和理论建构的理论源泉。叶舒宪教授对弗莱的《批评的剖析》的翻译和研究也成为他日后走向文学人类学研究的理论源头之一。

人类学的形成和发展过程就是一个认识异文化、借鉴异文化来反思和改进本土文化的过程。从学科的角度来说，文学研究之所以要借鉴人类学的理论和方法，其目的也是为了反思文学研究的弊病，革新文学研究的方法。文化人类学对文学研究的影响之一就是文学研究从作品分析到文本文化批评。从人类学的角度来讲，中国的“文学”的概念不同于西方，中国古代的文献典籍既可以当作是文学作品，也可以视为文化文本。因此，现代的文学研究不能再将这些作品简单地归为文学作品，仅仅对之进行文字-训诂、诗文-点评式的研究，更应该将之视为文化文本，将之置于更大的文化系统内，对之进行文化解读和文化批评。萧兵、叶舒宪、彭兆荣、徐新建等文学人类学的倡导者对《老子》《庄子》《论语》《中庸》《楚辞》等文献经典进行文化解读。由湖北人民出版社出版的“中国文化的人类学破译”丛书，包括《山海经的文化寻踪》《楚辞的文化破译》(1991)、《史记的文化发掘》《说文解字的文化说解》《老子的文化解读——性与神话学》(1993)、《诗经的文化阐释》(1994)等都是早期文学人类学研究从作品分析到文本文化批评的重要成果[①]。从作品到文本，延伸了文学的观念，扩大了文学研究的对象和范围，文学研究不仅仅局限于文学作品，而是更广阔的文化文本。这种文本—文化批评范式，在方法上注重对史前考古学和民族志资料的运用，增强了文学研究的实证感，为文学研究开启了新的视野，带来新的研究方法和跨学科的研究理念。当然，这种研究也难免带有传统文学研究中的“六经注我或我注六经”的毛病，往往采用一种理论预设的立场，由结论倒推出前提和需要的论证材料，因此，其所使用的民族志资料在一定程度上脱离了其所诞生的文化语境。这种文学人类学研究也可以视为是“摇椅上的人类学”，若要从跨学科的角度来整合人类学和文学，需要从书斋走向田野。

从书斋走向田野可视为文学人类学发展的重要阶段。人类学对文学带来的另一个影响是导致文学观念的变化。文学人类学视野中，不仅有书写文学，也有无文字的口头文学；不仅有个人创作的文学，也有民间集体创作的文学；不仅有汉字书写的文学，也有大量的少数民族文学。而这些无文字的文学大多存在于民间乡野，它们是活生生地存在于老百姓中。这促使文学人类学研究者必须走出书斋、走向田野，尤其是走向少数民族地区。对少数民族的叙事诗、民歌、神话、仪式、传说等民间文学素材进行搜集整理研究，甚至进行人类学的文学创作。叶舒宪教授通过大量的田野调查对神话以及后来对玉石之路的研究，彭兆荣教授《文学与仪式——文学人类学的一个文化视野》对民间仪式与文学关系的研究，徐新建教授对少数民族多元文学的研究等，都是文学人类学从书斋走向田野的丰硕成果。文学人类学研究者深入民间乡土社会，到文学产生的具体的社会情境和现实生活中去理解和研究文

---

① 唐启翠、叶舒宪：《文学人类学新论——学科交叉的两大转向》，复旦大学出版社，2019年，第157页。

学。文学研究从书斋走向田野，不仅扩大了文学研究的对象，革新了文学研究的方法，而且改变了文学研究的观念。大量的民间文学和少数民族文学，无论是有文字的文学还是无文字的文本，它们作为汉民族的“他者”，都能够构成对传统的汉民族文学的反思和批判。如对汉民族中心主义、文学精英主义、文字中心主义进行批判与反思。这样，文学人类学就不是简单地游离于人类学与文学两大学科的边缘，而是真正实现了两大学科交融后所产生的新兴学科，它有自己特定的研究领域和方法。正如作者所言："少数民族文学研究中的田野工作也在自觉向人类学规范靠拢。这种田野自觉正是当代中国文学研究人类学转向的一个重要表征，其所带来的田野新风正在改变着中国文学的整体观念。" ①

三、文学人类学的理论创新

学科交叉的目的不是简单地从其他学科那里借鉴现成的术语或理论来解决本学科的问题，而是要改进原有学科的弊病，促进对学科的新认识，生产新的知识。文学与人类学的交叉并非单单是从人类学那里引入了一种人类学式的解答，相反，它运用一种人类学现代解答来为文学研究重新提出问题。只有这样，文学人类学才不会一直是人类学和文学的边缘，而是在两大学科交融后创造出属于自己的研究领域和研究方法。文学人类学经过近40年的发展，创造出了其特有的研究方法和理论成果。

文学人类学最首要的创新是在研究方法上提出四重证据法。叶舒宪教授等学者在许多文章中论证了提出四重证据法的必然性与合法性，并将之运用于文学人类学研究实践。如今，四重证据法非常成熟，其含义非常清晰："第一重证据是指经典传世文献；第二重证据指考古新出土的文献及其文字，主要包括甲骨文、金文、简牍帛书等；第三重证据是指文字记录以外的多民族民间口传资料及仪式等，即活态民族志；第四重证据是指考古发掘出土的文

---

① 唐启翠、叶舒宪：《文学人类学新论——学科交叉的两大转向》，复旦大学出版社，2019年，第169页。

物以及图像。”[①] 如果说前三重证据法是自王国维以来历代学者的归纳总结，那么第四重证据就是文学人类学在研究实践中提炼出来的。第四重证据运用考古新出土的文物，从物质文化的角度来研究古典文学问题和文化现象，其实质是把文本研究、口头文化、物质事物与图像综合起来，形成一个立体的阐释方法。四重证据法促使原有的文学研究范式进行反思，推动学科整合，革新文学研究的方法，强调了文学研究的多维性特征。这既说明了文学研究的复杂性，也意味着对文学认识的逐步深化。

其次，文学人类学探索了一条培养学生的新的教学方法。当文学作为一个学科而被体制化，它事实上就变得不那么娴熟于处理多元性。与之相反，它已然发展出一套技术手段来逃避多元性。文学人类学不仅重视传统文学研究所需要的阅读文献经典，掌握传统的文学研究的方法和理论，更强调人类学的田野调查、亲自在场。这样做的好处是使得研究者能亲近研究对象，将一种新的潜能带给文学研究，对于此种潜能的思索改变了文学所遇到的问题。由于少数民族文学、民间文学大都是当地人活生生的审美经验的直接表达，这种审美经验具有地方性、流动性、直接性特征，研究者在田野调查中，置身其中，能直接感受到审美经验的情感力量。这样，研究者把阅读、观察、体验融合起来，能加深其对研究对象的认识。彭兆荣教授对文学人类学者的这种模式进行过很好的总结，认为其是文学人类学者“在跨越学科、回归学问本体的尝试和努力，试图建构‘读（读书）—行（田野）—观（观察）—思（思考）—比（比较）—释（解释）’的问学模式”[②]。人类学的文化整体观，能让研究者把文学与整个社会文化体系联系起来思考，而不至于研究孤立的文本，也能培养研究者的社会关怀，而不是冷冰冰的脱离实际生活的话语生产。

最后，文学人类学创造了属于该学科的关键词。每一个知识领域和学科都有其独特的专门术语，或者即使没有独创的术语，但从别的领域借过来，却赋予它本领域的独特含义。文学人类学也已经成为一个独特的知识领

---

① 唐启翠、叶舒宪：《文学人类学新论——学科交叉的两大转向》，复旦大学出版社，2019年，第236页。

② 同上书，第243页。

域或学科范围，它在研究实践中，创造和提炼了一些属于自己的术语或关键词，这些关键词是其学术思想和理念的集中体现。如大小传统、玉教、神话中国、神话历史、N级编码等。这些概念，有些是通过赋予已有概念本土文化的含义，进行创造性转化。如大小传统的概念，就是对西方人类学家雷德菲尔德的“大传统和小传统”概念的创造性转化。而有些概念是文学人类学独家发明创造的，如玉教、N级编码等。这些概念既是文学人类学的关键词，包含着特有的理论内涵，而且这些概念的提出也体现了文学人类学在理论探索中的演进路径。正如作者所概括的，其发展脉络是：“比较神话学（20世纪末）→四重证据法（2005）→神话历史（2009）→大传统/小传统（2010）→‘玉教’说（2010）→N级编码论（2012）→‘玉教新教革命’（白玉崇拜）说（2014）”[①]。虽然这些概念正如作者所言尚处在草创阶段，存在诸多不足，还需要进一步的论证和完善，但它确实说明了文学与人类学交融后的巨大创新能力，而且它为研究和理解中国的许多古代文献和文化现象提供了新的视角和方向。

任何一门学科的理论创新和建构都不是为理论而理论，而是为了解决现实问题，文学人类学的这些理论创新为文学研究带来了活力。其雄心正如作者所言：“文学人类学的理论建构意在突破西方知识范式的束缚，并非生硬地援西套中，也不是与西方理论扞格不入，而是引领本土文化自觉，建构出一套具有鲜明中国特色的文化研究和阐释的理论体系，让被现代性的学院制度弄得偏狭化、僵硬化、驯顺化的文学和文化观念丰满起来；进而重建文学人类学的本土文学观，重建文学人类学真正意义上的中国文学观，以期不至于再次陷入价值判断式争论怪圈。”[②]我们有理由期待它的新成果。

---

① 唐启翠、叶舒宪：《文学人类学新论——学科交叉的两大转向》，复旦大学出版社，2019年，第228页。

② 同上书，第295页。

从文化自觉到文化自立

——《文学人类学新论》的理论创新意义

唐启翠
上海交通大学人文学院

“我们生活在一个人类学时代。一门关于人的广泛科学是当代思想追求的主要目标。一大批科学研究部门为此联合起来。”[①]20世纪德语世界中最有影响力的思想家兼神学家潘能伯格一语道出了20世纪中后期如雨后春笋般出现的诸如艺术人类学、政治人类学、宗教人类学、历史人类学、医学人类学、教育人类学、文学人类学等交叉学科兴起的学术潮流及其时代背景。

文学与文化人类学这两个专业，是如何在20世纪后期发生交叉融合，并逐步形成一门新兴交叉学科的？文学的主观虚构和想象，与人类学的客观取向与科学方法，是如何从对立走向对接、互补并交叉融合为文学人类学这样一门新学科的？

国家社科重大招标项目“中国文学人类学理论与方法研究”结项成果《文学人类学新论——学科交叉的两大转向》，就是着眼于当代学术发展跨学科大潮流，从学术史脉络首次系统梳理出两大学科转向的态势：文化人类学的人文（文学）转向和人文学科的人类学转向（文化转向），以及文学与人类学两大学科交叉带来的中国本土学术创新与理论建构的学术史意义。

具体而言，本书的学术贡献集中体现在以下几个方面：

一是首次集中地从学术史脉络上梳理清楚20世纪两大学术转向及其相

---

① 潘能伯格：《人是什么——从神学看当代人类学》，李秋零等译，上海三联书店，1997年，第1页。

互跨界交叉所孕育出的崭新研究格局，重点论述人类学的文学转向及其方法论意义，尤其注重将文化视为一种可以深描和解读的符号文本，民族志一如文学文本的阐释人类学范式，给文学与文化研究带来重要的理论启示，也为文学人类学派以文化文本概念为核心的理论建构奠定基石。

从学科发展的历时性看，作为学科的文学比文化人类学古老得多，然而，随着人类学时代的到来，文学的创作和批评实践常从人类学家的民族志中借鉴主题、素材和思想，而人类学家的民族志写作也或隐或显地向文学借鉴表述形式——比喻、象征、意象和戏剧化等。特别是随着人类学者对民族志写作的文学性意识的觉醒和反思，当代人类学写作和文学之间的密切关系日益受到关注，有着跨学科偏好的专业人士重新定位文学和人类学，为文学与人类学的跨界杂交提供了无限可能。

“民族志学者的工作是什么？——他写。”[①]“有的人描绘异文化是将其感官直接转化为思维的对称，比如列维-斯特劳斯；有的人是将它们转化成一个非洲神瓮上的图案，比如埃文斯-普里查得；而有的人在描述它的时候，迷失了自己的灵魂，比如马林洛夫斯基式的科学民族志。”[②]由此看来，人类学著述被类比为小说；说它们是小说，意思是说它们是“虚构的事情”“制造出来的东西”——“小说”的原义——并非说它们是假的、不真实的或仅仅是个“想象”的思想实验。民族志可以而且应当追求类似于文学写作的细节真实，以便通过深描揭示或阐释文化的意义。20世纪人文社科领域被引用率最高的当代人类学家克利福德·格尔兹，一语道破人类学家的民族志写作与文学的内在关系：人类学家是作家兼批评家。作为作者的人类学家，无论是在田野中，还是田野之后的民族志写作，都带有强烈的主体性和温度——我是我，我又不是我。这引导着人类学这门学科在20世纪后期发生根本的转向。人类学的文学转向显著的分水岭和集中体现，就是1984年圣菲研讨会的成果《写文化——民族志的诗学与政治学》：通过展示解读和写作民族志的不同方法而引入一种对民族志实践的文学意识，化解20世纪整个人文

① 格尔兹：《文化的解释》，纳日碧力戈等译，上海人民出版社，1999年，第22页。

② Clifford Geertz, *Works and Lives: The Anthropologist as Author*, Stanford: Stanford University Press, 1988, p.77.

社科领域的表述危机，迎来民族志的实验时代。

二是首次深入地梳理、挖掘了人类学的文学转向核心推动者——阐释人类学代表克利福德·格尔兹与作家兼文学批评家肯尼斯·伯克之间的关系，说明伯克是阐释人类学思想的启蒙者和引领者。

19世纪中后期诞生的人类学，进入20世纪中后期，发生了一场学科性质和研究范式的革命性转向，即从“人的科学”转变为“文化阐释学”。文化本身是一种有意义的符号行为所展示的文本，人类学家要做的是通过深描来揭示或阐释其意义，而非简单地观察和记录。比如巴厘岛的斗鸡游戏，其实是巴厘岛社会关系网络和男性象征的戏剧化过程，只有通过深描，才能细致入微地揭示出巴厘岛民行为的意义所在。追溯其理论渊源，离不开美国作家兼文学批评家肯尼斯·伯克的戏剧主义、视角主义、隐喻与文化文本建构三方面的理论启示，从而揭示出文学批评给人类学的文学转向带来的思想启迪和推动作用。

三是首次较系统地梳理了《写文化》之前，人类学与文学以及古典学之间的密切关联，深入发掘了在表述—写作维度上，人类学与文学根深蒂固的内在关联。

学界讨论的人类学转向，主要是指20世纪70年代以来的阐释人类学，特别是《写文化》所激发的三个层面的转向：民族志写作方式的多元化转向，人类学诗学和民族志诗学、文学人类学研究的转向，以及对人类学与古典学渊源关系的重新关注。然而当重新梳理或审视人类学学科发展史，就会发现，太阳底下无新事，不仅民族志写作的文体实验、文学修辞借用的历史悠久，而且发现“人类学家不是邂逅或遭遇文学（跨学科建构将引导我们如此相信），而是由于文学才产生的。更确切地说，民族志是特定条件下旅行写作的结果”[①]。早期古典人类学家如弗雷泽、泰勒、哈里森等都曾把人类学当作研究语言和文学的科学；玛格丽特·米德、露丝·本尼迪克特、爱德华·萨皮尔等不仅是科班人类学家也是文学创作者，就连创立了现代人类学科学民族志写作典范的马林诺夫斯基，都情不自禁地宣称自己对康拉德的崇

---

① Rose De Angelis ed., *Between Anthropology and Literature: Interdisciplinary Discourse*, Routledge, 2003, p.162.

敬之情。“如果没有诗歌式的补足，科学的人类学就什么也不是……尽管不够严密且充满不确定性，贯穿于人类学中的诗学可以指出更具自我意识、更令人满意的科学之路。”[①]这就是人类学天然的文学之翼。更何况神话、传说等口头文学以及仪式展演等的存在与传播为文学与民族志间的联系提供了充足的天然养料。

四是通过回顾中国文学人类学百年学术史，特别是在改革开放40年以来的研究实践中，肩负着中国本土文化重述和理论话语体系建构的使命感，如在具体的研究实践中，先后提出、论述、讨论和总结归纳出的中国文学人类学理论与方法关键词——三重证据法、文化表述、文化文本及文化符号编码论、文化大小传统再划分、神话历史、四重证据法等及其内在关联。文化表述是文学人类学的理论核心与起点，实物、图像、文字、口传神话传说和仪式展演，是文化表述的符号性显现构成的可见的文化文本，其中实物、图像、口传神话传说与仪式展演是早于文字文本小传统产生的文化大传统，对文字文本小传统具有孕育和形塑功能。四重证据（一重传世文献、二重出土文字、三重口传与仪式、四重实物与图像）及其间性互补是文化文本的立体重建与阐释。而打破神话与历史壁垒的“神话历史”，不仅是中国历史叙事一贯的传统，是新时代重新贯通文史哲诸学科整合优势的概念武器，也是文化文本多元符号编码背后隐蔽的思维法则。因此，上述系列术语不断延展表述的背后，是中国文学人类学对自己的研究对象、方法和理论逐渐清晰的过程，也是逐渐从文化自觉到文化自立的过程。

---

① 伊万·布雷迪：《人类学诗学》，徐鲁亚译，中国人民大学出版社，2010年，第50—51页。

关于文学人类学的感言

李继凯
陕西师范大学人文社会科学高等文化研究院

这是我在上海交通大学神话学研究院首届新成果发布会暨专家论坛上的发言，稍作增删，权为敲敲边鼓的小文，敬请方家指教。

感谢此次会议主办方的邀请，使我有了这次宝贵的学习机会。大家兴致正浓，话题论语甚丰，仅仅就前面多位先生谈“玉”而言，也真觉得“神玉通神—神乎其神，话中有话—话不虚传”。如此不知不觉已经远超出会议预订时间了，此时让我“压轴”出场，诚惶诚恐！既来之则言之，我还是非常简单地说个1、2、3吧！即一表祝贺，二是约稿，三为感言，前两点算是铺垫。

首先是祝贺。今天是上海交通大学建校123周年的校庆日和神话学研究院新成果发布日，确实是个“双喜临门”的令人高兴的好日子喜日子，我这次来，临出门为表祝贺之意，匆忙间写了一幅中堂。其内容为：“治人类学千秋事业，品神话院一脉书香。”神话学研究院此次推出的《玉石神话信仰与华夏精神》《文学人类学新论》《四重证据法研究》等，是国家社科重大招标项目“中国文学人类学理论与方法研究”的主要结项成果，新书精印，内容精深，见解独到，足以传世。我从古都西安陕西师范大学亦即本课题首席专家叶舒宪先生早年的学术出发地来到这里，首先要代表陕西师大人文社会科学高等文化研究院，表达一下由衷的祝贺之意：热烈祝贺神话学研究院及其学术团队取得如此丰硕、这般重要的学术成果！

二是约稿。机会难得，我想在此借机郑重向大家约稿。一是为叶舒宪兄主持的由陕西师范大学人文社科高研院资助的学术辑刊《文化文本》约稿，二是为加拿大文化更新研究中心主办的《文化中国》约稿（在西安设有编辑室）。这是两本纯粹的文化研究类学术刊物。前者是辑刊新创，尤其需要大家的支持。辑刊缺稿，尤其是缺少好的文稿，所以切盼在座的各位及其朋友能够为了推动文学人类学学科学术的发展，伸出援手，支持一下《文化文本》。舒宪先生在上海积极投身建设文学人类学和神话研究中心，但也乐于参加和引导其他省区相关的大小学术“根据地”的建设。他在陕西师范大学创办《文化文本》并组织丛书等，也都是积极的有利于文学人类学的学科学术发展的行为，令人钦佩，值得点赞！何况提起“根据地”，陕西的根据地特别是“陕甘宁边区”，那可是中国现代史上大有作为的根据地，也相信文学人类学学科在陕西师范大学设立的小小根据地也能有比较大的作为。比如我们已经组织出版或即将开展的工作已经有了进展：关于文学人类学文库（第二辑）、中国宝卷系列、玉帛之路考察报告（第三辑）等都在近期有望出版。辑刊《文化文本》创刊号的编辑也进入了最后阶段，稍加完善即可交由出版社出版。鄙人在此要为《文化中国》（学术季刊）约稿，也有缘由。此刊是加拿大文化更新研究中心创办于20世纪90年代中期的国际性中文名刊，迄今已经出刊百期。该刊在率先推动中国文化走出去或在世界范围内传播中华文化方面作出了非常突出的贡献。陕西师大人文社科高研院与该刊已经签了正式协议，在西安成立《文化中国》编辑室（西安），因此欢迎大家赐稿。希望这次上海会议有的论文能投此刊，尤其欢迎专题讨论“文化磨合”的跨学科性质的论文。该刊2019年很重视“文化磨合”这一论题，拟定2019年每期都要上三篇文章。我本人在《中国高科社会科学》上发表的论文也被转载于《文化中国》2019年第一期，这也是该刊的百期。可以说编辑部（室）2019年特别看重“文化磨合”这一选题，希望各位朋友尽快赐稿。

三为感言。时间关系，我来简单谈点我本人关于文学人类学的感想。我是人类学的门外汉，但又莫名其妙地有些喜欢人类学。早年曾为老同学王海龙兄（他现在美国哥伦比亚大学供职）论人类学的著作写过书评，还受叶舒宪兄影响比较早接触到神话-原型批评，曾尝试写过《民间原型的再造——对沈从文〈边城〉的原型批评尝试》《“红楼”极境：女性化的情爱王国》等论文，还与舒宪兄合作了小书《太阳女神的沉浮》及多篇论文。受朋友影响是我喜欢人类学的一个原因，随着学术经历经验的增加，我对人类学尤其是文学人类学的认识也略有增进。在此无暇细述，仅纲要性提及三点感想。

其一，文学人类学确有重要的学术价值。如果说“文学是人学”，那么在很大程度和意义上也可以说“文学是人类学”。真正的文学不仅要包孕人类的生活信息，彰显人类社会特征，而且原本也应该具有内在的人类学基因，人类文化基因，或应深切体现出人类文化的神话原型或“影因”（meme）力量。关于文学人类学的价值，在这次成果发布中的《文学人类学新论》中有非常深入细致的阐发，这里不再赘述。

其二，文学人类学具有鲜明的学科交叉特征。学科学术创新的主要路径之一就是学科交叉，文学与人类学的交叉很自然、很有必要也很有意义。这次新成果发布中的三本书就都显示着这种学科交叉带来的学术生机和学术创新，其中《文学人类学新论》更是显示了学术创新的高度自觉及学术传承。仅就文学人类学大力倡导的“四重证据法”而言，也足以显示出多学科研究方法会通并举所形成的巨大优势，我把这四重证据法理解为对四种文化形态或资源的拥有和利用，并刻意简化为“文口古野”四字以便记忆（“文”主要指文献文本，“口”主要指口传文本，“古”主要指考古文本，“野”主要指田野文本），由此也可以说“四重证据法”即“文口古野法”。我认为这种文学人类学及其研究方法充分体现了“古今中外化成现代”的治学经验和“新国学”取向，在人文学科领域也包括我个人热衷的中国现当代文学及书法文化研究，也应借鉴这种文学人类学研究方法。事实上也已经有一些学者在这方面进行了积极的探索，取得了一些可观的成果。

其三，文学人类学是文化磨合的结果。文化磨合，这是我近年来最关心的一个论题，适合讨论许多最前沿的人文社科类的话题，窃以为也是探讨文学人类学相关问题的一种不可或缺的角度。看重“文化磨合”而非“文化斗争”，即意味着承认和包容文化的多元多样、千差万别，也意味着对二元对立、你死我活之类文化斗争学说的警惕和规避。文学人类学有对古今中外“知识谱系”和“文化考古”的热衷，无论是从纵向看还是从横向看，都力求在跨学科、跨时空（跨文学与文化、文化学与人类学，通文史哲、境内外等）的语境中探讨文化的历史真相和现实意义，从而建构新的人文理论话语模式及研究方法，臻于人文学术的通达境界。有鉴于此，陕西师范大学人文社科高研院也拟择机创办不定期的《人类学前沿》辑刊，也算是对《文化文本》的相互呼应。但愿这样的学术愿景在大家的支持下能够实现。

谢谢各位！期待各位到“新丝路驿站”——陕西师范大学人文社科高研院来进行学术交流！

哲学人类学初试

——兼及“反李约瑟难题”

萧　兵
淮阴师范学院中文系

地球本来就是个小乡村，百万年来，不断地“城镇化”，然而至今，却越来越像个小村寨。它的表层伴着一群自以为是的生物，不管是非洲起源还是亚非分别起源，它都只是个“整体”或群体。所以，人类学必然是“总体”和“比较”的，必然是跨文化、跨时空和跨学科的。这可以说是作为方法论的“多重证据”的“理论基础”。跨文化就必然跨学科，跨学科就必需多（重）证据。

我们近年想用文学人类学的理论与方法清算一下中国先秦两汉的经典著作，例如《老子》《论语》和《孙子兵法》（这三部最早的子书都基于口头传承），但是，仅仅依赖我们相对熟悉的传统人类学很困难，不能不尝试我们还很陌生的哲学人类学与军事人类学。哲学人类学的对象或重点还在争论纷纭，目前所知主要有三个方面：人类的特性或在自然中的地位；人与人、人与自然的关系；人的过去、现在与未来。第三项已进入历史学或历史哲学。第一项却绕不过去。我们不得不在《艺术的起源与发生》里略加触涉，提出“自由能动”是人类的主要特性；在基因与（广义）环境的互动里，艺术成为一种积极“适应”的方式，发生于“学习”及其成果的“展演”之中。

《论语》则主要牵涉第二项。孔子提倡的“仁”，在甲金文里写为“人二”或“人人”。二人以上就组成“关系”，组成“社会”。“人是社会关系的总和”，就是人或“仁”的实质，亦即哲学人类学的核心。

“社会关系”不是独立自足的。不仅自身构成基因的环境，它也有自己的环境——自然。人类及其“社会”都是离不开自然的。“仁”作为“关系”，不能不融汇于自然。孔子的仁，就仁及万物，仁及自然，仁及宇宙，亦即包括了人与人以及人与自然的积极关系。例如：

> 子钓而不纲，弋不射宿。(《论语·述而》)

于是乃有《礼记·月令篇》等对于渔猎的克制，以及有节有度的整套规定。

这不是西方式的“天人对立”，不做自然奴隶便做自然主人，即“人类中心主义”。

在中国古代传统中，人与自然的关系（即天人关系）主要有以下几种说法（如果把孔子的“天人观”纳入这个看似杂驳的系统，情况倒会明朗一些）。

（1）天命决定人事。

> 死生有命，富贵在天。(《论语·颜渊》)
> 凤鸟不至，河不出图，吾已矣夫。(《论语·子罕》)
> 道之将行也与，命也；道之将废也与，命也。(《论语·宪问》)
> 不知命，无以为君子也。(《论语·尧曰》)

这些话虽然都有它特殊的语境或“所指”，但倾向不佳，影响不良。当然，这也不能简单看成迷信。

“以道作为依据的行为就是顺从天意。”[1]这给了他担承天赋使命的责任感与信心。“他主张，‘天生德于予’(《论语·述而》)。‘五十而知天命。’(《论语·为政》)事实上，孔子相信天赋予了他使命。”[2]有人想加害于他，他也不害怕。而且，“死生有命”，他在死亡或危险面前，可以淡定，无所畏惧。

当然这都是从积极方面去理解他，却也无法涂改那命定论的灰暗色彩。

---

① 米尔恰·伊里亚德：《宗教思想史》，晏可佳译，上海社会科学院出版社，2004年，第474页。
② 同上。

但我们反复论述，这只是“色彩”，却不是绝对的宿命论或迷信。谢林《神话哲学》(1857)说，在孔子那里，“天的精神被认为是不容争议的……一种天命，一种万劫不变的、永远与自身同一的法则”[①]，这是“同而不和”，把后起的“天不变，道亦不变”强加在孔子头上。“子在川上曰：逝者如斯夫!”他相信变化。

卡西尔在说到希腊哲学时写道:“人，由于确信在这种宇宙和个人的关系中起主导作用的是自我而不是宇宙，从而证明了他内在固有的批判力、判断力和辨别力。”[②]传统观念虽然缺少了些“批判力”，但是信心、主动性与鉴别力还是具备的。

(2)天、天命通过人的行为影响人事。

这就是天视自我民视，天听自我民听，天聪明自我民聪明。

> 无道无亲，恒与善人。(《老子》第七九章)
> 天作孽，犹可违；自作孽，不可活。(《孟子·离娄》引《尚书·太甲》)。
> 皇天无私阿兮，览民德焉错辅。(《离骚》)

天是有意志的。天命确然存在，但它只能经由人事、人行、人德来实现。“人能弘道，非道弘人。”(《论语·卫灵公》)

所以，人要对自己和自己的行为负责，要用尽可能美善的德行来回应天命；天命当然也会赐以福祉和快乐。

“嗟尔君子，无恒安息。靖共(恭)尔位，好是正直。神之听之，介尔景福。”(《荀子·劝学》引《诗·小雅·小明》)意为既要靠天吃饭，又要自食其力。

孔子也说过:“不怨天，不尤人。下学而上达。知我者其天乎!”(《论语·宪问》)依靠人，依靠自己，这样天也会承认你。但这还不够明确。

(3)天人感应。

这是相对消极与机械的，很可能倒退为“宿命论”与迷信。

---

① 转引自夏瑞春编:《德国思想家论中国》，卞钊译，江苏人民出版社，1989年。
② 卡西尔:《人论》，甘阳译，上海译文出版社，1985年，第11页。

“迅雷风烈，必变”(《论语·乡党》)，却是偶然的流露。

这在董仲舒《春秋繁露》中得到系统化。

(4)天人分立。天人以和。人定胜天。

“天：自然”是相对独立的。孔子已初步感知及此。

> 天何言哉？四时行焉，百物生焉。天何言哉？(《论语·阳货》)。
>
> 子在川上曰：“逝者如斯夫！不舍昼夜。”(《论语·子罕》)

但还是朦胧或“偶然”，不能消弭“生死有命，富贵在天”。

《论语·尧曰》引古语，“四海困穷，〔则〕天禄以终”，是把“人本位”融化在“民本位”之中，尽管承认天禄如天命，但也强调了仁政与人事的重要：“天之历数在尔躬(身)。”怨天不如罪己，责天莫如善行。

斯宾格勒说：“孔子不讲‘上帝’而讲‘天’，这说明他只相信自然的规律。”[①]这太“乐观”。但孔子确实努力在建构“朴素的理性”。确实，“孔子不容许对于死后生命的祈祷或沉思，更不许什么天启默示”[②]。这就是孔子说的：

> 季路问事鬼神。子曰：“未能事人，焉能事鬼？”敢问死。曰：“未知生，焉知死？”(《论语·先进》)
>
> 务民之义，敬鬼神而远之。(《论语·雍也》)

生病，他不愿意祷求鬼神。“丘之祷久矣”，他更信任现实的行为与力量。

> 子不语：怪，力，乱，神。(《论语·述而》)

雅斯贝斯说：“我们不可能客观地谈论那些严格说来不能成为对象的东西。”

这是张扬春秋以来“天道远，人道迩”的一贯主张(参见《左传·昭公十八年》)。

---

① 斯宾格勒：《西方的没落》(下册)，齐世荣等译，商务印书馆，1991年，第501—503页。

② 同上。

斯宾格勒说，孔子们的“道德观”是以智慧而不是以宗教为基础，那就可能走向“实利主义”（这是一个容易误解的糟糕术语）。“佛陀、孔子、卢梭都是首要的实利主义者，因为所有他们井井有条的观念的高尚，和苏格拉底式生活智慧的炫耀都是无法超越的。”[①]这至多是初级的理性。

当然，这决不是宿命主义，不是迷信，却也不是无神论。既不像柏拉图，也没有“达到”亚里士多德。

只有荀子“明于天人之分”，明白地说：“天行有常，不为尧存，不为桀亡。应之以治则吉，应之以乱则凶。”（《荀子·天论》）

这是天命“服从”人事。人定胜天。

“唯圣人不求知天。”（《荀子·天论》）重在行动，天是不可能彻底认知的。然而，“天人以和”，“明于天人之分”，便可能走向“天人合一”哲学的积极形态。

> 万物各得其和以生，各得其养以成，不见其事而见其功。（《荀子·天论》）
>
> 天时不如地利，地利不如人和。（《孟子·公孙丑》）

这继承了春秋时期的“和则生物，同则不继”；礼之用，和为贵。和谐是对立面冲突统一的升华。“同”则是熵增至最大值，自然与人类同归于尽，同归于热寂。故必须是“和而不同”。李约瑟称之为“有机宇宙论”。

孔子同样继承与发展了这个天人以和的主流性的思想。

> 君子和而不同，小人同而不和。（《论语·子路》）
>
> 虽有周亲，不如仁人。百姓有过，在予一人。（《论语·尧曰》引《尚书·泰誓》）

这就是中国的古典“哲学人类学”。

不是绝对的命定与宿命，也还没有达成彻底的无神论，却又不是完全的

---

① 斯宾格勒：《西方的没落》（下册），齐世荣等译，商务印书馆，1991年，第501—503页。

天人对立。“君子有三畏：畏天命，畏大人，畏圣人之言。”（《论语·季氏》）虽别有所指，却可以看出孔子既尊重、敬畏自然，爱护生态，却又固执于天与天命的权威或主导性的地位，表现出天人观的矛盾；体现着向天人以和的过渡，但又没有强调对自然的认知。

列宁在《黑格尔〈逻辑学〉一书摘要》里说：“在人面前是自然现象之网。本能的人，即野蛮人没有把自己同自然界区分开来。自觉的人则区分开来了。”①

这个近于混沌的观念延续时间很长。法兰福特《在哲学以前》一书说，上古人总是把人看作“社会—宇宙”之中不独立的一分子，“自然和人并不是对立的，因此他们并不用不同的认识方法去看待”②。孔子当然还没有像荀子那样“明于天人之分”，完全拘束于他的思想，就很难建构出独立自主的自然科学。荀子也为时代所限制，仍然以天地之别规定“上下有差”，以礼义为最高价值理想——“礼者，法之大分、类之纲纪也，故学至乎礼而止也”（《荀子·劝学》）——并没有科学的地位，而主要想把“同一的原则”应用到“伦理”和“物理”上去③。在中国古代，无论是认知还是再现，都是把对象当作“整体”，当作“审美连续统一体”，方式方法主要是“直接”或“当下”的经验和体味，而不是分析的、逻辑的④。这样，古代中国只有“潜美学”，应用性技术相对发达，自然科学也主要是深潜的⑤。

上面只是对中国式“哲学人类学”的粗浅描写，要想研究其生成，还得依靠跨学科的理论与方法，最好还是从文字考证入手。这是中国文化与学术的根基。古文字的“天”是一个正面而立的“大人”，特大其首，就是象形而兼指事，表示“天”在“人”的头顶上，声训所谓“天之言颠”。这就从源头上、原始性思维上规定了“天人合一”。因为由“天：大人”合一还可能推溯出“天”或“宇宙”是个（盘古式）巨人。“天”具有人格、人性、人情，“人”既服从着“天”，又“参与”着“天”。

---

① 列宁：《哲学笔记》，人民出版社，1956年，第90页。
② 参见汤姆逊：《古代哲学家》，何子恒译，生活·读书·新知三联书店，1963年，第91、66页。
③ 同上。
④ 参见诺斯罗普：《东西方的汇合》，董平译，载清华大学思想文化研究所编：《世界名人论中国文化》，湖北人民出版社，1991年，第596—597页。
⑤ 参见萧兵：《中国的潜美学》，《读书》1984年第8期。

中国很早就进入农业社会。面朝黄土背朝天，一颗汗珠摔八瓣，才能摔出几颗粮食来，不能不靠天吃饭。但如果不摔汗珠，天上不会掉粮食。不像古埃及人主要靠尼罗河的泛滥与积土取得食物，也不像古印度人那样坐在大树下看蚂蚁打架，想天神们怎样谈恋爱。黄土虽然有一定的自肥力与保水性，但天不下雨或者胡乱下雨，人还得挨饿，却不能等死。这样，治水开沟的大禹就成为中国最伟大的英雄。中国政治和思想工作，基本上按照他的治水模式进行：疏导为主，不能仅仅是防堵，不能以邻为壑；而靠开会，群策群力，发扬愚公精神和龙江风格，少搞零和博弈，商讨出一整套相对公平合理可行的“双赢”办法，引水耕田，你活我也活。儒家脱胎于祈雨巫师，“需”是雨下于天，“雩”使祈雨乐舞，都首先关乎国计民生。所以孔夫子的最高美学理想，是“风乎舞雩，咏而归”，尧舜禹是儒家也是中国人的最大偶像。尧舜是仁君模型，他们善于使用、信任、指挥大禹去治水开田，让大家都有饭吃。

雅斯贝斯在《大哲学家》(1957)中多少看出来:“在历史的源头，屹立着的是尧、舜、禹的理想形象。他们体现了上天的永恒原型。”因为“真正的历史开始于那些社会、政府、伦理和秩序的缔造者”[①]。他们按照天的“原则”和“规矩”办事，并且把治理自然的办法涵化于政治与社会。孔子很少注意伏羲、神农、黄帝这些发明家。

这样，中国早期的科学技术，就大部分跟种田、用水相关，完全结合实际，注重实践，强调实用；对于高度抽象的理论思维、逻辑运作，就注意得不够，也很少凭兴趣或娱乐去追寻事物的本质与规律。这反映在以孔子为代表的儒家学说中并且被放大。

于是，我们就身不由己地要进入“科学史”这一神圣领域。跨学科研究具有一种强迫性，让人不由自主地旁涉自己还不熟悉的领域，在我们的新书《论语的文化析疑》《中国政治伦理的黄金律》里思考这样的问题：

中国自然科学是否落后在根子上——是否由于中国固有的生产与生活方式，由于儒家的片面强调政治、伦理、道德，而忽略了自然科学的独立地位

① 雅斯贝斯：《大哲学家》，刘鑫译，载清华大学思想文化研究所编：《世界名人论中国文化》，湖北人民出版社，1991年，第333页。

与作用，没有把“天人以和”诱导到对自然合理开发、利用和改造之上，所以落后在源头上？不能说这毫无道理，然而，孔子的“准实践理性”，难道只有这一面？

李约瑟说，儒家学派“不注意自然界现象，与道家及技术学家迥异其趣”[①]。李约瑟还在《中国对科学人道主义的贡献》里说：“他们（儒家）虽然讲人道主义，却是反对科学的。他们对于人类以外的世界丝毫不感兴趣。”[②]总之，他认为，道家与道教对中国科学有贡献，儒家则反是。

“理智主义对于科学的进展，反而不如神秘主义。”[③]黑格尔说得更加彻底，他以为孔子说的只是“常识道德”，充其量，“它是一种道德”[④]。不顾自然，没有思辨，甚至于整个“东方哲学”都不是哲学史对象。

李约瑟批评了中国古代没有科学，中国文明“停滞不前”与中国的伟大发明没有得到适当应用的传统成见。他说，西方人总是列举一些，诸如前举，似乎众所周知，却没有经过严格核查的例子来得出片面的结论。他说：

> 所有这些奇异的对照可以证明在历史上全是虚假的。中国人的发明和发现大都进行了很大的和广泛的应用，但只是在一种相对很稳定的标准的社会控制之下[⑤]。是的，必须去除偏见。然而有几项事实总应该进一步检讨。
>
> ——技术的进步，包括重大发明，缺乏理论的支撑与升华；
>
> ——明清以来瞠乎人后并非偶然；
>
> ——发展迟缓乃至滞后，“中国社会存在着某种自发的自我平衡，欧洲则有一种内在的不稳定性品格”[⑥]；

---

① 李约瑟：《中国古代科学思想史》，陈立夫主译，江西人民出版社，1990年，第18、16页。

② 李约瑟：《四海之内——东方和西方的对话》，劳陇译，生活·读书·新知三联书店，1989年，第88页。

③ 李约瑟：《中国古代科学思想史》，陈立夫主译，江西人民出版社，1990年，第18、16页。

④ 黑格尔：《哲学史讲演录》（第1卷），贺麟、王太庆译，商务印书馆，1983年，第119页。

⑤ 李约瑟：《科学与中国对世界的影响》，陈养正译，载潘吉星主编：《李约瑟文集》，辽宁科学技术出版社，1986年，第238—240页；参见清华大学思想文化研究所编：《世界名人论中国文化》，湖北人民出版社，1991年，第526—527页。

⑥ 同上。

——发明与发现，很少使其在应用中发扬光大，精益求精，或者扩大其应用领域，使其在新的应用中“可持续发展”，并且影响其他或整个的学术文化。

建构中国古代思想主流面或权威性的儒家难辞其咎。

而且，科学技术发展的迟滞必然限制或削弱了艺术的创新与发展。例如，光学与解剖学的迟缓演性影响或伤害了造型艺术的进展。声学之于音乐，机械与材料科学之于建筑艺术……也大体如此。这些说的大抵是事实，很残酷，但似乎缺少了什么。

费正清在《美国与中国》中说，是儒家的传统“惰性”把中国的近代革命包括科学革命令人痛心地拖延了好几百年。美国学者李文森（Joseph. R. Levenson）的专著《儒家中国及其现代命运：智力延续性问题》更干脆地说：“中国想拥有并利用科学，一定要先将儒家思想禁锢起来，不能让它横行跋扈。科学所到之处，孔子一定要锁在玻璃柜里。”

不能不说，这说出了大部分的事实或“原因”，虽然不免过激，却也看出了它的极端，它的片面。这也迫使我们不能不提出“反李约瑟难题”的设想来。这个反提的内涵是：落后了几百年的中国科学为什么能在几十年内振兴——为什么能从“落后的根源”中崛起？

《论语》本是活在日常生存里的“口头文化”，靠口耳相传流播，后来才由孔子的徒子徒孙整理记录（叶舒宪在我们合作的《论语的文化析疑》导论中有详细申述）。它的特征不能不是片段性、经验性与模糊性。一千个读者有一千个哈姆雷特，谁都可能从“不同的”孔子的隽语、“怪话”、警句或箴言里淘出垃圾或者金刚钻。他的思想从“书本”看颇多负面价值，有些模棱两可的话更可能被“误读”，在历史上造成恶果。李约瑟们的感受是《论语》有以启之。然而，“尔爱其羊，我爱其礼”（《论语・八佾》）。假如加以“同情的理解”，即令是糟粕，也可能掩盖着些“精华”，至少可看出其某种“两面性”。

如上，我们关于《论语》的几本书，主要是使用以哲学人类学为主的跨学科理论与方法，在做这件吃力不讨好的工作。

最近听到国内外的一种跟前举李约瑟们的说法截然相反的奇谈怪论：中

国的改革开放，尤其是科学技术与传统学术的突然跃升，重要原因之一是挖掘发扬以孔子为代表的儒家思想文化传统。而许多亚非国家虽然实行了几十年的市场经济，效仿欧美政治，却依然挣扎于“欠发达”与“发展中”，原因之一是缺乏这种传统。这有点儿荒诞。儒家素称保守，价值取向是倒山形，追三代，述尧舜，颂古圣，为巩固和改良专制统治出谋划策，并取得巨大成就。怎么倒成了创新时代的一种内驱力？

李约瑟先生曾就此提出“难题”。其粗糙表达是：

> 2 000多年站在世界前列的中国文化，包括科学与技术，为什么突然落后于明清？

中外学者有热烈的讨论。其中一种颇为聪明的见解是：落后的根子早已深埋于先秦，尤其是以孔子为代表的儒家思想与文化传统之中。我们的思考也集中于此：背负如此沉重历史负担的中国，为什么却能够在短短的40年间在科学技术上取得如此巨大的成就？除了改革开放等根本性原因和机遇之外，孔夫子及其所建构的理论到底是绊脚石还是助推器？

这也是“反‘李约瑟难题’”的核心。

我们觉得，近世的“落后”确实潜在于久远的传统之中，但进步、变革、改造、复兴的契机或可能，也深埋在被曲解、被固化、被损害的传统里面。问题主要是如何检讨它、激活它、重构它——这40年正好提供了一个机会。罗素由中国返英后在1922年写了《中国问题》，其中有一句意味深长的话：

> 假如中国人能自由地吸收我们（西方）文明中他们所需要的东西，而排斥那些他们觉得不好的东西，那么他们将能够在其自身传统中获得一种有机发展，并产生将我们的优点同他们自己的优点相结合起来的辉煌成就。[①]

① 罗素：《中国问题》，陈刚译，载清华大学思想文化研究所编：《世界名人论中国文化》，湖北人民出版社，1991年，第446页。

现在可谓适逢其会。振兴的根本原因在于改革开放。但科学发展有其内在规律，传统具有一定的客观性、自主性乃至强制性，谁都不能完全脱离传统。“突变”的内因之一，就是中国人再发现了传统（包括部分代表传统的孔子思想）中有利于振兴和发展科学的积极面（或者说这一面在新的环境或条件下觉醒和复苏）。外因通过内因起作用，激活并且强化了大多数人（包括科学技术工作者）的热情、自觉和自由能动性，于是瓜熟蒂落，水到渠成。

我们并不想“拯救”和“复活”传统。传统本就活在我们当中，我们也活在传统里。我们只想多发掘一些传统的积极性——并且认为这种积极性近年被部分激活或者强化。振兴是个整体性运动，传统和人都包括在其中。各方面都在互动，当然也相互牵制。

很难否认，孔子有不少正能量的话，有不少至今还在闪光的思想，但这不是中国飞跃发展的基础性原因，也跟儒家文化的结构与内在矛盾相关。当然，我们不能说孔子代表的传统只能伤害科学。

比如说，孔夫子给人的印象是保守、迟缓，乃至迂腐，追求的是心灵的修养或“内在超越”，但他的言论却一再强调行动。一次行动胜过一打言词。“吾尝终日不食，终夜不寝，以思，无益，不如学也。”（《论语·卫灵公》）“古者言之不出，耻躬（身）之不逮也。”（《论语·里仁》）君子“先行，其言而后从之”（《论语·为政》）。反复要求“讷于言而敏于行”（《论语·学而》《论语·里仁》），而“耻其言而过于言”（《论语·宪问》）。舍勒的警言正是：“人只有通过‘参与做’，通过投入和实际认同活动才享有他的生命和精神的现实性。”（《人在宇宙中的地位》）

对人，也要“听其言而观其行”（《论语·公冶长》）。“其言之不怍也。（案：如大言不惭），则为之也难”（《论语·子路》）；表达稍激烈些，就是“君子易事而难说也”，“小人难事而易说也”（《论语·子路》）。

他决不是不要言，光要行。“立言”为儒家三大功业之一。他希求的是“言行一致”“知行一体”，而且“形思互动”。“君子，名之必可言也，言之必可行也”，言行一致，“君子于其言，无所苟而已矣”（《论语·颜渊》）。千万不能理解为不经思考而盲目行动（更不能信口开河），“三思而后行”，本来是好事，但为了防止罗亭式的耽于空言，长期无所作为，他才说“再

（思），斯可矣”（《论语·公冶长》）。其真意是“学而不思则罔，思而不学则殆”（《论语·为政》）。

他倡导的是“多谋善断”，虑而后行。所以韩愈才说“形成于思，毁于随”。这就孕育着能动性与创造性的力量。

“子入太庙，每事问。”中国把学术叫作学问。“学问之道无他，求其放心而已矣。”（《孟子·告子》）爱因斯坦说：在科学上，有时提出一个问题比解决一个问题还重要。科学最倡导的是怀疑与批判精神。

> 切问而近思。（《论语·子张》）
> 疑思问。（《论语·季氏》）

他提倡“多闻阙疑”和“多见阙殆”（《论语·为政》）。

吕氏言：“疑者所未信，殆者所未安。”（朱熹《论语集注》引）这是善于“怀疑”。

朱熹的《集注》说：“多闻见者学之博，阙疑殆者择之精，慎言行者守之约。”

精准地“选择”，从“可疑”之中筛选出“至精”者，是科学实验的要诀。比较，对照，淘汰，“择其善者而从之，其不善者而改之”（《论语·述而》），至今还是科学研究不可或缺的方法。虽然只是“知之次”，“多闻择其善者而从之，多见而识之”（《论语·述而》），还为他一再强调。

多闻多见，实已分涵化析—归纳，厚积薄发，取精用宏。他追求的是学术工作及其成果的“实”与实在。“苗而不秀者有矣夫，秀而不实者有矣夫！”（《论语·子罕》）

他不喜欢学生“狂简”，志大才疏，像面对锦缎，虽“斐然成章，不知所以裁之”（《论语·公冶长》）。斟酌，取舍，剪裁，细心，是科学工作的要务。

“临事而惧，好谋而成”（《论语·述而》），“惧”在这里是警惕戒惧，心存敬畏，多方思考，亦即集思广益，多谋善断，这应成为将帅与研究团队领导人的固有品质。

在科学上，不但需要一般的“怀疑”与“批判”，极重要的是自我的批判与怀疑。不自欺，不护短，不贰过，不饰非。

> 吾未见能见其过而内自讼者也。(《论语·公冶长》)
> 过则无惮改。(《论语·子罕》)
> 过而不改，是谓过矣。(《论语·卫灵公》)
> 吾日三省吾身。(《论语·学而》)
> 人之过也，各于其党；观过，斯知仁矣。(《论语·里仁》)
> 夫子欲寡其过而未能也。(《论语·子路》)
> 君子之过也，如日月之食焉；过也，人皆见之；更也，人皆仰之。(《论语·子张》)

这样，才能真正实现“失败为成功之母”。这样才能通过实践、实验、实证，不断试误，不断修正，不断提高，得出较为可靠的成果。

“吾有知乎哉？无知也。”(《论语·子罕》)有实事求是之心，无哗众取宠之意。“知之为知之，不知为不知，是知也。”(《论语·为政》)这不仅是科学家的品德，也是科学的精髓。

雅思贝斯《大哲学家》对孔子“学习”思想的体认是：“它不是指单纯地获取知识，而是化归已有。……（真理）只能通过内化，因而也是通过它的现实化得到。”[①]

最彻底的是一段用“学”来引领诸德目的话，即孔子说的“六言六蔽”。

> 好仁不好学，其蔽也愚；
> 好知不好学，其蔽也荡；
> 好信不好学，其蔽也贼；
> 好直不好学，其蔽也绞；

---

① 雅斯贝斯：《大哲学家》，刘鑫译，载清华大学思想文化研究所编：《世界名人论中国文化》，湖北人民出版社，1991年，第333页。

好勇不好学，其蔽也乱；
好刚不好学，其蔽也狂。（《论语·阳货》）

朱熹的理解是："六言皆美德，然徒好之而不学以明其理，则各有所蔽。"（《论语章句》）

这一方面是在强调任何一种德行，哪怕是最高之"仁"，都不可以孤立，都应该让它们互补互动，相得益彰；另一方面也在说明，德行并无止境，必须时刻磨炼，砥砺，提高，学而后知不足，才能不愚不蔽不障不滑。

子夏的体会是接近夫子本意的："百工居肆以成其事，君子学以致其道。"（《论语·子张》）

人皆可学。"有教无类。"（《论语·卫灵公》）尽管李约瑟对儒家的科学观颇有微词，但他还赞扬孔子这些对于科学有重要意义的学说。"倘使人人可受教育，则每个人都能认识真理，只需要教育，经验与才能，增加他的辨识能力，他便可成为'观察的集团'（community of observere）之一员。儒家学者了解这个智识的民主主义（intellectual democray）。"[①]他对"百工"毫无贬视之意，还希望学习"百工"的欲善其事必先利其器。但人不能把自己降低为工具，因此说"君子不器"。

他极为重视资料与史实的积累。"日知其所亡，月无忘其所能。"（《论语·子张》）

他提倡博而后返约，大而后归精，广而后求深，一以贯之。"博学而笃志，切问而近思，仁在其中矣。"（《论语·子张》）

他把"知：智慧"提高到道德的层面，"知者智，智者知，仁在其中"，一方面忽视了知识与智慧的相对独立性，另一方面，是为了强调德才兼具、思学并重的重要意义——"君子学以致其道。"（《论语·子张》）

他知道演绎或推理的必要。

温故而知新，可以为师矣。（《论语·为政》）

---

① 李约瑟：《中国古代科学思想史》，陈立夫主译，江西人民出版社，1990年，第11页。

(颜)回也闻一以知十。(《论语·公冶长》)

不愤不启，不悱不发，举一隅不以三隅反，则不复也。(《论语·述而》)

对此的积极理解是:“过去的东西因为被意识到而发生变化。通过将传统转化为自觉的原则，一种新的哲学就产生了。这种哲学把自己等同于古代的传统。”[①]

虽然还不能说他“以复古为革新”，但他的“复古”是使它尽可能适应现实，为我所用。“克己复礼”不但能够实现“仁”，使“天下归仁”(《论语·颜渊》)，而且能够引导“为仁由己”而不由人，不但现实化，而且“内化”，“自我化”。

1939年，在抗日战争最艰苦的阶段，撰著《科学的社会功能》的贝尔纳，对中国科学的发展充满了信心。他说:“经过适当改造的中国文化传统可以为科学事业提供一个非常良好的基础。”[②]使他信任中国人的理据之一是在中国文化产品中体现出的“细心、踏实和分寸感”。这就是前举“博学而笃志，切问而近思”精神的具体体现。有了它，“我们可以有理由相信中国还会对科学发展作出即令不比西方更大，至少也和西方一样大的贡献”[③]。汤因比也在跟池田大作的对话《展望21世纪》中提出，具有“独特思维方法”的中国人肯定会为世界共同进步贡献出伟大的力量。

罗素说，西方最显著的优点，是“科学的方法”，中国则具有“人生目的的一个合理观念”[④]，二者可能结合。假如我们能在前面的简引中“深挖掘”出一些最基本的“科学的方法”，并且加以批判地继承、改造和补充的话(例如补足中国文化中相对缺乏的“科学实验”的办法与技巧等)，那么，我们是否会更有信心和依据去实现罗素、贝尔纳与汤因比等朋友对我们的祝愿?

---

① 雅斯贝斯:《大哲学家》，刘鑫译，载清华大学思想文化研究所编:《世界名人论中国文化》，湖北人民出版社，1991年，第332页。

② 贝尔纳:《科学的社会功能》，陈体芳译，商务印书馆，1982年，第298页。

③ 同上。

④ 罗素:《中国问题》，陈刚译，载清华大学思想文化研究所编:《世界名人论中国文化》，湖北人民出版社，1991年，第455页。

中国的传统是重视道德。这是“人生合理目的”的一个构成与保证。

科学道德的最高境界，就是为国为民为天下而奉献。

孔子希望学以致道，而君子之道四：“其行己也恭，其事上也敬，其养民也惠，其使民也义。”（《论语·公冶长》）

他所教导的学生，都要有履行“以天下为己任”的理想。

> 曾子曰：“士不可以不弘毅，任重而道远。仁以为己任，不亦重乎？死而后已，不亦远乎？”（《论语·泰伯》）
>
> 子张曰：“士见危致命，见得思义。……执德不弘，信道不笃，焉能为有，焉能为亡（无）？”（《论语·子张》）

他宣称：“三军可夺帅也，匹夫不可夺志也！”（《论语·子罕》《论语·卫灵公》）

他愿为自己的理想而牺牲生命：“志士仁人，无求生以害仁，有杀身以成仁。”（《论语·卫灵公》）

科学道德的核心是追求并忠实于真理，“朝闻道，夕死可矣”（《论语·里仁》）。

科学的最高任务是“求真”。“子入太庙，每事问。”（《论语·八佾》）

再加上“笃信好学，守死善道”（《论语·泰伯》）的精神，如果加以积极的重构，就能更激励科学家敢于创造，善于发明，勇于发现。

受过传统与革命教育的老一辈科学家及其弟子和信从者，极少在工作中弄虚作假，欺世盗名。这已成为绝大多数科学家与学术工作者的内心信条，以作弊与捏造为毕生的耻辱。这在世界上有口皆碑。孔子把智慧与真知当作一种道德，这当然有其负面，但前引的“知之为知之，不知为不知，是知也”（《论语·为政》），确是中国学者努力遵守的戒律。

他知道推动学术进步、坚持研究的最佳动力是爱或爱好。对于真善美的衷心热爱与追求，是真正的内驱力。“知之者不如好之者，好之者不如乐之者。”（《论语·雍也》）爱因斯坦说：“兴趣是最好的教师。”爱好，好什么？好学。“敏而好学，不耻下问。”（《论语·公冶长》）他最赞赏的学生颜回，一旦亡故，他不禁发出“过分”的话：他“未闻好学者也”（《论语·雍也》）。

他从不自我表扬，只赞赏自己的兴趣:“十室之邑，必有忠信如丘者焉不如丘之好学也。”(《论语·公冶长》)他坚信自己的“笃信好学，守死善道”(《论语·泰伯》)。如果“富而可求”，赶马车都干;“如不可求，从吾所好”(《论语·述而》)，还当他的教师，教学相长，切磋琢磨，其乐陶陶。他自夸“发愤忘食，乐以忘忧，不知老之将至云尔”(《论语·述而》)。朱熹说，这依然是他“自言好学之笃”。

再反对孔子的人，都不能不承认，除了教育之外，他最喜欢学习，“学而时习之，不亦说乎”(《论语·学而》)。

“禀赋”，基因或遗传程序，一时是较难改变的，但学习可以弥补一些不足。“不患莫己知，求为可知也。”(《论语·里仁》)他的好学生之一子夏说:“日知其所亡(无)，月无忘其所能，可谓好学也已矣。”(《论语·子张》)

他时有关于“学习”的金言:

> 夫子焉不学，而亦何常师之有？(《论语·子张》)
>
> 学而不思则罔，思而不学则殆。(《论语·为政》)
>
> 三人行，必有我师焉。择其善者而从之，其不善者而改之。(《论语·述而》)
>
> 学如不及，犹恐失之。(《论语·泰伯》)

颜渊称赞道:“夫子循循然善诱人，博我以文，约我以礼。”(《论语·子罕》)

他希望:

> 默而识之，学而不厌，诲人不倦，何有于我哉？(《论语·述而》)
>
> 若圣与仁，则吾岂敢？抑为之不厌，诲人不倦，则可谓云尔已矣。(《论语·述而》)

“君子不盟”的消极面，误人不浅。韦伯对这个命题的解读就是，“‘上等人’(儒家的‘君子’)不是一个‘器’，示即他处于与现世相适应的自我完善之中，他本身就是终极的目标”，就像托尔斯泰的“道德的自我完成”，这样，必定排斥职业专门化，“排斥追求利润的经济训练”[①]；从而迟滞科学、财富与社会的发展，尽管其本意是士君子不可自我矮化为“工具”。

“学而时习之，不亦说乎?”(《论语·学而》)

无可讳言，他所说的“学”，首先是贵族和贵族子弟的道德修养，学“做人”，做专制宗法政治的忠臣孝子。但他的某些“名言”之“本文”或“客观意义”，却又不限于“出则事公卿，入则事父兄”(《论语·子罕》)。

他并不漠视知识和才艺。他自述：“吾少也贱，故多能鄙事。”子张（牢）引证他的话：“吾不试，故艺。”(《论语·子罕》)

他提倡“志于道，据于德，依于仁，游于艺”(《论语·述而》)。儒家六艺，礼（德育）、乐（美育）、射、御（体育）、书、数（智育），四育并举，“全面发展”；“文质彬彬，然后君子。”(《论语·雍也》)

《论语·子罕》有达巷党人赞扬孔子说：“大哉孔子！博学而无所成名。”朱熹《集注》说，这是在赞美“其学之博”，而惋惜其“不成一艺之名”，没有成为专家。孔子说，要我“专于一艺”而“成名”吗?那我应该“执御”还是“执射”？那么，“吾执御矣”。“六艺”，御，驾驶（马车）最困难，却又相对卑贱。孔子说，为了“成名”，我赶车吧。不似一艺之卑下而轻贱之。是否成为“专家”不要紧，要紧的是，要尊重艺能。据《孔子家语》等书记载，孔子善射，他参加比赛时，“观者如堵”。如今他却选择了比“射”要低下的“御”，以证明“游于艺”并不卑贱，与“博学”并无冲突。而他赞扬“射”，也着眼于“射不主皮”(《论语·八佾》)，中靶与否是次要的，重要的“赛射”能够培养自己礼仪的周到与品德之谦敬，有点像“友谊第一，比赛第二”。这是他对才艺的辩证态度。

最不幸的是，他反对樊迟“学稼”“学圃”的请求。他的本意是，作为一个追求齐家治国平天下理想的士君子，首先必须以礼、义、信等来吸引“四方之民”(《论语·子路》)，而不是仅仅学一点儿种地的技术（孟子就是

① 马克斯·韦伯：《儒教和道教·儒教和清教》，柳卸林译，载清华大学思想文化研究所编：《世界名人论中国文化》，湖北人民出版社，1991年，第262页。

在他的这个教诲之下，用“分工”的理由来反对农家许行的）。但是，这节“隐晦”的话后果严重。贤如李约瑟都认为，这证明“儒家对于那些以科学来了解自然，及寻求工艺的技术都持反对的立场”[①]。这最终伤害了中国农业科学技术的发展，造就了一群四体不勤、五谷不分，文不能安邦定国、武不会立正稍息的书呆子。

黑格尔不无刻薄地说：“（中国）所得而称为科学者，是仅属经验的性质，而且是绝对地以国家的‘实用’为主——专以适应国家及个人的需要的。”[②]缺乏的是自由精神，纯正的理论研究和“科学的兴趣”[③]。韦伯《儒教和道教》也说，“中国人面对现世的（单纯）实用态度”，阻碍她向现代发展[④]。

凯泽林《哲学家的旅行日记》（1925）也说，“儒学是正常性的哲学”，是“适用于大众的最佳哲学”，却不免缺乏想象力和“自由：游戏”（play兼有此二义）的态度，不大进行“终极追求”，“永远企望可能的东西”，而科学，往往要挑战“不可能”。

是的，如李约瑟们所揭发，中国学术缺乏希腊那样像游戏一般的纯粹的“趣味”，过分强调应用或社会价值，把知识当作道德，从而让它失去独立地位。它尤其缺乏如几何学那样纯粹发现和运用逻辑规则的学术，从而没有严格的“方法论”和研究的技术，特别是不重视实验和检测，以及在实践中改善、提高“发明”与“发现”成果，使其“可持续发展”的必要与可能。

不能不承认，这大体上是事实。但仅就早期儒家有关学习与研究的言论而论，也不能说毫无科学思维、研究方法与技术要领的萌芽。这个萌芽在明清之际就开始发育，到乾嘉和清末民初已有某种规模。中国的音韵学、文字学和考据学是中国学术的基础。没有考据、义理、辞章三结合，就没有中国式的高等教育乃至今天的学术成就，没有中国特色的人文-社会科学的理论与方法可言[⑤]。

---

① 李约瑟：《中国古代科学思想史》，陈立夫主译，江西人民出版社，1990年，第12页。

② 黑格尔：《历史哲学》，王造时译，商务印书馆，1937年，第251页。

③ 同上。

④ 韦伯：《儒教和道教·儒教和清教》，柳卸林译，清华大学思想文化研究所编：《世界名人论中国文化》，1991年，第263页。

⑤ 参见萧兵：《文学人类学介入经学：超越乾嘉的尝试——读〈神话历史〉丛书有感》，《百色学院学报》2011年第4期。

以上讲的主要是儒家传统的积极面，多已成为我们的“集体无意识”，一旦条件成熟，即能照亮自己与别人的心灵，实于内而彰于外，发扬而光大之，何愁中国的科学不发达，文明不先进？

> “岁寒，然后知松柏之后凋也。”（《论语·子罕》）

如果能对这些看起来自相矛盾或负面或模糊的话，加以辩证的分析，便有可能领略早期儒家的历史真面或思想实质，了解传统的惰性与活力，它对中国科学文明的制约或影响，从而有助于李约瑟难题及其“反题”的解开。

当然，我们也不能忘记儒家固有的消极面。

人类世：地球史中的人类学

徐新建[1]
四川大学文学与新闻学院

2017年发生了一系列全球瞩目的科技事件。随着“阿尔法狗”（AlphaGo）升级版“阿尔法元”（AlphaGo Zero）在围棋技法的再度突破，由电子装置体现的超强“人工智能”（AI）对人类“天赋智能”（NI）的挑战引起了各界关注。有科学家甚至认为，人工智能代表的挑战不仅对过去千年不变的“人类规律”产生强烈冲击，使人类历史发生根本性突变，而且在迈向未来的新阶段里，随着生物与机器结合，技术还将改变地球生命的原貌。面对严峻局面，有学者呼吁在担忧未来突变之时，有必要掉转目光，重新检讨人类走过的路[2]。

可见，即便以人类现代命运为起点，也需要连通未来和过去，创建更为完整和久远的时空构架。然而多大才算完整？多久才算连通？这无疑还需思考辨析。

一、地质史年表中的地球时间

20世纪后半期以来，跳出社会研究中的当下眼光乃至断代史的短时段

---

① 本文为教育部基地重大项目《西南多民族生死观与民俗考察研究》阶段性成果（项目编号：17JJD730002）。本文初稿于2011年提交给在内蒙古大学举行的“生态智慧：草原文明与山地文明的对话”会议。感谢纳日碧力戈教授的盛情邀请及与会同行的评议。

② 皮埃罗·斯加鲁菲（Piero Scaruffi）、牛金霞、闫景立：《人类2.0：在硅谷探索科技未来》，中信出版社，2017年，第375页。

局限，关注特定族群或文化的“长时段”或“大历史”，已成为学界不断追捧的新风尚。西方社会科学界较早倡导关注“长时段”的是法国年鉴学派的代表人物布罗代尔（Fernand Braudel，1902—1985）。1958年，布罗代尔发表《历史和社会科学：长时段》，提出历史研究包含三种基本单位：“事件”、“态势”（周期）和“结构”①。布罗代尔提出的此三者在时间度量上呈递增关系，可以分别称为人类历史的“短时段”“中时段”和“长时段”。布罗代尔认为，在历史和社会科学研究中之所以必须关注“长时段”，是因为其不仅“长期存在而且左右着历史长河的流速，具有促进和阻碍社会发展的作用”。布罗代尔说，短时段的历史只是“报纸上就‘当前历史时刻’所写的一切”，其“不过是海面，是只要载入书籍簿册就会冻结和凝固的表面”；因此，唯有“在长时段中才能把握和解释一切历史现象”②。

与此相似，在以中国为例的史学研究中，也有学者提出了关注“大历史”（Macro-history）的主张，例如黄仁宇。为何如此？在名为《中国大历史》的论著里，黄仁宇提出的理由是中国有10多亿人口，在过去150年内所经历的变化巨大，其情形不容许“用寻常尺度衡量”③。

可是相对于以地球衡量的更广阔时空而言，上述“长时段”和“大历史”却又都是“短时段”和“小历史”。它们的共同点仍然是以人类文明，也就是人类进入“历史”后的社会活动为坐标来加以看待和计算的。在以往西方主流观念中，“历史”要受历史理论的制约，有特定的选取标准，并非随便哪段时间都能称为历史。这就是说，“历史”并非自然生成，而要受史学家们指定的“元话语”划定和支配。比如，在雅斯贝斯（Karl Jaspers，1883—1969）看来，人类古今关联的漫漫岁月中，堪称“历史”的不过是其中一个特定阶段。它的标志是“人类理性的觉醒”。以此为准，往上溯的部分叫“史前”，往下排的才是“史后”（虽然一般不这样说），也就是“历史”的开始。根据亚里士多德、孔子、基督及释迦牟尼等的出现年代，雅斯贝斯推算人类的“历史”大约起始于西元（即基督纪元）前500年—前800年之

① 布罗代尔：《资本主义论丛》，顾良、张慧君译，中央编译出版社，1997年，第176—180页。

② 同上。

③ 黄仁宇：《为什么称为“中国大历史”？》，载《中国大历史》，生活·读书·新知三联书店，1997年，第1—7页。

间。他把这个时期命名为“轴心时代”（Axial Age），并以此为基准绘制出人类世界的“历史”整体图（图1）。

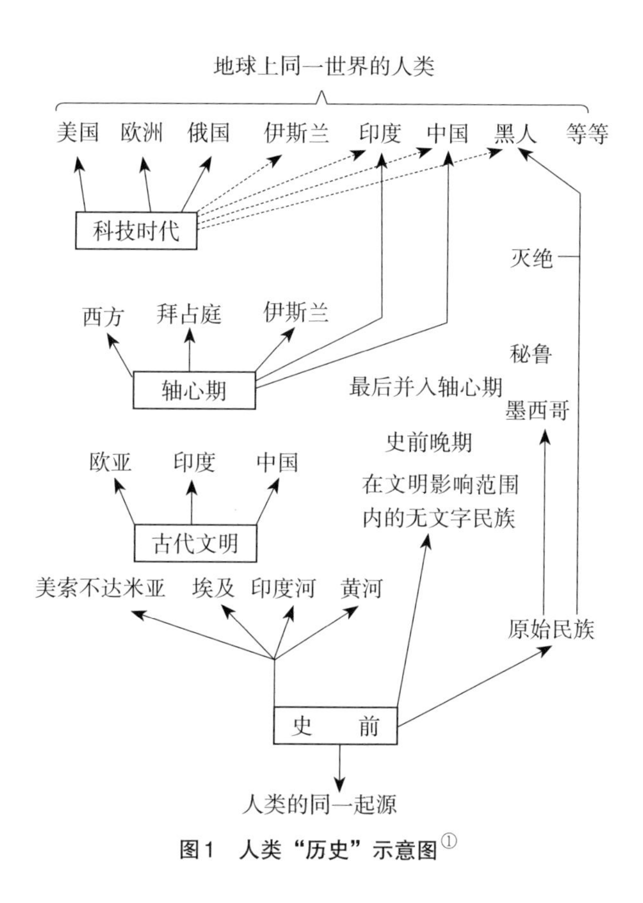

图1　人类“历史”示意图[①]

雅斯贝斯认为，“轴心时代”是认识人类进程的必要尺度。只有依据这一尺度，人们才能够“衡量各民族对人类整体历史的意义”。但是按照他这样的标准和划分，正统的“历史”研究便理直气壮地排除了“史前”，从而也就把人类看待自我和世界的时间缩短在很小的范围里。这样的观点对“历史”概念的阐发具有推进意义，但同时又带有难以摆脱的自我局限。固执此见，便会把人类“历史”锁在欧洲中心的话语牢笼中。

---

① 参见雅斯贝斯：《历史的起源和目标》，魏楚雄等译，华夏出版社，1989年。

不过还有例外，那就是人类学。人类学通过对“原始”（野蛮）社会的关注，把“史前”和“史后”打通，尤其是以达尔文《物种起源》为代表的演化观点，把人类自身从当今“文明”社会不断往前追溯，一直追到被认为有祖源关联的灵长类物种之中，从而获得远比文明时代更为广阔的“长时段”和“大历史”。

然而这还不够。在达尔文等人那里，即便将人和动物连为一体来看待，时间的单位仍还局限于生命世界（或有机世界）。对于更为寂寞漫长的“无机世界”而言，其显然还是“短时段”和“小历史”。如今从方法论、认识论乃至价值观的角度审视，这样的局限同样对人类自身及其赖以存在的地球产生了不利的制约。

在这样的背景下，关注地质学界最新提出的“人类世”学说便有了重要而迫切的意义。

二、“人类世”场景里的人类尺度

“人类世”（the Anthropocene）是对地质演变阶段的新划分，最早由诺贝尔化学奖得主保罗·克鲁岑（Paul J. Crutzen）提出。为了强调今天的人类在地质和生态中的核心作用，克鲁岑提出用“人类世”概念来标志一个新地质年代的产生。在著名的《自然》杂志2002年元月号上发表的文章里，克鲁岑使用的标题是“Geology of Mankind”，意为“人类地质学”。他的看法是：自18世纪晚期的英国工业革命开始，人与自然的相互作用加剧，人类成为影响环境演化的重要力量。克鲁岑指出：地球已在人类数千来的改造中脱离了本有的自然面貌。在21世纪，人类总人口有望达到100亿，地球表面30%—50%的陆地业已被人类占领和开发[①]。

这样，在更为漫长的地质史构架里，“人类世”便与此前的“更新世”“全新世”等年代并列起来，凸显出人类活动对地球环境的巨大影响。在接下来的

---

① Paul J. Crutzen, “Geology of mankind”, *Nature*, 415, 3 JANUARY 2002.

英国地质学家们的描述里，“人类世”出现后对地球面貌的改变表现为四个方面：地质沉积率改变、碳循环波动和气温变化、生物种群急速灭绝以及海平面上升[①]。

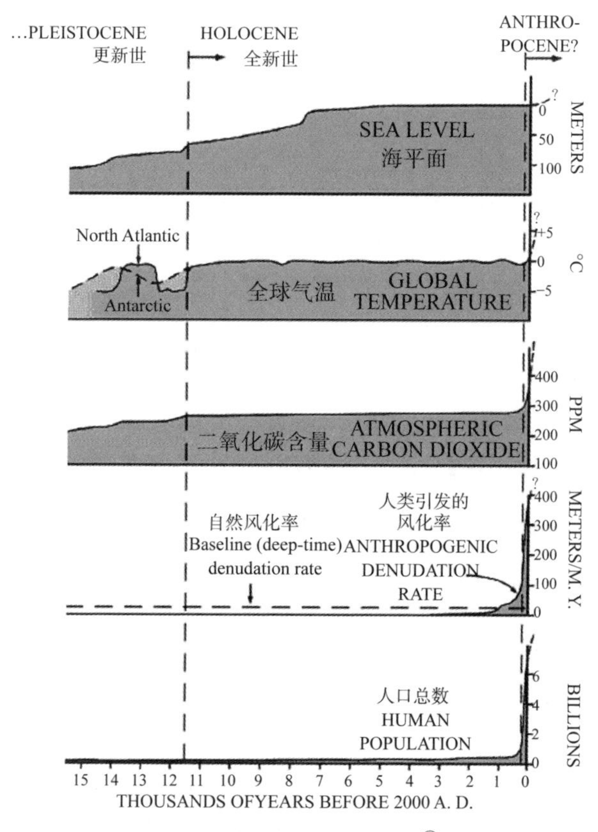

图2 “人类世”年代示意图[②]

在上面的“人类世”地质示意图中（图2），时间原点设在西元2000年。左边的虚线代表“全新世”，右边末端指向“人类世”的来临。

地质年代（Geological Epoch）以数万年至数百万年划分，基本单位包括宙、代、纪、世。大致说来，自260万年前以来是第四纪。在近代自然科学研究的论述体系中，“第四纪”（Quaternary）被用为地球科学广泛使

① Jan Zalasiewicz, “Mark Williams. Are We Now Living in the Anthropocene?”, *GSA Today*, 2008, (2), pp.4–8.

② Ibid.

用的术语，代表地质年代中最晚的一个时段，“对人类社会来说，也是最重要的一个地质年代单元”①。其中的时段又分为两个世，即“更新世”（the Pleistocene）和“全新世”（the Holocene）。前者指从260万年前到1万多年前的地质年代；后者指从1万多年前直到现在的时期②。因此从“地质史”角度看，人类存在的地质时期是“显生宙新生代第四纪中的全新世”③。对于地球演化来说，该时期也被称为“人类地球”阶段。这一阶段的最突出标志，是形成了由生物圈衍生而来的“人类圈”（Anthroposphere），其范围下限自地表开始，上限在目前已达到载人航天飞行器的高度（图3）④。

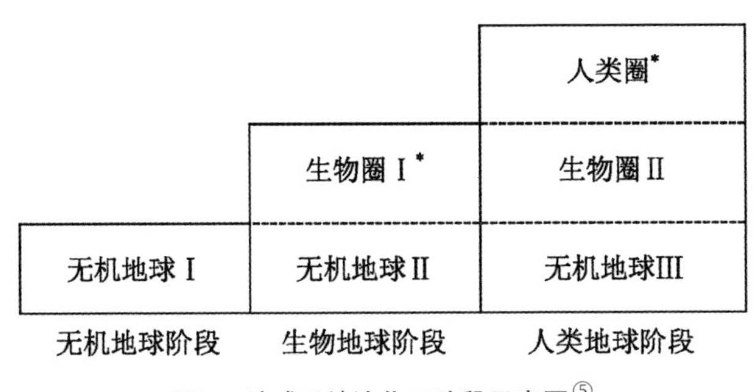

图3 地球系统演化三阶段示意图⑤

依照笔者的理解，就建立在现代性基础上的科学话语（包括自然科学和社会科学）而言，相对于达尔文以“物种起源”为起点或雅斯贝斯以“理性觉醒”为基准的历史主张而言，地质史意义上的“人类世”视野及其尺度堪称“更长历史”或“超历史”。以此为坐标，或许才能更接近宇宙本貌，理解所谓“历史”和“文明”，从而进一步认清人类与世界的本质关系。延伸而论，以关注、研究和反省人及其文化的人类学或许也才能在更新自己的尺度和框架后，提出对生命演化的新阐发。遗憾的是，正如有学者指出的那样，即便在西方的大学课程中，“历史学仍然主要关注的是过去几千年的人

① 姚玉鹏、刘羽：《第四纪作为地质年代和地层单位的国际争议与最终确立》，《地球科学进展》2010年第7期。

② 刘东生：《第四纪科学发展展望》，《第四纪研究》2003年第2期。

③ 保国陶：《新的显生宙地质时代表》，《海洋地质译丛》1996年第4期。

④ 陈之荣：《人类圈·智慧圈·人类世》，《第四纪研究》2006年第5期。

⑤ 图示引自同上。

类历史”，由博亚士（Franz Boas）等扩展的人类学式的“深历史”框架，在时间尺度虽有扩展，也至多延至古人类边界便打住，局限依然明显，即都“阻碍了学者完整而全面地了解人类、人类起源和人类历史”[①]。

三、从全球都市化到智能数字化：人类进入第四期？

早在1873年，意大利科学家斯托帕尼（Antonio Stoppani）就从地质学角度对人类出现后的地球史提出过新的命名，使用的术语是“Anthropozoicera”，即“人类纪”。只是到了克鲁岑在21世纪的表述里，相应的术语才又上升为“人类世”，并有了进一步发挥。根据克鲁岑的解释，“人类世”的主要特征在于导致地球环境改变的力量正由自然转变为人类，尤其是从物质力变为思想力。克鲁岑转述20世纪30年代俄国科学家弗纳德斯基（V. I. Vernadsky）的话说，演化的趋势必将朝向人类思想和意识的日益增强，从而导致其周遭万物深受影响；并且“除非爆发世界大战或全球瘟疫那样的巨大灾难，人类还将作为主要力量继续影响地球环境数千年”[②]。

2011年3月，美国“国家地理”网站刊登专文介绍“人类世”，题目叫作《进入“人类世”：人类的纪元》(Enter the Anthropocene—Age of Man)。文章说：“人类世”这一新词语标志着一个新的地质纪元。该纪元由我们人类对地球的巨大影响所定义。在全世界的所有城市都灰飞烟灭后，人类的巨大影响仍将以地质式的记录在这个星球上长久留存[③]。为了说明这一点，该文配了醒目的城市图片。作为对照，不妨将其与中国城市的发展景观并置反思（图4）：

---

① 此话出自“大历史”（Big History）观念的提出者、澳大利亚麦考瑞大学历史系教授大卫·克里斯蒂安（David Christian），转引自张哲采：《扩展人类理解历史的疆域——对话“大历史”“深历史”“人类世”叙述者》，《中国社会科学报》2013年11月15日。

② Paul J. Crutzen, “Geology of Mankind”, *Nature*, 415, 3 JANUARY 2002.

③ Elizabeth Kolbert, “Enter the Anthropocene—Age of Man”, *National Geographic*, March 2011. See http://ngm.nationalgeographic.com/2011/03/age-of-man/kolbert-text.html.

图4 城市痕迹：左为“沙漠城市”迪拜①，右为规划中的“大上海”②

不难见出，仅以被称为“发展中地区”的上述两城为例，无论中东还是东亚，都显示出人类活动已多么突出地在地表上留下了“地质式的记录”。

在中国，因关注科技发展对地球环境的负面危害，刘东生院士等科学家对“人类世”概念给予高度评价。刘东生认为，“人类世”对地球的影响已达到了全球尺度，极有可能“改变地球系统”并“威胁人类的生存”③。

与作为理论和学科的人类学一样，“人类世”的词根也是“人”。在西方科学式的话语里，无论用Anthrop还是Human或Man表示，都指进化阶序里一个生物种群的诞生。按照人类学的通常界定，人与其他动物分离的主要标志是大脑的发展，亦即智力的形成或思维的突变，以及能制造工具等。据体质与考古相结合的计算，这个时刻距今大约已有20万—10万年。但这一时间单位显然不能直接等同于“人类世”。目前科学界赞同“人类世”概念的学者里，对其标志年代的划定是有差异的。有的提出当以18世纪80年代蒸汽机的改良为界，有的则认为应划在8 000年前农业方式出现之际，等等。不过既然以“人的纪

---

① 迪拜城（Dubai）的空中俯览图由Jens Neumann与Edgar Rodtmann拍摄，发表于2011年3月号的《国家地理》。该刊登此幅图片时所附的说明指出：“20世纪70年代的石油输出地迪拜。该城现在拥有世界最高建筑、若干超级购物中心和两百万常住人口。这是一座建在沙漠里的城市，里面的居民靠淡化海水、空调以及廉价能源维持基本生存。”

② 图片转引自美通社2008年11月28日以《中国最高的建筑开工》为题的报道。报道描述说：楼层高达632米的“上海中心”落成后将位于上海陆家嘴金融贸易区的心脏地带，毗邻金茂大厦及上海环球金融中心（图中由左至右）。报道称：“‘上海中心’将是上海又一标志性建筑，其螺旋形的透视结构使整栋建筑由顶部至基部体现了最尖端的可持续发展设计理念与广大的公共空间。”资料来源：http://www.prnasia.com/pr/08/11/08775621-2.html。

③ 刘东生：《全球变化和可持续发展科学》，《地学前沿》2002年第1期。

元”命名，这些划分显然都与人类学以往对人的界定相区别，除非重新以地学年表为基准，在“地球史”框架中对以万年计的“人类史”加以调整。

的确，在“人类史”的数十万年里，人类的生存方式经历了多次的重大演变。若将其中的阶段再作细分，则更能便利地探寻其与“人类世”框架的对应。在我看来，就食物获取方式及其对地质生态造成的影响而言，人类世中的人类史还可分为四个相互连贯的时期——

> 第一期：“采集-狩猎”时期，由于食物主要是自然获取，人类与环境的依存关系大致均衡。
>
> 第二期：“游牧-农耕”时期，因砍伐森林、使用工具及栽培、养殖技术，人类行为导致地貌发生较大改变。
>
> 第三期：“工业生产”时期，通过化肥、农药的广泛使用以及生物技术在食品领域的推广，人类不但致使地球环境遭受重创，而且几乎摧毁了动植物系统固有的生态链。
>
> 第四期：“转基因食品与人工智能”时期，通过对食物基因的人工改造并依托电子技术的拓展，人类在改变有机食品的生产模式并使对精神食粮的需求逐渐超过对有机食品的依赖的同时，日趋加剧地改变着自身的生物面貌。

具体而言，在人类史第一期的“采集-狩猎”阶段里，人类能够通过近于天然的方式获取食物，以满足物种生存的基本需要，对环境的自然状貌几乎改变不了什么，即便有了火的发现和使用简单的辅助工具，也未对生态平衡造成破坏，故而难以造成地质学意义上的显著影响。

到了第二期的“游牧-农耕”时代，事情开始有所变化。通过对动物和植物的驯化、培育，人类掌握了能更稳定和成规模获取食物的技术，从而促使大型聚落（部族、城邦、王朝）的四处出现以及各地人口持续、成倍地增长。与此同时，伴随着大面积农田的日益开垦和森林砍伐，自然界的地表生态也遭受到日趋严重的改变和损害。

在笔者看来，导致地球生命在第四纪发生突变的真正起点，亦即地质学意义上的“人类影响”，正是从以农耕和畜牧为标志的第二期开始的。正因有了人类在这一时期引以为豪的从认识自然到改造自然、征服自然的划时代

“开创”，才延伸了后面“工业化生产”及“食品转基因”阶段的相继出现。而且正是从第二期开始，后续阶段均依据同样的思想驱动力，都坚持“以人为本”和“人类中心”，坚信“人是万物尺度”。

在学术界，对于人类世的时间上限问题目前尚有争议。克鲁岑从蒸汽机问世对地球环境的深远影响出发，建议把起点定在工业革命发生的18世纪。另有人主张定在1945年7月16日美国在新墨西哥沙漠进行的首次核爆试验。笔者赞同威廉·拉迪曼（William Ruddiman）等人的观点，认为人类世的缘起应为大约迄今8 000年前人类的“农业革命”开创之初[①]，原因就在于农业及其伴随的人类定居聚落的出现从根本上改变了地球陆地的原本面貌。

正是在第二期“农业革命”出现之后，接下来，由于城市诞生及工业制造对能源的巨量需求，出现了改变河床的大坝和污染环境的工厂，于是进入“人类史”第三期与第四期后的人类不但造成了地质学意义上的显著变化，甚至可以说导致了人类生存本性的灾难性蜕变。在持续至今的后面两期里，为了无限制地追求产量，人类不仅相互竞争地向所有未征服的区域挺进，竭力占领并开发地表上仅存的“荒原”（生地），而且向固有的农田（熟地）持续施放巨量的化肥和农药，甚至借助不受制约的科技手段、以可能摧毁后代身体机能的风险为代价，生产形形色色的转基因食品（图5）。

图5　彻底改变地貌：农业工业化的场景[②]和转基因食品及其标记示意图[③]

---

① William F. Ruddiman, “The Anthropogenic Greenhouse Era Began Thousands of Years Ago”, *Climatic Change*, 2003, 61(3), pp.261–293.

② 莫杰：《地球进入“人类世”（Anthropocene）》，《科学》2013年第3期。

③ 最右侧图片为“欧盟转基因食品标志”，引自赵将：《转基因食品标识的问题与困惑》，《中国农业大学学报（社会科学版）》2015年第3期。

在这个意义上，如果以“人类世”坐标来表明人类因自身活动使地质史进入一个导致环境灾变、物种毁灭拐点的话，这拐点的标志便是人类历史从第三期向第四期的迈进。而如今的人类，可以说正处于第三期至第四期过渡的重要环节。

四、人类世方向：上升、堕落还是循环？

以人类学观点看，作为灵长类生命之一的人类，其体质上的生物性特征决定了对自然环境的根本性依赖。为了生存，无论个体还是族群，也不论卑贱者还是统治层、生活在东方或西方，人类成员中没有谁离得开维持生存所必需的阳光、洁净的水、无毒的食物以及未被污染的空气。在人类史的第一和第二期里，这些最基本的生存条件以经验和常识的方式，被普遍认知并世代传承，先从“采集-狩猎”阶段开始，而后又延续到“游牧-农耕”阶段，人们对地球家园，也就是今天所说的生态环境予以持续的维护和坚守，并通过自然神话、祭天仪式以及宗教禁忌等多重手段，从观念到实践维护着人类获取与环境修复之间的尽可能均衡。在通往世代延续的漫长路途中，不同环境中的人们既总结出了五行（金木水火土）“相生相克”、人与万物交映生辉的互补观念，也呈现出让牲畜在冬夏草场轮流放牧从而不让地表受到破坏的循环类型。这时，即便有了城市，在最初也更多只是充当着自卫（城）和贸易（市）的功能。

到了第三期，一切开始变形、变性。连片扩张的农田、过度放牧的草地、无限增多的水坝以及超大规模的城市，统统成为地质学视角里的地表伤痕。且不说地下能源近于耗尽、天空臭氧层严重受损，因森林砍伐、动物被大量捕杀形成生物链断裂而导致的生态危机以及可乐一类碳酸饮料造成的人体变异[①]……所有这些，无不表明进入第三期后的人类物种似乎不仅背离了

---

① 《新华每日电讯》报道：美国康涅狄格州议会通过禁令，从2005年5月26日开始“禁止全州中小学向学生出售高热量碳酸饮料和薯条等垃圾食品”。杨威：《美国学校开始对可乐薯条说“不”》，《新华每日电讯》2005年5月30日。

地球，也背离了作为生物性现象而存在的生命自身。所以严格说来，第三期的人类是这个物种的自我异化，本质上已走向了否定自身的歧途。因此，如果不以单线进化的思路加以表述，也就是说，如若改用非线性思维的方式来阐释的话，第三期的人类就仍有希望，尚未堕入深渊无法回头，而可视为像不幸感染疾患的病人，得到正确治疗即可再获解脱。

进一步说，也只有在这种历史可以倒转（回复）的认知前提下，步入歧途的人类才有自救的可能。在人类物种的自我调适系统中，这种自救的可能之一，便是摆脱异化、自觉向第一期的“原住民知识”复归。所谓“原住民”，在广义上讲，就是具有原住民知识，懂得尊重地球、敬畏地球、保护地球并能够与万物共处的自然人群。在此，“原住民知识”也可称为与地球相连的“原生知识”，关乎人类自然属性的经验和常识。

> 这些常识在日常经验里平凡地发挥作用并反复告诫人们：天空是蓝色的，河流应该清澈，空气清新，大地布满植被，气候循环稳定，万物相互依存，人在与自然的关联中收获，食品不应有毒……[①]

可见，由人类史前三期所构成的演变趋向还有不同可能，既可是直线的、无法逆转的堕落图标，亦能是虽有偏离但业经努力便有可能再度循环的场景（图6）。

不确定的未来意味着多种可能，一方面，在人类意识与思想力作用下，通过计算机与网络技术的推动，出现了日益将全球推向技术与功利为核心的“智能时代”，并派生出以AI（人工智能）和VR（虚拟现实）及转基因食物为标志的新突变。另一方面，由于人类不仅对各类精神性人造食粮的需求在数量与比例上即将超过由自然提供的生物食品，演化出仅因满足精神需求便派生的对地表环境的大规模改造，而且力图把精神的满足延伸到神经中枢，通过“脑机融合”（BCI）技术改变自身，故而使人类在即将到来的未来世代

---

① 参见徐新建：《“盖娅”神话与地球家园：原住民知识对地球生命的价值和意义》，《百色学院学报》2009年第6期。在该文中，笔者把人类经历的三个阶段比作“科技史上的三次革命”。联系此处的“三期说”及其可能因危机而出现的逆转来看，三次革命即包括了从第一次的“认识地球”到第二次“改造地球”，再到如今第三次之后的“保护地球”。

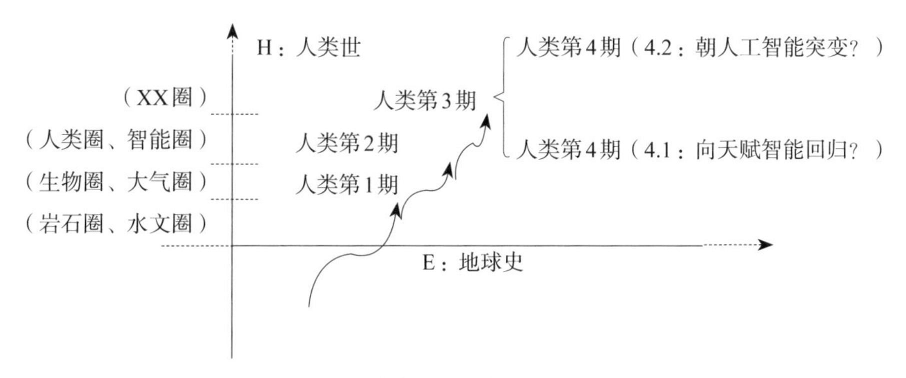

图6 地球史中的人类演变周期图（笔者自拟）

图表说明：

（1）E（Earth）和H（Human）分别代表“地球史”与“人类世”，纵横两向表示演化的历程和生物延伸。其中的水平方向象征以地心引力为基点的“生物地平线”。

（2）起伏的连线和箭头表示人类周期，从1到3代表自“采集-狩猎”“游牧-农耕”至“工业生产”的三期演化，标志着人与地球轨迹——生物地平线的逐渐疏离及由此派生的地质灾变和人类异化的出现和加剧。

（3）数字4表示人类进入第四期后的双重可能，即可经由“天赋智能”（NI）的自省，向生物圈及地球轨迹回归，亦可能在失控的“人工智能”（AI）引导下加深蜕变，在表面上升的幻象中，进一步加重地球危机……

变为近乎神灵的新物种[①]。

值得关注的是，由于这一阶段的人类发生了与以往既有特征日趋不同的变异，在一些硅谷科学家眼里，新演化而成的物种被称为“人类2.0”[②]。然而，结合人类以往连续四期的演化历程来看，即将形成的新物种与其说是“人类2.0”，不如视为“4.0”更为恰当，因为自进入以栽培和畜牧为标志的第二期起，“人类2.0”便已诞生了。

如今，地质学意义上“人类世”还处在形成和演变中，对它的评价也还有争议。然而对于以“人文”为核心的人类学研究来说，有必要在地球史框架里，以“人类世”为新尺度和新坐标，通过反思和评述人类演进的四期历程，重建连接并贯穿人类各期历程的新话语和新范式。在中国，这样的推进

---

① 参见尤瓦尔·赫拉利：《未来简史：从智人到智神》，林俊宏译，中信出版社，2017年。

② 参见皮埃罗·斯加鲁菲、牛金霞、闫景立：《人类2.0：在硅谷探索科技未来》，中信出版社，2017年。

尤其紧要。正如李济当年通过把地学年表引入本土人类学，从而以科学话语极大延伸了国史叙事一样[①]，如今更需要通过全球范围的科学人文对话，在搭建审视与阐发人类生存的时空坐标意义上，不仅尽可能与“史前”漫长的更新世、创新世等地球周期相同步，并且还需与因可能的历史终结而堪称“后史”的未来相适应。

五、“智能圈”：第四期的人类可否重塑自身？

从地球史角度反思人类进程，可以看出人类第三期引发的危机理应由与其同步的文明观念及生产制度负责，但仔细检查，在前面的阶段其实就埋藏了诸多的相关“祸根”。比如，在以文明史为尺度的“长时段”中，先是进化式的观念将人类适应环境的不同方式做等级排列，从否定采集、狩猎开始，继而贬低、排斥游牧，张扬、推广农耕，以“野蛮”和“文明”为分野，竭力在教化与实践两个方面齐头并进，推行以某种类型为标准的生存方式单一化。进入工业化时代后，又出现了对科学技术不加限制的一味追捧以及对“万物有灵”等传统信仰的无情扼杀，以至于引发出如今遍及全球的环境污染、资源匮乏乃至有可能出现的地质灾变。

可见，以“进化主义”为核心的人类观念仅根据生产力标准，过度地否定了被视为蒙昧和落后的“土著”传统，尤其是把地球视为大地母亲的“采集-狩猎”类型。如今，若改用环境、生态及健康等更多样的指标来衡量，则可即刻获得另外的结论。例如，仅从疾病传播的角度对“农业出现之前”的状况进行总结，《剑桥医学史》编撰者罗伊·波特（Roy Portey）等就得出令人耳目一新的结论，强调：

> 人类的祖先（类人动物）作为狩猎者和采集者至少有450万年的历

---

① 李济：《再谈中国上古史的重建问题》，载《中国早期文明》，上海人民出版社，2007年，第58—59页。相关论述参见徐新建：《科学与国史：李济先生民族考古的开创意义》，《思想战线》2015年第6期。

> 史。他们以50至100人群体分散生活。人口的低数量和低密度减少了病毒和细菌感染的机会。此外，狩猎和采集者的生活方式也使他们避免了许多其他疾病。他们是永不停顿的民族，经常迁移……也不会积累吸引携带病源昆虫的垃圾。[①]

接着，针对牧业文明的出现，作者们又作了进一步比较，指出："最后，狩猎和采集者还没有驯养动物。驯养动物有助于他们创造食用和使用的肉类、兽皮、奶类、蛋类以及兽骨的文明，但是也会因此传播许多疾病。"[②]

不过若从"人类世"观点进一步讨论的话，或许须对"文明"的含义再作反思。相对于低破坏的"采集-狩猎"而言，游牧和农耕标志着人类进入了"第二期"的文明阶段。不过如今得对其作双向思考：一方面，因对动力资源等的索取有限，尤其是大部分群落还保持着"万物有灵"式的思想动力和精神信仰，此阶段的人类尚能保持"低能耗"水平从而维系与地球环境的共处；另一方面，第二期的"文明人群"也在科技力的帮助下对自然界加以粗暴干预，从而开始了对环境的破坏进程——不是改变动物本来的生物链关联，便是造成原有多样性自我更新能力的植被人工化、单一化……

于是还得思考"文明"究竟是什么？在有关生态文明的文章里，我曾作过这样的阐释：

> 西语中的"文明"（civilization）一词，本意之一是城市化。这既意味着走出自然、改变自然，又标志着人类自我中心。这种核心理念蔓延至今，便催生了从工业革命直到全球现代化的一系列社会巨变，并引发了遍及世界的环境污染、气候异常和生态危机。[③]

可见，即便可把游牧和农耕并称为人类史上的"文明生态"——亦即与生态相关的文明的话，这种文明也已经潜伏病灶。正是这一文明病灶在工业

---

① 参见罗伊·波特主编：《剑桥插图医学史》（修订版），张大庆主译，山东画报出版社，2007年，第7页。

② 同上。

③ 徐新建：《族群表述：生态文明的人类学意义》，《北方民族大学学报》2010年第3期。

化时代的发作、蔓延，导致了如今日趋显著的生态危机。为了挽救危机，今天的人们开始呼唤“生态文明”。在我看来，对生态文明的建设与其说是重新设计未来，不如说是要重温乃至修改过去。这就是说，为了在地球上更持久地生存下去，人类必须进行自我批判。批判的路径就是认识“文明”的问题和局限。诚如叶舒宪指出的那样，20世纪人类学对文明的反思，在某种意义上意味着人类历史的“再启蒙”。其直接的目标不仅是“文明”的自我质疑与批判，以及对“文明霸权”的挑战，并且还将使原有“文明/野蛮”二元对立的模式重新翻转[①]。

在2004年的中国人类学高级论坛上，笔者与其他与会同仁一道着手分析所谓的“文明生态”，提出进入此阶段后的人类如何蜕变，“开始以自己为中心，迷信‘文明’的力量，不断征服和改造自然，滋生出以‘文明’为世界目的的生态观，打破既有的平衡，要生态为文明服务，创造出使自然系统大为改观的牧业文明、农业文明，直至发展出威胁生态环境的工业文明”[②]。

论坛之后，通过对“发展”观念的激烈辩论，与会学者联合发表了有关生态文明的“银川宣言”，强调：

> 人类社会经历了从自然走向文明的阶段，如今在生态危机的威胁下已处在从文明回归自然的紧要关头，如何摆脱自身行为对生存环境的破坏、在族群互补的基础上重建维护生态和谐的文化理念，这是一个关系到全球人类生死存亡的大问题。对此悠悠大事，全球的人类学者携起手来，走向生态文明！[③]

回到“人类世”视角。克鲁岑强调，在“人类世”时代，科技人员（scientists and engineers）有责任引导人们走向（重返）以环境和生态的持续

---

① 叶舒宪：《文明/野蛮：人类学关键词的现代性反思》，《文艺理论与批评》2002年第6期；《文明危机论：现代性的人类学反思纲要》，《广东职业技术师范学院学报》2002年第3期。

② 本段论述引自笔者在论坛交流中的发言，后以座谈摘登方式发表，参见叶舒宪等：《建构中国人类学高级论坛的基本模式》，《广西民族学院学报》2004年第4期。

③ 2004年的“银川宣言”标题是《生态宣言：走向生态文明》，署名为“中国人类学高级论坛”，刊登于《广西民族学院学报》2004年第4期。

性为基础的社会管理[①]。尽管这样的看法流露出对科技精英的高度肯定,但毕竟承诺了对未来的深重职责。

20世纪中期,曾在中国生活工作多年的法国科学家德日进(Pierre Teilhard de Chardin,1881—1955)就提出了由思想、精神和智慧构成并包裹地球的新圈层——“智能圈”,预言其将对地球,尤其是地球生物圈的状况产生深远影响[②]。“智能圈”的原文是Noosphere,汉语也译为“人类圈”“智慧圈”“理性圈”或“灵智界”等[③]。不过虽然都是对英文词汇的“拿来”式翻译,所选择的对应汉词还是应当有所细分。在长期的历史积淀中,汉语的“智慧”意涵深邃,同时具有“理性”“超理性”乃至“心性”“神性”的多重所指。在我看来,此处的Noosphere当与“智力”“智能”对应,故译为“智能圈”(“智域”)更恰当。

德日进于1923年来华,取汉语名为“德日进”,1929年担任中国地质调查所新生代研究室顾问,指导过周口店的发掘研究,被誉为“中国古脊椎动物学的奠基者和领路人”[④]。他同时关注宇宙、地球和人的问题,集科学家、神父与跨文化研究者为一身。与德国的潘能伯格(Wolfhart Pannenberg,1928—2014)一样[⑤],德日进的研究成果也堪称“神学人类学”。在地球演化的整体意义上,德日进把人类降生视为生命之树的顶端萌芽,并概括出人在生物学意义上的四个特点,即:(1)超常的扩张能力;(2)极快的分化速度;(3)意料不到的生长能力的持续性;(4)漫长生命史上从未出现过的在各分枝间相互联系的能力[⑥]。根据德日进的判断,伴随着地理上和心理上的不断适应、调整,位于“智能圈”顶端的人类将以前所未有的速度继续演变、扩张,走向组织复杂化和反思意识的更高程度,从而更为深广地参与地球演化。

---

① Paul J. Crutzen, “Geology of Mankind”, *Nature*, 415, 3 JANUARY 2002.

② 德日进:《人的现象》,新星出版社,2006年;王海燕编选:《德日进集》,上海远东出版社,1999年。

③ 参见陈之荣:《人类圈与地球系统》,《地球物理学进展》1995年第2期;徐卫翔:《求索于理性与信仰之间——德日进的进化论》,《同济大学学报(社会科学版)》2008年第3期。

④ 参见刘东生:《东西科学文化碰撞的火花:纪念德日进神父(1881—1955年)来中国工作80周年》,《第四纪研究》2003年第4期;贾兰坡:《我所知道的德日进》,《化石》1999年第3期。

⑤ 参见潘能伯格:《人是什么——从神学看当代人类学》,李秋零等译,上海三联书店,1997年。

⑥ 转引自徐卫翔:《求索于理性与信仰之间——德日进的进化论》,《同济大学学报(社会科学版)》2008年第3期。

继德日进之后，学者们对“智能圈”（“智慧圈”）作了进一步阐发，维尔纳茨基（Vladimir Vernadsky）阐释说：“在我们的行星上，智慧圈是一种新的地质现象。人类第一次变成强大的地质力量。”[①]陈之荣认为“智慧圈”由“生物圈”演化而来，代表后者的新阶段，特征是智慧与科技将为地球构建和谐的“人类圈”。以此为标准，真正意义上的“智慧圈”的时代还未到来，因为“一系列全球性问题正在困扰人类，表明人类地球还不够‘智慧’”[②]。

2017年被称为人工智能“应用元年”。在这一年当选美国《财富》杂志年度商人者，即为“硅谷人工智能革命的引领者”[③]。令中国精英深感欣慰的是，在这轮激烈的国际竞争中“中国不再缺席”[④]，不但国内业界成绩斐然，而且还由国务院发布了具有宏观导向的《新一代人工智能发展规划》，要求在未来规划中将人工智能全面运用于制造、医疗、城建及国防等各大领域[⑤]。

面对如此迅速的变化，不难预见由人类创立的“智能圈”将对万物生存的地球产生何等重大的进一步影响。如果期待这种影响能够通过人类自省，朝向有利于地球生命在“人类世”持久生存而非像恐龙那样灭绝的话，那么，不但有必要将人类史与地球史视为一体，以地质年表为单位拓展既有认知范式，而且还得跳出受“人本中心”束缚的地球观，回归将地球当作母亲、把其他生物视为同类的元知识和元信仰，在生命发生的原点上重塑人类。

结　　语

应当重视科学家提出的“人类世”概念，进一步放开视野，关注地球在

---

① 参见 V. I. Vernadsky, “The biosphere and the Noosphere”, *American Scientist*, 1945, 33(1), pp.1–12。

② 陈之荣：《人类圈·智慧圈·人类世》，《第四纪研究》2006年第5期。

③ 安德鲁·卢思卡（Andrew Nusca）：《〈财富〉2017年度商人：硅谷人工智能革命的引领者》，《财富》杂志中文网，2017年11月26日。http://www.fortunechina.com/business/c/2017-11/26/content_295977.htm。

④ 李佳琪：《科大讯飞高级副总裁杜兰：2017年将成为人工智能的“应用元年”》，《金卡工程》2017年第5期。

⑤ 《国务院印发〈新一代人工智能发展规划〉》，《人民日报》2017年7月21日。

第四纪后半期迈入因人类活动而导致地表发生的巨大改变。

与此为前提，应调整人文社会科学的研究范式，在时空尺度上与地学年代相对应，也就是要扩展视野，更换坐标，关注人类物种的第四期演变。

在人类演变的第四期里，需要不断强调的共识是：不但“只有一个地球”①，而且也只有一个整体的人，也就是只有一个命运相关的人类共同体。面对地球家园的濒危处境，必须突破19世纪以来以“民族-国家”为基础的旧世界体系束缚，重视生态环境在地球各地的普遍变异。与此同时，关注因“人工智能”（AI）有可能对“天赋智能”（NI）的取代，从而改变地球“生物圈”与“智能圈”既有平衡的未来趋势。

有鉴于此，有必要从地球史尺度出发，不仅在体质-生物、文化-社会和哲学-神学的综合层面回向“整体人类学”②,而且还应进一步反思人类学原有的人观、群观和时空观，创建超越人类中心的新人类学。

① 参见芭芭拉·沃德、勒内·杜博斯编：《只有一个地球：对一个小小行星的关怀和维护》，国外公害资料编译组译，石油工业出版社，1981年。

② 徐新建：《回向“整体人类学”》,《思想战线》2008年第2期。

美在他处：手工与艺术的名与实

彭兆荣
厦门大学人文学院

一、引言：从一个“物象场景”说起

日本国立大阪民族学博物馆的进门通道有一个摆设（图1），这个世界著名博物馆的引介（introduction）设计如此简单，既用心良苦，也匠心独具。它让所有参观者在进入博物馆时思考一个问题：“手工还是艺术”，因为这个问题

图1 （左上角日、英等文）手工还是艺术？

延伸出的各种观念、价值、表现、形制、技艺等与整个博物馆所展出的“文物”脉络相通。它旨在提醒：重新反思“艺术/手工”的名与实对于诸如人类学、民族学、艺术学、民俗学、考古学、博物馆学、遗产学、美学等具有重要价值。

从词源上看，西方文化史上的技术（technology）、技艺（skill）、艺术（art）等都源于手（arm），与古希腊词τεχνη有关，手艺人和艺术家在古希腊都被称为“*τεχνιτων*”（掌握技术的人），其原生形态也都属于“手工”（handicraft）范畴。不过，任何手工活动在历史的演化和变迁过程中无不被社会化，被赋予特殊的价值，从而超出了纯粹“手工”范围。自古希腊以降，就出现了将手工和进行手工活动的人视为最低贱者的社会评价。古希腊的“工匠”（cheirotechnēs，相当于德语中的Handwerker）一词，有“像奴隶和畜生一样用他们的身体供应生活必需品的人”的意思。而工作与劳动在词源学上可以被视为同义词。将古代的词语与现代词语相比，人们发现，在这个词的使用和词义的确认上，“无论古代还是现代都把这两个词当作同义词”；而“工匠”在古代希腊常被用来指奴隶、战败的敌人和低贱的人以及他们的工作①。希腊人蔑视匠人的劳动,还包含对他们的不信任以及对技艺人智力低下的判断，这也成了他们蔑视匠人和技工的理由②。

逻辑性地，从事手工劳动和专事脑力者也因此被区隔；类似“分类/排斥”最著名的言论来自柏拉图《理想国》的“影子说”：谓神造的桌子、画家笔下的桌子和木匠制作的桌子，木匠、画家因摹仿神造而与真理隔三层③。换言之，“动脑”的哲学家是传达真理的化身，处于最高端，而“动手”的工匠为卑贱的最低端。这种自古而来对工匠社会身份的偏见成为“脑/体”

---

① 这种情况在我国古代亦偶有发生，丁山认为“国之大事，在祀与戎”是原始政治的最高纲领，统治阶级出于对物质的满足，将战败的俘虏养在家中生产他们生活所需要的物品与工具，致使分工细致化。《礼记·曲礼》中的“天子六工，曰，土工，金工，石工，木工，兽工，草工，典制六材。五官致贡曰享”，亦与之有涉。参见丁山:《中国古代宗教与神话考》，上海辞书出版社，2011年，第108—109页。但笔者并不认为我国古代的这种情形与西方具有同质性，至少非社会普遍现象。传统中国的农业伦理讲求的是自给自足，豢养战俘以供手工技艺产品，只在少数贵权者。

② 汉娜·阿伦特:《人的境况》，王寅丽译，上海人民出版社，2009年，第62页。

③ 柏拉图:《文艺对话集》，朱光潜译，人民文学出版社，1980年，第69—71页。

区分的社会价值和传统惯习，比如把现代的脑力和体力工作区别的“自由”技艺和“奴性”技艺。质言之，所谓“自由技艺”与“奴性技艺”的标志并非来自“智力”的程度，也不是“自由艺术家”用脑和“卑贱技工”用手工作之间的差异，真正原因是社会化分工的政治性。

欧洲古代的区分标准还与政治家的德性，即具有明智判断能力的职业，以及有公共效用的专门职业，如建筑、医药和农业有关①，它们都属于自由职业，而所有技工，不管是抄写员还是木匠，都是“卑贱的”，他们甚至不适合成为完整意义上的公民。悖谬的是，最卑贱的正是那些我们认为对生活最有用的人，例如鱼贩、屠夫、厨师、禽贩和渔民②。这样的区分置换了不同的社会语境③。不过，维柯所做的“知识考古”却为我们展现出另外一幅图景：从“本土出生的人”这个词派生出来的“土人”的最初本义是贵族的，或高贵的，因此“高贵的艺术”（artes ingenuae）——“美术”一词就由此派生，只是后来变成带有“自由艺术”（artes liberales）的意义，而“自由的艺术”还保留“高贵的艺术”的意思④。这似乎说明所谓“美术”原本就是“土人”的原始技艺，而“美术”的语义变化，不过是一个历史性政治共谋。始作俑者便是柏拉图。

西方的这种区分也间接地与“艺术”中的“美/用”二元对峙的绝然两分存有关系，并成为同样的社会理由。依据西方“艺术/手工”的形制，“美/用”的分野其实一直贯彻着柏拉图的原型设计，哈登说：“从广义上说，艺术（art）可被定义为‘智力的创造性发挥，顾及实用性或观赏性的制作’。事实上，目前的‘艺术’这一名称逐渐局限于指称美术（Fine Arts），以示与实用艺术（Useful Arts）之间的区别。”⑤雷蒙德·威廉斯在《关键词》的“艺术”条目中将“有用的”与“审美的”区分开来；前者主要指“工艺”，后者则

① 把农业归于自由技艺是典型的罗马式的，原因不是像我们所理解的，在于农耕的任何用途，而与父权观念有关，根据父权观念，不仅罗马城，而且罗马土地都属于公共领域的范畴——原注。参见汉娜·阿伦特：《人的境况》，王寅丽译，上海人民出版社，2009年。

② 与自由技艺相反，那些粗俗的有用的职业工作都属于卑贱的职业——原注。参见上书。

③ 同上书，第67页。

④ 维柯：《新科学》，朱光潜译，人民文学出版社，1987年，第157—158页。

⑤ 阿尔弗雷德·C. 哈登：《艺术的进化——图案的生命史解析》，阿嘎佐诗译，广西师范大学出版社，2010年，第1页。

指“艺术”[1]。这样的区分呈现出一个巨大的误区:“有用的”“不美”,“美的”则“无用”,二者不能兼容。

“脑/体”与“美/用”的社会化区分除了将人的“脑”和“手”的工作进行社会区隔外,更为严重的是,随着西方的工业革命,机器加入了生产的高效性工作,传统的手工和手艺逐渐从传统中消失,致使这些被作为非物质文化遗产中的许多手工活动、类型、工具处于濒危状态。在这样的背景下,拯救以手工技艺为目的和目标的运动应运而生,最著名的是艺术和手工艺运动(Art and Craft Movement)[2]。该运动始于19世纪,当时的知识分子和精英阶层认为:手工制作的东西,是人的产品,关系到人的声誉,与人性相通,手工制作的整个语境都与人息息相关,而机器造物却没有。于是,一些社会精英和知识分子开始学习各种传统手工技艺,记录保存各种口头民俗传统,他们住在那些具有传统民俗的村子里,向普通人或民间手工艺者收集整理相关资料等。这个运动非常大,影响了欧洲和北美,大约有5 000多名成员参与[3]。这类社会运动透露出人们对“人类文明史”的重视。

东方却呈现出完全不同的景象,对此,德国学者雷德侯有过这样一段论述:

---

① R. Williams, *Keywords: A Vocabulary of Culture and Society*, New York: Oxford University Press, 1985, p.42.

② 作者注:旧时(1905年首次译介入中国)译为“工艺美术运动”,邵宏主编的《西方设计:一部为生活制作艺术的历史》(湖南科学技术出版社,2010年)认为过去的翻译不好,没有彰显该运动的核心:这场运动试图改变文艺复兴以来艺术家与手工艺人相脱离的状态,弃除工业革命所导致的设计与制作相分离的恶果,强调艺术与手工艺的结合。因此邵宏建议采用“艺术与工艺运动”这一更准确的直译名。在国内,该运动多被纳入设计史的范畴,译者综合各相关文献大致可将国人对该运动的认识归纳如下:通常认为该运动的时间大约为1859—1910年,其起因是针对装饰艺术、家具、室内产品、建筑等,因为工业革命的批量生产所带来设计水平下降而开始的设计改良运动,意在抵抗工业大批量生产而重建手工艺的价值。运动的推动者为艺术评论家约翰·拉斯金等人,也参考了中世纪的行会(Guild)制度。得名于1888年成立的艺术与手工艺展览协会(Arts and Crafts Exhibition Society)。该运动直接影响了接下来的设计史发展。在美国,艺术与工艺运动一般指显示了新艺术运动和装饰艺术运动(或译装饰风艺术)之间时期,即约1910—1925年间的建筑、内部设计和装饰艺术,但其具体涵括范围比欧洲大陆更广泛。参考维基百科“艺术与工艺美术运动”词条。http://zh.wikipedia.org[2012-06-16]。

③ 参见彭兆荣、Nelson Graburn、李春霞:《艺术、手工艺和非物质文化遗产:动态中操行的体系》,《贵州社会科学》2012年第9期。

> 就艺术的传统定义而言，西方人和中国人的见解原本相去甚远，而随着时间的推移，这种定义在两者的文化中已经发生了变化。在古罗马，建筑被认为是“艺术之母”，而在中国，建筑却属于土木工程的领域。在西方，雕塑也有着很高的地位，是古典文化的另一份遗产，但是在中国，雕塑则是匠人的营生。不过，书法在中国享有最高的艺术地位，而在西方人眼中，书法只不过是一种边缘性的专门技能。[1]

对于这样的评述，总体是中肯的，但只是现象上的差异。揭示差异并不是一件困难的事情，只要人们到欧洲做一次短期旅游，就会发现西方与中国在文化表现上的诸多差异。中国的艺术，“艺（藝）”和“术（術）”——从概念到表现形式，到行业领域，再到社会化生产，至为重要的是，社会价值体系所赋予的语境化意义。中国的艺术价值有两个评判角度：一是进行“正统”的程度和持久性。比如在春秋战国时期，诸子百家，争相竞鸣，百花齐放。秦统一后，一统成为帝国统治之需，一统的具体就是建立“正统”，特别到汉代，罢黜百家，独尊儒术，儒家成为正统之术。从“统一”到“一统”到“正统”再到“统治”，这是以传统农业伦理为基础的封建帝国“家国天下”的政治形制。在这个历史过程中，进入“正统”的内容和形式都被特定的语境化价值所筛选。其实在《周礼·考工记》中就有“惟匠建国”[2]的说法，说明建筑工匠的重要。只是在“正统”中，这些“技”和“术”都被置于专门范畴。“西学东渐”以降，西方的“另一种文化霸道”横出了一种外来的艺术价值观，加大了我国所谓“艺术”的矛盾与混乱。二是某些具体的技艺的被重视、轻视或忽视，使之缺失了代际传承的长期性，与中国特有的封建家长伦理有关。我国自古的传统是“家国”，帝王作为家长的兴致

---

① 雷德侯：《万物：中国艺术中的模件化和规模化生产》，张总等译，生活·读书·新知三联书店，2005年，第249页。

② 所谓“立王国若邦国者”。“郑注‘立王’至‘国者’，释曰：《周礼》单言国者，邦国连言，据诸侯。经既单言国，郑兼言邦国者，以其下文有王及诸侯城制，明此以王国为主，其中兼诸侯邦国可知。”参见（汉）郑玄注、（唐）贾公彦疏：《周礼注疏》下，上海古籍出版社，2010年，第1661页。

与情趣在很大程度上决定了某种工艺形式的社会化重视程度，从而也决定了其在一个历史时期的繁荣兴衰，特别是那些与社会价值观关系较密切的技艺，比如宗教建筑、石窟艺术等。这样的情形事实上延续到了“文化大革命”。

西方的“艺术”进入中国与东邻日本有关。“这可以从观察下述现象开始，即传统的中国并没有表示‘艺术’的通用词语，现在使用的‘美术’一词，是19世纪晚期从日语的‘bijutsu’借用过来的，而日语中的这介词又译自法语的‘beaux-arts’（美的术）。”[①] 日本的情况与我国存在着异同。相似之处在于日本的明治维新是日本文化聚集和整合的重要时期，本土的艺术概念和价值面临着重新整合；不同之处在于日本的明治维新是相对自主的开放，而我国“鸦片战争”导致国门被武力打开，我们失去了自主、自觉甄别和选择外来文化的权力与机会，而当“西洋”“东洋”的外来因素在强权之下进入我国传统的体系时，混乱便在所难免。

日本与我国的差异体现在这一幅博物馆“展品”中，它间接地反映了中日近代“艺术”的情形，同时与遗产、文物的收藏、保存和展示历史有关系。明治维新时，涩泽敬三（1896—1963）开始收集日本各地玩具和生活用品，并把收集来的东西放在自己家中的阁楼里，被称为“阁楼间博物馆”。后来这些一并捐给了日本民族学会。1970年，日本在大阪举行了以“人类的进步与和谐”为主题的世博会，决定在主题馆中设立世界各地的民族工艺品和生活用品。世博会后，学者和研究人员在梅棹忠夫的领导下，发起在世博会旧址上建立国立民族博物馆运动，最终获得成功。所以，当人们在博物馆里看到上图的展示时，便不难理解其中的奥秘[②]。

笔者认为，对于非本原性传统的民族和国家，当一种外来概念和形制影响和进入本土时，除了进行自觉的审视、选择以外，对于重要的概念和关键词也需要进行深入的分析和比较。对于西方传统，Fine Arts与Useful Arts之间的差异泾渭分明，但到了东方传统国家，情形或许完全不同。这涉及概

---

① 雷德侯：《万物：中国艺术中的模件化和规模化生产》，张总等译，生活·读书·新知三联书店，2005年，第250页。

② 参见横山广子：《博物馆以及城市文化遗产的保护与发展》，载吴定元主编：《维护文化遗产　发展城市文化》，山西省介休市政协，内部图书资料，2013年，第67—75页。

念，也涉及观念，更重要的是，它关乎文化传统和价值。

二、新木马沉思录："手工-天工"

这个物像场景中有一个供儿童骑玩的木马，把我们带到贡布里希式的"木马沉思录"（Meditations on a Hobby Horse）中。贡氏的这篇论文所讨论的如同呈现在我们面前的"木马"，"非常普通，既非隐喻，也非完全出诸想象……它经常是心满意足地待在幼儿园的角落里，没有什么美学雄心。它讨厌装腔作势"[①]。对于这样"一匹马的物像"应该如何看待它？是给它下这样的定义"事物外形的模仿物"？可是"木马是马的摹真吗"？[②]显然，贡氏的询问属于典型西方传统艺术美学的理路——从"模仿"开始。众所周知，"模仿"的传统从柏拉图那里就被明确提出并定调，尽管后来者对此见仁见智，见解层出，却绕不开这一"原点"。柏拉图最为著名的模仿说是《理想国》里的"影子说"：谓神造的桌子、木匠的桌子和画家笔下的桌子，木匠和画匠皆因摹仿神造而与真理隔三层。柏拉图也正是在《理想国》里，第一次使用了"镜子"，它意在表明画家至多只能创造出事物的"形象"（image），与"真理"仍存在隔阂[③]。亚理斯多德认可诗来源于模仿，但他认为模仿属于人的天性[④]。以这一古老而经典的"模仿说"的价值预设，所有手工作业以及由手工生产的物件产品都归于"残缺的模特儿"，因为"实物"在"真理"面前永远是不健全和隔离的。

显然，贡布里希与许多西方艺术史家一样不同意这一"原点"预设，他认为："艺术是'创造'而不是'模仿'"；在列举皮格马利翁在大

① 贡布里希（E. H. Gombrich）：《木马沉思录》，范景中译，载范景中编：《艺术与人文科学——贡布里希文选》，浙江摄影出版社，1988年，第19页。
② 同上书，第20页。
③ 柏拉图：《文艺对话集》，朱光潜译，人民文学出版社，1980年，第69—71页。
④ 亚理斯多德：《诗学》，罗念生译，人民文学出版社，1982年，第11页。

理石上刻出美女人像时认为[1]，“美”是自然（Nature）；即使在“木马”作为“替代物”的功能范畴内，在许多情况下，这些物像只是作为替代物意义上的“再现”，比如葬入统治者坟墓的陶马或陶俑就是代替活马活人[2]。他最后的结论是：“我们的木马不是艺术，充其量它也不过是想引起图像学（iconology）的注意……现代艺术难道没有对原始的物像、对形式的‘创造’，以及对根深蒂固的心理力量的利用进行实验吗？它实验过。但不管制作者的怀旧愿望如何，这些形式决不可能跟它们的原始模型具有同样的意义。因为我们称为‘艺术’的那个奇怪的领域像个镜子，或像座低声廊，每一个形式都能唤起一千种记忆和后像（after image）。一个物像一作为艺术出现，一种新的参考框架就会随之而被创造出来，想摆脱也摆脱不了。它必然成为惯例（institution）的一部分，就像幼儿园里的玩具那样。”[3]

西方的“木马”图像谱系引出了一系列现代反思性问题：（1）“木马”既是对实物的模仿，也是一种创造。（2）在现代艺术混乱的认知分类面前，模仿者被置于工匠范畴，而创造者则被认为是艺术家。这样的划分值得质疑，皮格马利翁究竟是匠人还是艺术家？没有人能够回答。因为二者本来无法泾渭分开。（3）“木马类”器物可以承担实物的替代品，比如在古代帝王的“随（殉）葬物”，中国秦兵马俑便为一范，而“替代”的逻辑需要由历史语境决定。（4）“木马”的制作一旦完成，就成为人们使用的工具或玩具；可是，当它被放在幼儿园时，它只是玩具（供人使用）；当它被置于博物馆时，它就成为“文物”或“艺术品”（供人欣赏），二者原为同一物。（5）无论制作者是根据生活中的“活马”模仿，还是“灵感”创造，都不能影响“马”的形象（image），并由此成为一系列“后象性连锁效应”，即格尔兹所谓的“后事实”（after fact）现象[4]。“象”成为一种可供再创造的“历史事实”：

---

① 皮格马利翁是美神阿芙洛狄忒的祭司，阿芙洛狄忒使一尊象牙女郎变成一个活生生的美女，并把这个“奇迹”赠送给他作为“礼物”。——作者注

② 贡布里希（E. H. Gombrich）：《木马沉思录》，范景中译，载范景中编：《艺术与人文科学——贡布里希文选》，浙江摄影出版社，1988年，第23页。

③ 同上书，第35页。

④ C. Geertz, *After the Fact: Two Countries, Four Decades, One Anthropologist*, Cambridge, MA: Harvard University Press, 1995.

既可供后人模仿，也可供后人阐释，成为一个“象的连续体”。(6)在这个“象的连续体”中，再创造和再发明的行为、理念和价值不断产生，使“象”超越了所属的范畴和边界，成为“传统的发明”之有机部分[1]，需要回归于特定的文化传统。

贡布里希借“木马深思”之名以探讨艺术形式根源之实[2]，意在强调西方艺术在根脉上层累传递，形成传统。借以同一命题的追溯，我们发现，一幅中式图像展现于辽阔的天地之间，宣告中国式的价值认知与知识谱系与西方迥异，两种传统泾渭分明。毋庸置疑，“马”的图像形制在中国传统中的表现、表述和表达也具有“形式之根”的意味，唯更为复杂，更为诡谲，特别是它与“龙”的结合和混杂，成为我国早期图像志的典型，绝非“模仿”之说得以囫囵。聊备几例：比如马在周易中是最重要的一个卦象，因其与“天象”意合。《周易》中，乾为马，表示天、君、父等阳刚之象，《易·乾》：“(象)曰：天行健，君子以自强不息。”在六十四卦象中，乾卦又将“龙象”(龙马)混合，以呈现天意神谕的意象。“河图洛书”便是一个例证。《礼记·礼运》有“河出马图”之说，郑玄注：“龙马负图而出。”孔颖达引纬书《中候握河纪》疏：“伏羲氏有天下，龙马负图出于河，遂法画八卦”；“尧时受河图，龙衔，赤文绿色”。《握河经注》曰：“龙而形象马。”负图出河的龙形似马，故称“龙马”。至汉代，宫廷所畜之马被称为“龙马”[3]。这个神话原型的图像叙事不独呈现出中华文明与“天象地现”的缘生关系，还呈现了“河图洛书”灵迹的表达图式。从这些马的混杂形象和图像中，人们看到“象”之所本非“原象”的原型形制。顺带说，在西方的传统美学里也有所谓的“半形”神话，最生动的表现当属狄奥尼索斯的“半人半马”[4]，人类学家哈里森认为，狄奥尼索斯的“马”形并不是理智为了实用的目的而造作的，而是情感的结晶，他源于情感，又反过来激发情感。正因为此，他才能成为艺术

---

① 参见E. 霍布斯鲍姆、T. 兰格：《传统的发明》，顾杭等译，译林出版社，2004年。

② 贡氏著作的副标题即“论艺术形式的根源”。——笔者

③ 参见居阅时等：《中国象征文化图志》，山东画报出版社，2010年，第60页。

④ 狄奥尼索斯是古希腊神话中的酒神，其形体成像为半人半羊，也有半人半马的版本，他可能与古希腊悲剧有着发生学上的关联。参见彭兆荣：《文学与仪式——酒神及其祭祀仪式的发生学原理》，北京大学出版社，2004年。

的素材，并因此成为最早的艺术形式之一。相反，抽象的“马”乃是反思的产物[①]。

在中国的工艺造像传统中，“意象-原像-物像”是一体性的完整体系，“意象”作为人对事物的反映，包括认识上的“象”，如“龙马”的天意灵迹以“图像”回归于现实，致使其呈现“像而非像”“物而非物”；“原像”指真实可感的事物，它已经附会了人们根据自然景物与经验的认知；“物像”则指根据“意象”和“原像”再创造、再生产的物件，是二者的兑现，同时又是新的、独特的个体性劳动创造。这种特点鲜明地呈现在手工技艺中，最形象的表述为“天工开物”，即“手工”来自“天工”，承兑于“天工”，而“天工”又指非凡的手工技艺。古代政治中的官职制度也由天星、天象而来。《周礼》便置“天官冢宰第一”，开篇曰：“惟王建国，辨方正位。”王之首务当为“建国”，“建国”之首务当为“辨方正位”。而“国”之本义为城囗，甲骨文即从囗，指城邦建设之立正方位，原为建筑匠工定基立中之务，故郑玄谓《考工》有“匠人建国”之谓[②]。在这里，“王-匠”互指，王为天子，匠为天工。“匠”原本是指专门于建工作器的行家，《说文·匚部》曰：“匠，木工也，从匚，从斤，所以作器也。”王之建国，既指喻治理国家的行家里手，亦实指国之“囗”（二者同音本义），即建筑之匠工。

明朝宋应星的《天工开物》完美地总结了中华传统的手工技艺和美学思想，被公认为“17世纪中国之工艺百科全书”。字面上看，“天工”除了有“巧夺天工”的意思外，还与古代传统中的“观物取象”（《道法珠玑》第四十九章）密不可分，甚至所以，古以为王者法天象行理，代天巡牧。马具有的意思是，“通天”之无形与现实交通之有形意象化，其中“驿”与“羁”便是文字和图像说明[③]。故而在中国的认知和管理体系里，“天工/人工”通缀

① 简·艾伦·哈里森：《古代艺术与仪式》，刘宗迪译，生活·读书·新知三联书店，2008年，第146页。

② 参见（汉）郑玄注、（唐）贾公彦疏：《周礼注疏》下，上海古籍出版社，2010年，第2—3页。

③ 参见许进雄：《中国古代社会：文字与人类学的透视》，中国人民大学出版社，2008年，第380、389—390页。

对应。而“开物”[①]为“天工”的造化和表述，自成一体。“造物神”与民间技工匠人虽然分属于不同的界域，却并不妨碍可能被历史所“同化”，即“神化”，这在中国的历史演变中已然成为通则，许多始祖的神工圣迹原都是劳作和匠工之事：神农（一说为炎帝）的农作和药业、伊尹的烹术、鲁班的木匠、吴道子的画工都是这样，虽然其间存在着“先神后工”或“先工后神”的差别，或“公共神”和“行业神”的差异，但都说明二者可化可通，尤在民间。在这里，手工是人工的创造和制造，并不与“神（天）”隔绝，二者可以转换或互为一体。这与柏拉图的模仿说形似而神异。

“像的关联体”形制在中国古代随葬物，特别在陶器和青铜器中有清晰的体现，著名的兵马俑就是例证。值得注意的是，中国传统的“后像”贯彻着独特的图像逻辑，许多古遗址被发掘出来的“明器”（冥器）[②]中出现各类以马为原像的文物，包括陶器、铜器、壁画、彩绘、文献等，便可备一范；今之考古学主要鉴定、验证各类器物（文物）本身，并不太在意它们成为随葬“明器”的理由。事实上，在古代墓葬遗址中发现大量马的替代形态、表现形态，除了其作为交通工具和军事工具外，“老马识途”被认为是一种依据；当然，更重要的是骑马的图案“在早期社会可能有携带灵魂上天的意味”[③]。而“马”之“天上/地下”意象所遵循的认知逻辑是“天地人”的天人感应，而各种“像-象”的成形化为“天工-手工”形制，制造出各种“作品”。如果格尔兹的“后事实”是对同一“事实之象”变迁后的再解释的话，那么，所谓“古人之象”则通常是以文物被发现为基点往前推移至“天工开物”之形制。我们相信，中国的器物、文字都是建立在某一个具体图像上的意会，包括那些呈现在金石之上的纹饰、图像都有“原像”之本，只是“原

---

① “开物”源自“开物成务”，指通晓万物的道理。《周书·武帝纪上》有“履端开物，实资元后；代终成务，谅为宰栋”。

② 巫鸿对此有过考释：“明器”一词首见于《左传》，但在该书中并不指丧葬器物，而是指周王分封诸侯时赏赐的宗庙重器。《仪礼·既夕礼》中始以明器指示丧礼所陈器物，所谓“陈明器于乘车之西”。丧葬器物分为“明器”“生器”与“祭器”；明器用于随葬，生器指死者生前使用但不入葬之物。见巫鸿：《明器的理论与实践》，载《时空中的美术：巫鸿中国美术史文编二集》，梅枚等译，生活·读书·新知三联书店，2009年，第199—200页。

③ 许进雄：《中国古代社会：文字与人类学的透视》，中国人民大学出版社，2008年，第83—86页。

像”可能包括历史上某一个事物的原型，可能是一个观念意会的产物，可能是多种因素组装性的生活中“非物之像”，可能是在特殊情境（比如葬礼习俗）的功能性需求，而这一切都需仰仗手工艺术。

综合而论：(1)在图像学意义上，任何一个图像都有一个发生学的“原像”，它是原型理论的基础；(2)任何原像“事实”一经产生，便开始符合历史逻辑的个性化变迁，所以，任何对原像的模仿都属于“后事实之像”；(3)语境的变化并不能成为“后事实之像”的全部根据，还必须与功能性需求相结合才能得到完整的解释；(4)在历史的特定语境中，“复古之象”通常与重要的事件相联系，仪式性事件经常陪同“重塑之像”产生，并成为历史的组成部分，比如古希腊的悲剧与酒神祭仪具有同源性，甚至在剧场中每一个“包厢”座位上都镌刻着主人和狄奥尼索斯的名字，因为他是这片圣地的主人，而每一位观众进剧场看戏就是他们的礼拜仪式[①]；(5)形成了完整的“原型-重塑-语境-仪式”语义场。

当人们再一次沉思特洛伊战争“木马计”的图像隐喻时，“木马之像”于是有了“白马非马”的复像；而西式艺术史之“模仿说”（神/匠隔之三层）与中式手工艺之“天工说”（王-匠同工互指）各有所本，各有所承，造象形制亦异。

三、阿喀琉斯（Achilles）之盾的“矛盾”[②]

罗伯特·威廉姆斯以“阿喀琉斯之盾”的悖论追溯西方艺术理论传统的

① 简·艾伦·哈里森：《古代艺术与仪式》，刘宗迪译，生活·读书·新知三联书店，2008年，第2页。

② “阿喀琉斯之盾”（Shield of Achilles）典故主要来自《荷马史诗》。阿喀琉斯是特洛伊战争中的英雄，在围困特洛伊时，他因与希腊联军主将阿伽门农发生争吵而退出战斗，导致希腊联军节节失利。后因好友帕特洛克罗斯被特洛伊大将赫克托尔杀死，连阿喀琉斯借给特洛克罗斯的盾牌亦被赫克托尔缴获，阿喀琉斯决定为好友报仇，她母亲忒蒂斯请火与冶炼之神赫菲斯托斯为阿喀琉斯打造一个盾牌。阿喀琉斯带着这个盾牌杀死了赫克托尔，自己则被特洛伊王子帕里斯射中脚后跟而死。这个典故寓意深刻，美景与惨象、和平与战争、盾与矛永远是一个共同体，正如阿喀琉斯所说：“我征战为的是和平。”（I am fighting so that I don’t have to fight again in the future.）然而，矛盾的存在，决定了战争与和平的存在。

原型：

> 圣经《旧约》和古代希腊神话的工艺创作都表明：艺术被看成是一种超越自然的力量形式，这种力量即使是有限的，有时也可能超越诸神特权，从而招致悲剧性的后果。普罗米修斯相信火能为人类在这不友好的世界里提供保护而把火作为礼物送给了他的创造物，从而付出了高昂的代价。手工艺人代达罗斯（Daedalus）不仅是驾驭材料的大师，而且几乎能在任何情况下找到对策：他建造了一座迷宫，设计能飞翔的翅膀，还制造了会动的雕塑，这是单凭人力所制造的最接近生命的东西——但他必须亲眼目睹自己的儿子伊卡洛斯（Icarus）戴着自己为儿子特制的翅膀死掉。音乐家俄耳甫斯（Orpheus）能用他的歌曲迷住动物甚至石头，这无疑是关于音乐力量最令人难忘的故事，俄耳甫斯却没能将自己的爱人欧律狄刻（Eurydice）从冥界成功带回。在这些神话中，艺术家被塑造成某种英雄，与根本上具有限制性的人类自下而上条件相抗争。[①]

"阿喀琉斯之盾"告诉人们，任何神奇的技艺都是一柄双刃剑，盾的持有者却死于能够穿透它的矛。阿喀琉斯的盾牌上的精美浮雕和美景只是战争场景中的宁静时辰，或者反过来说，战争的目的是为了求得和平的安宁。悖论的逻辑首先贯穿于时间制度；"战争/和平""抗争/命运"在器物的形体上刻画出时间的无形性痕迹，仿佛时光流逝刻在人们脸上的皱纹。这便是不可触摸的（时间）在可触摸的（器物）上遗留下的"记号"（mark）遗产形制；它构成了文化遗产的一个矛盾体（paradox）：一方面是时间遗留在"物件"（objects）上的"痕迹"；另一方面，当"迹"特指某一个历史或神话人物的"圣迹"时，它表现为"碎片"，可以独立存在[②]。就像人们对"永恒"和"不朽"的认知和体验，既包含着对时间凭附于文化遗产的认可，又是对遗存之

① 罗伯特·威廉姆斯：《艺术理论——从荷马到鲍德里亚》，许春阳等译，北京大学出版社，2009年，第1—2页。

② 巫鸿：《废墟的内化：传统中国文化中对"往昔"的视觉和审美》，载《时空中的美术：巫鸿中国美术史文编二集》，梅枚等译，生活·读书·新知三联书店，2009年，第55页。

时间物理一维性的抗拒。伟大的文化遗产是因为它承载着时间，而“不朽”恰恰正是不承认时间的物理作为；在人们的眼里，艺术穿越时间和空间，甚至人类群体特性的“永恒性”。而“活化石”（living fossils）则可以理解为遗产传承之于时间制度的另一种情形，按照雷顿的说法，某些远离我们当代社会的艺术传统，却为人们展现出艺术生成和传承上的多样性遗存①。对于任何可称为艺术和艺术品的遗产，“时间”的神奇一方面使“化石”（物件的“死亡”状态）获得“生命”；另一方面，超越了单一性社会时间的桎梏。这也符合“阿喀琉斯之盾”的经典悖论。

事实上，“阿喀琉斯之盾”之于艺术认知上的悖论，很大程度来自人类的偏见，人类学为此提供丰富的民族志证明，同时也证明人类学本身的历史性偏见。传统的人类学以人类社会的“线性进化论”为主轴，哪怕不主张社会进化论的人类学家对此也持有共识，即确定文化人类学研究对象为“原始社会”（primitive society）。自从爱德华·泰勒在1871年《原始文化》出版以来，他所谓“遗迹说”“遗留说”（survivals）不仅成为传统人类学对“原始社会”的奠基，而且作为一笔“社会的遗产”（social heritage）供人类学研究所享用②，尽管诚如马林诺夫斯基所提醒和警告的那样，人类学家不可成为原始遗产的“贩子”（monger）、“猎手”（hunter）和“商人”（dealer）③；尽管诸多人类学家的田野作业也在努力地使人确信不同时代和族群具有独特的价值和艺术形貌，如博厄斯的“风格论”，列维-斯特劳斯的“结构要素说”以及利奇的“文化边界论”等④；但一个不争的事实是：“原始艺术”客观上成为一代又一代人类学家“消费”的文化遗产。某种意义上说，正是人类学家“发现”了“原始艺术”的现代价值⑤，并用于现代社会的消费。这便是一种矛盾，即各种“原始”的分类满足了19世纪欧洲“文明人”的价值需求，这种傲慢与偏见不啻为另类的“遗迹说”（survivals），成为长时间滞留于艺

① R. Layton, *The Anthropology of Art*, New York: Columbia University Press, 1981, p.3.

② E. B. Tylor, *The Primitive Culture*, London: John Murray, 1871, p.1.

③ B. Malinowski, *The Sexual Life of Savages in North-Western Melanesia*, London: George Routledge & Sons. Ltd, 1929, p.76.

④ T. Barfield, ed., *The Dictionary of Anthropology*, MA: Blackwell Publishing Ltd, 1997, pp.29–30.

⑤ 罗伯特·戈德沃特：《现代艺术中的原始主义》，殷泓译，江苏美术出版社，1993年，第1章。

术之域的污秽[①]。那些由欧洲人所创造的“原始”视觉艺术的“污名制造”[②]，把被玷污的人群，连同他们的制作器物一并归入“野蛮”的范畴。换言之，人类学家参与了“阿喀琉斯之盾”的悖论制造。

对“原始（艺术）”进行最详细的考释，并最具启发性理解的作品是维柯的《新科学》：

> 在世界大洪水之后，巨人们就散布在大地上，我们在希腊人的神话故事性的历史里见到他们，而拉丁语言学家们也于无意中向我们说过，在古代意大利历史里也存在这种巨人，他们说，意大利最古的一些号称“土人”（imdigenae）的民族声称自己是autochthones，意思是“大地的子孙”，这个称号在希腊人和拉丁人当中都指贵族们。而且在神话故事里很恰当地把“大地的子孙”称为巨人们，把大地称为“巨人的母亲”。希腊词autochthones应该用拉丁词imdigenae来译，也就是说，恰当的意义是在一个地方出生的人，或“当地人”，即今天我们应称呼的“土人”（ingeniti）。因此，一个民族或地方的诸神就叫作indigetes（本土神），仿佛就是ingeniti。从此可见，就目前这个事例来说，从“本土出生的人”这个词派生出来的“土人”的最初的本义是贵族的，或高贵的，因此“高贵的艺术”（artes ingenuae）“美术”一词就由此派生出来的，不过后来变成带有“自由艺术”（artes liberales）的意义，而“自由的艺术”还保留“高贵的艺术”的意思。[③]

维柯清楚地告诉人们：“艺术”之名来自“原住民”（indigenous people）的“高贵”之实；而正是那些盗用了“贵族”之名的人遗弃了“艺术”之实，将“艺术”重新定义并作为“美术”。具有讽刺意味的是，今天，正是这

① N. H. Graburn, “Introduction: Arts of the Fourth World”, in *Ethnic and Tourist Arts: Cultural Expressions from the Fourth World*, Berkeley: University of California Press, 1980, p.3.

② 古代希腊人利用视觉性的符号，发明了“*stigma*”（污名）一词指代身体记号，以暴露那些行为不光彩的人，像奴隶、罪犯、叛徒等。污名记号的制作方式是刺入或烙在人的身体上。参见欧文·戈夫曼：《污名——受损身份管理札记》，宋立宏译，商务印书馆，2009年，第1页。

③ 维柯：《新科学》，朱光潜译，人民文学出版社，1987年，第157—158页。

种被盗用并污名化的“原始艺术”在后殖民时代却成了原住民正名的“红字”[①]——通过自己的工艺创造向世界宣告他们的文化自觉[②]。这又一次印证了“后阿喀琉斯之盾”的效益。

如果说早期的人类学家还在“阿喀琉斯之盾”的旋涡中挣扎，试图致力于在“原始艺术”中通过“美”来调和“野蛮”和“文明”的话，正如博厄斯在《原始艺术》中的开宗明义：“世界上任何民族，不论其生活多么艰难，都不会把全部时间和精力用于食宿上。生活条件丰实的民族，也不会把时间完全用于生产或终日无所事事。即使最贫穷的部落也会生产出自己的工艺品，从中得到美的享受，自然资源丰富的部落则能有充裕的精力用以创造优美的作品。世界各民族尽管对美的鉴赏千差万别，但均能以某种方式获得美的享受，如西伯利亚人粗犷的歌曲、非洲黑人的舞蹈、加利福尼亚印第安人的哑剧、新西兰的石器、美拉尼西亚岛的雕刻、阿拉斯加的雕塑都能给予当地居民以美的感受，这一切同我们聆听一首歌曲、观看舞蹈家的演出、欣赏装饰品、绘画、雕塑时得到的美感并无区别。迄今为人所知的一切部落，都有各自的歌曲、舞蹈、绘画和雕塑。这一事实本身不仅证明这些民族渴望创造那些以自己的形式使人得到满足的东西，而且证明人类都具有享受美的能力。”[③]人类学家试图在原始社会的“源头”上找到超越矛盾的方式，大量民族志材料证明，远古部族的人们以诸如雕刻等技术制作某种器物，并在各种仪式场合中使用它们以达到某种观念的目的，这种“雕刻出来的祷告”也就是艺术。列维-斯特劳斯将这些艺术活动技艺归入“原始思维”，试图以结构主义方式对“原始艺术”进行调和：“艺术停滞在科学知识和神话思维或巫术思想的半道上。”[④]从思维形态和结构对艺术做剖析似可成立，然而，他似乎忽略了一个问题：艺术的问题首先

---

① 《红字》是美国作家霍桑的著名小说，作品以17世纪北美清教殖民统治下的新英格兰为背景，讲述了主人翁海斯特由“罪”（挂在胸前的“红字”）的社会化污名的历史遭遇，以视觉权力技术及其对犯下通奸罪行的惩罚性符号“红字”开始，最后却成了善良和美德的化身。

② N. H. Graburn, “Ntroduction: Arts of the Fourth World”, in *Ethnic and Tourist Arts: Cultural Expressions from the Fourth World*, Berkeley: University of California Press, 1980, p.4.

③ 弗朗兹·博厄斯：《原始艺术》，金辉译，贵州人民出版社，2004年，第1页。

④ C. Lévi-Strauss, *The Savage Mind,* (Ed. By J. Pitt-Rivers and E. Gellner), London: George Weidenfeld and Nicolson Ltd, 1966, p.22.

不是内部构造问题，而是自18世纪以来“美的艺术”与“实用工艺”的分类[①]，以及由此所造成的话语性“分类/排斥”问题。今天，后殖民时代的到来，情势又发生了“后事实”的巨大变迁，它可能由此产生艺术“后像”的翻转。

格尔兹在《事实之后》中以“赫拉克利特之像”开讲[②]，对“后事实之像”进行再诠释，以凸显民族志者的主观性，他甚至直截了当地将人类学家与文学家放在一起强调“作者功能”（author function）[③]。他认为传统的“原始社会”与民族志方法相互渗透与影响使分类和认知导致了借位[④]。在他那里，原始社会的“客观之名”与人类学家的“主观之实”才是民族志的“本象”。在格尔兹眼里，“赫拉克利特之像”是对“象”的误解，或者误导，因为时间对于每个人都是不一样的，即“流动”就时间而言对于不同的人来说是“相同的”，因此，人们对于“后事实之像”的阐释却具有“同质性”，正如弗莱所说，神话故事不仅是曾经发生过，而且现在仍在发生。科学以及社会科学也适用于此[⑤]。可是，格尔兹的阐释民族志的“后事实之像”原则对艺术（art）手工（craft）在变迁中的“名/实”关系爱莫能助，原因是，导致二者的价值变化除了“赫拉克利特之像”之外，还有“艺术/手工”创作与生产的内部结构和机制的作用。换言之，每一个被称为“艺术（品）”的都具有独立的内部规律，它不是任何“解释”可以完整注疏的。

任何一个艺术体系都具有独特的“生命史”（life-history），生命史通常包括三个阶段：出生、成长、死亡。就研究目的来说，人们把艺术发展分为三个阶段——起源、进化、衰退[⑥]。从西文语词的发生形态看，艺术和手工艺

---

① 参见朱狄：《原始文化研究》，生活·读书·新知三联书店，1988年，第229页。

② 赫拉克利特（Heraclitus, 530—470 B.C.）的经典名言为“人不能两次走进同一条河流”，因为河水不断流动，你这次踏进河，水流走了，你下次踏进河时，又流来的是新水。名言比喻“万物皆动”“万物皆流”的辩证法则，他也因此成为“流动派”的代表。

③ M. Manganaro, *Modernist Anthropology: From field to Text*, Princeton: Princeton University Press, 1990, pp.15-16.

④ C. Geertz, *After the Fact: Two Countries, Four Decades, One Anthropologist*, Cambridge, MA: Harvard University Press, 1995, pp.96-97.

⑤ Ibid., pp.1-3.

⑥ 阿尔弗雷德·C. 哈登：《艺术的进化——图案的生命史解析》，阿嘎佐诗译，广西师范大学出版社，2010年，第6页。

（craft）在词源上意思是一样的。art的拉丁词源是ars，也来自法语的art，意思是制造的技术，拉丁语和拉丁语系地区均为此意。Craft是一个德语词汇，意思也是制造的技术（skill）。从源头上讲，英语和德语有关，部分英国人来自北欧，即盎格鲁-撒克逊地区。自1066年起英国被法国占领，上层（皇族、贵族）开始说法语，而大部分英国人则是仆人或工人。于是有了社会阶层的分层，上层人用“art”来指称制造的技术，而下层人使用“craft”，因为他们是盎格鲁-撒克逊的后裔。这就是艺术和手工艺的不同；同样的情形还有：上层的就是歌剧，下层的则是民歌①。

而克里福德则从“艺术-文化体系”的体系结构对传统的“创作”，包括对诸如原始、民俗、宗教“作品”在20世纪中的后语境变迁所产生的价值变化进行论述：宗教性器物被当作伟大的艺术品（比如一个乔托的教堂装修物品an altarpiece by Giotto②），作为民俗艺术（如拉丁美洲公共圣祠中的装饰品），或作为文化性手工制作（如“印度格格响”，an Indian rattle），这些物品并没有所谓个性化“权力”，或曾经被作为“圣物偶像”，将这些“原始艺术”和“手工制品”置于当代“艺术-文化”体系中进行再分类，它们有什么“价值”？当一个宗教装饰物被搬出教堂，或作为宗教性文物被移置到博物馆，便失去了在教堂中所起的功能，其特殊权力和神圣性便转移到美学王国重新确认。所以，我们要强调这个作为“艺术-文化体系的历史性”（the historicity of the art-culture system）的重要价值，即使如此，它仍未达到终极的形态，因为确定那些收藏的手工艺品地位和价值的“艺术-文化体系”仍然在发生变化③。当代的“艺术-文化体系”中包含着大量复杂的要素（图2）。

当人们反思“阿喀琉斯之盾”悖论时，仿佛在“艺术”的知识谱系的梳理中瞥见技艺发生的自在逻辑与艺术被盗用的强权逻辑之间的悖论，即另一种意义的“阿喀琉斯矛盾”。

---

① 参见彭兆荣、Nelson Graburn、李春霞：《艺术、手工艺和非物质文化遗产：动态中操行的体系》，《贵州社会科学》2012年第9期。

② 乔托·迪·邦多纳（Giotto di Bondone，约1267—1337）意大利画家与建筑师，被认定为是意大利文艺复兴时期的宗教艺术的开创者。艺术史学界通常只称他Giotto。

③ J. Clifford, *The Predicament of Culture: Twentieth Century Ethnography, Literature and Art*, Cambridge, Massachusetts, and London: Harvard University Press, 1988, p.226.

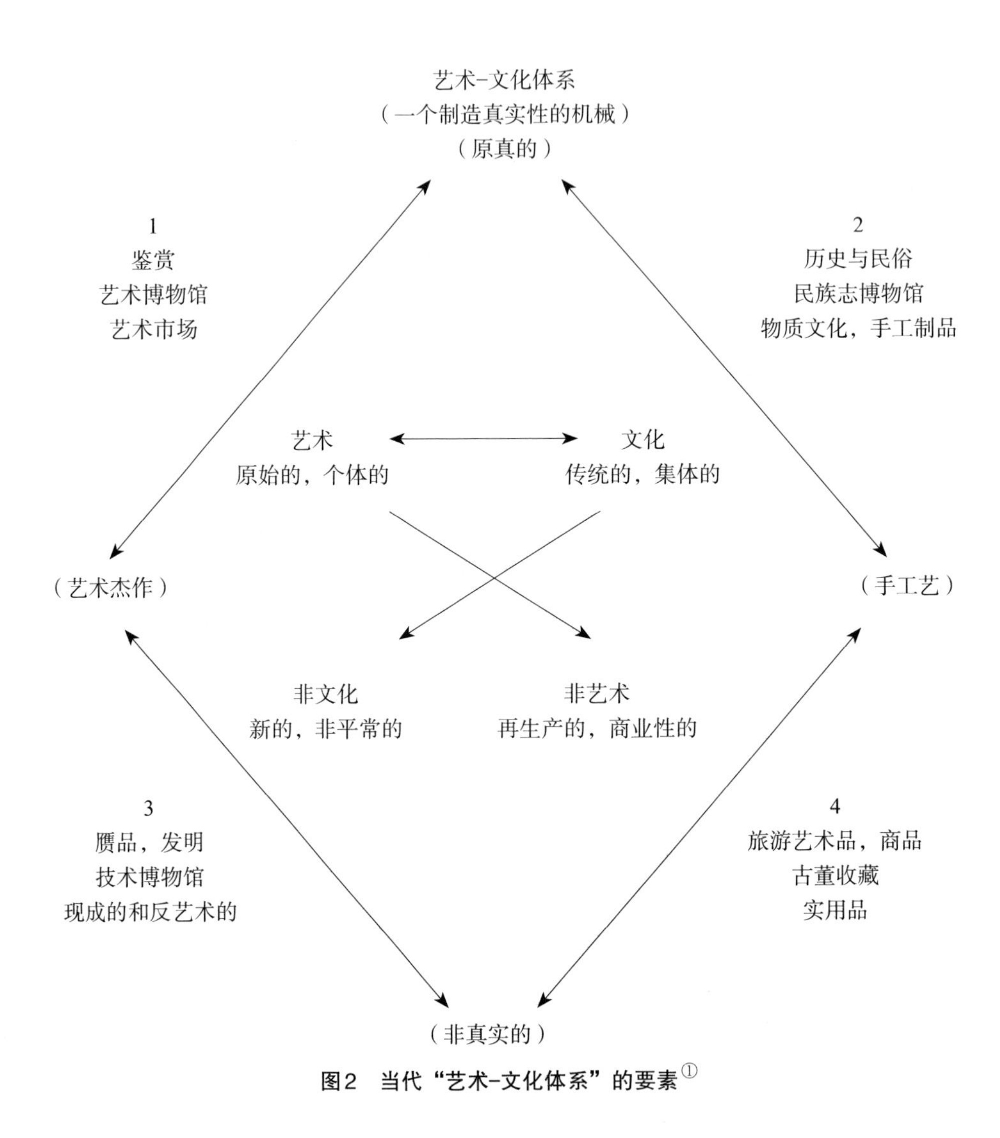

图2　当代“艺术-文化体系”的要素[①]

① J. Clifford, *The Predicament of Culture: Twentieth Century Ethnography, Literature and Art*, Cambridge, Massachusetts, and London: Harvard University Press, 1988, p.224.

四、天问:“女娲有体，熟制匠之?”[1]

从柏拉图到海德格尔，对真理的认识所延伸出的“美”与生活的实践所产生的“用”，成了西方传统社会对“艺术/手工”区隔的规约。或许柏拉图到死也想不到，他的这种对艺术的高低贵贱的划分一直成为西方艺术史中挥之不去的阴影。我国诗人屈原与柏拉图大致生活在同时代[2],而屈子对同一问题的“天问”看起来比柏拉图智慧得多。

“艺术唯美说”几乎成为讨论这一组概念绕不过的话题，甚至成了诸技艺领域的圭臬，艺术人类学自然没有例外，比如托马斯·巴非尔德主编的《人类学词典》中这样定义“艺术”:“具有美感的装饰物，包括器物、居所甚至人类的身体。”[3]依据西方“艺术/手工”的形制，“美/用”的分野其实一直贯彻着柏拉图的原型设计，哈登说:“从广义上说，艺术（art）可被定义为‘智力的创造性发挥，顾及实用性或观赏性的制作’。事实上，目前的‘艺术’这一名称逐渐局限于指称美术（Fine Arts），以示与实用艺术（Useful Arts）之间的区别。”[4]雷蒙德·威廉斯在《关键词》的“艺术”条目中将“有用的”与“审美的”区分开来；前者主要指“工艺”，后者则指“艺术”[5]。这样的区分带呈现出一个巨大的误区:“有用的”“不美”，“美的”则“无用”，二者不能兼容。“美”何以“无用”？何况，在不同的文化语境中，“美/用”的区分是不同的，比如书法艺术，中国的“毛笔”被译为brush（刷子），然而西方的刷子却“刷”不出像“中国刷术”那样伟大的书

---

① 《楚辞·天问》:“女娲有体，熟制匠之?”王逸注:“传言女娲人头蛇身，一日七十化。”王逸只注女娲身体的变化，而她制石补天之匠心同样复杂，其“炼石”“补天”之巧夺天工与之身体变化一样几不可疏，故屈子作“天问”。——笔者

② 屈原（前339—前278），柏拉图（前427—前347）。——笔者

③ T. Barfield, ed., *The Dictionary of Anthropology*, MA: Blackwell Publishing Ltd, 1997, p.29.

④ 阿尔弗雷德·C. 哈登:《艺术的进化——图案的生命史解析》，阿嘎佐诗译，广西师范大学出版社，2010年，第1页。

⑤ R. Williams，*Keywords: A Vocabulary of Culture and Society*, New York: Oxford University Press, 1985, p.42.

法作品；而中国的书法究竟是“手工”“工艺”还是“艺术”？唯一可接受的回答只能到中国文化语境中才能获得。英国学者柯律格在他的著作《明代的图像与视觉性》一书的“前言：致中国读者”中有这样一段话：

> 维多利亚和阿尔伯特美术馆或许是世界上最大的关于设计和装饰艺术的博物馆，该馆庞大的中国艺术品收藏中充斥着陶瓷、玉器、漆器、家具、织物和其他此类的物品，在中文中，这些物品通常会被归入“工艺美术”这一宽泛的类别。该馆几乎未藏有任何中国绘画，亦无书法作品。那时我最熟悉的中国艺术作品因此大多属于“工艺美术”的范畴。然而，我很了解书法和绘画作品在中国历史上一向被赋予更高的地位，正如欧洲传统中作为“高雅艺术”的绘画、雕塑和建筑一样，我也热切地希望我的学生们能认识到这一点。我同样迫切希望向我自己和我的新同行们证明，我所研究的中国艺术品可以成为艺术史科学内部更大范围内的论争和交流的一部分。我想要证明这样的研究可以是艺术史主流研究的组成部分，而非仅仅是附加于一种狭隘的、欧洲中心的“艺术的故事”（story of Art）（借用英国艺术史学家贡布里希爵士名著的标题）之上的“异国情调”的传统。我试图证明，事实上可以有多个故事，研究艺术史的科学如果不把它们考虑在内就会变得十分苍白贫弱。我试图证明，关于中国艺术的研究可以在艺术史学科内部进入更大范围的讨论。①

这样的评述总体上是中肯的，即不能以西方的艺术范畴和艺术分类来对待处置中国的遗产文物。即使在当今世界上的各大博物馆中的中国物品、器具都没有一个让人心悦诚服的分类和摆设。仍以日本国立大阪民族学博物馆中的“中国展”为例，也是所有物什都放在一起，看不出有任何艺术学意义上的逻辑分类的痕迹。欧美各大博物馆的情况也大致如此。这或许不能埋怨这些世界上著名博物馆的“错误”，毕竟我国传统并无今日之博物馆的形制，更没有配合博物馆形制而进行的我国传统遗产、文物的分类性研究。这使我们

---

① 柯律格：《明代的图像与视觉性》，黄晓鹃译，北京大学出版社，2011年，第Ⅶ页。

需要设立专门的研究项目进行跨学科研究的工作。

其实，中国的传统也讲"美/用"[①]，与柏拉图不一致的是，二者是一体性的。"美"（以及与之有关的"羊"字形，如"善""羡""義""祥"等）的中文本义首先是"物"，以及寓物于"意"。"美"字源出于"大羊"，考古材料给予充分的支持。据藏克和先生考释：

> 《说文》将"美"字系于《羊部》，分析其结体的实象部分就是一"羊"符：美，甘也。从羊从大。羊在六畜主给膳也。(《羊部》) 善，吉也。从言从羊。(《诘部》)"美"意象缘可有取于"羊"？这里面包含着历史文化原由。
>
> 考古学表明，中国很早就进入农业文明社会。而农业为人类提供了两项重要的生活条件——食物和定居。这二者又促进了第三种生活条件即家畜的产生。早在纳吐夫晚期遗址中（公元前第八千年），就以现有小家畜的遗骨，纳吐夫的继承者耶利哥文化（公元前第七至第六千年）以及这个时代的许多其他类似的早期新石器文化（安纳托利亚的恰塔尔休于文化，北非的卡里姆沙希尔文化以及稍晚的耶莫文化）已经有饲养的山羊、绵羊。而现代科学证明，起初驯养的是狗和羊、牛（同马一样）的驯养为时较晚[②]。"養"字语源就是"羊"，《说文·食部》："養，供養也，从食羊声。"古文的结构，表现出"养"的字根也就是羊……从上述可知，中国很早就具有发达的畜牧业的情形；而最早是"羊"在六畜中占据头等地位，这就使中国古人首先将肯定的情感价值态度投射凝聚到"羊"身上提供了社会生产的物质基础。《说文·羊部》："羊，祥也。"而《示部》"祥"下说："福也，从示羊声，一曰善。"看来，在中国古代人心目中，"羊"不啻是"吉祥福善"的语源和字根。出土的西汉铜洗纹饰，"吉祥"仍定作"吉羊"……[③]

---

① 需要指出的是，中国古代有些物虽"不可用"，比如祭祀仪式或丧葬礼仪中的祭器与明器（冥器），但并不简单和绝对划归"美"的范畴，属于专门领域。

② 列·谢·瓦西里耶夫：《中国文明的起源问题》，莫润先等译，文物出版社，1989年，第121页。

③ 藏克和：《说文解字的文化说解》（大羊意象），湖北人民出版社，1995年，第209—214页。

“美-物”的传统无疑是中国最典型的技艺表现形制，也构成“意象”语义场的各种演绎。以玉为例，“玉-王”存在着剪不断的瓜葛；玉为石，王为人，二者可互指而通神，故玉为神贵至尊之礼器[①]。玉在中国文化史中最初的意思为“以玉比美”,以此为基础发展出了“示富”“显贵”等的功能[②]。以如此丰富的“玉象”以及之于传统中华文明的丰富语义，象成于形，形寓于意，“熟制匠之?”有意思的是，我国古代的美学形制与今日所说的迥然不同，甚至“美-丑”同畴，而它们来自生计。比如，在我国商周时代的玉器上各种各样的兽面纹中饰有凶神恶煞的兽面或兽纹，这种在美玉上刻画丑物属于我国古代遗留下来的器物形象中的一个规律，即“丑化美感”（美玉-兽面）[③]。而“丑化美感”传统是中国古代图腾表述的一种重要特色,这与人们的生计方式存在着密切的关系，许多动物是人们的狩猎对象，一方面这些动物成为人类不可或缺的生计来源，没有它们人们无以生存，因此人们将它们图腾化，这体现在我国古代的许多部落酋长都饰有、戴有动物的符号、配件；甚至将王形容成半人半兽,《山海经》中就有大量的这种形象，比如西王母:“其状如人，豹虎齿而善啸。”(《山海经·西山经》) 人们尊敬它们，故“图腾”它们，而尊敬它们必须杀死它们。这也是为什么在商朝以降的许多古器物上看到动物兽面纹饰的原因[④]。

如果说我国的技艺生产属于原始发生学的道理的话，那么，中国的技艺生成的另一个特点来自中国式的认知方式，而认知方式直接决定表述方式；中国的技艺生成于中国式的认知方式，比如汉字，它是世界上唯一现存的从古老遗存的图画表意形成的文字体系[⑤]，“书（文）画”传统构成了中国文化中最具特色的范例。首先，中国的象形文字以形画为基础，配合释意。其

---

① 郭家店出土的简帛文献《五行》中有“不忧则王色”。古“玉”字作王，二者经常相混。参见魏启鹏:《简帛文献〈五行〉笺证》，中华书局，2005年，第12页。

② 参见张忠培、徐光冀主编:《玉魂国魂——中国古代玉与传统文化学术讨论会文集（三）》，燕山出版社，2008年，第1页。

③ 林巳奈夫:《神与兽的纹样学——中国古代诸神》，常耀华等译，生活·读书·新知三联书店，2009年，第53页。

④ 同上书，第15页。

⑤ 在古老的文化类型中，以图画式表意的文字体系除了汉字外，还有古埃及的圣书体和美索不达米亚的楔形文字，然而，除汉字以外，其他原生为图画表意的文字类型都由拼音文字所取代。参见许进雄:《中国古代社会：文字与人类学的透视》，中国人民大学出版社，2008年，序论。

次，中国的书画一体，在自我传袭过程中生成发展出诸如收藏、装裱、著录（记录历史上的书画作品），逐渐形成了押署（即签名）、印记等整体化传统，并由此形成了特殊艺术创造（书画艺术）和鉴赏活动。最后，我国书画传统的特殊性与书画材料密不可分，比如“古人用绢和纸，纸的种类很多，大体有生熟之分，写意画用生纸，重彩界画用熟纸。生纸上作水墨画能使墨分五色，浓淡层次分明，其效果令人赏心悦目。色彩的应用，以前以矿石研制为主，少数为植物颜料，故古代作品经千百年而色泽犹妍”。而西方的诸艺术中无书画相通的认识[①]。

值得着重说明的是，中国古代的技艺形制一开始就建立在社会“百业”分类合作的基础上，《周礼·考工记》（一般认为成于春秋战国时期）是中国目前所见年代最早的手工技艺文献，记述了齐国官营手工业各个工种的情况，详细介绍了车舆、宫室、兵器以及礼乐之器等的制作和检验方法，对礼乐中的钟、罄、鼓等形制以及相关乐器的制作也有详细描述。作为“工业”的一种，乐师亦列其中[②]，他们除了制作乐器外，还是使用鬼招魂、祭典仪式、施政大事的重要角色，对礼乐的重视与对乐师的重视相辅相成。《考工记》中“百工”为虚指，实数六十。“百工之事”分为：攻木之工，攻金之工，攻皮之工，设色之工，刮磨之工，抟埴之工等六大类[③]，每大类又有各小类及技艺，开创了中国古代手工艺术的分类制度，也是“工业”最早的形制。“百工-百业-百官”虽为虚指，却无疑为社会之实体形制。“百工”实指社会内部的各种分工。以商周时期为例，氏族多以其所从事的职业为名，如索氏、陶氏、长勺氏、施氏等，周代的分封亦以此为据。而工匠经常为各国争夺的对象，商代的甲骨卜辞有“呼X执工”之句，记录抢夺工匠俘虏的事情[④]。李济在《殷墟陶器研究》中谈到古代陶器的“文饰”技艺时说，其神乎技者为超等艺术[⑤]。是故《考工记》有“知者创物。巧者述之，世谓之工。百

① 杨仁恺主编：《中国书画》，上海古籍出版社，1990年，第5页。
② 参见陈梦家：《殷墟卜辞综述》，考古出版社，1956年，第519页。
③ （汉）郑玄注、（唐）贾公彦疏：《周礼注疏》下，上海古籍出版社，2010年，第1525—1528页。
④ 参见《左传·鲁定公四年》，另参见许进雄：《中国古代社会：文字与人类学的透视》，中国人民大学出版社，2008年，第181—183页。
⑤ 李济：《殷墟陶器研究》，上海人民出版社，2007年，第168页。

工之事，皆圣人之作也。铄金以为刃，凝土以为器，作车以行陆，作舟以行水，此皆圣人之所作也”，并成为后世传统。

每一个“手工之业”（工业）都会产生“工匠”，手工“从手”，为“手工之术”（技艺），“神/形”“美/用”在其发凡滥觞中已互为你我，一脉相承。在我国，“手工”的概念和分类自古就有，在古代传统中也存在等级的区隔形制，首先是“天/地/人”不同层次，在这个形制中，“天属神、地属民”；于是人也有了区别的原则，通天的人为“圣（聖，即聪明能道）-王（通天地之人）”，即特别能干的人（通常是掌握巫术的技师），诸如传说中的有巢氏、燧人氏，以及补天的、射日的、治水的、耕种的等。也就是说，“圣人”通常是发明和掌握特殊技艺的人，这些人制造和使用工具，并借此与天交流、沟通，比如龟策，即甲骨和八卦等①。毫无疑义，任何社会都存在着社会政治伦理方面的等级和阶层区分，从发生学和生成形态看，艺术和手工技艺原本无法泾渭分开，至多只是不同“术业”间的差异。在民间，画师、铁匠、木匠、泥水匠等只是不同行业的从业者，绘制品、铁制品、木制品、泥制品却同样可以是艺术品，具有审美性，比如我们今天看到中国古代许多青铜器都是工匠制作的，其中许多都是精美绝伦的艺术品，也因此成为人们的收藏品。这些理念甚至在日本仍有存袭，人们把与艺术有关的，与“手”有关的“技”“巧”等说成“能手”和“才干”②。

中国的传统工艺美学“美/用”同体与“形/神”一体是分不开的，最为简捷精辟的表达为“形而上者谓之道，形而下者谓之器”（《周易·系辞》）。需要辨识的是，这里的“道”既非纯然抽象，“器”亦非绝对“具体”，二者都可能化作“正统”③，比如“礼器”，道出于器，器循于理；而最符合“形/神”体系的精髓既非“形上”，也非“形下”，而是“形中”——“致中”，既融上中下于一体，又化有形于无形。人类学家李亦园先生曾经提出“致中和”的三层面和谐均衡模型，即自然系统（天）-个体系统（人）-人际关系（社会）。所以，以我国传统的“手工技艺”的形制来看，若非要以“艺术/

① 张光直：《考古学专题六讲》，文物出版社，1986年，第4—6页。

② 柳宗悦：《工艺文化》，徐艺乙译，广西师范大学出版社，2006年，第20页。

③ 参见巫鸿：《时空中的美术：巫鸿中国美术史文编二集》，梅枚等译，生活·读书·新知三联书店，2009年，第194页。

手工”加以区隔，我们且不说在逻辑上是否存在区分的依据，纵然有，至多也只能是时间（从生产和生活工具到专门成为艺术创作的历史时态变迁）和空间（日常生产生活的实用工具专业与艺术创作的审美范畴）之间的差别和差异。

众所周知，中国传统“工艺”形制格局的被打破，与近代西方舶来观念价值和概念分类有关，近代史表明，“美术”在中国出现的最直接原因是“西洋画的引进与传播”，并由此带来了一股社会风气和风尚。梁启超作如是说：“我确信，‘美’是人类生活第一要素，或者还是各种要素中之最要者。倘若在生活全内容中把‘美’的成分抽出，恐怕便活得不自在，甚至活不成。”相比较而言，鲁迅的观点更近传统，他在《拟传播美术意见书》中说：“美术可以表见文化；凡有美术，皆足以征表一时及一族之思维，故亦即国魂之现象；若精神递变，美术辄从之以传移。”[①]然而，现代西方社会对“艺术”价值的操控，其中一个重要原因是建立在“财产”（property）的基础上。以美国为例，“二战”以后，美国成为世界上主要的“艺术品拥有国”，建立和操控符合现代价值的“艺术和文化遗产（财产）”（art and cultural property）体系便成为紧迫的政治经济事务[②]。质言之，近代中国之“美术”是按照西方的艺术理念、学科分制等在美术范畴内进行的“被话语性”分类，在这一过程中，我国自己的“手艺”传统却在西方的艺术理念和科层模式中悄然隐退，偶尔有之，也大多为西学模本的复制。

这样的认知理念和学科分类所导致的后果是：艺术属于阳春白雪，手工属于下里巴人；逻辑性地，知识精英专事“艺术”，“手工”则滞留于民间。当然，我们无意将这样的“话语性分类”完全归于西方的艺术形制。显然，造成这一混乱的原因是近代以来我国的传统的表述形制和学科制度“被替代”，其中罪魁祸首之一就是西来“美术”的分类系统。这也是笔者强调“质洋”的理由之一，毕竟不同文化体系中的艺术与手工艺的概念边界并不相同，因此不可按西方艺术设置边界。众所周知，汉语中的许多与“扌”

---

① 龚产兴：《美术史话》，社会科学文献出版社，2012年，第57—58页。

② B. T. Hoffman, “International Art Transactions and the Resolution of Art and Cultural Property Disputes: A United States Perspective”, in B. T. Hoffman, ed., *Art and Cultural Heritage: Law, Policy and Practice,* Cambridge: Cambridge University Press, 2006, pp.159–177.

（手）有关的事物和行为，比如抟、把、握、描、捏、抓、提、拌、抖、挥、撮、揪、播、撕、扯、扩、擦、探、拉、扎、拈、撖、扬、押、捆、打、拔、挂、拈、拽、揭、扣、损……都是“手的工作”，都可能与手工技艺有关。可以设想，如果没有这些动作和身体行为，“艺术”从何来？从宽泛的意义上说，所有“艺术”都是与“扌”工有关的技艺。在中国的文字思维和历史语境里，没有哪一门艺术创作不是“手工的”。同时，任何堪为手工技艺的遗产也都有一个共同的认知前提：具有审美价值——人们“亲手创作”，借由人“参与欣赏”的作品；即使是西方艺术传统，尤其是在实践操作层面，“艺术/手工”区分从来就没有严格过，反而是我们拾来而僵化之。

问题于是回到了概念中的混淆边界：一方面是我们日常生活中的“手工”活动、技艺和类型极为丰富，自成一体；另一方面，可叹的是，我们却将自《尚书》《周易》《周礼》《礼记》《天工开物》等一以贯之的认知分类和工具形制给丢失了，即丢失了中国自己的手工、技艺和艺术的知识传统。以“工具”为例，工具成了人类文明轨迹中一个绕不过的话题，也必然成为手工技艺史的脉络。考古学上“旧石器/新石器时期”的划分正是根据人类使用工具的程度为原则，即“旧/新”以人类“研磨石具”为标志。通俗地说，就是“旧石器”指人类把未经改造的自然物作为工具，“新石器”则表明人类开始“研磨石具”。以我国的文字构造来看，在古老的214个象形字中，“耒”是其中之一，它在甲骨文中是一个犁具形象，《说文·耒部》:“耒，手耕曲木也”，说明最早的犁具系由人来完成的，后方由“犁”（牛）替代。从这一“工具之象”的演变中，我们仿佛看到了农耕文明的历史轨迹。

逻辑性地，这也把人们带入另一个表述层面，即我国特有的“时间/空间”物理形制的“生命史”表达①。我国的传统手工技艺独特的生命史过程，形成了各种传承的路径和奇异现象，特别引人关注的是笔者所概括的“附遗产”现象——对“原件”复制不仅成为技艺的另外一种形式，而且其本身也是一份弥足珍贵的文化遗产。比如拓片，它既是对原真物件的复制，同时

① 参见李亦园：《和谐与超越》，载《李亦园自选集》，上海教育出版社，2002年，第62—263页；《文化的图像》下，（台北）允晨文化实业股份有限公司，1992年，第四篇“文化、宗教与仪式”。

也成为许多原真件毁灭、丢失、残坏等的替代品，也形成了中国特有的文化遗产现象[①]。艺术（品）的重塑（refashion）和再造构成一个重要的依据，中国古代的艺术尤其如是。从艺术的生命史角度看，“脉/象”成了另一种重要的整体说明。一个原型（archetype）之象的发生、生成——既指原始、古老，也指“古人之象”。英文中的archaeo表示“古代”“原始”的意思，因此，archaic有“古典”的意思，archaistic为“仿古”之意；而archaeology为“考古学”。在中国，“古人之象”一语出自《尚书·益稷》。这篇文章记载了帝舜教诲大禹如何为君，治理国家的传统：“予欲观古人之像”，其中还提到了日月、星辰、龙虫等。巫鸿认为：“舜的话表达了一种新的‘复古’观念：他不仅想要‘观’古人之像，更试图将其重塑。”从早期商代青铜器上的饕餮纹到后来的兽面便是“象之再造”“重塑”的证据[②]。一语蔽之：“脉”化于“象”中。

余　　论

今天，当人们徜徉在那些民族或艺术博物馆的时候，对于那些奇异的“文物”兴趣盎然，人们通常会以“美的”或“原始的”看待之，然而，情形或非总是如此[③]。在多元主义价值的主导下，对西方“话语范式”的反思与质疑已经超越了单纯的美学理念范畴，手工技艺的价值被重新“发现”：（1）每一个文明体都有自己的概念、分类和命名，形成独特的表述体系，中国尤是，它是思维、认知、知识和经验的结合体，形成了自己的表述体系。（2）表述体系与文明形态密不可分，充分反映在特殊生态中获取食物的方式和制作功能性工具。（3）与“文明”“文化”最为密切者为日常生活中的事像，工具技艺优先，它们既是非物质文化遗产，又表现为“活态性”。

---

① 参见巫鸿：《时空中的美术：巫鸿中国美术史文编二集》，梅枚等译，生活·读书·新知三联书店，2009年，第83—108页。

② 同上书，第8页。

③ J. Clifford, *The Predicament of Culture: Twentieth Century Ethnography, Literature and Art*, Cambridge, Massachusetts, and London: Harvard University Press, 1988, p.227.

（4）许多手工技艺与“生业”（行业）联系在一起，形成了行业性范围和技艺。“生业”将“有用/审美”融会贯通。（5）“艺术”“技艺”与“手工”原不可分，它们既是“存在共同体”，也是“表述共同体”。（6）近代中国的教育（尤其大学学科分制）以西方美术为原型，丢弃了自己传统中的概念、分类系统，将“阳春白雪”（美）与“下里巴人”（用）变成了等级和价值的“分类/排斥”。借鉴后殖民时代的“我者/他者”理论，对于“文化霸权”的欧洲文化“我者”来说，那些“野蛮社会”的土地上生长着美丽的文化物种[①]，人类对于这种“异美”景观的陶醉，预示着“我者”美学价值的崩盘，仿佛歌德笔下的浮士德博士情不自禁：“哦，你真美啊，请停留一下！”[②]

① 参见爱德华·W. 萨义德：《东方学》，王宇根译，生活·读书·新知三联书店，1999年，第67—68页。

② 歌德的著名诗作《浮士德》的主人翁与魔鬼靡非斯特打赌，只要浮士德说出“你真美啊”，他的肉体生命即告完结。

“纵出”与“横出”:“文化文本”观念对文学研究的革新

——兼论“后理论”时代的理论创新

李永平
陕西师范大学文学院

引　　言

中国文学人类学一派在2018年夏的《文化文本》杂志定稿会上系统阐述了“文化文本”的观念。文化文本这个概念提出的背景，如果要讲的话，就是后理论时代。20世纪中期以来，理论像雨后春笋一般出现，如女权主义、性别批评、后殖民批评、原型批评、精神分析、结构主义等。当德里达这些解构主义哲学家站到理论舞台中央的时候，理论危机就出现了，有的人说理论已死。伊格尔顿专门写过一本书叫《理论之后》，我们现在进入后理论时代，那后理论时代到底是什么样的情况？结合其他材料我想：后理论就是理论出现危机和问题。都出了哪些问题？“文化文本”理论在后理论时代的价值和意义表现在什么地方？本文就这一问题展开讨论。

一、“文化文本”与后理论时代的研究趋向

后理论时代，西方理论出现了危机。首先，西方通过理论制造，进行话

语权引领，压榨第三世界的学术研究，让青年人“皓首穷经”，在晦涩难懂、佶屈聱牙的理论游戏里不能自拔，一些学者言必称希腊，一些博士论文成了西方理论的补丁或者脚注。其次，文学理论自身自说自话，与文学批评分道扬镳，体系封闭，不接地气。最后，理论学说林立，哗众取宠、能指链的牢笼，让理论失去了解释的魅力。更重要的是，理论跟风，让东方走不出西方的后殖民枷锁，按照西方标准亦步亦趋，只能是模仿，很难超越，最多只是“山寨版”。

目前我们受西方理论引领的这种态势，就是一种后殖民态势。在博士们的论文中，我发现一个现象，有些博士论文写二三十万字，然后仔细分析，相当部分的博士论文就成了西方某个理论的注脚。严格意义上来说，这种博士论文基本上没有什么原创。刚才已经提到了，我们在西方这种殖民陷阱里不能自拔，尤其是不能解决中国问题[①]。我们文化、社会、经济等领域可研究的问题很多，但我们却视而不见，最后只是消化别人的理论。换句话说，这就是挟洋自重。我们老是拓展不了自己的思路立场，找不出自己的方法，找不出中国的问题，时间长了，我们整个就会迷失，后果不堪设想。

后理论时代的文学研究，涉及文学以外的哲学、政治学、人类学、医学等文化研究，跨学科性和泛文化特点非常明显[②]，这让那些恪守传统的精英文学立场的学者再度紧张不安。但是理论并不意味着理论的终结，只是说后理论突破了所谓“纯文学理论”的神话，为文学理论演变为广泛的文化理论铺

---

① 当然有学者认为，西方理论有利于东方对自己的认识。西方思想家对非西方世界的关注，能否深化对非西方的本真认识，这不仅仅是学术伦理的问题，更关乎非西方世界自身的真实性问题。本质上来说就是，以西方的眼光“观”非西方，如何保证非西方的被发现而不是重新被遮蔽。“东方主义”（Orientalism，爱德华·沃第尔·萨义德，Edward Waefie Said）所显示，恰恰是西方话语和理论体系对东方的遮蔽和篡改，而人类学家对于“原始社会”的想象——或者是野蛮未开化的，或者是田园牧歌式的，这说明了以西方理论范式和概念体系理解非西方时很难消除隔膜和偏离。要想保持对包括西方在内的所有文明和文化的开放性，同时又防止范式移植所导致的对文化他者的宰割和遮蔽，仅仅改变研究者的身份是不够的。中国理论界20世纪80年代以来的理论译介热潮中，简单套用西方范畴和概念，随意肢解中国传统的做法导致了理论的“失语”，正是地方性经验“沦陷”而在体系概念上追新逐异的典型症状。参见曹顺庆、靳义增：《论“失语症”》，《文学评论》2007年第6期；陈洪、沈立岩：《也谈中国文论的“失语”与“话语重建”》，《文学评论》1997年第3期。

② 1982年，卡勒在专著《论解构：结构主义之后的理论与批评》中指出，自从德里达的解构理论进入英语世界以来，西方文学理论并非直接来自文学实践，而更多的是来自其他学科。

平了道路，同时也解构了国际理论界的西方中心主义思维定势，为来自西方以外地区的理论进路扫清了障碍。

王宁等人都对后理论时代进行了深入反思。“后理论时代”标志着西方文学和文化理论走下了神坛。但是后理论时代，并不是不要理论，而是理论生产由量向质转换，“后理论时代”的理论不再追求以往的那种所向披靡、无所不能的效应。“后理论时代”需要能够有效地解决本土问题、解释当代文学和文化现象的来龙去脉的理论[①]。正像人是社会关系的总和，文学的内在规定性是由外在文化传统定义的，跨学科研究的新范式势在必行。概括说来，后理论时代的理论必须具备以下特征：

一是后理论时代的研究大多数是地方知识、个案知识，以及问题研究、个别叙述的研究。所以后理论时代如果说有理论，就必须是真正解决问题的接地气的理论。

二是近代以来，我们都知道，目前的学术研究有个问题，就是学科越分越细。所以，后理论时代对这种学科越分越细提出了很大的挑战，主张要解决问题就必须进行跨学科研究，没有哪个问题是某个学科内的问题。我近几年的思考发现，科学技术在某种意义上是人文社会科学的文化底片、元秩序。

三是思考中国面临的现实问题。张江希望“全方位回归中国文学实践”“坚持民族化方向”“外部研究与内部研究的辩证统一”[②]。后理论时代，是中国理论出场之时，国内文学人类学一派不失时机提出“文化文本”观念，是后理论时代的中国理论，其开创意义非常明显。如果说，无论是出于什么样的目的，抛弃民族国家的历史叙述（所谓世界公民），都有可能和全球资本主义形成共谋关系；那么，那种试图从民族国家中“拯救”历史的思想，恰恰构成了对历史的背叛。柯文的“在中国发现历史”[③]，肯定了中国经验的独特性，有助于对现代性经验多面向的认识。但正如汪晖所言，虽然柯文挑战了内藤湖南式的西方现代性优先观念，但其现代性的设定依然是西方标准的[④]。对于非西方来说，以西方为标准的人文学科范式建构，必然会

---

① 王宁：《再论“后理论时代”的西方文论态势及走向》，《学术月刊》2013年第3期。

② 张江：《当代西方文论若干问题的辨识——兼及中国文论建设》，《中国社会科学》2014年第5期。

③ 柯文：《在中国发现历史——中国中心观在美国的兴起》，林同奇译，中华书局，2002年。

④ 汪晖：《现代中国思想的兴起》，生活·读书·新知三联书店，2015年。

陷入类似“现代性”这样的概念体系牢笼中，区别只在于对这种牢笼的自觉程度。

二、纵出与横出：“文化文本”理论的创新

2018年夏，中国文学人类学研究一派提出了“文化文本”观念，其意蕴贯穿了人类学的“整体人类学”观念，跳出近代以来越分越细的学科的羁绊，以整体观、整体知觉场，或者说文化框架来思考文学问题。研究文化必然遵从“文化文本”观念，文化是整体性存在的，需要全息式的认知，文学人类学的“文化文本观念”也是“N重全息证据”观的自然延伸[①]。

西方的能指链，倚重于文字媒介，对口头传统不重视，我们紧随西方传统，研究成果缺少温度与价值关怀，要知道，口头传统是更具现实意义与价值关怀的传播传统，更重要的是创新落入的“文字”媒介的路径依赖，失去了“横出”的好机会。如果说依赖能指链的理论编织是“纵出”的话，那么打破能指链，“逃出三界外，不在五行中”的文化文本，依赖物、图像、仪式、民俗、符号、颜色等多重证据，对问题的解决绕过了能指链的曲折，直达鹄的，可谓是“横出”。

第一，“文化文本”理论贯穿的是整体全息观念。文学人类学一派将神话思维视为文化基因的源编码，将中国传统理解为按照天人合一的神话感知方式建构起来，具有连续性的传统的新理念叫作“神话中国”，并倡导从中国神话到神话中国的研究范式转型，这就是典型的整体全息观念。

周宪曾经在演讲的时候提到，多年的观察发现，在近代两个极为相似的东方国家——中国和日本的对外交流中，日本的浮世绘等文化走出去较为成功，西方研究日本艺术和文化的成果很多，与日本比，中国文化走出去却没有产生相应的影响，为什么呢？[②]动用文化文本的整体观念，你就会发现：

---

① 四重证据所涉的物证，包括传世文献、出土文献、口传叙事以及物的叙事与图像叙事等纷繁多样的物。参见李永平：《四重证据的升级改造与国学建设的当代价值》，《陕西师范大学学报（哲学社会科学版）》2016年第3期。

② 周宪于2018年11月4日在陕西师范大学“长安学术讲堂”中提到。

中国千年的皇权社会的濡染，整体社会国民性形成依附性人格，同时，社会发展缺乏超越世俗利益诉求之上的价值支撑，这两种文化相叠加会形成整体的民族发展和道路选择上的路径依赖，这些都是一个整体统一的结构。从这个角度思考这一问题，语言问题先排除掉，就发现我们的研究逻辑自恰度不到，数据不闭合，思路不清，观点相抵牾，加之相当多的成果是评点、读后感式的，因此它的传播力不强。

文学与社会生活整体关联，美国新批评追求纯粹的文学性，将文学与社会生产活动相隔离。为避免审美独断，是该深刻反思文学形式与社会生活、文学内容和结构的辩证关系的时候了。《西游记》涉及的文化传统非常丰富：人参果是怎么回事？流沙河在哪里？蟠桃盛会故事的原型是什么样的？孙悟空是本土的还是外来的？八十一难故事结构是首创的吗？这些问题绝不是简单的文学问题。他涉及作为文化文本的《西游记》文本的形成史，涉及《西游记》最后"编订者"（累积小说）的生活经验，涉及中国文学的整体结构的佛教影响因素，涉及人物形象的源流问题，还有一些偶然因素。因之，成书后的《西游记》，从人生成长礼仪角度看是通过礼仪的隐喻（表1）①。

表1 《西游记》神话叙事结构与通过仪式社会戏剧进程隐喻对照表

通过仪式阶段	社会戏剧进程隐喻	小说章回	典型文化隐喻
前仪式期	反叛期	1—7回	(1)石猴的身世、水帘洞;(2)猴王学艺;(3)大闹天宫
阈限期	隔离期	8—13回	(1)五行山;(2)唐僧师徒;(3)李世民的噩梦与觉醒
	考验期	14—97回	(1)紧箍咒;(2)唐僧肉;(3)幻身术
后仪式期	接纳期	98—100回	(1)取得真经;(2)第八十一难;(3)升圣仪式

① 特纳发展了阿诺德·范·热内普（Arnold Van Gennep）的通过仪式（Passage de Rite）的三阶段中的阈限阶段（liminal phase）功能理论。该理论沿袭了热内普的仪式结构观点，即一个完整的仪式可以分为前仪式阶段（分离期）、阈限阶段（过渡期）和后仪式阶段（融合期）。特纳注意到在阈限状态，即两个阶段之间的过渡状态，个体处于模棱两可的状态：这些人既不属于从前所属的社会，也未能重新融入该社会。阈限状态是一个不稳定的边缘区域，其模糊期的特征表现为低调、出世、考验、性别模糊以及共睦态。

通过这些案例，我们可以概括地说，在中华文明系统内部，信仰仪式-政治经济与社会结构治理相互关联，形成网状分布，全息存在，管窥锥指，盘根错节，相互扶持。空间上全息式呈现，时间上连续性布排。杜维明用“存有的连续性、整体性和动力性”，“在宇宙之中，任何一对事物之间永远可以找到连锁关系”给予描述[①]。这就是说，如果我们从一点出发，沿波讨源，必然打破学科划分，进入“整体知觉场”，必然动用全息式证据网，这样方能回溯到文化“大传统”的深远一端[②]。

第二，“文化文本”不是文本自身，它让我们能回到文化空间，回到存在。文化文本是存在性的现象，或说是“建构性的”，是因为它是文化传统的表现形式，与行动和时间相表里。文化文本的存在就像一束光投射其间，原本混沌的一切豁然开朗，它们被命名、被指称、被认知、被理解、被赋予了意义，成为它们所“是”的东西。在对人与物的关照上，抛弃从笛卡尔、康德等“发明”主体性之人类中心主义，实现对物质文化生产的内价值关照。这样，我们更有具体的在场感，让个体彰显存在感。我们知道“作者”与（审美的）“文学”这两个概念都是现代性或审美现代性的产物，它们所张扬的是与现实和社会的对抗性立场，是康德以来的所谓“审美自主性”。伊格尔顿则将一切“文学”（理论）都归于“政治”，这样“作者”和“文学”便被消解而不再独立自主了，它们永远是被一个时代的系统性文化文本所结构、所决定的。正像彭兆荣教授指出的，“物”的概念在学者手中被“扩容”至一切“存在者”：声音、图像、文字、舞蹈、仪式、民俗、口传文学……甚至包括人的身体[③]。

我们以《红楼梦》为例，空空道人访名山，最后从大荒山无稽崖青埂峰上看到了女娲炼石补天时剩下一块，就扔到那里。结果这石头就开口了，希望一睹人世间繁华富贵，尤其是听到这一僧一道讲述人间的繁华富贵，更是按捺不住了。他们就对这块石头进行了包装，把它变成通灵宝玉，带它到了“昌明隆盛之邦”“花柳繁华之地”“温柔富贵之乡”——姑苏，姑苏是当时

① 杜维明、刘诺亚：《存有的连续性：中国人的自然观》，《世界哲学》2004年第1期。

② 李永平：《四重证据的升级改造与国学建设的当代价值》，《陕西师范大学学报（哲学社会科学版）》2016年第5期。

③ 彭兆荣：《生以身为：艺术中的身体表述》，《民族艺术》2017年第3期。

最繁华的地方。小说写到最后，贾宝玉出家的时候也戴着这块通灵宝玉。

这个物为什么是“玉”？这个背后有很深的文化传统。从远古时期，人们便认为玉的颜色与天的颜色一样。所以，古人祭天地的时候就用美玉来做，白璧礼天，黄琮礼地。或言巫玉、通灵玉，只有它可以通神。真的要理解《红楼梦》就要看它背后的自然秩序。书的名字为什么叫《石头记》？玉是石头中的美石，石之美者为玉。

比较文学学会前会长杨周翰曾经写过一篇文章叫《弥尔顿失乐园中的加帆车》①，因为4世纪中国古代张华的《博物志》里写到加帆车，弥尔顿《失乐园》里也写到加帆车。丝绸之路像一根扁担，扁担的两头分别是东方和西方。美国有一位著名的学者薛爱华，以前翻译为爱德华·谢弗，他专门写过一本书《唐代的外来文明：唐代的舶来品研究》，里面涉及的唐代诗歌、文学作品中外来的风物特别多②。拿物质来解剖整个文化的交流，是我让学生以“桃子”来做学位论文的动因。“桃”原产地在中国，《诗经》里面有“桃之夭夭，灼灼其华”，“桃”用来形容女子，貌若桃花，为什么用“桃”？因为中国是“桃”的原产地，桃子很自然地成了审美对象和符号载体，“投桃报李”的成语在《诗经》中也有。用物质把东西方连缀起来，它的背后就是个物质流动迁徙的大世界。

第三，以往的文学人类学思考中，田野总是与文字文本相对的存在。文学人类学的“文化文本”观念，可以说是存在论意义上的田野：既是“田野中”，也是“田野在”。后现象学中的“让事物说话”③，即让田野呈现并言说。

如果我没有在陕西省凤翔县做田野的话，对《西游记》的理解很难进入“田野中”。可以这样说：《西游记》这部书里几乎所有的情节、所有的人物，都是有来源的。换句话说，《西游记》就像一个魔方，它的每一个格子都散布在中国文化传统里的各个角落，然后在明中叶被缀合起来。这里我举一个弼马温的例子：弼马温是当时玉皇大帝听了太白金星的话给大闹天宫的孙悟

① 杨周翰：《攻玉集：镜子和七巧板》，上海人民出版社，2016年，第94页。

② 该书新译本为薛爱华：《撒马尔汗的金桃：唐代的舶来品研究》，吴玉贵译，社会科学文献出版社，2016年。

③ 唐·伊德：《让事物说话——后现象学与技术科学》，韩连庆译，北京大学出版社，2008年，第121页。

空封的官，请注意《西游记》里“弼马温”这三个字。在做田野的时候，我就发现凤翔县有叫“槽头猴”的版画，这种版画贴在马等大牲畜的槽上方，版画上印有“庇马瘟”三个字。槽头猴实际上就是“弼马温”。这三个字就包含了弼马温的文化文本，也就是文化“底片”。文学是虚构的，而生活是非虚构的，虚构的东西在我看来几乎就没有虚构，而都是从生活中捡拾而来的。“槽头猴”——“庇马瘟”的意义就是“猴能让马避开瘟疫”。

是《西游记》中的“弼马温”的观念影响形成了槽头猴的民俗，还是相反？换句话说，为什么《西游记》里太白金星让孙悟空去养马？《西游记》后边专门有一大段描述：意思就是“那些天马见了他，泯耳攒蹄，都养得肉肥膘满”[1]。孙悟空和马就特别匹配，养马养得特别好，因为猴子能让马不生瘟疫。这个观念如果往前追，在中国可追到汉代。从汉代一直到明代中叶，一下子过去了1 000多年。换句话说，这种观念进入《西游记》之前，已经存在很早了，只是到了明中叶的时候，写进了《西游记》。那其他地方写不写？古代个别典籍里也提到这种观念，但是没有《西游记》写得这么形象生动。

文化文本注重文本的形成和表达，在社交氛围和这些人亲身交往的事实当中把握文化，每个表达都是一种行动，一种共享的氛围和交流的现实。语言和表达及表达方式是文化文本，文化文本是存在的家园，相对附属于某个语言共同体的个人；语言具有一种独立的此在，如果这个个人是在这种语言中成长起来的，则语言就会把他同时引入一种确定的世界关系和世界行为之中[2]。人类讲故事的模式非常复杂，一方面受制于大传统，这些大传统，包括特定族裔的、不同性别的群体，讲故事的时间、表达特点，比如是流俗时间和日常时间的比例，对人表达是模式化还是个体的等；另一方面也受制于小传统，如时代特点、特定群体、讲述模式等。明清小说的讲述模式已经成熟，他们更倾向于空间的把握，而非时间的掌握。从这个意义上来说，叙述议程，包括文本性表述议程、表演议程和仪式性议程等。

---

① 吴承恩：《西游记》，人民文学出版社，1990年，第25页。

② 汉斯-格奥尔格·加达默尔：《真理与方法——哲学诠释学的基本特征》（第1卷），洪汉鼎译，上海译文出版社，1999年，第446—447页。

第四，“文化文本”理论以解决问题为导向、聚焦解决当代问题。学科的常理并不受学科边界限制，问题到哪里，知识即到哪里。例如《桃花源记》的志怪传统。我们都知道《桃花源记》是陶渊明的作品。这里有几个问题，第一个问题就是《桃花源记》到底是小说还是散文？我们的中学教材有一些说散文，当然更多说是小说。我认为《桃花源记》是“半部志怪小说”，为什么这样讲？每一部作品的作者都摆脱不了他所处的时代，陶渊明所处的时代是志怪特别流行的时代。陶潜还编过《搜神后记》，当然有的人说这是假托陶渊明的，但近年来好多考证结论就是陶渊明编撰的。通过比对，我们发现在《搜神记》和《搜神后记》中都有类似故事：一个人（有的是采药，有的是打鱼，有的是打猎）走失了，走到一个自己非常陌生的空间，回来以后发现时间流速不一致。所以，我曾经写过一篇文章，就是把这类小说和相对论进行比较，主人公跑到神仙世界停留了几天，后经神仙提醒，就回去了，回去之后时间就出问题了。小说《西游记》第四和第五回分别记述孙悟空从天宫回到花果山后的一段对话，群猴都道：“恭喜大王，上界去十数年，想必得意荣归也！”猴王：“我才半月有余，哪里有十数年？”众猴道：“大王，你在天上，不觉时辰，天上一日，就是下界一年。”（第四回）[①]“俱道：‘大圣在天这百十年，实受何职？’大圣笑道：‘我记得才半年光景，怎么就说百十年话？’健将道：‘在天一日，即在下方一年也。’”（第五回）[②]《西游记》有三次讲到这件事。显然，花果山众猴的时间和孙悟空的时间流速不一样，志怪小说里写的时间相差最大的是主人公回来后遇到他的第七代孙子。

第二个问题，陶渊明《桃花源记》为什么说是“半部”仙乡淹留小说呢？因为它后边没讲时间流速。南阳刘子骥非常好奇，一听他讲的这个事情，就想跟着他去看看，但是最后没去成。如果用爱因斯坦的“虫洞”理论来解释，不是你想进到“虫洞”里就能随便进去，只能“虫洞”找你，你却不能找“虫洞”，如果你能找“虫洞”，那就不得了了！今天的研究者认为，这部作品寄托了作者的社会理想等，但从结构上看，它没有摆脱志怪小说的结构框架。在道教故事中，很多故事中的洞内有一片神奇的小树林。陶渊明

---

① 吴承恩：《西游记》，人民出版社，1990年，第26页。

② 同上书，第34页。

《桃花源记》中，洞窟入口处有一片桃树。在中国，桃子是传统的长寿象征。回到中国南方的道教传统中，整个洞窟世界都位于山脉底下，与阴间互相连接，并延伸到整个中国。这些神话学构造源于一种广为人知的关于世界构成的信仰，它的出现比道教还要早，所以《桃花源记》中又包含了一些更为古老的传统。

魏晋南北朝的志怪小说中，主人公在时空中能够来回穿梭，时间流速不一样。而时间流速不一样，有时要靠“药”来掌控。刚才讲的《搜神记》和《搜神后记》中许多志怪小说都是主人公进入特殊时空实现的，其中最典型的是：有一个人，他在仙境待了一阵子，走的时候，那些仙女们给了他一个包裹，说你把这个包裹带上，千万不要打开。这个人感到很奇怪，回去以后，他把这个包裹给了他的妻子，然后到地里干活去了。他的妻子由于好奇就打开了那个包裹，一层一层，最后有七层，最里一层里的一只小鸟飞走了。当时她没意识到问题的严重性，后来给地里干活的丈夫送饭，结果到地里看到有个人在那地方一动不动,原来是她的丈夫已经变成干尸[①]。这个包裹实际上就是时间按钮。换句话说，男子遇到的仙境线性时间太快，这个包裹能够保持两种时间的一致性，让他回去可以见到妻子。妻子打开以后，时间瞬间就变了，所以他必然死了很多年，变成“蝉蜕”。

三、“文化文本”是文化大传统的元秩序

元秩序就是自然秩序，由于人文学科与自然科学的学科隔离，人文学者对自然秩序的支配作用多有一些警惕，认为过分强调自然秩序，会掉入决定论的陷阱。但是，自然秩序对文化的支配作用不容置疑。自然秩序是人类社会活动的元秩序，文化研究活动的很多内容是由自然秩序决定的。

首先，技术对文化的产生起到支配作用。比如，只有科学技术发展到今天，才出现人工智能对人的挑战，于是出现了虚拟技术与人文社科学科融合的问题、文学研究的数字化问题、大数据时代的学术研究等。其次，对文类

---

① 陶潜：《搜神后记》（卷一），汪绍楹校注，中华书局，1981年，第3页。

的支配性影响。从媒介的角度研究文学，媒介是文类生产的元秩序。媒介可以将文学划分为口传文学、书写文学，文学的形态也就是“一代又一代的文学”。从某种程度而言，技术载体决定了文学，历史上曾一度出现的洛阳纸贵，背后是简纸替代的媒介变革时代——纸张使用的数量很快压倒了竹简。

媒介技术对文学文类的支配性影响。我们所说的口传时代、文字时代、印刷时代、数字时代，媒介文学史，文类，《尚书》中的诰、命、誓等，都是口头说-听系统中的文类，俗称语体，有别于文体成为隐蔽秩序。

电影里面的恐怖惊悚片，核心在“大”与“小”，“看得见”与“看不见”，背后的元秩序是人体自身。人对世界的认识是“具身认知”，身体尺寸是大小、见与不见的自然秩序。与身体同等大小的是熟悉的阈域，相反是陌生的领域。《毒液》《侏罗纪》《生化危机》等电影的恐怖形象塑造，离不开对自然秩序的把握。

地理环境作为元秩序，会影响早期人类文明，部分区域的人类率先学会狩猎、生产粮食，所以特定气候的地区会更早一步诞生文明，并随着技术文化的发展影响和征服其他地区。整个人类的社会历史都包含这个特点。戴蒙德认为是欧亚大陆上四季分明的地理位置造成了不同的民族的历史沿着不同的道路前进，欧亚大陆上更早地驯化出了适合人类发展需要的动植物，进而更早地出现了社会和国家组织，也造成了社会和国家中不同的职业分工[①]。

从自然秩序讲起，天灾、疾病、瘟疫等自然秩序参与塑造了人类文化的面貌。文化传统绝大多数并非脱胎于政治秩序，天人关系才是它背后的真正法则，人类对抗灾害是元秩序。禳灾是《窦娥冤》《水浒传》书写的最重要的功能。《水浒传》核心讲的是一个祈禳瘟疫的故事。小说第一回就告诉我们：仁宗朝的时候，天下大旱，瘟疫流行，仁宗把文武百官都招来，问怎么办？这时候有人就提议了，说赶紧请张天师。洪太尉上了龙虎山以后干的事情却鬼使神差：非要把伏魔殿打开，先是要把封皮揭了。里边一个井封着那些魔，上面有个石碑，说不能挪，他挪了；青石板不能挖，他挖了。结果大家都知道，冒出一阵黑气：“天摧地塌，岳撼山崩。钱塘江上，潮头浪拥出海

① 贾雷德·戴蒙德（Jared Diamond）:《枪炮、病菌与钢铁：人类社会的命运》，谢延光译，上海译文出版社，2016年。

门来；泰华山头，巨灵神一劈山峰碎。共工奋怒，去盔撞倒了不周山；力士施威，飞锤击碎了始皇辇。一风撼折千竿竹，十万军中半夜雷。”[①]电视剧里特别形象——从大殿的顶上都穿过去了。谁走了？三十六天罡星七十二地煞星。所以这部小说第一回就把结构说完了。所以我觉得这个《水浒传》另外一个名字就应该就叫“天罡地煞闹东京”。《水浒传》结尾处，这些“天罡地煞”都又被“降服”，收在地形跟梁山一样地方，故事又开始循环了——重建大殿，护国佑民。我们看看荷兰田海的作为，你就知道洪太尉不是随便称呼的，背后的神话大传统是大禹治洪水。洪水区隔了我们与大禹之前的黄金时代，也以末世劫难的形式区分了当前的人类世界和未来的太平世界，所以“洪”有救劫与度劫的意义在里边[②]。

再看《窦娥冤》，窦娥发的誓愿为什么都应验了？六月就飞了雪，三年楚州大旱，甚至血溅白练都应验了，原因就是糊涂官做的坏事太多了，惹得天怒人怨。所以《窦娥冤》这一部戏就要反复上演，搬演的功能是消冤。古代这出戏演出的时候不一定要人看，上演的目的是禳灾，是酬神的！

“文化文本”的提出，其意义到底在什么地方？我把它叫“横出”。为什么叫“横出”？与“横出”相对的就是“纵出”。这里用一个简单的比喻，大家都见过竹子，竹子长的一节一节的，如果把创新分为“纵出”和“横出”的话，一般的创新必须穿过每个竹节，从竹管内纵向穿出，必须逐级抬升，把这种创新过程就叫作“纵出”。我认为，文化文本的创新就是另外一种创新——“横出”。就是我们独辟蹊径，直接在竹节旁打个窟窿，横着破壁而出。走自己的路，让别人去说，就像苹果汽车一出来，颠覆了汽车的概念，整个就是一个移动办公室，无人驾驶，一进去你想什么就能实现什么，是三维移动的家。就像中国古代科幻小说《镜花缘》里的“飞车”：“可容二人，每日能行二三千里，若遇顺风，亦可行得万里。”[③]

---

① 施耐庵：《水浒传》，人民文学出版社，1998年，第14页。

② 田海：《天地会的仪式与神话：创造认同》，李恭忠译，商务印书馆，2018年，第217页。

③ 《镜花缘》里的设计非常豪华，用柳木制作精巧的花棂窗，还挂着窗帘。车内四角设有方位磁石盘，后部方向舵突出。下部大大小小无数个铜制推进器按纵方向和横方向设置。它们都像纸一样薄，用强韧的金属制造。操纵使用的三种杠杆为启动、飞行、停止。右旋转将操纵杆向右倾斜、左旋转向左倾斜。顺风时挂帆可提高飞行速度。参见武田稚哉、林久之：《中国科学幻想文学史》，李重民译，浙江大学出版社，2017年，第32页。

“文化文本”的意蕴贯穿了整体人类学观念，我们在看文学作品的时候，看到的是人类学的整体观念。换句话说，“文化文本观”戴上了人类学的4D眼镜，看到的是整体对象，而且是动态的，既有在场感，又有时间感，它跳脱出了近代以来划分得越来越细的学科羁绊，以整体观、整体知觉场来思考文学问题，思考文化问题。

文化大传统与地方知识之间的关系又是什么呢？我们可以这样理解，文化大传统是形成广阔文化单元的整体“文化语境”（context of culture），地方知识或表演情境是具体“情景语境”（context of situation）。地方知识是构成文化大传统的单元，它夯实了文化大传统的细部，文化大传统对整体地方知识认同产生了框架性的影响，这之间的互动形成一种动态的稳定关系。

这里，我并不打算定义文化文本，只做特点描述：以物质为抓手，进入整体知觉场，还原文化和文学的情境。我曾经说过，在搜集证据时，今天的技术还没达标，将来科学发展，就会有一种设备叫“全息证据成像”设备，现场搜集各种证据。包括我们看不见的，闻所未闻、听所未听的证据。全息观念是中国人的专利，中医对人身体的认识就贯穿了这一观念[①]。

技术能不能达到“全息证据”的水平？如果有人怀疑，就回头看科幻影片《银翼杀手：2049》，该电影本身就是对未来科学的一个寓言。文化文本观念边界扩展到田野本身——科学和艺术相濡以沫——以往的人类学思考，田野总是与文字文本相对的一种存在。文学人类学的文化观念是存在意义上的田野，我们所有的工作都是在田野中，包括在图书馆也是在田野——生活本身就是前沿，让事实说话，让田野呈现并说话。

文化文本观念跟过去文学人类学讲的大传统（每个人都活在大传统里面）、N级编码（文化都是编码编起来的，一层一层编码）都是一脉相承的。你的生活是由它编码起来的，周围的知识世界也是由它编码起来的。所以N级编码，还有多重证据，就是基于这样一种设想。

---

① 李永平：《四重证据的升级改造与国学建设的当代价值》，《陕西师范大学学报（哲学社会科学版）》2016年第3期。

四、“文化文本”理论与中国性（Chineseness）的学术建构

如何在后殖民时代开启反思批判的新思路，启迪本土文化的自觉，深入本土文化最深的信仰层面，就成为人文学者面临的新问题。怎样才能跳出搬用外来概念的研究窠臼，实现本土文化的内部视角重新体认？借鉴阐释人类学派新近拓展出的认知经验，无疑是必要的。如考古学理论家崔格尔（Bruce Trigger）所说：

> 信仰按照特定的文化轨迹指导行为，因此即使在基本相似的环境之中，来自不同文化的人会有截然不同的行为表现。这就是萨林斯的“文化理性”的本质……其他的人类学家认为，无意识地影响信仰的发展的深层结构是文化的决定力量，其运作方式与语法隐性地规范口头表达的方式大体相当。[①]

后理论时代，文化文本理论就是中国自己的理论。有学者说了，为什么文化文本是中国人自己的理论？这里，我有个推断、设想：中西文化传统差异比较大，西方是一神论，中国是多神论，西方特别爱讲二分，中国爱讲天地人三分，也就是全息，天、地、人都在其中。所以，西方是一分为二，中国是一分为三。

从作为方法的“文化文本”看，“文化文本”是最具“中国性”的方法论。这里还涉及中国性的问题。中国性就是中国自己独有的特色，“此曲只能中国有”，运用中国思维生产和理解更恰当。从作为国体的文化来讲，中国是一个连续性文明，西方是断裂的文明。连续性的中国文明，没有经过理性的遮蔽和压制，没有经过轴心时代的筛选和提纯，中国文化传统以神话思维、整体思维一脉贯之，草蛇灰线，伏脉千里。因此，从中华文化的今天尚

---

① 布鲁斯·崔格尔：《理解早期文明——比较研究》，徐坚译，北京大学出版社，2014年，第7页。

能沿波讨源到人类文明的深远一端。

杜维明曾说过中国文化有三个特点，也即三个基本主题，第一个叫连续性，第二个叫整体性，第三个叫动力性。“文化大传统”实际上主要讲连续性，“文化文本”主要讲整体性和动力性：存在的所有形式，从一块石头到天都是一个连续的组成部分。在这个连续体之外一无所有，存在的链子从来就没有断过！宇宙中任何一对事物之间永远可以找到连锁关系。中国考古学之父张光直说西方文明是破裂的，中国文明是连续性的，中国文明是全世界向文明演进中的主流形态、连续性形态，中国古代文明是个连续性的文明，西方是非典型的破断形态，是非连续性的文明。所以，整个“文化文本”理论就包含了整体性、连续性、动态性。

西方理论是没落的白人中产阶级的审美意识的全世界溢出，是英文帝国主义（Amiriciasition）。当然，这背后是曾经的欧洲经济强盛时代的回光返照。今天中国经济位居世界第二，中国将被推上世界舞台中心，中国要塑形新的世界，建构人类命运共同体。杜维明指出，这个有机物性的程序“呈示三个基本的主题：连续性、整体性和动力性。存在的所有形式从一个石子到天，都是一个连续体的组成部分……既然在这连续体之外一无所有，存在的链子便从不破断。在宇宙之中任何一对物事之间永远可以找到连锁关系”[①]。张光直先生认为，中国古代文明从意识形态上说来，“它是在一个整体性的宇宙形成论的框架里面创造出来的”；“在文明起源上，西方的一般法则不适用于中国，中国提供了它一般的规律”[②]。

“一带一路”理论与人类命运共同体，在某种意义上，改写了西方东西对立、零和博弈的思维，提倡互惠与合作。中国文化观念里有一种“鼎和五味”的说法，“合”就是尽量消除差异，形成你中有我、我中有你的第三种味道，这种味道是包容统一的文化。人类命运共同体的文化价值要体现中国文化的连续性意识、整体意识，作为方法的文化文本，正是中国文化走出去的一种路径。

---

① W. M. Tu, *The Continuity of Being: Chinese Versions of Nature, Confucian Thought*, Albany: State University of New York Press, 1985, p.38.

② 张光直：《美术、神话与祭祀》，郭净译，生活·读书·新知三联书店，2013年，第130—133页。

在社会生活中，人们普遍认为，文学除了样式、文章、文化文明和审美创造之外，和社会生活、家国、民族、政治治理、周边与世界、自然律动等息息相关[①]。罗兰·巴特指出，跨学科就是一个学者身上有两个学科的融合，实现跨学科的基础，能发现新问题，形成新思路、新境界。

加拿大著名文艺理论家弗莱的大文学理论，蕴含着宇宙循环论的思想，这表现在他对神话、原型、仪式、程式、隐喻、象征等的统摄性阐释上。在弗莱、坎贝尔等看来，文学、历史都本源于神话，神话是人类文明的根脉和基因库，凡存在人类想象的地方都存在着神话，他赋予仪式以原型的意义，赋予神谕以原型的叙述。神话原型批评旨在把民间文艺学研究中使用的比较方法和故事形态学方法，运用到包括作家书面文学在内的其他文学类型中，比较诸如创世纪、英雄历险[②]、处女生子、伏魔、屠龙、轮回死亡与复生、世界末日、二度降临和最后的审判等故事，从中发现在文学传承中那些反复出现的典型的叙述程式、“大词”、情节结构和神话意象等。在当代的大文学反思中，书信、随笔、日记、政论、演讲、教科书、民间戏剧、传统戏曲、少数民族歌谣、电影、流行歌曲甚至连环漫画、音乐歌舞剧等都统摄其中。

钱锺书在《管锥编》中使用了《庄子·秋水》“用管窥天，用锥指地”的寓意，用无数中西的篇章典故片段，汇集思想、史观、诗情为一炉，从方法层面上论证了晚年所反复强调的“打通”“混纺出新”的观点。余英时转述钱穆的学术见解，谓中国典籍的四部表面上能区隔开来，但实际上却有千门万户、千丝万缕的贯通和联系。饶宗颐先生做学问，强调宇宙性。对于宇宙空间的探索，不仅跨越东、西、南、北四方，而且跨越上、中、下三维。将天、地、人，理、事、名，以及形、影、神合在一起进行研究。这种跨越的学问，是宇宙观，也是一种方法论[③]。

反思近年来文学人类学对大传统的探求，其重心在于发现和识别在历史

---

① 王德威：《“世界中”的中国文学》，《南方文坛》2017年第5期。

② 其中英雄历险的故事最早出现于古老的苏美尔史诗中，以及太平洋岛屿、西伯利亚森林和非洲大草原的民间故事中，乔达摩·悉达多和耶稣的伟大宗教英雄的生活中，也出现于精神病患者的病历记录中，乔伊斯和托马斯曼这类现代作家的小说中。《神话的复活》，引自约瑟夫·坎贝尔：《追随直觉之路》，朱侃如译，浙江人民出版社，2016年，中文版序。

③ 施议对：《文学与神明：饶宗颐访谈录》，生活·读书·新知三联书店，2011年，第91页。

进程中被文字小传统所遮蔽、歪曲，甚至被遗忘的口头大传统的内容。辨析文化传统中口传文化和书写文化的活态的连续性及其分野，以此达到对中国历史文化根脉以及中国文学源流的重新认识，并为中国多民族国家文学、文学史、文学理论研究奠定新的基础和思想内涵[①]。

处于边缘状态的中国宝卷，经由美国学者伊维德、欧大年、姜士彬（David Johnson）、管佩达（Beata Grant），俄罗斯学者李福清、白若思，日本学者泽田瑞穗、吉冈义丰、仓田淳之助、小南一郎等的翻译研究，对西方世界的中国文学、文化观念的形成产生了重要影响。套用海德格尔的术语“世界中”（worlding），文学也存在“存在的文学”“文学的周边”。海德格尔将名词“世界”动词化，提醒我们世界是一种变化的状态，一种被召唤、揭示的存在的方式（being-in-the-world）。“文化文本”不是一套封闭的意义体系，而是主体与种种意念、器物、符号世界，相互映照表里，在时间之流中彰显的经验集合。

---

① 代云红：《论华夏神话天文学与中国多民族国家的比较文学研究》，《文艺理论研究》2017年第2期。

四重证据法

《四重证据法研究》在梳理学术沿革时，在百年学术潮流中对每重证据产生的学科背景、创新价值及局限进行深入考察，并提出多重证据互动互释的研究模式：从可以说话的第三重证据（田野作业资料），去烛照和解释不能说话的第四重证据（考古实物、图像），二者合起来就构成检验核实和重新理解第一重、第二重证据（文献记载）的文化语境。

情境性：四重证据法间性原则

王　倩
扬州大学文学院

一、四重证据阐释的误区

叶舒宪等人曾在文学人类学研究会的会刊《文学人类学研究》发刊词中，对文学人类学的历程作过简短的总结与梳理，指出文学人类学的发展经历了40年三代人的努力，到2018年方形成以四重证据为主的跨学科阐释模式，“从1978到1993是十五年，到1996 是十八年，再到2018是整整四十年。权且借文学人类学研究会的会刊《文学人类学研究》荣幸创刊之机，替我们交出一份四十年求学历程的答卷。……我们期待更多学科的学者关注文学人类学，走出学科本位的知识束缚，自觉投入跨学科研究的阵营。只有这样，跨学科研究,才能从学术总体格局中的‘异端’变成一种‘常态’”[①]。文学人类学40年的学术发展历程，表现在治学方法上，实际上就是四重证据的阐释性研究过程。但我们发现，文学人类学研究者对四重证据的使用存在诸多问题，主要表现为证据的使用合法性不足这个方面，即脱离语境使用证据，造成过度阐释现象。从早期的文学人类学先驱者的研究到近期的青年学者的研究，普遍存在证据使用不当的问题。只不过这些研究者自己并未意识到这个问题，还停留在“不识庐山真面目，只缘身在此山中”的状态。

文学人类学倡导跨学科与跨文化研究，研究者所使用的材料与证据多数情况下为跨文化证据，由此出现了脱离语境使用证据的现象，即运用异文

① 叶舒宪、徐新建、彭兆荣：《〈文学人类学研究〉发刊词》,《百色学院学报》2018年第2期。

化、异民族证据阐释本土文化与文学现象，或使用未经认证与鉴定的证据证明研究者观点的现象。叶舒宪教授早期的研究表现得较为明显。在其部分论著中，譬如《河西走廊》《熊图腾》《中国神话哲学》等，叶舒宪教授使用了源自异文化的材料和证据来阐释中国文化与文学现象，甚至使用了未经认可与鉴定的民间文物与图像来证明其观点，由此遭到了一些学者的批评与质疑。这并非是叶舒宪一个人的做法，在学者萧兵的学术研究中同样存在这类问题。萧兵先生学术研究的最大特色就是资料非常丰富，但问题就在这里。只要翻开萧兵先生的任何一本论著就会发现，大量源自不同文化的证据被放置在一起，以此来证明一种观点或假说。同样，部分文学人类学青年学者的研究也存在此类滥用证据的问题，以至于文学人类学的研究给人一种印象，几乎所有的材料都可以证明阐释者的观点。那么我们不禁要问，为何文学人类学的证据使用会出现这类问题与现象？

本质上说，这种现象主要是由文学人类学的学术谱系决定的，一定程度上与英国人类学学者弗雷泽的研究模式相关。作为文学人类学四重证据的倡导者，叶舒宪早期的研究很大程度上受到了弗雷泽的影响。关于这一点，叶舒宪有明确的表述："备课阅读中让我受惠最多的不是文学研究家，而是人类学家弗雷泽。他的巨著《〈旧约〉中的民间传说》让我第一次体会到什么是知识全球化的打通式境界。回过头来再看那些就一部作品或一位作家而评头品足的文学批评，会显得单调乏味。眼界被局限在民族国家这种近代以来'想象的共同体'之内的学人，难以练就一种俯视环宇的学术气魄，也就不易打开知识创新的局面。这种意识或许在暗中驱动我逐渐脱离东方文学、外国文学和文艺理论的教学，热衷加入比较文学领域。直到27年后写《文学人类学教程》时，依然要将弗雷泽大著中的造人神话分析搬到教程中列为一节，作为文学人类学研究的先驱和典范，想让读者自己去体会：西方基督教文化中人们最熟悉的亚当夏娃故事，如何放置在五大洲的数十种造人神话整体中去解读。人类学的这种比较，与比较文学论文中常见的苏东坡比较普希金之类题目，其实有着天壤之别。"①

这段话可以帮助我们理解，为何文学人类学学者的研究中会频繁出现

---

① 叶舒宪：《我的石头记》，《民族艺术研究》2012年第3期。

源自异文化的资料：他们要做的乃是打通式的比较，试图进行跨文化与跨学科的研究，以此以全球化的整体文化视野理解与阐释某一类文化现象。但部分文学人类学学者并未意识到，尽管弗雷泽的比较视野非常开阔，但同时存在将同一现象或资料罗列堆积的问题。人类学学者埃文斯-普理查德（E. E. Evans-Pritchard）曾对此种方法加以批评，他指出："这里压根儿就没有比较，有的只是将那些似乎有些共同性的事项拼凑在一起。对此，我们确实可以说，它使得作家们能够做初步的分类，而在此种分类中，大量的观察能够被置于数量有限的标题之下，由此导入一些秩序；就此而言，它曾有过价值。但是，与其说它是比较研究方法，不如说它是一种描述，差不多就是心理学家过去所说的'猎奇法'（anecdotal method）。大量偶然的事例被拼凑在一起，以阐释某种一般性的观念，并支持作者论述那种观念的论文。从来不曾有过以未被选择的事例来检验其理论的尝试。当从一个任意的猜测推导出另一个任意的猜测（被称作假说）时，连最起码的谨慎也被忽略了，归纳法（求同法、求异法和共变法）的最简单的准则也被忽视了。"①

坦率地讲，这样的批评不无道理，它直接指向了证据的使用问题。不过我们不能就此就认为文学人类学四重证据的使用是"剪刀加浆糊"，这样就否认了文学人类学学者打破学科界限进行跨学科研究的初衷。但必须要指出的是，弗雷泽这种并置证据的做法很大程度上影响了中国早期的学者，比如，闻一多、郑振铎、孙作云，等等。萧兵引用资料的方法，得益于早期的人类学学者闻一多，后者利用民俗学、图像与文字资料阐释中国古代文化现象的做法②，很大程度上影响了文学人类学早期学者的研究。但仔细梳理便会发现，弗雷泽式的多重证据的并置与使用，并非只有闻一多一人，还有郑振铎与孙作云这二位学者。

凡是读过《汤祷篇》的读者都明白，郑振铎的这篇论文很大程度了受到了弗雷泽思想的影响，但倘若再细读《玄鸟》《黄鸟》二文③，我们便会发现，在多重证据的使用上，郑振铎几乎完全照搬了弗雷泽的研究方法，即引用世界各地与探讨主题相关的各类证据，以此论证其观点。郑振铎使用的证据有

---

① E. E. 埃文斯-普理查德：《原始宗教理论》，孙尚扬译，商务印书馆，2001年，第12页。

② 具体参见闻一多《伏羲考》《神话与诗》《姜嫄履大人迹考》《高唐神女传说之分析》，等等。

③ 这两篇论文多次出现在郑振铎多部论著中，本文采用的是《郑振铎文集》。参见郑振铎：《郑振铎全集》（第3卷），花山文艺出版社，1998年，第604—631页。

源自异文化与异民族的，也有本民族的，他并未将这些证据加以区分，认为它们在阐释效力上具有同等作用。这种做法后来延续到了孙作云那里，只不过孙作云因受闻一多的影响较大，在论证问题时，他使用的本民族的证据多于异民族的证据,这一点在关于图腾与中国神话的研究中比较明显[①]。这就意味着，自从弗雷泽的研究进入中国之后，受其影响的人类学研究一直在不自觉地沿袭其使用证据的方式，即多重证据的综合使用。套用一句常规性的话语就是，四重证据的使用并非是中国本土学者发明创造的，它获益于剑桥人类学者弗雷泽的研究。四重证据使用的学术传统源自弗雷泽，证据阐释的有限性与弊端，也并非始于文学人类学，而是源自弗雷泽。换言之，文学人类学多重证据使用存在的问题，并非是文学人类学学者自身问题造成的，这是文学人类学的学术传统造成的，是历史问题。

但我们必须明白，在四重证据理论建设的早期，因创建跨学科阐释模式的诉求，文学人类学研究者并未对四重证据的使用进行过体系化的理论建构与反思，部分学者也并未意识到各类证据使用的限度问题，因此鲜有人进行批评。但不批评并不意味着问题并不存在，更不是说四重证据的使用没有问题。进入21世纪之后，随着中国本土理论与话语体系的建设，四重证据的间性问题，尤其是证据的阐释效力与限度问题，已经成为文学人类学理论建设的核心内容。现有的状况是，一方面，文学人类学证据的使用存在问题；另一方面，文学人类学的研究无法因证据使用存在问题而停止，恰恰相反，还要不断深入与强化。那么，怎么办？答案只有一个，在理论上建构四重证据使用的规约，即四重证据的间性规约理论建构，以此指导文学人类学研究的证据使用，同时填补四重证据间性建设的理论空缺。笔者将此种间性规约称为“情境性原则”。理论上不断完善文学人类学的学科体系，这也是文学人类学研究者所极力倡导的做法:“(我们)呼唤更多的学者(尤其是青年学者)去关注理论建构问题和新方法论的完善。要使文学人类学从一种文学研究方式和专业学习路径，提升为一门新学科，这就是必备的前提条件。没有相对统一的理论体系(仅有单个的理论命题，还不能算是‘体系’)作指导，没有相对统一的方法论作引领，会让尝试跨学科研究的从业者长久地停滞在

① 具体参见孙作云《天问研究》《九歌十论》《中国古代图腾研究》，等等。

沾沾自喜或自娱自乐的阶段，或者是停留在一盘散沙的状态，那样的话将无法有效凝聚研究群体的能量，难以成为学术史上真正具有引领时代变革的先锋性力量。”[①]在阐释情境性原则之前，我们先从证据间性说起。

二、证据间性的内涵

概括地讲，对证据间性的界定取决于对证据及其种类的界定，因此本文的探讨从证据开始。通俗意义上的证据有广义与狭义之分，二者的本质亦不相同。根据学者孟华的观点，广义证据指的是“证明事实存在的中介而非事实本身。也就是说，它是一种符号”[②]。基于此种符号学意义上的证据法所划分的证据主要有三类：言证、书证、物证（含图证）。下面对三者加以概略说明。所谓言证，指关于事实的主观口述；书证是不在场的说话者的书面陈词和承诺，同样也是符号事实；物证是指一切以可视化形式呈现的符号，包括图像、建筑、实物、服装、舞蹈、痕迹、形体等一切视觉表意符号[③]。此种意义上的证据本质上是一种符号现象，是呈现客观事实的一种不断完善的符号化过程。

狭义的证据是证据学意义上的证据，因国际法制体系与国内法制体系划分证据依据的不断变化，证据的种类也处于不断变化之中。撇开国际法制体系，我们看看中国法制体系内的证据学意义上的证据类型。中国的刑事诉讼法、民事诉讼法、行政诉讼法这三大诉讼法对于证据类型的划分各不相同[④]，

---

① 叶舒宪、徐新建、彭兆荣：《〈文学人类学研究〉发刊词》，《百色学院学报》2018年第2期。

② 孟华：《图像证据的符号学分析》，《江苏行政学院学报》2011年第6期。

③ 孟华、田沐禾：《从“言证性”看证据的符号性质》，《中国海洋大学学报（社会科学版）》2011年第3期。

④ 我国现行《刑事诉讼法》第42条规定：“证据有下列七种：（一）物证、书证；（二）证人证言；（三）被害人陈述；（四）犯罪嫌疑人、被告人供述和辩解；（五）鉴定结论；（六）勘验、检查笔录；（七）视听资料。以上证据必须经过查证属实，才能作为定案的根据。”我国《民事诉讼法》第63条：“证据有下列几种：（一）书证；（二）物证；（三）视听资料；（四）证人证言；（五）当事人的陈述；（六）鉴定结论；（七）勘验笔录。以上证据必须查证属实，才能作为认定事实的根据。”《行政诉讼法》第31条：“证据有以下几种：（一）书证；（二）物证；（三）视听材料；（四）证人证言；（五）当事人的陈述；（六）鉴定结论；（七）勘验笔录、现场笔录。以上证据经法庭审查属实，才能作为定案的根据。”

虽然措辞各自不同，不过总体可归为物证、书证、试听资料、证人证词、当事人陈述、鉴定结论、勘验笔录这七类。从以上三种诉讼法条文的内容来看，我国诉讼学意义上的证据本质上是一种证明事实真相的材料，它本身并不是事实。国内不少学者将上述三种诉讼法体系内的证据统一划分为物证、书证与人证三类，正如裴苍龄教授所强调的那样："证据只有三种：物证、书证、人证。物证是指物中存在的、同待证事实相关联的事实；书证是指特定的证书及其所记载的、同待证事实相关联的事实；人证是指特定人的陈述及其所陈述的、同待证事实相关联的事实。……证据只有三种，自古以来如此；世界各国也如此。三种证据之外不可能提出第四种证据。"[①]需要指出的是，不同于孟华的证据作为符号的观点，裴苍龄教授强调的三类证据是一种与待证明的事实相关联的事实，它与上述我国诉讼法强调的作为证明事实真相的材料的证据说法也不尽相同。

文学人类学意义上的证据指的是四重证据，它有多重内涵，我们先从其类型说起。叶舒宪教授对四重证据作过明确的界定："一重证据指传世文献；二重证据指出土文献和文字；三重证据指人类学的口传与非物质文化遗产方面，包括民俗学的民族学的大量参照材料；四重证据指图像和实物。"[②]从证据学的立场来看，这四类证据实际上涉及人证、书证与物证三类证据，同时亦包括人类学或符号学关于文化文本叙事的五类划分：文字叙事、口传叙事、图像叙事、物的叙事、仪式（礼乐）叙事。叶舒宪曾为此作了一个表格加以说明（表1）。明显可以看出，文学人类学意义上的四重证据并不单单是人文社会科学研究的材料，它还涉及文化文本研究如何看待叙事的文化差异，以及证据学研究如何看待证据之间的关联度与有效性问题。虽然如此，因学科归属问题造成的认识局限，"人类学、历史学或考古学的证据理论的根本出发点是证据对象而非证据本身。他们共同的方法论特征是，历史或文化事实无论在时间上还是在逻辑上都优先于证据符号而存在，开辟新的证据符号的目的在于求证背后的事实本身"[③]。文学人类学四重证据研究多年

① 裴苍龄：《论证据的种类》，《法学研究》2003年第5期。
② 叶舒宪：《物的叙事：中华文明探源的四重证据法》，《兰州大学学报（社会科学版）》2010年第6期。
③ 孟华：《符号学的三重证据法及其在证据法学中的应用》，《证据科学》2008年第1期。

来倾向于利用四重证据进行跨学科与跨文化阐释工作，证据建设及证据间性的理论建构工作尚处于初步阶段[①]。例如，关于证据使用的限度问题，叶舒宪提出了一些建设性术语，如“语境”“语境化”和“再语境化”等等[②]，但并未就相关概念作系统性理论阐释与建构。叶舒宪对此很遗憾:“近十年来，关于第二重证据和第三重证据的内涵，相互之间的证据间性，都很少得到关注。除了笔者指导的四川大学文学与新闻学院的博士生在其博士论文中有所涉及以外，尚未展开系统的专门探究。”[③]不过，这并不意味着证据间性问题并不重要，只能说明文学人类学证据间性的研究整体滞后于其阐释性研究。

表1　文化文本五重叙事与四重证据对照表[④]

文化-符号学的叙事分类	考据学方法分类	证据学分类
文字叙事	（一、二重证据）	人证之书证
口传叙事	（三重证据）	人证之书证
图像叙事	（四重证据）	物证
物的叙事	（四重证据）	物证
仪式（礼乐）叙事	（三、四重证据）	人证+物证

那么，文学人类学四重证据的间性究竟是什么呢？孟华曾经对证据间性作过这样的界定:“所谓证据间性，是指一种证据符号的意义和价值不仅与原点事实（客观事实——引者注）有关，同时也与其他证据符号发生关联和交互作用，一种媒体类型的证据符号是在与其他媒体类型证据符号的对比或

---

① 代云红在其论著《中国文学人类学基本问题研究》曾经专辟一章（云南大学出版社，2012年，第168—209页）探讨文学人类学的证据与方法问题，但他并未就文学人类学证据间性问题进行理论探讨；杨骊、叶舒宪在《四重证据法研究》一书（复旦大学出版社，2019年）中使用了“情境性”一词探讨第四重证据的阐释效力，但没有对“情境性”作理论界定层面的阐释。

② 具体参见叶舒宪:《创世鸟神话“激活”良渚神徽与帝鸿》,《民族艺术》2019年第2期；叶舒宪:《萨满幻象与四重证据法》,《百色学院学报》2019年第1期。

③ 叶舒宪:《论四重证据法的证据间性》,《陕西师师范大学学报（哲学社会科学版）》2014年第5期。

④ 引自叶舒宪:《国学考据学的证据法研究及展望》,《证据科学》2009年第4期。

关联中实现自己的价值和意义的。……这就是符号间性的本质：在符号与符号的关联中来确定一个符号的真实关联方式和价值。除了对比关系以外，证据间性更关注不同符号之间的关联性。”[①]这里的证据间性包含以下三个方面的内容：第一，证据与客观事实之间的关联；第二，单独的一个证据与同类证据之间的对比或关联；第三，一种类型的证据与其他媒体类型证据之间的关联、对比、互补、互证。叶舒宪对于这种符号学意义上的证据间性持认可态度，但他关于文学人类学四重证据的间性有着自己的理解："它们（四重证据）彼此之间的相互比照和相互发明作用，以及这种互动对于考证古代文化整体信息所能够发挥的证明效应，就是本文所说的‘证据间性’。”[②]明显可以看出，叶舒宪的证据间性仅仅包括四类证据之间的对照与关联，以及它们立体阐释所取得的效用问题。此种证据间性的范畴比孟华的间性范畴要小得多，它忽略了证据与客观事实之间的关联，以及同类证据之间的对比与关联。笔者认为，这是以叶舒宪为首的文学人类学研究者倾向于将证据要证明的文化现象作为研究对象所导致的，即学科研究局限所导致的。因此，我们应该结合文学人类学的研究对象、四重证据自身的范畴、四重证据与其他学科关于证据的认知，以及四重证据之间的关系，补充文学人类学的证据间性范畴。

从四重证据所涉及的对象、阐释的文化与文学现象，以及与其他学科关于证据划分的关系来看，文学人类学四重证据间性涉及的范畴至少应该包括以下四个层面的内容。一是四重证据与待阐释事项之间的关联。这是证据与外部事实之间关系的探讨，主要指四重证据与待阐释事实之间在叙事内容与意义方面的关联。二是同类证据之间的关联。这里指的是同类证据之间在叙事意义层面的相关性与互补性，并不包括同类证据在文化与历史层面的差异性。三是四重证据的叙事意义与阐释效力之间的对比与关联。这方面的内容主要是指四重证据叙事内容的一致性，以及四类证据在阐释文化与文学事项时相互之间的对比、互补与关联。四是不同文化类型的证据在阐释效力层面

---

① 孟华：《符号学的三重证据法及其在证据法学中的应用》，《证据科学》2008年第1期。

② 叶舒宪：《论四重证据法的证据间性》，《陕西师范大学学报（哲学社会科学版）》2014年第5期。

的差异。在阐释过程中，四重证据并非全部源自同一类文化，研究者应考虑源自异文化的证据与本土文化证据在阐释效力方面的差异性，即如何合理使用异文化证据与本土文化证据的问题。

三、情境性原则的范畴

情境性原则的核心概念是情境，因此我们先从“情境”（context）一词入手探讨。从词源学来看，“情境一词最先见于语言学，逐步被文学和艺术研究借用，索绪尔符号学大行其道之后，情境更是广泛地融入各个学科之中。在词源意义上，情境指文辞的连缀、关联和环境，意指词汇的表达方式。在语义层面上，虽然单个词汇都可以被精确界定，但是词汇的含义不是各个语素的物理性叠加组合，甚至词汇本身都不能独立决定其意义，表达方式不同也可能造成意义的完全改变。更进一步，在释义上，文本本身都是不充分的，也不能独立地决定其意义。因此，不同的语句、语序、语气，甚至辅助性动作和使用场景，都可能重新界定词汇的意义，词汇的精确含义只能蕴含于情境之中”[①]。这种界定只是关于情境的常识性阐释，本文所探讨的情境性原则意义上的情境，实际上是从情境考古学借用过来的一个术语，它是考古学者解读器物意义的重要尺度[②]。

情境考古学的倡导者伊恩·霍德（Ian Hodder）这样定义情境：“每个客体同时存在于多个相关的维度中，因此，一旦数据存在，则一个关联和对比的网络可以用于建立意义的阐释。围绕着任何客体变化的相关维度的总和可以定义为该客体的情境。我们试图赋予意义的客体X的相关情境就是按以上方式形成显著模式的客体X的所有相关资料。考古学意义上对情境的更精确

① 徐坚：《时惟礼崇：东周之前青铜兵器的物质文化研究》，上海古籍出版社，2014年，第87页。

② 考古学关于情境的界定有多种，笔者采取的是情境考古学的关于情境的界定。关于考古学意义上情境一词的发展历程，因其不是本论文论述的重点，在此不赘述，有兴趣的读者可参阅：伊恩·霍德、司格特·哈特森：《阅读过去》，徐坚译，岳麓书社，2005年，第146—149页；徐坚：《时惟礼崇：东周之前青铜兵器的物质文化研究》，上海古籍出版社，2014年，第87—90页；徐坚：《名山：作为思想史的早期中国博物馆史》，科学出版社，2016年，第20—25页。

的定义就是‘所有相关环境的总和’，所谓‘相关’指的是客体的显著关系，就是可以用来定义客体的意义的必要关系。我们同时已经发现，情境取决于所问问题的类型。”[①]从这个定义可以明确两点：第一，情境性的定义以客体为中心，并且客体的意义从属于特定的环境；第二，它强调的是客体的意义与其相互关联的环境之间的关系，因此本质上是关系论。很容易理解这种关于情境的界定，因为它是从考古学立场出发的，考古学学科的特殊性与研究对象的物质属性，决定了其关于情境的定义具有特殊的含义。甚至我们稍后会看到，考古学关于情境要素的分类，以及情境类型的划分，都是基于考古学客体研究之上的。

考古学者科林·伦福儒（Colin Renfrew）根据考古证据，即人工制品，有机物与环境遗存，将考古学情境涉及的要素归为三类：基质（matrix）、出处（provenience）与关联（association）。这里基质指的是人工制品、有机物或环境遗存外围包裹的物质，通常是沉积物，例如砾石、沙子或黏土之类的东西；出处指的是基质中垂直于水平的位置；关联通常指的是同一基质中考古遗物与其他考古遗物的共生关系。在此基础上，科林·伦福儒将情境划分原生情境（primary context）与次生情境（second context）。所谓原生情境，指的是未被破坏的考古遗址环境，次生环境则是指已被破坏的考古遗址环境[②]。科林·伦福儒关于情境的探讨是以可视化的考古客体为核心，基本属于“硬”情境的范畴，并未涉及与此相关的“软”情境——客体以及研究者对于客体的影响，同时与伊恩·霍德所倡导的“所有环境的总和”这一情境的界定有所不同。部分后过程主义考古学者对此进行批评，譬如中国考古学者徐坚为此就指出：“伦福儒界定的情境局限在见诸遗址的遗物上，既忽视了遗物本身通过形式表现的发展脉络和亲缘关系，又否认了考古学发现和阐释都可能受到发现者、研究者以及它们所从属的时代和地域传统的影响。因此，在后过程主义考古学中，得到修正和完善的情境应该至少包括物理性情境、

① Ian Hodder and Scott Hutson, *Reading the Past: Current Approaches to Interpretation in Archaeology*, Cambridge: Cambridge University Press, 1986, p.139.

② Colin Renfrew and Paul Bahn, *Archaeology: Theories, Methods, and Practice*, New York: Thames & Hudson, 2012, p.50.

物质性情境和发现性情境。”[①]虽然如此，我们实际上可以看到，科林·伦福儒关于情境性的界定至少涉及以下三个层面的内容：客体与外在环境之间的关系、客体与出土位置之间的关系，以及客体与客体之间的关联。从证据学的立场来看，伦福儒的关于情境性的探讨与前文论及孟华关于证据间性的探讨实际上是一致的，因为二者都涉及客体与客体之间、客体与外部环境以及自身的情况。但是我们同时也必须明白，考古学的证据比较特殊，它主要涉及人工制品、有机物与环境遗存这三类，因此科林·伦福儒关于情境的界定有着明显的考古学学科特征，并不完全适用于证据学与文学人类学意义上四重证据情境性的探讨。

从证据学的立场来看，上述考古学关于情境的界定，其范畴主要限于第四重证据，并不涉及其他三类证据，因此笔者探讨的四重证据情境性范畴与考古学意义上的情境的范畴并不完全一致，有着鲜明的学科诉求。较之于考古学范畴的情境性，文学人类学情境性原则的内涵更为丰富，它指向了证据使用的限度、证据与原生情境之间的关联，以及各类证据的阐释效力。以上四个方面的内容，笔者下面一一加以阐释。一是证据使用的限度，即证据合法性的问题。在阐释过程中，哪些证据可以使用，哪些证据不能使用，这是证据情境性原则要探讨的首要问题。以往的部分研究者在使用四重证据阐释问题的过程中，使用了未经鉴定的证据，尤其是第四重证据，甚至个别学者用未经授权与鉴别的民间收藏的器物或图像来阐释其观点，这就很大程度上降低了阐释的效力，同时招致学界的批评与质疑，一定程度上影响了四重证据法间性的探讨。二是证据与原生情境之间的关联。当研究者使用各类证据进行阐释时，必须考虑证据在原生情境中的意义，不可将其意义从原生情境中剥离出来。具体说来就是，情境性原则倡导研究者在使用各类证据时，尤其是第四重证据时，应尊重它们在原生情境中的意义，同时兼顾各类证据在

---

① 徐坚：《名山：作为思想史的早期中国博物馆史》，科学出版社，2016年，第21页。徐坚本人关于情境的界定并不统一，他在其论著《时惟礼崇：东周史前青铜兵器的物质文化研究》（第87—90页）中将情境分为物质性情境、空间情境与学术情境三类，后又在《名山：作为思想史的早期中国博物馆史》（第21页）一书中提出物理性情境、物质性情境和发现性情境这种说法。按照徐坚本人的说法，物理性情境对应空间情境，发现情境对应学术情境。笔者比较赞同的乃是徐坚将考古学情境分为物质性、空间性与学术性情境这种主张，因其与证据法意义上的情境范畴较为接近。

时间、空间、文化、社会、历史、族群、语言等层面的差异。一旦将证据的意义剥离其原生情境，证据就失去了合法性效力，阐释者就存在再造证据意义的嫌疑，这是阐释所极力避免的误区。三是各类证据的阐释效力，主要是四重证据在阐释效力方面的关联与差异问题。以叶舒宪为代表的部分神话研究者有强调第三、第四重证据，而忽视第一、第二重证据的倾向，即强调图像与口传在文化与历史进程的作用，某些时候甚至将文本与图像、口传对立起来。代云红曾经对此进行过批评，认为叶舒宪“在‘多重证据法’的探索中存在着‘矫枉过正’的倾向，即拿口语文化与文字书写文化对立起来”[①]。在这方面，阐释者必须客观区分四重证据之间的阐释效力，确定每一类证据在阐释过程的价值，尤其是当四种证据并用，并且出现证据所指意义或阐释效力相互冲突时阐释者必须要确认哪一种证据更具可信性。这种做法并不是对证据自身具有的阐释效力进行等级划分，因为从证据的性质来看，四重证据中的每一种证据都具有阐释效力，证据类别并不存在阐释效力的阐释差异问题；这里要强调的是，在将四类证据与其要阐释的对象的意义进行关联时，各类证据在意义的关联程度上具有一定的差异，阐释者要把握好证据在意义关联方面的阐释效力，最终确定四类证据在关联意义上的价值差异。

尚需指出的是，叶舒宪近期强调第四重证据之间的互动、互阐、互证和共建关系，他甚至为此提出了第四重证据间性阐释的两种途径：“在利用证据间性进行细化阐发方面，可以展开两种推理范式。其一是顺向推论，即根据历史的先后顺序展开推论。举例而言，西周玉雕形象明显受到商代的影响；而春秋战国的玉器，又必然受到西周玉器的影响。至于汉代玉器的神话造型，无疑是承袭自春秋战国的。……其二是逆向推论，即依据后代的较为完整或较为明确的神话形象和神话母题，反推更早时代的不完整或不明确其功能的神话图像。以汉画像石艺术中表现的天国之门为例，象征天门的除了玉璧之外，还常常伴有程式化的双阙和双凤意象。如果在汉代玉器中看到同类型的神话想象，相互参照，会有相得益彰的互阐效果。”[②]从理论上讲，叶

① 代云红：《中国文学人类学基本问题研究》，云南大学出版社，2012年，第218页。

② 叶舒宪：《论四重证据法的证据间性》，《陕西师师范大学学报（哲学社会科学版）》2014年第5期。

舒宪的这种观点没错，但笔者要强调的是，第四重证据在时间上的顺向推论与逆向推论，这两者证据的互证方式都必须以情境原则为基础，即必须将证据的阐释与其原生语境相关联，其中包括第四重证据在时间、空间（地域）、文化、社会、历史、族群、语言等层面的差异。否则，文学人类学的阐释依然是弗雷泽式的研究，走不出早期人类学被屡次批评的“剪刀加浆糊”式的阐释模式；对于文学人类学的学科发展与理论建设而言，以及四种证据法话语体系的建构，这是三代学人所不愿意看到的结果。

四、结　　语

由是观之，情境性原则强调的是证据之间的整体性关联，而不是单项证据的特殊性。整体性关联包括相似性和差异样性两个方面的内容，其中相似性主要有互证、互补、互疏、共建、共生这些方面的内容，而相异性则涉及时间、空间、文化、历史、地域、语言、族群等各个方面的信息。文学人类学学者在不同场合下使用“情境性”一词，其共同点是在一个特定的环境或环境群中强调各类证据之间的联系和交互作用。证据本身不能说话，但文学人类学学者不是对独立的证据进行研究，而是在整体性的情境中阅读并阐释证据，四重证据由此发出的声音比任何单独一种证据要更为客观和真实。自然，强调四重证据的情境性原则，并不是强调证据的特殊性，而是以四类证据的整体性关联为核心，同时倡导整体性视野。叶舒宪教授近期倡导的“大历史”与“大传统”理念就是情境整体性视野的有力体现。

在阐释过程中，文学人类学学者通过寻求相似性与差异性两种途径实现证据情境意义的关联，情境相似与差异的辨别尺度主要有四个：时间、空间、文化与类型。时间向度强调的是证据在结构、意义或系统层面的关联，与其直接相关的则是历史情境；空间向度考察的是证据的空间结构对证据功能性或象征性意义的影响，尤其是第四重证据的地域、地理与出土情境对阐释意义的影响；文化尺度方面的探讨主要是针对四重证据的文化差异而进行的，它指向了四类证据在不同文化情境中的原生意义，是时间与空间尺度在文化层面的组合；类型层面的内容主要是针对第一、第二、第三、第四这四重证据本身的存在样态而言的，强调证据类别的差异在阐释效力方面具有的不同作用。情境的相似性与差异性探讨的前提是情境之间的关联，强调通则性理论的效用，这是文学人类学多年来倡导的立体式阐释模式的核心范畴。

神话·考古·重述
——通过文学人类学四重证据法激活华夏文明基因

冯玉雷
西北师范大学《丝绸之路》杂志社

“证据法”这个词出自国学基本方法——考据学。由于客观条件限制，传统国学取材范围以文献为主（一重证据）。四重证据法则融合国学考据学方法与西方社会科学方法，强调从二重证据（出土文字）、三重证据（非文字的口传文化与仪式民俗等）和四重证据（出土遗址、文物及图像）整合而成的“证据链”和“证据间性”视角，重新进入历史和文化研究；强调人类学研究的口传与非物质文化遗产、考古学和艺术史的新发现图像资料等，对于重建无文字的大传统、大历史和重新解读文字书写的小传统、小历史都有重要意义。上海交通大学文学人类学研究中心、神话研究院的新出版的成果《玉石神话信仰与华夏精神》《文学人类学新论——学科交叉的两大转向》和《四重证据法研究》三部著作，代表了当前文学人类学研究的前沿水平，是中国文化自觉的学术性表现，也是对外传播中国传统文化新认识的先锋性案例。

《玉石神话信仰与华夏精神》依照文化大小传统再划分的理论和四重证据的研究方法，以史前先民对玉石的信仰为纲领，结合神话传说与文献典籍中有关玉文化的记载，充分重视红山、良渚、齐家、石峁、凌家滩等史前文化遗址中出土玉礼器的证据作用，突出强调了三重证据对四重证据的作用，激活文献、文物、口传文化及仪式民俗中蕴含的古老文明因子，解读文字出现以前的文化大传统——玉礼器符号系统，厘清寓道于器的来龙去脉，重新建构了玉器神话学，阐释玉教及其神话流变的特征，最后提出“玉文化先统一中国”的新理论命题，有效弥补了中国思想史和哲学史研究百年来的本土视角空缺，引导华夏文化的本土再认识和再自觉。

作为20世纪80年代以来崛起的新兴交叉学科，文学人类学对文学创作的观念变革和研究范式革新都产生了重要意义，对从学科界限分明的文学研究发展为跨学科的文化研究产生了重要影响。如何对这个新学科的来龙去脉作出学理性阐释？《文学人类学新论——学科交叉的两大转向》尝试完成这个学术史的阐释任务。该书分别梳理出文化人类学的人文（文学）转向和人文学科的人类学转向（文化转向）两条路径，点明当今各种人文社会科学都与文化人类学发生交叉的普遍趋势，揭示出文学人类学新学科的理论建构过程。《四重证据法研究》是首部全面论述人文研究新方法“四重证据法”的学术专著，从学术理论沿革和方法论两个角度进行了系统阐述，并以对猫头鹰、西汉玉组佩、熊图腾、珥蛇、古玉矿探源等文化符号的解读为例，展示了四重证据法研究的具体操作示范。

这三部著作分别侧重理论、方法与应用，彼此呼应，相得益彰，开创了人文研究的新学科和新领域，旗帜鲜明地提出了探源华夏文明本土特征的文化理论及研究方法，这是具有原创性的学术贡献，为人文研究的中国话语奠定了坚实基础。乾嘉学派的考据学由于受历史条件限制，主要依据文献资料；鸦片战争以来，中国文科在“洋为中用”的时代风气下发展，并没有发展形成属于自己的、彰显民族文化特色的学科理论。因此，在面对丰富多彩的二重证据（出土文字）、三重证据（非文字的口传文化与仪式民俗等）和四重证据（出土遗址、文物及图像）时，显得力不从心，要么选择沉默，要么“顾左右而言他”。20世纪二三十年代，安特生等西方考古学家的参与推动了中国考古学的诞生，经过李济、董作宾、梁思永、郭宝钧、董聿茂、吴金鼎、施昕更、曾昭燏、王介忱、何天行等众多学者在考古“现场”筚路蓝缕的辛勤工作，大量价值很高的遗址和文物被发掘出来，考古成果日益丰富。考古学家们对出土文物的研究不仅仅依靠器物本身，例如王仁湘先生，他刚刚进入考古界就不自觉地使用四重证据法考察文物，进行跨学科研究，研究领域涉及仰韶文化、西南地区史前文化、史前社会、史前信仰、史前器具及史前玉器、饮食文化、方位体系等众多方面。前不久，上海古籍出版社出版的《凡世与神界》汇集了他多年来思考的10多个专题内容。他所使用的“四重证据法”也许当初看来有些“超前”，但在今天来看则是高度契合的。李伯谦先生《从崧泽到良渚——关于古代文明演进模式发生重大转折的再分析》以大量出土文物为依据，以凌家滩文化、红山文化、大汶口文化、仰韶文化为对照，具体分析崧泽文化向良渚文化演进的关系[①]。公元前4000年前后长江下游地区由马家浜文化进入崧泽文化，并在环太湖周边水系形成聚落。崧泽文化晚期，考虑到木材、石材、玉材等资源优势，太湖周边的聚落最终选定良渚遗址群所在地区，开始城市定居生活，并产生了以琮、璧、钺和神人兽面像为代表的江南玉文化体系及原始宗教信仰。崧泽文化时期祭器和礼器丰富多样，而良渚文化时期琢玉工艺则有了固定模式，随着资源的枯竭、艺术创造力的式微以及外部因素冲击，良渚文化落下帷幕。崧泽文化和良渚文化分布地域基本重合，均在长江三角洲及其邻近地区。从崧泽到良渚，文明模式的演进并非社会内部自然发生的，而很可能是社会精英们接受外来文化并强行推行的结果。

2017—2018年，浙江省文物考古研究所和德清博物馆对浙江省德清县的史前制玉作坊遗址中的中初鸣遗址进行系统的勘探和发掘，发现和确认了多处遗址点。每处遗址点均有玉料出土，研究人员推断这里应该是良渚时期一处大规模制玉作坊群。在保安桥遗址点，考古人员发现大量玉料和玉器成品、半成品以及残件，还发现砺石、磨石、燧石、玉髓等硬度不一的制玉工具。在目前已知的各处良渚文化遗址中，中初鸣遗址出土玉料、玉器最多。巧合的是，2017年8月30日，我和叶舒宪、杨骊、刘继泽及敦煌当地向导进行第十三次玉帛之路田野考察，主要考察位于甘肃敦煌三危山中的旱峡玉矿遗址；10月18日，我与敦煌市副市长成兆文、敦煌西湖国家级自然保护区科研管理科科长孙志成等人再度踏入旱峡玉矿考察，发现了玉料、石器、彩陶残片和青铜器。我把陶片带回兰州，并请教甘肃文物考古研究所资深研究员郎树德先生和中国社会科学院考古研究所王仁湘研究员，他们都认为旱峡玉矿属于齐家文化早期。如此说来，敦煌旱峡玉矿应该开启于距今3 500—4 000年之间，那时正是齐家文化玉礼器生产的活跃时期！旱峡玉矿让我颇

---

① 李伯谦：《从崧泽到良渚——关于古代文明演进模式发生重大转折的再分析》，载北京大学考古文博学院编：《考古学研究》（十），科学出版社，2013年。

感意外。多年来，我致力于敦煌文化小说的探索、书写，在敦煌地区做了大量田野考察，没想到，就在乐僔禅师发现佛光的三危山中，竟然蕴藏着一处史前玉矿遗址！三危山在《尚书》《山海经》里就有记录，“窜三苗于三危”的记载也广为人知，但一般都对这次规模宏大的移民活动流于习惯性认知。“窜三苗于三危”的“三苗”绝非一般意义上的战俘，我推测应是掌握治玉技术的玉工。浙江德清中初鸣遗址与三危山东侧的敦煌旱峡玉矿遗址遥相呼应，给这条文献资料一个坚实注脚。

2018年下半年，我以十三次玉帛之路文化考察为基础创作的长篇小说《禹王书》正处于收尾阶段，就以文学的方式把这两个遗址通过“窜三苗于三危”联系起来。2018年11月，《大家》杂志第六期在“锐小说”栏目发表近九万字的缩略本。文化部原副部长、故宫博物院原院长郑欣淼先生在序言《中国伟大精神的艺术化书写》中说：“《禹王书》是通过小说艺术转化文献、学术成果的成功尝试，当前，风云际会，正逢‘一带一路’经济文化如火如荼地建设，现代丝绸之路文学艺术方兴未艾，期待越来越多的作家、艺术家能加入这个创作队伍里来，创造出更多阐释中国崇高文化精神的艺术作品！‘春江水暖鸭先知’，如果说《禹王书》是这方面的成功探索之一，我坚信，受过民族文化滋养、秉承中国文化精神的文学艺术家一定能够创造出艺术化书写伟大时代的优美作品！”甘肃省直属机关工委副书记胡秉俊与兰州青年学者胡潇也撰写了评论文章《读〈禹王书〉三叹》，高度评价道：“冯玉雷的作品文脉充沛，感情炽烈，意象磅礴，不简单拘泥于史料，他听从自己内心的召唤，往往突发奇想，作品原创性很强，常常令人耳目一新。他的作品中，对世俗的不屑、愤懑和对大自然的敬畏、对英雄人物的讴歌并存。我们觉得他有时就像在荒野中摸索前行，有时又如在荆棘中挥舞着刀斧要开辟一条通途，他身上有一种强烈的责任感、使命感……”

如果说《禹王书》是“在荆棘中挥舞着刀斧要开辟一条通途”，那也完全是在四重证据法理论的直接影响下产生的，可以将之视为通过文学创作和神话重述活动对四重证据法、玉文化学术研究的积极回应。我较早地接触到文学人类学，创作小说时深切感受到四重证据法的开阔视野和包容精神。当年，我还在陕西师范大学上学时就受到《结构主义神话学》和《神话原型批判》两部译著的启发和影响，后来参加了文学人类学相关学术活动。经过一系列探索，我的创作题材从最初的民俗文化转向敦煌文化，创作出版了几部长篇小说。一些青年学者阅读《敦煌·六千大地或者更远》后写了评论文章，权雅宁博士就撰写了关于专著——《心灵的阳光》的文章，评论了小说体现出来的文学人类性以及艺术手法上的现代性、后现代性。其后，我在文学人类学理论指导下研究文学人类学资源，并且运用到创作实践中，陆续产生了《敦煌遗书》《野马，尘埃》这样的长篇小说。在这些小说中，我努力以文学人类学的视野去激活最经典、最古老文化中的活性因素，然后用最现代的方式去表达。我认为只有这样，才能使我的作品在具有很强人类性的同时又显示出灵活自如的表达方式。例如斯坦因，一般对他的评议比较复杂，但我认为他首先是一个人类学家，他在中国社会的一个重要身份就是文化人类学家。敦煌学就是在斯坦因探险的基础上建立的，我的《敦煌遗书》以斯坦因中亚四次探险为背景，而没有为他作传，为他作传的是一位叫珍妮的女作家。我从文学创作的角度把人类学家斯坦因引入我的小说，在严格学术框架内进行后现代创作，使用了行为艺术、行动艺术、环境艺术、偶发艺术、大地艺术等很多现代主义的手法。

2012年6月，我到《丝绸之路》杂志社任职后，组织参与了多次玉帛之路文化考察，有机会踏勘很多重要文化遗址，看到很多重要文物，特别是许多博物馆珍藏的玉器实物。我见证了考察团专家在探索中发现四重证据后的巨大喜悦，见证了他们通过学术研究激活其中蕴含的文明因子的过程，分享了他们利用四重证据法研究的快乐。在考察中，我也见证了“玉文化先统一中国”新理论命题由假设、求证、采撷四重证据、跨学科研究到《玉石神话信仰与华夏精神》理论建构的艰苦过程，也深刻感觉到通过四重证据法切入文献和考古成果，通过文学艺术手段重述神话和考古成果也是必不可少的一种形式。如果说四重证据法将使人文类学科的研究发生转向，那么随之而来的就是文学创作的转向或者说回归。重述神话的文学创作活动有着广阔的空间和深厚的考古学资源。

考古学家为了获得有价值的发现或成果，往往要倾注大量心血，用“蚌病成珠”来比喻一点都不夸张。他们探索发现的考古学成果一方面通过文物在博物馆展示，更重要的作用在于为当下的文化研究和传承创新注入活力。国家号召让文物活起来，怎么活？就是激活，要探寻文物中蕴含的文化、文学元素。通过文学艺术方式重述伟大的古老文明，通过对古老文化的书写向红山文化、大汶口文化、凌家滩文化、崧泽文化、良渚文化、仰韶文化、马家窑文化、齐家文化等考古发现的各类史前文化致敬，向孜孜不倦的考古学家致敬，将是很有意义的一件事情！

2019年3月30日，我与考古学家王仁湘、魏文斌、毛瑞林、赵建龙等先生及历史学家赵学东等学者在甘肃广河县见到一件大型七联璜玉璧。玉璧为马衔山玉料，直径71—74 cm，内孔25 cm。2018年5月，该玉璧在实施易地搬迁工程时出土于甘肃省东乡族自治县五家乡牛沟村西南侧、钟鼎山以北的上湾自然村，该山位于广通河北面，引领群峰，高耸入云。七联璜玉璧被发现后很快流失到民间。广河县政协副主席唐士乾得知消息后通过公安部门追缴回来，但已经有五片被调包；他们继续追缴，终于完整追回了这件国宝。台北故宫博物院杨美莉女士20世纪90年代就写过关于宁夏菜园文化发现的玉围圈的文章，而当时齐家玉器却便宜得像白菜，这都是因为我们当年缺乏对本土文化的自觉造成的。我们无法得知宁夏菜园文化“玉围圈”（很可能就是联璜玉璧）的具体尺寸，因此七联璜玉璧就是目前发现的最大玉璧。它在广通河边的高山上被发现，它的背后蕴藏着怎样的史前人类开启文明的神话故事？

王仁湘指出，从空间上讲，齐家文化是中国古代文化高地上生长起来的文化，它博取各方文化的长处，分布区域广，影响范围大，是实质性的文化交流（东西交流、南北交流）节点和通道；从时间上讲，它处于周文明起源的节点，属于文明出现的阶段，更是华夏文明大集合体中的一员。研究中华文明的起源是不能忽略齐家文化这一阶段的，因为一旦忽略就不能有完善的结论。良渚文化的特征是玉琮和玉璧的大量出现和使用，邓淑苹在《新石器时代的玉璧》中认为良渚人最早创立了天圆地方的宇宙观，并且通过玉璧和玉琮祭祀。张光直也认为玉琮与天圆地方观念有关，玉琮把天地贯穿起来了。齐家文化遗址中也出土了大量玉璧和玉琮。考古研究证明，玉璧和玉琮最早大量出现于良渚文化中，后来传到山东等黄河下游地区，再传到中原龙山文化，包括石峁，最后到齐家文化；还有一条路线，就是沿着长江逆流而上，传到了西北高原。“窜三苗于三危”或许反映的就是这一文化大迁移。我与赵学东教授探讨，产生了共识，也就此问题请教过王仁湘先生。如果说处在东西南北交通要道中的齐家文化既接受了来自西方的青铜文化，又辗转吸收了来自良渚的玉文化，为何在治玉中对原有神性纹饰和图像进行了大刀阔斧的精简乃至拒斥，形成厚重质朴之风？背后支撑的理念是什么？这可能是我继《禹王书》之后在下一部小说中探讨的问题。

1923年，安特生在洮河流域进行考古发掘从而催生了中国考古学。近一个世纪以来，考古工作者在广袤的华夏大地上发现了很多重要的文化遗址，出土了大量有价值的“第四重证据”，学术研究对它们的运用方兴未艾。《玉石神话信仰与华夏精神》《文学人类学新论——学科交叉的两大转向》和《四重证据法研究》三部著作起点高，立意远，开了很好的头，是人类学研究新学科发展中具有里程碑意义的著作，将会对社会科学研究、文学艺术创作产生广泛而深远的影响。

文学人类学的方法论标杆

——简评《四重证据法研究》[1]

谢美英

宜宾学院文学与新闻传媒学院

工欲善其事，必先利其器。中国的文学人类学研究伴随着国家改革开放的40年历程而成长，至21世纪初以来形成系统构建的方法论体系。早在20世纪90年代，文学人类学理论开拓者叶舒宪先生在反复实践的基础上，将"三重证据法"提高到文史研究新方法的高度。2005年，叶舒宪先生在"三重证据法"的基础上提出和倡导"第四重证据法"，并在2010年出版的专业教材《文学人类学教程》中用10万字篇幅详论"四重证据法"的操作原理与立体释古的优势[2]。这种新的研究方法充分调动人类学、考古学材料的雄辩潜能，极大地拓展了文学人类学研究的视野，推进文学人类学纵深发展，让远古遗存证物揭晓华夏文明产生的历史真相，给人文学科研究带来方法论上的革新契机。杨骊、叶舒宪编著的《四重证据法研究》（复旦大学出版社，2019年1月）作为国家重大项目"中国文学人类学理论与方法研究"的结项成果之一，弥补了新方法研究的著述空缺。拜读之后，笔者认为该书有三大特色，是文学人类学方法论研究的标杆之作。

① 基金项目：四川省教育厅重点项目"叶舒宪文学人类学研究"（15SA0093）。

② 叶舒宪：《文学人类学教程》，中国社会科学出版社，2010年。

一、理论独特视角，彰显本土特色

对于四重证据的内涵和外延，叶舒宪先生曾多次撰文加以阐释、推广和应用，在学界早已形成共识：第一重证据为传世文献；第二重证据为出土文献；第三重证据为人类学的口传与非物质文化遗产，包括民俗学的、民族学的大量参照材料；第四重证据为比较图像学或图像人类学的材料。“四重证据法”，就是将文字训诂考据、出土文献、多民族民俗材料、考古新发现的实物及图像解读四方面汇通起来，充分调动“用史前文物、图像说话”的雄辩潜能，让四重证据产生相互作用和共振效果，拓展前文字时代的文化史探研的新途径。

《四重证据法研究》的上编为理论部分，该理论研究没有过多纠缠于证据分类问题，而是深入考察该方法论在现代学术潮流中的演变过程，并在此基础上反思如何借助四重证据法重构中国文化形态和文学人类学本土化的问题，也就是“为什么”“怎么办”的问题。《四重证据法研究》在梳理学术沿革时，在百年学术潮流中对每重证据产生的学科背景、创新价值及局限进行深入考察，并提出多重证据互动互释的研究模式：从可以说话的第三重证据（田野作业资料），去烛照和解释不能说话的第四重证据（考古实物、图像），二者合起来就构成检验、核实和重新理解第一重、第二重证据（文献记载）的文化语境[①]。由此,该书全面审视了四重证据法的学术生成史及本土化进程，从实证性、情境性、有效力、释古力等角度回答四重证据法的阐释效力为什么被学界认可，成为学人自我超越的新方法、新标杆。四重证据法的这些理论研究令人耳目一新。

相对于以前的多重证据法研究,《四重证据法研究》创新性地借鉴了法学理论，提出从“证据链”和“证据间性”视角，重新进入历史和文化研究。一个证据符号因其真实关联度不足而有赖于其他证据符号的补足，这种

---

① 杨骊、叶舒宪编著:《四重证据法研究》，复旦大学出版社，2019年，第70页。

不同证据符号之间相互关联、相互补足的关系就是证据间性[①]。《四重证据法研究》一书不再局限于证据的分类、性质，而是从“证据链”和“证据间性”的视角提出四重证据的演变不是简单的证据层累性增加，而是每种证据在事实解释上都具有局限性，因而需要借助其他证据来补足自身，提升阐释力度，以求最大限度地接近事实真相。

同时，该书的下编为四重证据法的一系列实践个案，如第八章“证据链与大传统:《山海经》珥蛇之谜解读”，以二、三、四重证据辅助和补充第一重证据为重构《山海经》中的“珥蛇”形象找到珍贵的解读参照，成功破解文字编码背后的形象之谜。第十一章“四重证据法解析东汉政治与星占”在传世文献、出土文献、仪式和物象的“四重证据”方法和材料的交织运用中，对汉代政治与星占文化进行整合性研究，深层捕捉汉代星占文化关联图景。这些实践个案聚焦文史研究中颇具争议的问题，以四重证据法考证“猫头鹰”“天熊”“珥蛇”等形象为中心的附属神物系列形象与神话信仰的普遍联系，用个案揭示丰富的四重证据一旦构成复合型、多线性的叙事链和证据链，将对考证神话历史及解答文化大传统中悬而未决的问题具有知识创新意义。

二、凸显四重证据法融合科学实证与人文阐释的学术诉求

西方近现代知识体系下，科学和人文长期处于分裂状态。受此影响，科学和人文的代表性方法论——实证和阐释也呈现水火不容之势。斯诺、沃勒斯坦等有识之士开始对此情况进行深刻反思，尝试跨越两种文化之间的鸿沟，建立整体式学术研究的可能性[②]。

20世纪初，因受西学东渐思潮影响，胡适等人摈弃中国文化阐释传统，力图以科学实证重建价值体系。王国维虽为调和科学与人文的这种人为割裂

---

① 孟华:《真实关联度・证据间性与意指定律》,《证据科学》2011年第1期。

② 参见C. P. 斯诺:《两种文化》，纪树立译，生活・读书・新知三联书店，1994年；伊曼纽尔・沃勒斯坦:《否思社会科学——19世纪范式的局限》，刘琦岩、叶萌芽译，生活・读书・新知三联书店，2008年。

作了反思和尝试，提出二重证据法，但未能建立立体释古的论证体系，彻底解决科学实证与人文阐释的对立问题。为实现人文社会学科领域的沟通和对话，叶舒宪在知识全球化背景下提出“破学科”概念，并运用“四重证据法”进行了大量“破学科”研究。四重证据法作为文学人类学的核心方法论，从其学术发展脉络看，已形成多重证据间性融合、立体释古的学术新路径，努力构建出融科学实证与人文阐释为一体的论证结构。

《四重证据法研究》专辟一章，从实证与阐释融合的角度讨论“四重证据法的方法论价值”，指出从二重证据法到三重证据法和四重证据法，都凸显出一种试图融合实证与阐释的学术诉求：“二重证据法把金石学的实证与考据学的阐释性结合起来，并将其纳入归纳与演绎的论证模式进行对比式论证……三重证据法以人类学的阐释方法超越传统考据学的阐释方法，其实质就是利用人类学证据以今证古、由此及彼的阐释力，解决文史研究很多无法证实的问题，从而拓展文史研究的时间和空间界限……第四重证据……在证据方面采用物质文化领域的考古学证据和图像证据，完成了从文字-文献文本到口传文本再到文化文本的三级跳，同时在证明方法上以现代考古学的科学实证方法超越了经石学传统的格物致知的实证方法，并利用多重证据间性立体释古，形成多重因果关系的系统论式研究范式，试图利用实证与阐释的两种方法论之间的巨大张力，走向对科学和人文两种文化分裂的超越。”[①] 在世界学术理论的背景下来讨论四重证据法的方法论价值，是该书的理论创见之一。该书用“交往性知识”的理论，站在人类知识类型演进的立场审视四重证据法所处的位置，真正凸显出四重证据法的学术诉求如何回应了世界性的学术难题——科学实证与人文阐释的冲突，体现了中国的原创理论对于世界学术界所做的贡献。

对应上编的理论篇研究，本书的实践篇中以猫头鹰女神信仰的重新认识、《山海经》珥蛇之谜的解读、虹桥神话信仰重构、中医文化“熊崇拜”演变路径的建构、东汉政治与星占的解析等个案，展示出四重证据法对于有效整合实证和阐释两种方法论、重建新知识体系具有创新意义和拓展前景。公维军先生用四重证据法解读虹桥文化意象，重构虹桥通天、虹龙通灵

---

① 杨骊、叶舒宪编著：《四重证据法研究》，复旦大学出版社，2019年，第76页。

的神话信仰就是一个很好的尝试。第一重证据，包括《山海经》《毛诗正义》“双手龙蛇说”及《释名・释天》《尔雅・释天》“美人虹说”的经典传世文献。第二重证据，甲骨文“虹”字符号。第三重证据，中国多民族口传叙事中关于虹的神话传说、民间故事；北美印第安纳瓦霍部落、南美亚马孙河、大洋洲以及亚洲日本、西伯利亚的诸多原住民部落中存在的“彩虹桥”传说。第四重证据，以大量考古出土的玉璜进行实证。通过出土玉璜的显圣通灵意义分析，将虹文化信仰与生殖崇拜、祖灵崇拜联系起来，与幸福、吉祥、丰稔等美好寓意联系起来，最终追根中华民族的文化认同之源，即我们今天引以为豪的中华民族龙文化信仰源自远古时期的虹文化信仰[①]。

三、理论研究与实践验证的完美衔接

《四重证据法研究》作为国内第一部全面论述四重证据法的学术专著，是一部理论梳理与实践验证完美衔接的佳作。本书分为理论篇和实践篇两大部分，理论与实践彼此呼应，相得益彰，获得了1+1＞2的效力。理论篇追根溯源了这一方法论的演进历程，高屋建瓴地透视了它在中国乃至世界学术思想史上的方法论价值，从理论的高度统摄实践；实践篇则将该方法论落地，通过一系列实践个案，展示了这一方法论强大的原创性阐释效力，通过实践检验理论，使理论更具说服力。

上编“理论篇”由“四重证据法的学术沿革”“第四重证据的学理研究”“四重证据法的方法论价值”三章构成。“四重证据法的学术沿革”在系统梳理国学与西学的方法论传统中观照四重证据法在现代学术思潮中的演变及文学人类学的中国化历程，彰显人类学知识在文史研究中举足轻重的作用。“第四重证据的学理研究”侧重于揭示第四重证据的应用方式、特色语境和阐释效力：突破语言文字的贫乏和局限所造成的认识上的盲见，彰显图像叙事对于文本叙事的超越性。“四重证据法的方法论价值”综合研究了四重证据法的方法论价值，证实了四重证据法在证据革新和方法变革上都具有

① 杨骊、叶舒宪编著：《四重证据法研究》，复旦大学出版社，2019年，第223页。

创新价值。值得一提的是，该书还全面整合了文学人类学学科近40年发展提出的一系列原创理论，使得文学人类学这门新兴交叉学科强大的理论原创力和阐释力得以彰显。

下编“实践篇”包括十章，以“猫头鹰的比较神话学解读”“天熊神话钩沉”“《山海经》‘珥蛇’神话解”“玉璜与虹的神话意象解读”“中国医学与圣熊崇拜”“东汉政治与星占”等个案研究表征四重证据法可操作、可依循、可检验、可应用，由此彰显四重证据法学科交叉、立体释古的阐释效果和整合效应。

20世纪末以来，中国文学人类学研究经过将近40年的努力，已经成为跨越人类学、考古学、民俗学、中国文学、比较文学等专业学科领域的新兴交叉学科，形成了一系列原创理论和原创方法。四重证据法作为其核心方法论，利用证据间性立体释古，对于改变传统文史研究证据单一现状、弥合人文实证和科学阐释的分裂具有举足轻重的作用。《四重证据法研究》为四重证据法理论研究及实践探索提供了整体思路和经验。这种研究将为我们更好地运用四重证据法探源中华文明、重述中国故事提供理论方法和策略参考。

从方法论的革新到人文存在论的发现

——评《四重证据法研究》

赵周宽
西安外国语大学人文社科研究中心

由杨骊、叶舒宪编著，文学人类学多位同仁参与编写的《四重证据法研究》(以下简称《四》著)一书，于2019年1月在复旦大学出版社出版。该著是叶舒宪主持的国家社科基金重大招标项目“中国文学人类学理论与方法研究”(10&ZD100)结项成果的重要组成部分，具有明确的方法论建构意识，体现了方法与实践的有机结合。该著是第一部全面论述文学人类学新方法论“四重证据法”的专著，其方法论效应和理论启迪意义，依编者之期待，不应限于文学人类学自身，而当及于文史哲、政治、法律、艺术等学科中尝试进行跨学科思考的研究者。

《四》著分上下两编，上编理论篇分章系统阐释了“四重证据法”的学术沿革、学理研究和方法论价值。下编实践篇以案例分析为主，涉及对猫头鹰、熊图腾、《山海经》珥蛇、虹等文化符号的多重证据法解析，在跨学科、跨文化、跨时空的多重证据立体阐释中，这些传统文化符号的深厚意蕴得到多维阐发。该著以文学人类学原创方法论建构为鹄的，钩深致远，多学科跨领域多维勾连，把四重证据法的方法论创新置于当代人文学科范式革新的多元学科背景中予以整体的观照。

该著将四重证据法的方法论逻辑追溯至王国维所开启的二重证据法，阐明二重证据法“补文字之阙”的传统文献学观念之陋，以及在从三重证据法向四重证据法突进中文化人类学“文化”观念的催发之力。在物与图像的四重证据中，该著既与当代“物质文化”(material culture)的研究相对接，又揭示了四重证据法与“面向事物本身”的现象学精神的契合交通。《四》著充分体现了学科视界与方法论的多元融合，广泛融摄证据法学、比较图像学、比较神话学、文字学、历史文献学、民族学、金石学、考古学等学科的方法观念，激活多重证据多频谱、多角度的言说活力，让文字、文物、图像、民俗仪式、神话传说、文学叙事、历史书写、哲理思辨等人类文化的多种形式聚焦辐辏于文化“表述”和“再表达”的核心。

《四》著思理细密、洞见迭出，在实践篇中，以四重证据法的剖刀，解析了众多意义丰厚的文化意象，打开中国文化自我理解的一扇崭新大门。该著旁通众域，关涉多极，这里仅以方法论的革新为核心，对其中的逻辑予以初步的评述。

一、实证与阐释的悖反与兼容

文学人类学研究突破了传统文学概念的藩篱，以神话、历史、传说、仪式展演等拓宽了文学的视野。“四重证据法”的融通性运用，调动了与文学抒情和想象相隔甚远的物质和图像。对于固守经典文学观念的研究者来说，这明显是阐释大于实证了。所谓阐释，就是把现代性的文学概念之外的观念信息和理解过多带入对文学作品的解读中。比如，对萧统《文选》卷十三所收贾谊《鹏鸟赋（并序）》的传统解读，除了品赏其文思之诡谲，考索作者才高而遭谗讥的屈原式经历之外，最多无非是对“鸟兽人言”的艺术美学鉴赏和“不平则鸣”的古典士人言志模式的探讨。这是流行的文学观念所圈定的论述范围。钱锺书注意到该作品“谶言”写法中的不吉祥预兆，将社会心理学的视角引入解读中。但把象征学家汉斯·比德曼所指出的猫头鹰“夜间活动的习性（‘鬼祟’）、独来独往的生活方式、悄没无声的飞行以及它绝望痛苦的叫声”与贾生作品相联系，似乎已经超出“文学”的领地了。以传统的“文学鉴赏”来看，这难免过度阐释之嫌。至于苏美尔阴间女神莉丽丝（Lilith）的猫头鹰伴侣、印度教中的黑暗女神德格（Durga）、传说中猫头鹰会啄出双亲之眼的习性、湖北天门石家河文化遗址出土的陶塑猫头鹰群像、土耳其新石器遗址中的“秃鹫神庙”（the Vulture Shrine）、法国“三兄弟洞穴”（Les Trois Freres Cave）中的“三只雪鸮”（Three Snowy Owls）等诸多跨语境、跨文化的驳杂物象，更是远离古典士子的述怀衷曲，与文学的“阅读与欣赏”显得风马牛不相及。

《四》著借用多重证据而“挑入”文学研究视域中的这些驳杂万象，如果没有崭新观念的统合融会，则其对于猫头鹰的解读，就不仅是“过度阐释”的问题了，简直就是臆想。文学人类学对于文学论域的拓展，主要倚重的是文化人类学中最具涵摄性的“文化”概念。在结构-功能主义人类学中，文化是特定人类共同体（从部落、酋邦、族群到民族国家）中最具统合性的“超级概念”：艺术、仪式、社会结构、生产方式等多样化的文化形式，各自包含不同比重的物质性和精神性，但都在特定文化的总体结构中形成相互指涉的关系和相关性。作为现代性艺术门类之一的文学，其历史性和逻辑性的母体，正是具有无限包容性的“文化”整体。在此意义上，文学人类学对文学的“准文化性”和“类文化性”解读，是要把文学的历史景深和逻辑前提最大限度地展示出来。《四》著跨出传统的文学解释范围，以文化的全屏尺幅还原文学的意义场，这样，文学人类学的文学解读的有效性问题，就不再是实证与阐释的对冲与争执，而是观审文学这一“文化”事项时的视点聚焦问题了[①]。

弥合实证与阐释的裂隙，重要的不在于阐明所有的实证研究中都包含着阐释的成分，所有的阐释都需依赖确凿无疑的实证材料，而在于从人文学的历史性和逻辑性本源上说明阐释与实证是同源的。杨骊指出，证据一词原本就包括了实证与阐释之意[②],并借赵敦华的研究确认了科学实证与人文阐释在西学文化的源头上是同源的[③]。科学与人文的割裂，或者说实证与阐释的分裂，是西方近代以来知识生产分疆划界的结果。如果以近代以来的知识门类

① 杨骊认为：“在三重证据法上较有理论建树，并用之于实践成就较为卓著的学者主要有四位：饶宗颐、杨向奎、汪宁生、叶舒宪。前三位走的是古史考证路径，叶舒宪则走的是文学阐释路径。”（杨骊、叶舒宪编著：《四重证据法研究》，复旦大学出版社，2019年，第17页）以“文学阐释”与“古史考证”的对峙作为文学人类学方法突创的卓异之处，在方法论探索阶段，是言之成理的。但是，当文学人类学已经自觉把文学作为文化要素的有机成分并对它作出“准文化性”的阐释时，“文学阐释”对于文学人类学已经不再具有“质性规定”了。

② 杨骊、叶舒宪编著：《四重证据法研究》，复旦大学出版社，2019年，第5—35页。

③ 同上书，第75页。

为参照，以历史“下游”定型化的实证–阐释二分视野回看，那么，作为人类知识之共同母题的“文化”和对它的解释（“文化的解释”），必然是阐释与实证杂糅的。强调文学的实证研究与阐释性研究的区别，在现代知识体系中具有局部的合理性，但当文学人类学将研究的视野推向无穷广阔的文化大视野的本源语境中时，强调两者的互斥性就显得圆凿方枘、扞格不入了。文学人类学立足文化大背景中的文学解释，是兼容阐释与实证的。

《四》著指出，王国维首提的二重证据法，把金石学的实证性与阐释性结合起来；三重证据法以人类学的阐释方法超越了传统考据学的阐释方法，其实质就是利用人类学以今证古、由此及彼的阐释力，解决文史研究中很多无法证实的问题；只有到了四重证据法，“考据学阐释”“金石学实证”“人类学阐释”和“考古学、图像学实证与阐释”等多种方法才得到有机的融合。对于四重证据法融合实证与阐释的方法论特征的阐释，《四》著是以西方现代性知识体系的科学人文二分以及对它的反思为思想参照的（斯诺命题、莫顿问题、萨顿的“科学人文主义”、华勒斯坦对现代学科制度的“否思”等）[①]。但在四重证据法的案例解析中，这些西学背景是隐而不彰的。案例分析中更多依靠的，是在对中国传统文化意象的分析中，对多文化、多学科、多样性证据的地毯式搜罗，以及这些不同材料之间形成的解释的“合力”。在缤纷多彩材料（证据）的交错展现中，每一种材料的说服力得到激发和聚合。

二、证据间性与复合论证

实证与阐释的争执与和解，是文学人类学证据学研究的方法论指引。《四》著最能挑战人文学研究之“无意识”的，就在于对实证与阐释之和解过程中的独特人文论证法的揭示。

杨骊指出，文学人类学四重证据法的研究，在方法论上经历了“从史料

---

① 杨骊、叶舒宪编著：《四重证据法研究》，复旦大学出版社，2019年，第74页。

出发”到“问答逻辑”的深层演替[①]。从史料出发的饾饤之学，即使在强调历史真实性的实证史学中，也受到挑战，“有一份材料说一分话”的古史辨派，坚守历史材料的真实性，但如果没有宏观的史观，限于僵死的材料，只能得出关于历史的碎片化知识。《四》著指出，兰克实证史学的危机说明了，实证史学在研究人的精神世界时力不从心[②]。

实证史学的危机，是实证法一枝独秀在人文学研究中必然导致的后果。那么在实证之外，人文阐释学所借重的阐释方法从何而来？严格科学的人文探索要求，如果不想限于臆断和猜想，阐释的方法和观念本身也必须经受材料的检测。文学人类学阐释方法的锻造成型，来自多文化、多信道的信息的汇集和相互论证。以《四》著第九章对“虹”意象的解读为例。叶氏的论证从自然物理现象彩虹入手，信息搜集遍及《诗经》《山海经》等众多经籍，旁涉文字符号、多民族礼俗、考古出土的珩璜等玉器、比较宗教学家的跨文化阐释等，使众多材料围绕虹意象形成辐辏互证之势。在多信道历史材料的立体展示中，文化阐释的力量被充分激发出来。

《四》著显示了，文化阐释力并非证据的简单累积。杨骊对同行关于四重证据法的误解——认为证据的增加只是证据的量的累积——提出质疑。她认为，误解来自两点忽视：一是忽视了叶舒宪对“历史”的看法，即从成文历史到被文字遮蔽或遗忘的历史；二是忽视了贯穿于三重证据法和四重证据法里的理论范式——神话仪式思维和原型思维[③]。

神话仪式思维和原型思维究竟何指？其参照性思维范式是什么？这种思维的论证方法究竟有何特殊之处？对这些问题的反思，导向了《四》著对于“动态复合论证模式”的发现。《四》著援引美国史学家伊格尔斯的观点指出，证据本身是不会说话的，说话的不是证据，而是号称掌握了证据的人[④]。是这些掌握证据的人发现了证据，比证据更重要的是根据问题组合与阐释证据进而回答问题。掌握了证据并且作出“组合与阐释”的学人，包括梁启

① 杨骊、叶舒宪编著：《四重证据法研究》，复旦大学出版社，2019年，第59页。

② 同上书，第60—61页。

③ 同上书，第60页。

④ 同上书，第63页。

超、张荫麟对历史因果律的质疑[①]，金观涛对“单纯因果分析”和“归纳法”的反思和对系统论的提倡[②]。这些思想家都注意到运用单纯因果思维解析和探索人文现象（历史、艺术）时的局限性，提出综合运用证据和阐释方法的必要性。与这些思维方法探索者相比，由于文学人类学对历史文化现象的全幅观照和跨时空扫描，纳入其视野的证据就变得无比丰饶了。尤其是，在对早期文化事项的探索中，神话这一最大公约数映入眼帘，成为文化历史发展源头广纳万象的文化母体。神话思维所具有的普遍关联性，正是多重证据间性形成广泛互缘的根据所在。这样，在追问历史源头文化母体信息时，多重证据间的立体互证作用便可得到充分的发挥。杨骊以叶舒宪的殷商玄鸟神话为例，阐明多重证据经过归纳与演绎组合到一个证明过程当中时，本身也包含了多种因果关系的归纳与演绎，由此汇集而成的证据链并非单线的，而是多线的或者网状的。这种融合实证性与阐释性的论证方式，杨骊称之为“动态复合的论证系统”，认为众多证据链之间通过此消彼长并扭结在一起所形成的复合证明力，强于单纯的因果论证。

《四》著对于动态复合论证方式的发现（再发现），具有思维方式观念考古的观念史意义。正如该著所不断援引的，在神话思维中，万物皆成关联一体的存在整体。彩虹的视觉意象既可表征自然物理现象，更是天地垂象而成的极具涵摄性的文化符号，其中包含的升天想象、变形异能、祯祥观念、丰稔与交合想象等文化符号“所指”，交互转化同构出神话思维中人类早期精神世界的财富，并在后世的历史叙事、文学表达、符号再造等人文活动中开枝散叶，葳蕤成林。后世的人文观念与精神积累，皆与此源头观念相应。

如此看来，普遍关联的动态复合论证范式，似乎主要是一种历史性的观念体系，一种与历史性观念体系密切相关的早期思维模式；我们似乎只有在探究早期观念时才有必要调动此种思维范式。但《四》著对于此种论证方式

---

① 梁启超从“在历史中寻找因果”到“认识到历史现象最多只能是互缘，不能说是因果”。张荫麟：“历史中所谓因果关系乃是特殊的个体与特殊的个体之间的一种关系，它并不涉及一条因果律，并不是一条因果律下的一个例子。因为因果律的例子是可以复现的；而历史的事实，因其内容的特殊性，严格地说，是不能复现的。休谟的因果界说不适用于历史中的所谓因果关系。”杨骊、叶舒宪编著：《四重证据法研究》，复旦大学出版社，2019年，第64页。

② 同上书，第64—65页。

的兴趣显然并不限于思想考古，而是要把多重证据立体互证的论证模式确立为一种独特的甚至是本质性的“人文阐释学”。多重证据的立体阐释，不限于对古早文化事项和观念的考索，更着力于对当代现存的文化现象的阐释。比如，借助于多重证据的跨文化通观检索，台湾泰雅族人经过彩虹桥进入神灵世界的观念就可得到解释；同样，黔东南苗族丧葬仪式上所唱的《焚巾曲》“攀登彩虹桥，登彩虹上天”的观念背景，也可得到透彻把握[①]。

如果说多重证据法的动态互证思维模式只是某种人类早期思维范式的回音和余响，其阐释的效力和范围必然是有限的。《四》著的着眼点，如果仅限于以历史性的方法论体系探索与其对应的历史性文化观念，则无论其如何声称实证性与阐释性的综合融汇，其本质上依然是综合掩盖下的方法论偏狭：它或者是在相关实证材料无比丰富基础上的“阐释性证实”，或者是裹挟多元异质性材料，以观念先行的方式展开的“实证性阐释”。《四》著不断申明其方法论的立体互释功效，并以现象学对“实事”的追求作为其本体论的引导，这就说明，四重证据法追求的，是以某种本体论奠基的“人文阐释学”总体方法的建构。这种人文阐释学的方法，虽以神话思维为源，但其更宏大的抱负，则是要在近代以来实证-阐释两分已成定局的方法论框架之外，挺立一种融汇两者又优化两者的全新方法。多重证据立体阐释的方法，像一条连接神话思维与当代人文学的虹桥，让人们把近代两分的思维范式跨在桥下，乘桥而上，追慕一种万物关联、心心相印的观念世界。

这样的世界曾在神话思维中全息展现过，近代以来，由于科学主义盛行，人与整体性精神世界的全息感应与体贴，被计算主义和因果律的知性思维所遮蔽，人类确定观念世界的存在方式，单极化发展为线性因果链条的勾连。后现代主义思想打破了知性独断局面，以“系谱学”（尼采、福柯）、“多元决定论”（阿尔都塞）、“块茎思想”（德勒兹）、“不确定性”（费耶阿本德）、“系统论”（贝塔朗菲）、“蜂群思维”[②]和“规模效应”[③]（杰弗里·韦斯特）

① 杨骊、叶舒宪编著：《四重证据法研究》，复旦大学出版社，2019年，第218页。

② 凯文·凯利（Kevin Kelly）：《失控：全人类的最终命运和结局》，张行舟等译，电子工业出版社，2016年。

③ 杰弗里·韦斯特（Geoffrey West）：《规模：复杂世界的简单法则》，张培译，张江校，中信出版社，2018年。

等非线性因果思维范式探索对世界的多元解释。在这个思维变革的时代，文学人类学四重证据法所提供的世界解释模式，与以上的世界理解模式形成深层呼应。

在当代世界，为避免科学主义实证论所带来的精神荒芜，搭建人文世界观念彩虹的任务势在必行。因此，四重证据法的“人文阐释学”建构，既是方法论的，也指向一种全新的存在论。

三、实存与表述　从“六经皆史”到“万物皆文化”

四重证据法的立体阐释，不仅仅提供了关于人的观念世界的立体图景，信息更加多元多信道，因此其认识更加深入细致，其更重要的理论意义在于，它强烈提示着一种全新的存在论，规划和指引着一种观念性存在。对于这种全新的存在论，《四》著提供了两个方面的理论指引。

首先，多重证据的立体互释，扩充了被文献符号压缩而狭窄化的精神空间和观念领域。《四》著反复申明，并以规模化的案例解析来展示多重证据互释所带来的豁然开朗的通脱境界。著者自述：

> （文学人类学的研究者）在证据方面采用物质文化领域的考古学证据和图像证据，完成了从文字-文献文本到口传文本再到文化文本的三级跳，同时在证明方法上以现代考古学的科学实证方法超越了金石学传统的格物致知的实证方法，并利用多重证据间性立体释古，形成多重因果关系的系统论式研究范式，试图利用实证与阐释的两种方法论之间的巨大张力，走向对科学与人文两种文化分裂的超越，从而开展交往性知识型的人文研究。[①]

考古证据和图像证据对人文观念阐释力的激活，体现在《四》著的角角落落。比如在该著第四章第二节中，著者以猫头鹰自然形象物为例，揭示

---

① 杨骊、叶舒宪编著：《四重证据法研究》，复旦大学出版社，2019年，第76—77页。

其在文化的两种符号系统中如何被建构出相反的象征蕴含，进而演示图像人类学的比较观照和还原方略，凸显第四重证据所拥有的超越抽象语言的视觉说服力。同样，对虹文化意象进行“表述”，对应的是文化文本，而非只是“文字文本”或“书面”“口头”及“图像”等文本。换言之，对虹文化意象的“表述”，应该对应文字（传世、出土）、口传、文物及图像等多重文化文本符号[①]。

著者认为，唯文献马首是瞻的研究路径，是传统人文学研究的主流，此一偏颇对神话研究的弊端尤甚[②]。晚近发现的新材料有丰富的出土文物和图像，其中最具有时间深度和系统性的资料为华夏玉文化器物资料，以及神话动物造型表现传统。著者从第四重证据的重要知识考古意义上看待这些新材料，认为玉器形象和神话动物形象这两大要素的出现时间，要比中国最早的文字应用形态——甲骨文和金文，早出数千年[③]，因此能最充分展示文明期人类观念的全貌。

多重证据立体释古形成的阐释力，突破了文献证据唯一性的限制，开拓出朝向观念性实存的广阔视角。由于诉诸多种证据[④]，人类感知世界的多种感觉信道同时敞开了，文字中心主义的桎梏被打破了。随着符号媒介多元化而来的，是世界存在的多元化。叶舒宪宣称多重证据法有助于“拾遗补阙，恢复断裂已久的神话叙事链”[⑤]，“激活问题论证的原初场域，恢复一种身临其境的现场感、立体感”，实现“再语境化”（recontext）[⑥]，并认为此种作用类似于现象学所主张的那种“直面事物本身”的现象学还原方法之认识效果[⑦]。

对“事物本身”或“实事”的明确探究，是哲学本体论的传统课题。这一课题并没有随着哲学“本体论阶段”的逝去或形而上学的没落而失去其思

---

① 杨骊、叶舒宪编著：《四重证据法研究》，复旦大学出版社，2019年，第208页。

② 同上书，第127页。

③ 同上书，第127—128页。

④ 叶舒宪的“考古学与证据法学的功能对照表”和“文化文本五重叙事与四重证据对照表”（见杨骊、叶舒宪编著：《四重证据法研究》，复旦大学出版社，第69页）；唐启翠对四重证据的证据间性的分析表“人类学四重证据分类依据及相关描述”（同上书，第70页）。

⑤ 同上书，第127页。

⑥ 同上书，第175页。

⑦ 同上书，第93页。

想的启迪意义。相反，对于一切有“力道”的思者来说，只有摸索到这一课题，感受到它的无穷吸引力，才能真正感受到人文世界的魅力。因而，当著者标示多重证据法的“事物本身”的指向时，文学人类学的探索便具有了对存在的指引。

其次，存在论的指引。文献中心主义者把文献记录作为唯一真实的“能指”，这就限制了真实性存在“所指”的范围，即只有那些在文字中获得存在论价值的人文观念和精神资产才具有存在的价值，因而是真实存在的。与之对比，当四重证据法敞开存在的论域，让可触者（文物）、可视者（图像）、可听者（民歌、仪式音乐等）与“可指示者”（文字）共同充当存在的确证时，存在的世界便变得无比的阔大充盈。文学人类学借助于“文化”概念的无穷涵摄力，敞开了一个无比丰沛的存在论域。

如果我们把中国传统“六经皆史”的文化史观念，看作是以文字为最高确定性证据的传统存在观；那么，与之形成对比，在多重证据的互指互证、相与发明中，所存在的都是“物”，即作为人类精神和观念之存在论证明的“万物”。文学人类学对物的研究，与当代兴起的物质文化研究相应和。这里对于物之“物性”的研究，绝不与“精神性”和“观念性”“灵性”相绝缘，相反，“物性”在此是作为“精神性”的映照和“存在论指标”而得到探讨的。对于此一精义，《四》著论述道：“物质文化的研究与欧洲传统古物学、中国传统的金石学之差异在于，物质文化不仅研究物质客体本身，还要研究物质背后人的行为，更要研究人的认知问题。换句话说，物质文化是关于物质客体的文化表述（the representation of culture in material objects）的研究。”[①]正如古玉有灵一样，那些曾经作为古人普通器具的文物，和能够记录存在历史之片段信息的甲骨文字，都具有存在论的“物灵”。这种“物灵”对于当代人不再具有超越性实存意义，但它们却提示出，在历史的某些折痕处，这些超越性存在是真实确定的。

《四》著引用闻一多的神话–历史关系提示出这种历史性真实对于今人的意义所在：

---

① 杨骊、叶舒宪编著：《四重证据法研究》，复旦大学出版社，2019年，第31页。

> 夫今人所视为迷信者，即古人之科学，今人所视为神话者，即古人之历史，古代神话之存于今者，其神话色彩愈浓，其所含当时之真相愈多，此中无所谓荒诞不经，更无所谓作伪也。……盖历史为人类活动之记录，而神话则其活动动机之记录。历史知其“然”，神话知其“所以然”。[①]

此段引文可用来阐明《四》著存在论真实性的几层意蕴：第一，随着时间迁移，对于不同时代的人来说，存在真实性会发生微妙的转换（“古人之科学”成“今人之迷信”，“古人之历史”成“今人之神话”）。第二，虽有真实性侧重点的历时偏移，但存在论领域并没有消失，那些被古人视作真实历史的内容，在今人看来具有神话的真实性和精神观念的真实性，人文世界的精神资产实现了转换和重构。第三，今人追寻古人的历史真实性，是对其观念背景的“所以然”的追寻。对于其历史性真实的拷问，可以采取现象学悬搁的方法，也可以以想象叙事视之，但其背后的“所以然”的真实性不容置疑。第四，今人作为跨时代的体贴者，如果能把握和捕捉到古人生存境遇中的某种真实，就算是对古人存在论确证的再确认了。

结　论

《四》著经过对“四重证据法”的运用、检测和推阐，把我们的研究目光从方法论引向实存论，从对“事物本身”的关切引向对于事物所处“世界”的观照。先民所生活的神话世界和神话思维，今人只有经过知识性探索的“迂回”才能抵达。在科学主义焰火正炽的当代，这种抵达还只能是以多重证据法为“探杖”的模糊不定的“贴近”。但《四》著却在细致严谨的科学研究范围内，带领我们经过方法论的辩证盘旋而终于直面一个万物混融的真实性世界。这种真实性世界在早期先民那里是以“神话”为核心而集中呈现的，在祛魅的后现代语境中，这种真实性世界的最准确的命名应该是“人

---

① 杨骊、叶舒宪编著：《四重证据法研究》，复旦大学出版社，2019年，第67页。

文的世界”。在这个人文的世界中，“文化”是最醒目的旗帜，跨民族、跨文化的思想观念（生命力的永续、祯祥和幸福、能量的保存、通神的异能）是个体之间沟通交流的“硬通货”；由于这些观念跨越古今的异质同构性，它们还成为今人与古人实现交通的观念虹桥。

《四》著以实证与阐释的方法论融通为起点，从方法论的革新导向对新的存在论的发现。在这个全新的人文存在论域中，人类对生命力的追求、对神奇力量的渴慕、对吉祥生活的向往等观念，借助熊、虹、珥蛇等文化意象，以玉器、雕刻、歌曲唱词、文学叙事、神话想象、历史传说、民俗礼仪等多样化的形式得到存在论的证明。这种“证明”，是精神性“实事”的自我展现，是人人轻松可感的；但它同时也是经过艰难的考索、比对和多方印证探索而来。文学人类学在人类精神实在论层面本质性展示了其方法的融通性，并且因应当代人对精神观念实在界的追求，在世俗的人文世界与瑰丽多彩的神话世界之间架通一座虹桥。

“神话历史”研究的古希腊个案

——评《希腊神话历史探赜——神、英雄与人》

纪　盛

《希腊神话历史探赜》是中国社会科学院外国文学研究所唐卉副研究员的最新专著。她此前已经发表了多篇相关主题的论文，还译有法国神话学家乔治·杜梅齐尔（Georges Dumezil）的弟子吉田敦彦的代表作品《日本神话的考古学》（2012）和德国古典学家瓦尔特·伯克特（Walter Burkert）的《希腊文化的东方语境》（2015）。

《希腊神话历史探赜》全书共40万字。作为“中国文学人类学理论与方法研究系列丛书”之一种，由复旦大学出版社2019年推出。书前后有序言和后记。上、中、下三篇的布局对应神、英雄与人，每篇各三章。此外，有提纲挈领的前言和旨在归纳全书方法理论的总结，另有一篇考证词源的附录。本书的内容可谓极其丰富。限于篇幅，笔者只做简要述评。

作者的前言旗帜鲜明地表明了两点。首先，本书在对古希腊神话历史探赜的过程中，其中主要的一点，是基于语言学的方法。众所周知，神话学的“诞生”离不开比较语言学。其次，本书所秉持的观念，是不可割裂神话与历史，即神话传说有其历史原型。不可否认，神话历史主义在神话学研究当中始终占有一席之地。

“上篇”挑选了希腊神话中三位颇具代表的神明，赫拉、阿波罗与阿芙洛狄忒。作者在第一章中，从腓尼基字母与赫拉的称号“牛眼”之间的关联谈起，指出了赫拉可能的最初起源；再通过分析相关词源和赫拉的神话文本，梳理了赫拉早期的多元形象；最后，解释了赫拉如何成了一位与婚姻有关女神。原因之一是，以宙斯为代表的父权制社会发展的必然，促成了这一

“巨大改变”[①]。第二章，作者开篇便点明了作为“外来神”的光明的阿波罗身兼黑暗的一面，随后再分别于三个传统的语境（史诗、悲剧与哲学）中，分析阿波罗多种形象职能的演变和发展。作者认为阿波罗丰富多彩的形象得益于希腊人对他的接收和再造，而这一过程恰恰也是“神话意识形态的建构与再建构过程”[②]。在第三章里，作者同样以词源学的方式分析了阿芙洛狄忒名字的含义，介绍了有关女神起源的两个主要的观点：近东和印欧起源。随后考察了女神最主要的两个属性，作者称之为“属天”与“属地”；接着分析了俄尔甫斯教——另一脉主要的古希腊神话谱系——中的阿芙洛狄忒的另一副面孔，继而提到了女神形象的多面性[③]。最后，作者对古希腊女诗人萨福的《致阿芙洛狄忒》进行了细致的文本解读。可以说，作者在这一章中选取了女神身上不同的侧重点，以丰富的研究方法，勾勒出了阿芙洛狄忒在神话和历史语境中的面貌。

“中篇”研究的对象分别是著名的英雄人物赫拉克勒斯、传说中的亚马逊女战士，以及一座与古希腊英雄息息相关的古城——特洛伊。半神英雄赫拉克勒斯被安排在第四章处理，显然有承上启下的衔接转换之义。作者先分析了赫拉克勒斯在文学作品（史诗和悲剧）中神话形象的变化。再以神话考古的路径，寻找赫拉克勒斯可能的原型，指出了希腊英雄赫拉克勒斯是一个复合型的人物形象，其中既有埃及和腓尼基诸神的基因，也有萨满巫师和真实希腊历史人物的嫁接[④]。最后，赫拉克勒斯的形象在神话传播与希腊历史进程的相互作用下，催生了一个影响深远的观念——神王观——的诞生。作者在第五章，用两节的篇幅，通过解读亚马逊女战士神话的不同版本，寻找女战士传说背后的历史原型，指出这群与以男性为主体的进步文明的希腊世界相对的异族女性战士，实际上包含了一段“真实的历史隐喻”[⑤]。在最后一节中，作者适时地走出希腊世界，继续探寻亚马逊女战士的“踪迹”，从罗马的女角斗士到欧亚草原再到大航海时代的美洲，这也从侧面反映了希腊神话

① 唐卉：《希腊神话历史探赜——神、英雄与人》，复旦大学出版社，2019年，第22页。
② 同上书，第54页。
③ 同上书，第72页。
④ 同上书，第142页。
⑤ 同上书，第160页。

影响力之久远。第六章，跳脱出了以个别人物为研究对象的形式，转而进入对一座交织着神话与历史的古城——特洛伊/伊利昂——的考察当中。作者从该城的两种称谓谈起，再进入荷马史诗的文本当中，指出这座古老的城市经历的从真实的历史到想象的神话变化过程当中，发生的“修辞的变迁”[①]。最后系统地梳理了特洛伊考古的来龙去脉，以此证明神话中所包含的历史叙述。

“下篇”在集中讨论了俄狄浦斯神话后，分别深入对赫西俄德和希罗多德作品的分析当中。在第七章中，作者首先介绍了俄狄浦斯神话的几个原始文本，继而分析了俄狄浦斯形象在阿提卡悲剧和喜剧中的表现和象征意义，在第三节则通过研究分析指出，俄狄浦斯的神话“包罗了整个人类的历史”[②]。最后，作者凭借自己在文学领域的学识，简要地梳理了俄狄浦斯神话的主题对自希腊以降的罗马帝国经文艺复兴至启蒙运动再到现当代的西方和日本文学界所产生的深远影响，及其在此过程当中发生的变化和再造。很明显，从章节的标题和小结来看，第八章和第九章是一组密不可分的议题。赫西俄德用神话的语言在讲述人类的历史，而希罗多德则使用历史的修辞在诉说神话的故事。在经过对两位作家及其作品的分析，同时也是对神话与历史之间关系的探询和思考后，作者总结道:“神话讲述中带有最深沉的历史信息”，而“历史讲述则始源于神话叙事”[③]。

最后的“总结”部分，作者分别反思了“历史”和“神话”的概念，及其相关的研究理论和方法，指出了如今史学与文学相结合的研究趋势。作者在对思想理论和研究方法的归纳和反思中，让本书看似从神到人的“下降”式的论述，实际成为一种形而上的“升华”过程。这应该也是本书作者以及这套文学人类学系列丛书所要传达的跨学科理论创新之意。

本书在章节编排上，依据神、英雄、人的顺序，让人想到维科《新学科》的历史进程观，事实上，作者提到自己也确实遵循了维科的思路。总体而言，本书的篇章布局得当，每一篇选取的研究对象都很有代表性，看得出

---

① 唐卉:《希腊神话历史探赜——神、英雄与人》，复旦大学出版社，2019年，第190页。

② 同上书，第241页。

③ 同上书，第324页。

作者花了心思。比如上篇是两位女神夹着一个男神，中篇则形成了男英雄和女英雄的对照，下篇有诗人与史家对比。其实书中的每一章，所涉及的领域都可以是一个研究课题，但作者处理得十分得当，并不力求面面俱到，而是从大入小，有所选择地探讨关键的问题，再细化分述，层层论析，颇有条理，看得出作者对这些相关课题都有深入的探索和思考，并对以往的观点提出了修正。同时可以看出，作者的学术眼界十分开阔，且对这些课题已形成了一个系统化的认识。面对这些相对庞杂的研究课题，作者能保持始终以神话与历史的关系为准绳，串联起所有的章节，这让整书的论述脉络显得十分统一。在附录中，作者能对关键概念追本溯源，界定其确切的含义，展现了作者严谨的治学风格。书后列出了详尽的索引，也方便读者查阅书中相关内容，提升了阅读体验。

本书的研究展现了国内希腊神话研究的较高水准，有效地填补了国内希腊神话领域研究成果的空白，其探赜钩沉的研究方法对其他领域的研究也颇有值得借鉴和学习之处。此外，本书还适合神话爱好者们深入了解希腊神话的含义，有助于认清希腊诸神单一神话标签背后的多面形象，及其社会和历史的属性。

从证据的间性看无处不在大传统

——评《重述神话中国——文学人类学的文化文本论与证据间性视角》

安　琪
上海交通大学人文学院

《重述神话中国——文学人类学的文化文本论与证据间性视角》是2017年4月在上海交通大学召开的文学人类学研究会第七届学术年会的论文汇编，围绕"神话中国"的理论、实践与体系架构展开。众所周知，神话研究曾长期受到学界冷落以至于有沦为"绝学"之虞，有赖于文学人类学学科30余年来孜孜不倦的建设，中国神话近年来渐渐重新焕发了生机。本书的亮点之一在于其标题，它不言"中国神话"而取"神话中国"，本身就暗示了编著者的旨趣之所在——这不是一本系统讲述中国神话包含哪些故事、神祇谱系有多么繁复的教科书式的著作，而是开宗明义地提出:"中国故事"和"中国话语"在根源上就是由神话思维所塑造的，在形态上就是由神话这个文明大传统所体现的。这揭示了文学人类学学科内部对神话的研究，已经从相对狭隘的文学本位的神话观，走向了关注信仰驱动与文明起源的神话观；治学的目的，也不再仅仅局限于"一时一事"的微观研究，而添加了诸多从文化基因层面来为中华文明的形成与源流提供解释的动机。早在2009年，叶舒宪先生就在《中国的神话历史》这篇汪洋恣肆的雄文中阐述了这个观点——神话是文明基因的隐秘编码，历史是神话，文学也是神话[1]。那么，我

---

① 叶舒宪:《中国的神话历史——从"中国神话"到"神话中国"》,《百色学院学报》2009年第1期。

们今天应当采用何种手段才能成功地重新讲述这个具有几千年传统的“神话中国”？

本书的亮点之二在于文章编排的体例与巧思。不同于一般的会议论文集，24篇文章分门别类地嵌放在五个部分之中——文学人类学的方法论篇、文化文本逆向间性论篇、文化文本顺向间性论篇、文化文本平向间性论篇、文化文本复合间性论篇。这个结构来源于旨在“立体释古”的四重证据法，它将日渐丰富的考古学新材料、博物馆所藏文物与图像添加进传世文献、多民族民间口传的活态民族志文献之中，多重“物证”彼此交错、关联，层层推演，编织出一种极具数学之美的稳定结构，充分体现了文学人类学这门在跨学科潮流下诞生的新学科爆发出的强大理论原创力和阐释力。

以“间性”一词为关键词，按照会议文章所考察的对象、探讨的问题来分类。“间性”一词来源于20世纪西方后现代哲学范畴中的“主体间性”（intersubjectivity）一词。在胡塞尔看来，主体间性是一个认识论概念，指在认识活动中，将对象客体当作与主体相同的对象主体，平等展开对话与交流。主体间性最初旨在解决个体认识如何才可能具有普遍性，随后拓展至社会行为主体之间互动的可能性、价值观的统一性和情感及知识的互可理解性，再后来，主体间性开始渗入社会与伦理，成了一个与人际关系相关涉的社会学概念。

本书的第一部分是方法论篇。文学人类学这门学科的知识考古范式，经过30余年的努力建设，如今已然日臻成熟，这其中，叶舒宪先生早在2005年提出的“四重证据法”为后来涌现出的众多个案研究提供了结构性的支撑，也是老中青三代学者的治学生涯中至关重要的学术生长点。如果说“四重证据法”在其首创的数年期间，文学人类学研究大多以问题为导向，紧扣个案研究，牢牢抓住问题导向，那么近10年来，学者们越来越多地将视线投向学科理论“破茧成蝶”般的建构，以及如何搭建一套适合中国本土文学和文化实际的新理论体系上来。本书收录的24篇文章中，就有相当的数量是基于方法论、知识范式与话语建构的研究。公维军《文学人类学知识考古范式的建构与实践》在梳理四重证据法10年发展的源与流之余，融入了对这一创新性理论的反思，比如某一重证据之缺失、某几处证据之重合所带来的互补与互证效应，以及“四重证据法”与“层累结构”研究范式的关系等。除此之外，作者还提醒四重证据法的实际运用者，应当避免将文本与田野、书写文化与口传文化对立起来，不能有过分强调考古实物与图像的证明优势而忽视其他三重证据效力的倾向①，“图像证史”的路数所存在的问题缺陷也应当引起学者的警惕，这些问题与观点的提出，阐明了文学人类学学科在方法论建构道路上所经历的波折、反思与持续性的推进。另一位年轻的学者柴克东在《中国神话学研究的方法论演进》一文中历时性地呈现了文学人类学作为一个“学派”，是如何区别于传统考据学的“古史辨”阵营，又是如何开拓神话研究新路径的。在这个摆脱“辨伪”指向、重建神话与历史之间的血肉联系的过程中，四重证据法借助立体阐释的场域，还原了一种“神话思维”，从对个别神话文本的解释转向对深化思维的普遍模式和规则的探讨，以及转向对中国神话、中国哲学思想的相关关系的探讨，成功地走出了乾嘉学派以来的考据窠臼。胡建升的《活态之物：文化大传统对物的发现》提出一个“物的在场”理论，他强调神话历史研究中“物证”的重要性，认为“以物观文”的路径构成了对传统“以文观物”的超越。李永平的《四重证据的升级改造与国学建设的当代价值》提出以N重全息证据的跨文化、跨学科的间性视野，来全面提升“国学”的当代价值，更新“国学”的观念与实践。

第二、三部分关注的是文化文本的逆向间性与顺向间性问题。逆向间性与顺向间性这两个概念是对胡塞尔“主体间性”概念的推衍，用来为大传统知识的隐秘性、多元性与丰富性构成进行分类时，这一组对立概念显示出了特殊的效用。本书的导论部分用简明清晰的图示标注出了推理的顺序，简而言之，逆向间性是用第三重证据（活态展演、民俗图像）中残存的神话思维去逆推大传统的历史，而顺向间性则是反过来，由元编码及至多重编码，由源及流地从大传统中寻找文字文明的小传统中埋藏的神圣密码。这两个部分共收录了6篇文章，与本书题目及整体旨趣最相符者，当属叶舒宪和公维军合作的《从“神话中国”看民间美术与大传统传承》。这篇文章是对2009年《中国的神话历史》一文的延伸与发扬光大。在作者看来，既然“神话中国”

① 公维军：《文学人类学知识考古范式的建构与实践》，载叶舒宪主编：《重述神话中国——文学人类学的证据间性视角》，上海交通大学出版社，2018年，第48页。

的概念已经超越了文学本位的中国神话，那么就应当在材料来源和研究对象上打通文史哲、宗教学、心理学等诸多学科，以一种不拘一格的整体性视野来深入理解文明发生期的神话思维与观念。他们将四重证据和三重证据之间的积极互动作为聚焦点，以陇东剪纸、云南甲马等体现神话大传统的民间美术材料，来印证考古图像与文物。

第四和第五部分聚焦于主体间性的平行向度与复合向度，总体来看，这两部分收录文章11篇，占全书篇幅的近一半，其原因并非偶然所致，而是学科特性使然。一方面，文学人类学研究素来注重证据材料来源的丰富性与多元性，特别是在第一重和第二重证据内部，尚待探索的海量大传统知识存在着并生与交错的局面；另一方面，证据与证据之间的衔接、过渡与关联并非总是体现为平滑的从A到B，而多数时候是呈现为“和声”式的证据谱系，彼此阐发、彼此印证。本书编者敏锐地注意到这种“间性往来”的特征，所收录的文章皆是用图像、出土实物、口承传统的间性对照来复原情景，既包括在第一重传世文献证据内部进行语音、文字等多形态、多种类证据的对比分析，如吴晓东的《禹妻“涂山”氏名称与“蜍蟾”同源考》借助对上古语音、文字证据的间性解读，证明了禹妻“涂山”氏（文献中被记载为“女娲”）与嫦娥、姮娥同出一脉，皆以“蜍蟾”为共同的语源；也包括对第三重证据涉及的不同地域民族的神话仪式进行间性对比，如聚焦于西南边疆“藏彝走廊”的地方性知识“深描”（吴正彪《文学表述与边疆多元文化重述：民国时期湘西板塘苗文歌管窥》）、仪式的地域呈现、仪式扎根的生活样态以及口承传统的叙事模式（李祥林《戏剧·仪式·生活：人类学视野中藏戏的地域呈现及生活样态》、黄桂秋《壮族口传巫辞文学的传承与叙事模式》）。

本书的亮点之三是“复合间性论篇”收录的数篇文章，它们言说的内容虽然各有不同（包括华夏早期文明、藏彝走廊古文明、中西方艺术传统），但都体现出贯通大小传统的复合间性互动的旨趣。在每一重证据中都存在不同形态的间性空间，都蕴藏着或多或少、或隐或现的大传统因子，将这些证据串联整合、编织贯通起来，最终构成一张连接大传统各项要素的蛛网，这既需要巧思，也需要妙手。叶舒宪《龙血玄黄——大传统新知识求解华夏文明的原型编码》就是多重证据彼此连线、织成因果解释网的典型案例，作者发议论于微末之处，挑选了《周易·坤卦》中一句容易被人忽略的句子“龙战于野，其血玄黄”来引出，立论精妙，取证广博。在他看来，这部上古占卜之奇书，饱含着史前文化大传统裹挟的丰富信仰与神话。通过对红山文化C字龙、兴隆洼玉器和纬书、正史的互证，作者提出早在汉字之前华夏文明中就已经存在着一套颜色象征的原编码谱系，这套谱系是以玉礼器为载体的。中原史前玉礼器的第四重证据与《尚书》中有关“玄圭”“玄钺”“玄璧”叙事的文字记载彼此印证，呈现出一个长达千年的以深色蛇纹石玉料为主的“玄玉时代”；再结合第九次玉帛之路考察团的调查成果（2016年），作者梳理了中原玉礼器的发生史，用四重证据揭示出“玉礼器”与“龙神话”的对应关系，以及“玄黄二元”的原型编码，这套编码如同一个叙事上的语法，一个文明的深层结构，散见于上古神话叙事。曾经我们不太理解的《山海经》“珥两蛇”之含义、黄帝-玄珠、黄帝-玄玉的搭配，以及为何“夏人尚黑”、为何马王堆帛画上会出现玄黄二蛇贯穿玉璧的图像，到此全都迎刃而解了。与此文有异曲同工之妙的是易华《从玉帛古国到干戈王国》和唐启翠《玉圭如何“重述”中国——“圭命”神话与中国礼制话语建构》两篇文章，前者参照大量史前遗址的第三重证据，映照文献的第一重证据，论证尧舜禹三代及史前方国均是“有祀无戎”的玉帛古国，直到夏之后方才进入“祀戎并重”的干戈王国，以多重证据修订了苏秉琦的“古国—方国—帝国”理论；后者聚焦“玉圭”的礼器叙事和“贽瑞以镇之”的礼制仪节，综合运用甲骨文卜辞、金文、《诗》、《书》、《周礼》、诸子文献、历代史志与出土实物的多重证据，重现了玉圭在王权合法性和礼制话语建构中的意义。李菲的文章《从梭坡如何去往东女国：藏彝走廊的传说、道路与地方空间》侧重于大小传统的复合间性互动，她在爬梳“东女国”文献的同时，以微观民族志的视角探寻东女国的地方历史与族群记忆，在藏彝走廊的多元空间实践中重新理解“地方”与“道路”的价值意义。彭兆荣《生以身为：艺术中的身体表述》从另一个角度探索了大小传统之间的间性互动的可能性。他关注的是中西方传统艺术中对于人类身体的表达方式，不论是绘画雕塑、体育运动、行为展演，还是对于“肉身”的保存处理技术，围绕人类身体（裸体）展开的种种呈现都属于小传统，往上可以一直溯及原始仪式和自然崇拜中的身体展演。仪式与艺术的关系如此紧密，只有尽力穷尽所有证据中有关大传统的间性空间的可能性，才能捕捉艺术的本源。

《重述神话中国》出版于2018年年末，紧接着的2019年对于中国神话和神话学界来说，注定是一个不平凡的年份。新年刚过，复旦大学出版社就重磅推出四部神话研究的专著《玉石神话信仰与华夏精神》《文学人类学新论》《四重证据法研究》与《希腊神话历史探赜》。这四部著作是上海交通大学与中国社会科学院合作的国家社科基金重大招标项目“中国文学人类学理论与方法研究”的成果，历经6年艰苦努力，在2016年以突出的理论创新和厚重扎实的成果获得国家免检结项的殊荣。上海交通大学神话研究院的首席专家、上海交通大学资深教授叶舒宪先生的《玉石神话信仰与华夏精神》一书，以9 000年玉文化的大传统为立论基石，通过对西部7省区250个县市的调查采样，划定了总面积200万平方公里的“中国西部玉矿资源区”，凭借丰富的田野样本、“接地气”的田野经验，重新建构起玉礼器的神话学，揭示华夏文明的精神和信仰之根，提出“玉文化先统一中国”的独创观点。《文学人类学新论》和《四重证据法研究》的亮点在于理论与个案的完美衔接，整合了文学人类学学科历经30年提出的一系列原创理论，如“文化符号N级编码”“神话观念决定论”“神话中国论”“四重证据”，充分体现了文学人类学这门在跨学科潮流下诞生的新学科爆发出的强大理论原创力和阐释力。《希腊神话历史探赜》一书则是建立在比较神话学基础上的个案研究，神话历史的新观念是世界文明探源不可或缺的视角，这部书体现的是中国学者在“他山之石可以攻玉”的思路下推陈出新的雄心。这套成果是文学人类学中心和神话学研究院进行学科交叉、视界融合研究的集中呈现，为中国学术进行范式转型、走向“创新主导”提供了宝贵的经验，更开启了神话研究的新篇章。

这一年，也是中国神话迈入数智时代，拥抱科学、走向民众的重要年份。神话不再仅仅是文学，甚至不再仅仅是历史，而成为最尖端科技的一个分身。早在21世纪到来之初，古老的华夏神话就已借助最前沿的航空航天技术焕发了新的生命。2004年，中国正式开展月球探测工程，并命名为“嫦娥工程”。2007年，“嫦娥一号”奔赴月球，着陆点附近的三个陨石坑，被命名为紫薇、太微和天市；2013年“玉兔号”月球车顺利驶抵月球表面，着陆地点被命名为“广寒宫”；2018年，中国成功发射了“嫦娥四号”月球探测器的中继卫星“鹊桥”；2019年，“嫦娥四号”和“玉兔二号”传回了月球的照片，奔月的神话在中国航天人的呕心沥血之下变成现实。古老的神话从高文典册中走出，借助科技、传媒的东风，进入千家万户。2019年8月初，华为在广东东莞举办了史上规模最大的一次全球开发大会，正式发布了基于微内核的面向全场景的分布式操作系统——鸿蒙（Harmony OS）。“鸿蒙”一词出自盘古神话，意指开天辟地之前，充塞洪荒的迷漫元气，《淮南子·道应训》有“西穷窅冥之党，东开鸿蒙之先”之句。用华夏5 000年神话的瑰丽梦想，去诠释今日民族科技的伟大复兴，这是属于中国科学家的终极浪漫，更验证了“神话中国”这套文化编码在效力和影响上的无远弗届。

近年来诞生自中国本土的科幻小说如《三体》《流浪地球》皆在全球范围内引发了热议，文学与文化的传统疆域正在接受科学之光和数字时代的穿透与照耀。文学需要想象，科幻文学更是如此，长久以来，“李约瑟难题”如影随形地缠绕着中国知识阶层，而“中国为什么没有好的科幻文学”这个问题几乎就是李约瑟难题在文学世界中的投影与翻版。《科幻世界》前主编、作家阿来在《重建文学的幻想传统》中，尖锐地指出：中国文学之所以发展滞后，不是由于中国人天生想象力缺乏，而是因为筑得太高的“现实主义堤坝”隔断了“古已有之的幻想长河”。面对“文学之河上束缚自由想象的堤坝”，阿来呼吁引进有活力的水流予以冲决：“中国文学幻想传统的重建，除了纵向的接续，还有大量的横向的比较，只有站在与世界对话的意义上，这种重建才是一种真正的重建。”阿来开出的药方是建立与“西方”对话的孔道和桥梁，但在笔者看来，堤坝的比喻并不准确。这条“古已有之的幻想长河”就是天人合一、万物相生式的神话思维和感知方式，就是不绝如缕的文化大传统，它从未断绝，也不会断绝，更未被“现实主义堤坝”所阻隔和切分，它只是深深地潜伏在现实主义与科学主义的硬壳之下。

回到《重述神话中国》这本书，在笔者看来这本著作的意义绝非仅仅是一部展现学科新水平和新高度的“学术著作”，更在于它向那些希望了解这条“古已有之的幻想长河”的人们，提供了一组有效的密码，它呈现的是“授人以渔”的方法：如何搜求多重证据、如何通过搭建证据与证据之间的间性空间来再现大传统的真知。或许这才是我们在迈向数智时代的当口，应该被灌注、被加持的真正力量。

跨学科与文化创意研究

现代病源于三元分裂，源于概念对人的奴化，象征系统脱离了物感物觉，脱离了人的主体创造，形成异己力量，导致形神冲突，心物背反。在现代性格局之下，从机器到身份，人们都在“异己”地生活着：人类制造了机器，反倒成为机器的奴仆，与其说人指挥机器，不如说机器指挥人；“验明正身”已经不如一片身份证重要，有人说，丢了户口就像丢了“魂”，丢了自己的存在。

走向世界的中国当代文学理论与批评

王 宁
上海交通大学人文学院

中国人文学术走向世界已经成为进入21世纪以来中国人文学者的一个广泛共识和努力方向。在这方面，中国的比较文学和文学理论学者起到了某种“排头兵”的作用。确实，随着第22届国际史学大会2015年在济南的举行、第24届世界哲学大会2018年在北京的举行以及第22届国际比较文学大会2019年在澳门的举行，文史哲诸主要学科领域都取得了一些突破性的进展。不少有着远见卓识的学者身体力行，在国际化的道路上披荆斩棘，步履艰难地前行，迈出了扎实有力的一步又一步，取得了一些卓有成效的进展。本文旨在从文学理论走向世界的一个成功个案入手，提出一些切实可行的对策和国际化路径，以就教于广大读者和专业研究人员。

一、“强制阐释论”命题的提出及其意义

在进入21世纪以来的中国文学理论批评界，为人们谈论最多的一个话题莫过于所谓的“强制阐释论”，一些顶级的文学理论刊物和人文社会科学综合性刊物发表了大量讨论这个话题的论文，充分显示了文学理论批评的活力。这一现象证明了我几年前的一个判断：文学和文化理论在西方进入低谷时，却在中国产生了不小的影响和效应[①]。我们十分欣喜地注意到，对于中国

---

① Wang Ning, “Introduction: Toward a Substantial Chinese-Western Theoretical Dialogue”, *Comparative Literature Studies*, 2016, 53(3), pp.562–563.

当代文论的国际化问题，一些身居要职并有着广泛影响力的学者型批评家已经意识到这一重要性并开始具体行动了，本文将要讨论的张江就是这些学者中的一个突出的代表。他在繁忙的科研和行政管理工作之余发表了一系列文章和访谈，不仅对当代西方文论所陷入的“强制阐释”之困境作了有力的批判，同时也对如何推进中国文论走向世界作了创造性阐述和具体的实践。我们在此所要强调的是，张江所提出的这一系列命题和看法确实是颇有见地的，也即不仅要对国外的文学理论加以批判性吸收和借鉴，而且要更加注重中国当代文论的国际化和理论话语的建构，从而向国际文学理论批评界推出中国自己的文学理论批评大家，而不能像过去那样仅仅纠缠于中国古代文论的现代转型这个老问题。应该说，张江不仅从中国文学理论批评的实践出发，针对当代西方文论所遭遇到的困境提出了质疑和批判性分析，同时也基于中国学者的本土立场，提出了若干促使中国文论走向世界进而建构中国文学理论批评话语的对策。

我们都知道，中国的文学理论话语的全方位建构体现于诸方面，具体包括文学本体、文学创作、文学接受和发展等各个方面的建构，应该说是一个相当具体和完整的价值体系。正如季羡林所认为的那样，中国文化博大精深，“我们在文论话语方面，决不是赤贫，而是满怀珠玑。我们有一套完整的与西方迥异的文论话语”[①]。但令人遗憾的是，在长期以来的唯西方文论马首是瞻的语境下，中国文论的这些话语特征被遮蔽了，即使是季羡林这位在中国的语境下曾经如雷贯耳的外国文学和比较文学大师级学者在国际学界也被严重地低估并受到相当的边缘化待遇。他身前对此深有感触，于是提出了一个“文化送出主义”的策略[②]，但是尽管如此，他生前并没有看到自己的著作和理论思想在国际学界得到重视和关注。而张江则往前又走了一步，并且取得了一定的效果。张江提出的“强制阐释论”是基于他对当代西方文论若干问题的研究和反思，有着很强的现实意义和可操作性。此外，他不仅止于此，还根据国内文论界的现状，提出了重建中国文论的三个策略：（1）全方位回归中国文学实践；（2）坚持民族化方向；（3）外部研究与内部研究的辩证

① 季羡林：《季羡林人生漫笔》，同心出版社，2000年，第436页。
② 季羡林：《季羡林谈义理》，人民出版社，2010年，第39页。

统一。如果说前二者是大的方向和方针的话，最后一点则告诉我们该如何进行具体操作[①]。

关于第一个策略，张江在文章中指出了这样一个紧迫的问题："当前中国文学理论建设最迫切、最根本的任务，是重新校正长期以来被颠倒的理论和实践的关系，抛弃一切对外来先验理论的过分倚重，让学术兴奋点由对西方理论的追逐回到对实践的梳理，让理论的来路重归文学实践。"[②]这应该是问题的症结，同时也是我们每个从事文学理论批评的学者所共同关心的问题。面对文学理论的危机和困境，西方的一些理论大家表现出不同程度的担心：他们一方面眼看着理论的跨学科性和泛文化性愈演愈烈而无可奈何，但另一方面确实也在做一些力所能及的工作，以促使文学理论返回到对文学现象的研究。近10多年来兴起于国际比较文学和文学理论界的关于"世界文学"问题的讨论就是专注文学研究的学者试图促使文学批评和研究摆脱危机之境地的"最后一搏"。在这方面，中国的文学学者和批评家也积极地参与其中，并发出愈益强劲的声音，引起国际学界的瞩目[③]。但是既然文学理论在当今时代已经变得与以往面目全非了，我们还有必要再让它返回过去的老路吗？显然走回头路是没有出路的，而且实践也证明，它根本无助于挽回文学理论的衰落之境地。对此，西方的一些理论家已经提出了一些颇为有效的对策。

10多年前，英国的马克思主义文学理论家和文化批评家特里·伊格尔顿在那本题为《理论之后》的书中哀叹，"文化理论的黄金时代已成为过去"，一个曾经为文学理论积极奔波的批评大家面对文学理论的衰落也无可奈何，不得不改用"文化理论"这一更为宽泛的术语。但他在描述文化理论衰落的种种征兆之后又呼吁人们返回到"前理论的天真烂漫时代"（an age of pre-theoretical innocence）[④]。但这显然是不可能的，而且他自己也没有沿着这条道路走下去，他在其后的著作中依然徘徊在文学理论、文化批评与社会政治批

① 关于"强制阐释论"的主要内容，参阅张江：《强制阐释论》，《文学评论》2014年第6期；张江：《当代西方文论若干问题的辨识——兼及中国文论建设》，《中国社会科学》2014年第5期。

② 张江：《当代西方文论若干问题的辨识——兼及中国文论建设》，《文学评论》2014年第6期。

③ 在这方面，笔者自21世纪以来，在主要的国际英文刊物上发表了20多篇讨论世界文学和中国文学的世界性意义的论文，并为多家学术刊物编辑相关的主题专辑，在国际学界产生了较大的影响。这些论文均收录国际权威数据库A&HCI或SSCI，有些已被译成其他文字。

④ Terry Eagleton, *After Theory*, London: Penguin Books, 2005, p.1.

评之间，并没有为挽救文学理论的危机做出什么卓有成效的工作。美国文论家卡勒早在20世纪80年代就面对文学理论的多学科来源和跨学科走向，主张用“理论”或“文本理论”等术语来概括这种情景，但他最近10多年来，倒是越来越向往当年的文学理论，并不遗余力地为其在各相关的人文学科中谋得一席之地。他的策略是重新拾起早被他一度抛弃的“文学理论”这一术语，提出了“理论中的文学性”（literary in theory）这一颇有见地同时又多少无奈的观点。在他看来，理论中的多学科来源和跨学科方向是一种大趋势，文学理论家所能做的就是在这些形形色色的（来自文学以外的）理论中发现文学的因素。这也是他的一个不得已而为之的权宜之计。卡勒于2011年应我邀请来中国访问讲学，在清华大学、北京大学、上海交通大学、南京大学等主要高校作了巡回演讲，他在演讲中反复描述了当代（西方）文学理论的方向，大致可以概括为这样六个：（1）叙事学的复兴；（2）更多地谈论德里达而较少谈论福柯和拉康；（3）伦理学的转向；（4）生态批评；（5）后人文研究；（6）审美的回归[①]。我们不难发现，这六个方向都与文学有着密切的关系，而对于性别研究、后殖民理论和马克思主义这些带有鲜明意识形态特征的理论却不在他归纳的范围。也许在他看来，那些文学以外的理论属于文化理论学者探讨的对象。显然，卡勒的这个带有“去意识形态化”的描述试图把漫无边际的理论拉回到文学理论的轨道上来，和张江所担心的文学理论偏离文学批评实践的怪现象不谋而合。这也说明中国的文学理论家在讨论文学理论的基本问题时已经达到了与西方乃至国际同行平等对话的境地了。但是张江还进一步就中国文论如何走向世界的策略和路径作了阐述，在张江看来，中国文论的国际化有着广阔的前景，这主要体现在：“时代变了，语境变了，中国文学的表现方式也变了，甚至汉语本身也发生了巨大的历史变异。在此情势下，用中国古典文论套用今天的文学实践，其荒谬不逊于对西方文论的生搬硬套。”[②]在这里，张江正好说出了问题的两个极端：其一是对西方文论概念和术语的生搬硬套，“强制性”地用来阐释中国的文学现象，这一点是他

---

① Cf. Jonathan Culler, “Literary Theory Today”，2011年10月25日在清华大学的演讲。

② 张江：《当代西方文论若干问题的辨识——兼及中国文论建设》，《中国社会科学》2014年第5期。

坚决反对的；其二便是反其道而行之，用中国古典文论来套用今天的文学实践，这在他看来也是“荒谬”的。那么人们便问道，他所主张的是怎样一种批评性阐释呢？

张江认为，在了解了西方文论中曾经历的内外部转向后，我们应该针对中国文论界的现状提出我们的对策，也即要“融入世界，与西方平等对话”，他认为一些中国学者已经有了这种愿望，尽管在具体实践方面并未取得明显的效果，但这本身是无可指摘的。他同时又强调：“对话的前提必须是，我们的理论与西方相比要有异质性，有独特价值。”[①] 也即他所谓的“外部研究与内部研究的辩证统一”，至于如何统一法，如何才能实现中国文论话语的重建，他在那篇长文中并没有作详细阐发。倒是在另一篇访谈中弥补了这一缺憾。在那篇访谈中，张江在进一步发挥他的“强制阐释论”的同时，也提出了自己的“本体阐释”之设想：

> 我提出一个新概念：本体阐释。确切表达，“本体阐释”是以文本为核心的文学阐释，是让文学理论回归文学的阐释。“本体阐释”以文本的自在性为依据。原始文本具有自在性，是以精神形态自在的独立本体，是阐释的对象。“本体阐释”包含多个层次，阐释的边界规约本体阐释的正当范围。“本体阐释”遵循正确的认识路线，从文本出发而不是从理论出发。“本体阐释”拒绝前置立场和结论，一切判断和结论生成于阐释之后。“本体阐释”决绝约束推衍。多文本阐释的积累，可以抽象为理论，上升为规律。[②]

从这段简明扼要的界定来看，我们不难看出它既是对新批评派的专注文本的狭隘视域的拓展和超越，同时又不是那种脱离文本规约的过度阐释，或者说既不反对阐释本身，同时又拒绝前置立场和结论的“强制性阐释”。这应该是张江基于对强制阐释的批判后提出的一个建设性的批评概念。按照这

---

① 张江：《当代西方文论若干问题的辨识——兼及中国文论建设》，《中国社会科学》2014年第5期。

② 关于张江“本体阐释”的具体内容，参阅毛莉：《张江：当代文论重建路径——由“强制阐释”到“本体阐释”》，《中国社会科学报》2014年6月16日。

一概念，它具体由三个层次组成：核心阐释、本源阐释和效应阐释。也即，首先，它是对“文本自身确切含义的阐释，包含文本所确有的思想和艺术成果”；其次，它所阐释的是“原生话语的来源，创作者的话语动机，创作者想说、要说而未说的话语，以及产生这些动机和潜在话语的即时背景”；最后，是“对在文本传播过程中，社会和受众反应的阐释”[①]。

张江的这番努力建构可以概括为这样一句话，就是要努力挽救文学理论所陷入的危机状态，使得无所不在、无所不包的“理论”返回到它的出发点，也即返回对文学现象的考察研究和分析，而非用于解释各种大而无当的文化和社会现象。这一点和我在不同的场合所描述的“后理论时代”的文学理论状况基本一致，也即在“后理论时代”，理论将失去其大而无当、无所不能的功能，它将返回对文学现象的解释和研究，尽管理论也许会丧失以往的批判锋芒，但却会带有更多的经验研究色彩和文本分析阐释的成分。理论经过一个跨学科的循环后最终还是要回归文学，也就是说，理论应该果断地回到它应该安身立命的地方，而不应该像过去那样包打天下和无所不能。这也是伊格尔顿10多年前就已经呼吁过的，在一篇题为《文化之战》的文章中，伊格尔顿在论述了文化研究的大行其道之后呼吁，文化的滥用已经使这个辞藻变得厚颜无耻，我们应该果断地“把它送回到它应该发挥作用的地方”[②]。同样，张江的意思在我看来也是如此，理论已经越来越远离文学本身，它的大而无当已经令不少从事文学批评和理论研究的学者感到讨厌，因此我们应该让它返回到它应该发挥功能的地方：对文学本体的批评和研究，这应该是文学理论大有作为的地方。

二、张江与米勒的对话的意义再识

在阐述了中国当代文论走向世界的必然性和可行性之后，我在此再次强

---

① 关于张江“本体阐释”的具体内容，参阅毛莉：《张江：当代文论重建路径——由“强制阐释”到“本体阐释”》，《中国社会科学报》2014年6月16日。

② 参见特里·伊格尔顿：《文化之战》，王宁译，《南方文坛》2001年第3期。

调，“后理论时代”的来临，虽然标志着文学理论在西方的衰落，但并不意味着它在其他地方也处于衰落的境地，可以说它倒是从另一个方面为非西方文论从边缘步入中心进而与处于强势的西方文论进行平等对话铺平了道路。因此，抓住这个机遇，大力发展和深化中国文学理论的现有成果，并把目光转向更为广阔的世界，我们就有可能在西方文论界遭遇困境的地方做出我们自己的建树，这样，也就正如张江所说，我们就能够与西方乃至国际文论界平等对话。因为要想得到国际同行的认可并与其进行平等对话，首先我们自己要具备一定的资格，也即“我们的理论与西方相比要有异质性，有独特价值”。那么这种异质性如何产生呢？一味跟进别人便丧失了自我，而对别人的成果全然不顾、全部依赖自己提出的一套理论，这至少在现在是无法实现的，更无法让别人认可并接受。那么唯一可行的路径就是在跟进西方理论的同时加进本土的东西，使得西方的强势理论话语的“纯正性”变得不纯，也即取得中国文论的“异质特征”，接下来在与西方理论进行对话的过程中对之进行改造或重构。张江不仅是这样说的，而且也是这样做的，由于他的目标很明确，同时对自己所要进行对话的国际学者的研究成果和理论思想也比较了解，因而也就能够取得预期的效果。我在下面所要讨论的他与美国文论大家米勒的对话就是一个成功的个案。这应该是我们中国的文学理论面对西方的强势理论批评话语所能采取的有效对策，同时，这也是我们近10多年来通过与西方学界的交流和对话而不断地削弱西方中心主义强势话语的一个有效的尝试。应该说，从这10多年来的实践来看，我们的目的已经初步达到了。长期以来被西方中心主义把持的国际文学理论界也开始关注来自中国的声音了，这应该是一个很可观的进展。不看到这一点就不能实事求是地估价中国当代文学理论的国际化进展和成效。

张江深深地知道，要想促使中国文学理论批评话语的建构得到国际学界的承认，就必须与当今国际文学理论批评界的顶级大家直接对话，而决不满足于与那些只研究中国问题的汉学家进行交流和对话；因为只有通过与西方主流理论家进行直接的对话才能促进中外文学理论的交流和交锋，并就一些共同关心的文学理论问题各抒己见。正是本着这一目的，自2015年起，他先后与英国、美国、法国、德国、比利时、俄罗斯以及意大利的一些文学批评大家进行了广泛的交流和对话，其中与美国解构主义理论批评家希利斯·米勒的七封书信来往最引人注目。这些往来的书信不仅很快在国内主流刊物上发表，而且还一次性地发表在国际比较文学协会和美国比较文学学会共同主办的权威刊物《比较文学研究》(*Comparative Literature Studies*)第53卷(2016)第3期上，这也是该刊自创立以来首次发表一位中国文论家与西方文论家的多封通信式对话。这一事件已经并仍将在国际文学理论界和比较文学界产生广泛的影响。

该刊主编托马斯·比比(Thomas Beebee)在收到这七封信后，对之十分重视，他在广泛征求了各位编辑的意见后认为，这是一个让英语世界的比较文学和文学理论学者更多地了解中国学者的思考和研究的极好机会。他仔细阅读了多遍这些书信，最后决定在该刊一次性发表这七封信，并邀请笔者为这一组书信撰写了导言。我在导言中重申了我提出的后理论主张，并再次强调指出，"我们的时代可以被称作一个'后理论时代'"，在这样一个后理论时代：

> 尽管文学和文化理论在西方处于低谷，但这一趋势并不一定意味着理论在其他地方也处于低谷。中国的文学理论家和学者们在过去的几十年里对各种当代西方文论的浓厚兴趣可以证明这一论断。作为中国改革开放的一个直接结果，几乎所有的西方现代和后现代理论思潮和教义，或者通过翻译或者通过直接引进，均蜂拥进入中国，对中国文学创作和理论批评产生了巨大的影响。一些中国的文学研究者不得不叹道，我们中国的文学批评家没有自己的理论话语，我们所做的文学和理论批评研究根本无法超越西方中心主义的理论话语。甚至当我们撰写我们自己讨论中国文学的著述时，仍然自觉地运用已有的西方理论教义，试图证明它们在中国的文学批评实践中的有效性。毫不奇怪，我的一些中国同仁声称，中国的文学批评和研究患了"失语症"。即使如此，仍有一些杰出的中国文学批评家和学者在接受各种西方理论的同时，发展了自己对评价各种西方文学理论的批判性思考和理解，并提出自己的选择。这其中的一些人并不满足于在国内发表自己的观点，他们甚至试图从中国的和比较的视角出发与那些颇有影响的西方理论家进行直接的对话。
>
> 下面是中国和西方的两位文学理论大家的往来书信，这些书信将向

> 国际读者揭示出中国的文学研究者是如何受到西方文论的鼓舞和激励，又如何认真地研读西方文论的重要著作并提出一些相关的具有挑战性问题的，他们又是如何以一种热切的心情与西方同行就相关的文学问题进行对话的。读者们将看到像希利斯·米勒这样的资深西方文论家又是如何耐心并认真地回答中国同行的问题并作出自己的回应的。这样，一个中西方文学理论的学术对话就通过国际通用的语言——英语的中介有效地展开了。①

米勒本人对通过书信的形式展开批评性对话给予了高度的重视，他甚至提议其时刚发表的四封书信中译文作为附录收入他的一本中国演讲文集的中文版。同时，他也多次致信笔者，希望我为他的这本中国演讲集中文版撰写一个序言，我自然责无旁贷，因为我始终认为，张江与米勒的对话应该是中国当代文学理论批评界近年来在其国际化进程中所取得的最重要的进展之一。回顾改革开放以来我们所走过的道路，我们不得不承认，过去我们总是不惜代价将西方文学理论大家请来中国演讲，不遗余力地在中文世界推介他们的理论教义，但却很少推出我们自己的理论大家，即使偶尔通过各种途径推出去了，也很少引起西方主流学界的重视。这样看来，米勒率先与中国学者张江平等对话便有着明显的表率作用，其深远的历史意义将在不远的将来越来越明显地彰显出来。

人们也许会问，张江与米勒的对话之意义具体体现在何处呢？我认为这一对话的意义具体体现在下面几个方面。首先，这是两位中国和美国乃至整个西方的著名文学理论家之间的几轮通信，这些通信告诉我们的国际同行和广大读者，中国的文学批评家和研究者即使在理论衰落之后的“后理论时代”仍然对西方文论抱有极大的兴趣，并仍在认真地研读其代表性著作，但是这种兴趣不仅体现于虔诚的学习，更在于对之的讨论和质疑。其次，这些书信也表明，中国的文论家并非那种大而化之地仅通过译著来阅读西方文论家的著作，而是仔细对照原文认真研读，而且没有远离文学文本。他们在仔

---

① Wang Ning, “Introduction: Toward a Substantial Chinese-Western Theoretical Dialogue”, *Comparative Literature Studies*, 2016, 53(3), pp.562–563.

细研读西方文论著作的同时，不时地就一些疑惑和不解之处提出一些相关的甚或具有挑战性的问题，通过与原作者的直接切磋和对话达到某种程度上的共识。再者，两位批评大家在仔细阅读了对方的通信后，深深地感到中西方学者和理论家就一些相关的理论问题还存在着较大的误解和分歧，因此迫切需要进一步沟通和对话，只有通过这样的对话才能取得相对的共识，并且推进国际文学理论批评朝着健康的方向发展。

确实，正如我们都意识到的，中西文学理论乃至人文学术交流长期以来是不平等的，这一点尤其体现在翻译中。在过去的几十年里，随着中国改革开放的进一步深化，大量的西方学术理论著作，尤其是文学理论著作被译介到了中国，对中国的文学理论批评家的批评思想和研究方法产生了极大的影响。在今天的中国文学理论批评界，雅克·德里达、雅克·拉康、诺斯洛普·弗莱、罗兰·巴特、爱莱娜·西苏、米歇尔·福柯、爱德华·赛义德、弗雷德里克·詹姆逊、哈罗德·布鲁姆、特里·伊格尔顿、佳亚特里·斯皮瓦克、霍米·巴巴、斯蒂芬·格林布拉特、乔纳森·卡勒、朱迪斯·巴特勒以及米勒本人，高视阔步，频繁地出没于中国文论家和研究者的著述中，甚至成为中国高校外国语言文学、文艺学和比较文学与世界文学学科的博士研究生的论文讨论对象。假如有哪位文学研究者或批评家不知道上述西方文论大家的名字，便会感到羞耻或被人认为是不学无术。甚至那些从事中国古典文学和文论研究的学者，也至少对上述文论大家的名字有所耳闻。一些在西方学界处于“边缘地位”的二流汉学家也能趾高气昂地在中国学界“指点江山式”地发表演讲，而与之相比，许多中国的一流学者却没有机会在西方的顶级高校进行交流。中国学者不仅对这些西方学者的著作十分熟悉，而且还认真地将其运用于中文语境中的文学作品阅读和文学现象的解释。当然，所有这些对于我们了解西方乃至国际文学理论批评的历史成就及当下的前沿热点话题都有着重要意义和价值。但是这只是实现中国文论国际化进程所走过的第一步，我们切不可仅仅满足于对西方文论的译介和“封闭式”讨论。因此就这一点而言，张江的尝试可以说跨出了新的扎实的一步，而米勒的回应则体现出一位西方学者对来自中国的声音的重视和认真态度。这应该是促成这两位文论大家进行对话的一个基础。

尽管两人对话的焦点是米勒写于20世纪80年代的经典著作《小说与重

复》，但张江出于对西方的阐释学和接受美学教义的不满，向米勒提出这样一个问题，“一个确定的文本究竟有没有一个相对确定的主旨，这个主旨能够为多数人所基本认同？”[①]如果没有这样一个主旨的话，为什么米勒总是试图在阅读一些英国小说的过程中寻找一种具有普适意义的模式？这对米勒来说显然是一个具有挑战性的问题。针对这一问题，米勒的回答是：“我原本认为，确定一个主题只是一个对于特定文本深思熟虑的教学、阅读以及相关创作的开端。”[②]然后他通过说明乔治·爱略特的《米德尔马奇》作为一部有着多重主题的作品，为之作了辩护。当然，他也认识到中西方学者在阅读策略上的差异，因此在他看来：“我们倾向于认为只有具有原创性的解读才值得出版，而中国学者可能认为，通过在新的文章与书籍中进行重复来保持那些被普遍接受的解读是很重要的。”[③]虽然米勒并不想花费很多时间为别人的阅读寻找一种模式，但是他的这种“重复”对中国读者阅读和理解文学作品，却已经作为一种“模式”在发挥作用了，或者说他实际上已经确立了这样一种模式。也即解构主义批评家在解构其他既定的模式或中心的同时，也已经不知不觉地建构了自己的另一模式。

其次，张江在信中表达了他本人以及许多中国文学研究者对解构主义的阅读和批评方法的兴趣，他想知道米勒本人究竟是否可以算作一位解构主义者，以及解构主义是否仅仅要摧毁文本还是同时也有着积极建构性的一面。正如我们所知道的，解构是20世纪80年代以来西方各种批评理论中影响最大的一种理论，甚至在它衰落之后仍然在中国有着巨大的影响，而米勒本人在中国的知名度则体现在他被认为是影响力仅次于德里达的最杰出的解构主义批评家。这也正是为什么张江对德里达的理论教义与米勒的批评实践之间的不一致性感到如此困惑的原因所在。而米勒则作了这样的回答：“如果说我是或曾经是一个‘解构主义者’……的话，我可从来不拒绝理性，也不怀疑真理……我认为，我也不否定所有先前的批评……我希望以开放的心态进行我自己的文本阅读。”[④]这就说明，米勒本人虽然曾一度沉溺于解构主义批评，

---

① 希利斯·米勒：《萌在他乡：米勒中国演讲集》，国荣译，南京大学出版社，2016年，第343页。
② 同上书，第350页。
③ 同上。
④ 同上书，第351页。

但与他的其他耶鲁同行所不同的是，他的批评生涯是与时俱进的，也即他不断地在自己的批评实践中吸纳新的理论思想，即使对他的朋友德里达的理论也绝不盲从，因而他在长期的批评道路上不断地勇于进取，开拓创新，逐渐形成了自己独特的批评风格，或者说建构了一套自己的理论批评话语。而我们过去在中国的语境下所认识的米勒只是一个解构主义者，这显然是很不全面的。米勒的这一与时俱进的批评特点也与张江相似：两人都不是大而化之地空谈理论，而是从阅读一部具体的文学作品入手讨论其中的理论问题，这样就如同张江所言，对话就有了一个共同的基点。正是由于米勒的不断超越别人同时也不断超越自己，因此在批评实践中便显露出与解构的理论原则相抵牾的现象。可以说，米勒是一位有着开放心态并带有积极的建构意识的解构主义批评家。张江也是如此，他在提出“强制阐释论”之后，邀请朱立元、周宪以及我本人与之商讨对话，虽然我们的观点不尽相同，有时甚至截然相左，但这种讨论完全是平等的对话式的，丝毫没有将自己的观点强加于人的意向。此外，张江作为一位不断进取的批评家，他尤其善于吸收在他看来合理的见解以完善和丰富他的强制阐释论。这一点也是强制阐释论能在海内外产生如此之大的反响的一个重要原因。

他们在接下来的第二轮通信中，还涉及了其他一些理论问题，例如当代文学批评论著是否可以成为经典，如果可以的话，那么随着时间的推移，一部文学批评著作如何才能成为经典，等等。张江试图论证道，米勒的《小说与重复》的影响显然超过了他写出的其他著作，至少在中国是如此。因此在他看来，“任何可以称为经典的著作，不会因为时间的流逝而被忘记”[①]，在这方面，欧洲的文论大家奥尔巴赫的《模仿论》，北美的文论大家诺斯罗普·弗莱的《批评的剖析》、M. H. 艾布拉姆斯的《镜与灯》等理论巨著早已在西方成了文学理论经典，经过翻译的中介进入中国后，也迅速成为中国的文学理论批评家和比较文学研究者的必读经典著作。对于这一点米勒是十分清楚的。他本人的这部著作也是如此，所以它在中国文学理论界的影响要大于他之后出版的其他著作。这也许正是米勒的这本书之于中国当代文学批评的意义，同时也正是张江要花那么多时间一遍又一遍地阅读这本书的原因所

---

① 希利斯·米勒：《萌在他乡：米勒中国演讲集》，国荣译，南京大学出版社，2016年，第357页。

在，他的目的在于发现一些能够对他理解文学作品有所启迪的东西。更有意义的是，张江在信中还将米勒偏离解构的阅读方向与巴尔扎克对自己本阶级的背叛作了比较。因此他在进一步总结后问道，如果从历史的观点来看，而不是关涉阶级或政治倾向性的话，米勒的偏离解构的方向是否与巴尔扎克背离自己的贵族倾向相类似？米勒的回答是，文学理论总是试图将自己表述为具有普遍的适用性，解构当然也不例外，“每部作品都是独一无二的作品。在相当程度上说，文学作品超越理论的主要原因是，诗歌或小说并不是一个可以解决的教学公式，也不是可以判断正确与否的哲学论证”①。也即在一定的程度上，每一部作品都会超出理论的预设，解读一首诗或一部小说显然不同于解答一道数学方程式或证明一个哲学论点正确与否。这样，他们的对话便从阅读一部作品开始，经过一番理论的阐述后，又回到了对文学作品的理解和阐释上。这显然是对当前风行的所谓“没有文学的文学理论批评”现象的一种反驳。由于两位批评大家的出发点和最后的归宿都是文学现象，因此这种对话就显得卓有成效。当然，至于这样的对话是否能产生反响则要看双方的语境是否都有反应。在下一部分我要表达的正是这一点。

三、走向世界的中国当代文学理论与批评

国内批评界都不否认，关于强制阐释问题的讨论在国内确实产生了极大的反响，几乎国内的所有主要文学理论和相关的人文学术期刊都介入了讨论，并发表了张江以及其他批评家的文章，这一点我们并不难发现。但我这里想指出的是，与20世纪80年代的关于现代派文学的讨论以及后来的关于后现代主义的讨论均有很大不同的是，发生在21世纪第二个十年里的这场理论讨论也引起了国际学界的瞩目，并产生了较大的反响。我们都知道，20世纪80年代初期，在中国的语境下兴起了一场关于西方现代派文学的讨论，从今天的角度来看，尽管那场关于现代派文学问题的讨论理论水平并不高，完全是一种关起门来自说自话式的独白，根本就没有达到与西方乃至国际理

① 希利斯·米勒：《萌在他乡：米勒中国演讲集》，国荣译，南京大学出版社，2016年，第368页。

论批评同行进行交锋和对话的境地，更没有自觉地引证西方学界已经发表的成果，因而留下来的真正有价值的著作和论文并不多。那场讨论却使得一些中国的外国文学批评家和学者脱颖而出成为蜚声国内学界的批评大家，但是并没有达到应有的国际知名度。而在20世纪80年代末和90年代初兴起的关于后现代主义的讨论中，这种现象便有了一些改观。其中一个重要的标志就在于，参加这场讨论的少数具有国际前沿理论意识的学者和批评家通过总结后现代主义在中国的接受以及其对中国当代文学创作和理论批评的启迪和影响，积极地投入国际学界关于后现代主义文学与文化问题的讨论，并用英文撰写论文发表在国际权威学术刊物或文集上[①]。可以说,那场关于后现代主义文学问题的讨论标志着中国的外国文学批评已经从封闭的“自说自话”式的独白状态中摆脱出来，进入了一个与国际同行平等对话和讨论的境地。我们从今天的视角来看，并不难发现，那场讨论的学术价值和意义是深远和重大的，其中一个最主要的特征就在于，中国的学者和文学批评家已经走出国门，以清醒的对话意识和国际视野参与到国际性的文学理论争鸣中，并开始发出“中国的声音”。

如前所述，张江与米勒的通信对话所产生的持续性反响还体现于另一国际顶级期刊主编的反应。国际著名的文学史和文学理论研究刊物《现代语言季刊》（*Modern Language Quarterly*）主编马歇尔·布朗（Marshall Brown）在得知关于强制阐释的讨论在中国以及在英语世界产生的反响后立即邀请笔者和他本人共同为该刊编辑一个主题专辑，该专辑题为“中国与西方理论的邂逅”（Chinese Encounters with Western Theories）[②]。该专辑问世以后在西方学界产生了较大的反响，据出版该刊物的美国杜克大学出版社网站显示，其中

---

① 参阅下列英文期刊专辑或论文：Arif Dirlik and Xudong Zhang, eds. *Postmodernism and China*, A Special Issue in *Boundary 2*, 24.3(1997)，在这本主题专辑中，除了我本人的首篇长篇论文“The Mapping of Chinese Postmodernity”外，中国批评家陈晓明、张颐武、戴锦华等也有文章收入。Wang Ning, “The Reception of Postmodernism in China: The Case of Avant-Garde Fiction”, in Hans Bertens and Douwe Fokkema, eds., *International Postmodernism: Theory and Literary Practice*, Amsterdam and Philadelphia: John Benjamins Company, 1997, pp.499–510. Brian McHale and Len Paltt, eds., *Cambridge History of Postmodern Literature*, Chapter 28: “Postmodern China”, by Wang Ning, New York: Cambridge University Press, 2016, pp.465–479.

② Cf. Wang Ning and Marshall Brown, eds. *Chinese Encounters with Western Theories,* A Special Issue, *Modern Language Quarterly*, 79(3), 2018.

的几篇论文立即成为阅读量最多的文章（most read articles），引起了欧美学界同行的瞩目。而作为客座主编的笔者也接连受到另几家国际学术期刊的邀请，为其编辑另一些专门讨论中国文学和文化的主题专辑。就这本主题专辑而言，在我和布朗的精心策划下，该刊邀请了当今中国文学理论界最有影响的三位理论家就这一论题分别撰写了论文，然后又邀请在欧美学界的三位院士级理论家对这三篇论文进行评论，这样便形成了中西文学理论的碰撞和对话。

中国学者的三篇文章各具特色，分别反映了三位作者近期的思考和研究。我本人的论文题为《法国理论在中国以及中国学者的理论重构》[French Theories in China and the Chinese Theoretical (Re)construction]，根据我于2015年在巴黎索邦大学发表的演讲改写而成，该文首先回顾了三位法国重要的理论家——萨特、德里达和巴迪欧的理论在中国的传播、接受和变异，认为这三位法国理论家都是在英语世界获得更大的影响进而成为世界级理论家的。然后我指出，本人受其启迪，也提出自己的"世界诗学"理论建构，从六个方面较为全面地阐述了我所提出的"世界诗学"理论概念的内涵以及特征，认为这不仅是对国际学界关于"世界文学"问题讨论的补充，而且也是中国学者对世界文学理论作出的贡献。张江的论文题为《论强制阐释和中国的文学理论建构》（On Imposed Interpretation and Chinese Construction of Literary Theory），这篇论文经过他本人的多次修改和完善，并加进了他本人建构中国文学理论话语的思考，首次向国际学界展示了中国学者建构中国特色文学理论批评话语的决心和文化自信，同时也是他首次在英语文学理论界阐述他提出的"强制阐释论"。但是他的文章的价值并不止于对当代西方文论的批判，还在于他提出了自己的理论建构，也可以说是解构和建构的成分并重。朱立元的论文《希利斯·米勒论文学终结》（Hillis Miller on the End of Literature）则以一个理论概念在中国的旅行和批评性反响为个案，也即从米勒对"文学的终结"论的批判性论述在中国的接受和误读入手，提出了自己的辨析，认为一种理论概念在异国的语境中受到误读有时并非坏事，它有可能引发另一语境中关于这一论题的持续性讨论，并滋生出一些新的观点。多年来，朱立元不仅身体力行，为高校的文学理论教学编写了一些影响面很广的西方文学理论教科书，他本人也对接受美学和后现代主义理论思潮有着精深的研究，并且从西方的和比较的理论视角针对中国当代的文学和文化现象提出自己的批评性见解。但是长期以来由于翻译的缺失，朱立元的西方美学和文学理论研究并未得到西方乃至国际学界应有的重视。而他此次在国际权威刊物上发表的这篇论文也奠定了他在英语文学理论批评界的地位，为他今后的更多著述走向世界并得到国际学界的关注铺平了道路。

本着推进中西方文学理论对话的初衷，该专辑的两位客座主编还特地邀请了三位来自欧美并且有着不同背景的理论家就中国学者的论文进行点评和讨论，从而形成了一种讨论和对话的格局。美国艺术与科学院院士米勒除了对我本人和张江的论文进行点评外，还直接回应了朱立元的论文对他的观点在中国的误读和创造性接受。欧洲科学院院士、《欧洲评论》主编西奥·德汉则在评述三位中国学者的论文之余，发表了自己对中国的一些重要文论家——如钱锺书等——的理论著述的浓厚兴趣和阐述。从他的行文来看，即使是钱锺书这样一位大作家和大学者，在欧洲主流学界似乎也是被刚刚"重新发现"，可见中国人文学术走向世界是多么重要和紧迫。欧洲科学院院士、美籍学者刘康则从三位中国理论家的文章入手，不仅阐释了西方马克思主义文学理论在中国的接受，还提出了基于美国的新马克思主义理论家詹姆逊的教义而在中国建构出的一种"詹姆逊主义"（Jamesonism）。他实际上呼应了朱立元的以米勒为个案的理论分析，并代之以詹姆逊为个案，只是这样的分析应该是另一篇长篇论文的内容。尽管这些评论性文章与中国理论家的观点不尽相同，有些甚至直接相左，例如米勒对张江的批评就毫不留情，但是米勒是在仔细研读了张江的文章后提出自己的批评见解的，这也说明一种平等的理论讨论和对话的格局已经形成。中国文论家的一些理论概念的建构也进入了主流的英语文学理论界，并将在今后产生积极的影响。我和布朗两位客座主编认为，这正是我们编辑这一主题专辑的目的。可以说，这一主题专辑在国际权威文学理论刊物的发表和所产生的影响将预示更多的中西文学理论对话在未来的进行[①]。如果说，当年歌德呼唤世界文学时代的来临多少带有一

---

① 就在本文的写作过程中和即将修改完毕之际，我又先后受两位美国权威期刊的主编委托，分别为这两家文学研究期刊编辑关于中国文学和比较文学研究的主题专辑。可以说，借助于国外的权威期刊发表中国学者的研究成果是促使中国文学及文学研究走向世界的有效方法和路径之一。

些乌托邦的色彩，那么我们完全可以说，当今的全球化时代为“世界诗学”或“世界文论”[1]时代的来临创造了极为有利文化氛围，在这方面，中国的文学理论家应该是大有作为的。

---

① 关于“世界诗学”或“世界文论”的构想，除了在上面提及的英文论文中有所体现外，也可参阅中文拙作《世界诗学的构想》，《中国社会科学》2015年第4期。

早熟的民族与凋零的神话

——神话传说中隐含的历史密码

段　勇
上海大学文学院

神话传说时代应该是人类不同民族共有的时代。神话反映一个民族在童年时代对世界的认知，神话对一个民族的意义就如同童话对一个人成长的影响。

一

与世界其他民族相比，汉族及其前身华夏族可能是一个比较早熟的民族。从世界范围来看，人类不同族群、不同地域、不同时期的文化实体，在其文明化进程中，很长时期内似乎普遍都是神权（执掌精神的权力）高于王权（执掌世俗的权力），有的甚至一直延续到当代。

但是，在中国，从考古发现（可从王宫遗址与祭坛或神庙遗址比较）来看，只有东南地区的良渚文化瑶山、汇观山祭坛和反山高等级大墓出土玉器上普遍具有的“神徽”形象，以及东北地区的红山文化祭坛和女神庙等，似乎反映的是神权拥有至高无上的地位。

而在作为后来华夏文明核心地带的中原地区，大致同时代而稍晚的河南龙山文化遗址中，却未能发现类似的神权至上现象。陶寺遗址大墓中虽有作法礼器随葬，但尚难证明墓主是最高领袖。夏朝作为中原主体王朝的开端，其最具代表性的二里头遗址中尚未发现能说明神权地位的明显遗迹。而到商朝时期，从甲骨文和考古发现可知，神权虽然有广泛而深刻的影响（以其空前绝后的占卜、祭祀和殉葬制度为证），但仍然应该是从属于王权的，祭司是为商王服务的。到西周时期，神权彻底衰微，我国至此基本形成了相当理性的主体意识形态，神话之花则过早凋零。这也符合《礼记》所载："夏道遵命，事鬼敬神而远之……殷人尊神，率民以事神，先鬼而后礼……周人尊礼尚施，事鬼敬神而远之。"

先秦典籍中，《尚书》篇章内容大抵为三代君主对臣下的誓、命、训、诰之类，少有与神话相关内容。《诗经》中保留了一些与商族、周族始祖诞生等相关的神话传说，但与宗庙祭祀相关的"颂"总共也只有40篇，占全书305篇的很小部分。当然这也可能是经过孔子等儒家删订的结果。唯有《楚辞》中保留了较多瑰丽奇异的远古神话传说（特别是"九歌""天问"等篇），而它代表的楚文化在汉以前并不属于华夏核心文化圈。

身为商族后裔却声言"吾从周"的孔子显然是个理性主义者。《论语》记载："子不语怪力乱神"，子曰"未能事人，焉能事鬼""未知生，焉知死"，尤其是一句"祭如在，祭神如神在"更是道破其并不相信"神在"的本心。孔子的态度直接确立了儒家对神话传说的消极立场。

秦始皇统一六国后，采纳李斯建议实行"焚书坑儒"："史官非秦纪皆烧之；非博士官所职，天下敢有藏诗、书、百家语者，悉诣守、尉杂烧之；有敢偶语诗、书者，弃市；以古非今者，族；吏见之不举者，与同罪。"在这极端专制主义和历史虚无主义的政策中，值得特别注意的是，其中最严重的罪名是"以古非今"，会被处以最严厉的处罚——灭族。秦始皇时代的"古"无非是指夏商周三代和之前的三皇五帝时期，而那正是神话加传说的时代，因此这条禁令堪称是当时官方神话文献和民间神话传说的催命符。好在秦祚不长，二世而亡，想必当时仍应残存着不少关于神话传说的民间记忆。

但是，在秦汉之际的战乱平息不久，汉武帝出于长治久安的政治考量，采纳了董仲舒提出的"罢黜百家，独尊儒术"的国策。由此一举奠定了中国2 000年的正统思想，其间虽有佛、道等思想介入，但儒家（或外儒内法）的思想主体直到近代从未改变。该政策对形成中华大一统的思想文化体系和在历史长河中维系国家统一都发挥了重要作用。但是，对神话而言，这一政策与"焚书坑儒"其实是两个极端，都对神话传说赖以存在的文化多样性环境造成毁灭性打击。

从此，神话在中国官方主流文化中的地位被彻底边缘化，众多神话堙没失传，少量借助民俗传承而苟延残喘。与之相应的宗教意识形态也一直发育不太成熟，源远流长的传统鬼神信仰（巫）亦仅局限于民间。

正是由于上述诸多原因，我国以汉族为主的现存神话体系是支离破碎的，缺少完整的“神族”谱系，而且广泛存在本土原生神话与外来传入神话混杂演变的现象，形成神话传说领域的“层垒造神”现象。

二

然而，即使是这些零星遗存下来的神话传说，对探讨我们民族的童年意识甚至童年记忆仍具有重要价值。

克里特、迈锡尼、特洛伊等地的考古发现已经证明，《荷马史诗》等传承的古希腊许多神话传说是与真实历史混杂、纠缠在一起的，如米诺斯迷宫、特洛伊战争等，仔细剥去其神话外衣，就裸露出历史的原形。

中国远古的神话传说同样也是如此。这里只举一个例子：“后羿射日”的神话传说。古本《山海经》（今本失载而见于后人转引）、《楚辞・天问》、《淮南子》等均有相关记述：古时（或直指尧时）曾有十个太阳同时出现在天空，导致大地苦旱、庄稼焦枯，善射英雄大羿（或言其为东夷首领“夷羿”）为解民困，挺身而出射落九个太阳，天下方复归常态。

由文献记载可知：三代时的夏族人是尊崇太阳的，以之为君王的象征。比如夏朝的亡国之君夏后桀骄奢淫逸、暴虐无道，《尚书・汤誓》记载当时的民谣“时日曷丧？予及汝偕亡”，将夏桀比作酷烈的太阳。《史记・殷本纪》记载，商取夏而代之后，商王武乙尝“为革囊，盛血，仰而射之，命曰‘射天’”。这很难不让人联想到“射日”。夏亡以后，《史记・夏本纪》载“汤封夏之后，至周封于杞也”，故孔子曰：“我欲观夏道，是故之杞”，而作为夏遗民的杞人，偏偏留下了“杞人忧天”的成语，恐怕不是巧合，而是反映了夏人尊崇太阳的传统理念，杞人所“忧”，大者应是亡国后的悲哀，小者也许只是连日阴雨不见太阳的焦虑，只不过被《列子》错误解读了。

据《史记·夏本纪》，夏朝建立不久刚传位至第二代，即发生了“太康失国”的重大事件，太康因荒嬉被逐，其弟“帝中康时，羲和湎淫，废时乱日”。羲和即帝俊之妻，生十日而居扶桑，每日轮流值日。“废时乱日”似与十日并出、后羿射日有关。《左传·襄公四年》载魏绛之言：“昔有夏之方衰也，后羿自鉏迁于穷石，因夏民以代夏政”，此即“后羿代夏”，而夏后仲康应是后羿的傀儡。后羿晚年因耽于田猎，重蹈太康覆辙，被部下寒浞杀害篡位，寒浞之子杀了仲康之子夏后相，相的遗腹子少康长大后在母族和友族支持下攻灭了寒浞父子，最终复位为夏后，史称“少康中兴”。在这近百年的剧烈动乱中，不仅夏后世系命悬一线，整个夏族也元气大伤。

关于夏代的考古学探索一直是个热点。目前主流观点认为，河南偃师二里头遗址应该是夏代中晚期都城所在。经过几十年的考古发掘，这里已发现了宫殿建筑群、贵族居住区、手工作坊群、中小墓葬群等遗址，是我国同时期最大的都邑。也有部分学者因尚未发现文字、不能直接证明其与夏代的关系而对其是否为夏代都城持谨慎态度。

“九五”时期国家重点科技攻关项目“夏商周断代工程”采用多学科交叉合作研究方式，历时4年于2000年发布了阶段成果报告，综合判定夏代纪年为公元前2070—前1600年。而二里头遗址1—4期的碳14测年结果为公元前1900—前1500年（另有公元前1750—前1520年之说），属于夏代中后期。

而且二里头文化的遗存有明显来自东夷的文化因素，比如其出土的鬶、觚、折盘豆、单耳杯、三足盘等陶器，不见于此前的河南龙山文化，而与山东龙山文化中的同类陶器相似，应该是来源于后者。

因此，李伯谦先生很早就研究指出：二里头遗址的考古学文化是“后羿代夏”以后的夏文化①。他后来又进一步判定，晚于河南龙山文化而早于二里头文化的河南密县新砦期遗址即是“后羿代夏”至“少康中兴”期间的物质遗存。

笔者在20世纪90年代早期读硕士研究生时始以三代青铜器纹饰为研究方向。二里头为代表的夏代青铜器，限于当时的铸造技术水平，大部分光素

① 李伯谦：《二里头类型的文化性质与族属问题》，《文物》1986年第6期。

无纹，小部分只有弦纹和连珠纹两种装饰，因而特别珍稀。笔者当时大胆推测夏代青铜器上的连珠纹应该是后来商代部分青铜器上象征火的“囧纹”（也有学者认为其是象征水的“圆涡纹”）的前身，夏代青铜器上连珠纹的数量虽然未必恰为十个，但有可能是“十日”（也许再加上帝俊、羲和）的象征。再进而联想到“羿射十日中其九日”的神话传说，推测该神话可能是在少康复国后的高压环境里，东夷族（一说今江苏射阳即后羿家乡）在羲和生十日而轮流值日的上古神话基础上加工而成，以此隐晦反映“后羿代夏”这段曲折史实，以传承本族历史、缅怀后羿功绩。秦以后东夷文化融入华夏主体文化并广为传播，“后羿射日”才逐渐失去隐喻，成为脱离史实的单纯神话。

另外，值得一提的是，自然界的确存在“数日并出”的奇观，这其实是自然界的一种大气光学现象，气象学家称之为“幻日”现象。比如，2006年3月3日在我国黑龙江大庆市就出现了“四日并出”现象，2013年11月1日在内蒙古赤峰市又出现了“五日并出”现象。这说明古人的想象终究还是难以完全脱离现实的影子。

总之，神话是祖先留给我们的宝贵遗产，是隐含历史或文化的密码，应该大力加强挖掘、搜集、整理与研究。它们能帮助我们更好地认识自己：“我们是谁？我们从哪里来？我们将向哪里去？”这是哲学家、艺术家、科学家都感兴趣的三大终极问题，也是从事历史和文化研究的学者责无旁贷、必须关注的课题。

试论萨满“地天通”的现代意义

纳日碧力戈
复旦大学人类学民族学研究所

《尚书·吕刑》:“乃命重黎，绝地天通，罔有降格。”张光直研究古史，提到“绝地天通”的神话，认为这是中土古萨满的证据，女巫男觋，掌管天地之间的交通①。据说颛顼帝时代，地天相通，民神杂糅，帝遣重黎二臣，绝地天通，“使人神不扰，各得其序”。地天通，“民神杂糅”，人人萨满，自主无序，神可以下凡，民可以升天；绝地天通，民神隔绝，不复往来，天地交通需要“特批”，君臣父子，各司其职，秩序井然。这也是资本主义现代性的隐喻：上层建筑和经济基础不能协调，天地不通，名实分离，概念统辖，民众自理。宣传环保，难绝污染；鼓吹民生，贫富悬殊。张光直志在贯通古今中外，借用伊利亚德（Mircea Eliade）、坎贝尔（Joseph Campbell）和弗尔斯特（Peter Furst）的普遍萨满观，把流行于西伯利亚、北极地区、亚洲、北美洲、南美洲以及其他地区的萨满现象和上中下三界宇宙观，追溯到中国古代传说中，认为《山海经》《楚辞》《国语》等中国古代文献均有巫觋沟通天地的记载②。借用人类学有关原始信仰的民族志及其理论来研究中国古代的巫觋现象，属于“范式转移”③，范式涉及特定的时空限制，涉及特定条件限制和变通，例如认识的角度、论说的方式、技术手段、体制和经费、由全球政治经济决定的学术差序格局、“白人至上主义”、个人关系网、个人机缘、

---

① 张光直:《考古学专题六讲》，文物出版社，1986年，第4—5页。

② 曲枫:《张光直萨满教考古学理论的人类学思想来源述评》,《民族研究》2014年第5期。

③ 托马斯·库恩:《科学革命的结构》，金吾伦、胡新和译，北京大学出版社，2004年。

个人癖好等[1]。特定现象往往呈现给特定文化熏陶出来的人,不同的视角和立场融入被研究的现象之中。以人类学萨满观研究中国，会有人人萨满、处处萨满的取向；换一个学科情况就大不相同。这里的重点不是讨论萨满普遍性的有无，而是讨论地天通的现代意义。

地天通是“三”的隐喻，地一，天二，通三,三是关键。道家说道生一，一生二,二生三,三生无限，万物抱阴负阳，冲气以为和，把形气神三元交融的道理讲明白了。符号学家皮尔士也讲物感物觉、事物相指、象征意义，实在就是地天通的翻版：物感物觉是“地”，象征意义是“天”，事物相指是“通”。包括民族、社群在内的社会群体涉及物感物觉的象似（icon）层面，涉及物物相指、事事关联的标指（index）层面，也涉及约定俗成的象征层面，象似、标指、象征交融一体，“冲气合一”，让生活世界活态显现，成为跃动的开放过程。张光直强调“中国文明形态”的连续性，指出“西方文明形态”的“破裂性”，据此判断中国的文明形态“可能是全世界向文明转进的主要形态”,而西方的形态“实在是个例外”[2]。如果张光直的说法成立,即中国文明的特点在于它的连续性，那么，换一种说法，中国文明的特点应该是地天通，而非“绝地天通”。当然，东西方之间有过渡，不东不西，互相关联，存在维特根斯坦式的“家族相似”，123—234—345—456，“123”和“456”貌似无关，把“234”和“345”放进去，构成一个连续体，“123”和“456”就有了关联。天地缘梯而通，绝梯而隔；由一生二，由二生三,三生无限，无限归一，这是一个开放的过程；物感物觉，指向其他，生成意义，形气入神，三元交融，也有同样的理据。回归万象共生，回归天地人合一，“生三”的过程很重要，你我协商，他我交融，看明白现象开放不止的过程，萨满地天通的道理便得到呈现。

新马克思主义（“新马”）强调上层建筑和经济基础需要文化沟通，马克思已经注意到文化的重要性，他晚年研究民族志和人类学，突出者有《摩尔根〈古代社会〉一书摘要》，恩格斯根据马克思对《古代社会》的笔记，写

① Ira Bashkow, “On History for the Present: Revisiting George Stocking’s Influential Rejection of ‘Presentism’”, *American Anthropologist*, 2019, 12(2), pp.1-12.

② 张光直：《美术、神话与祭祀》，民族出版社，1999年，第118页。

出《家庭、私有制和国家的起源》(《起源》)[①]，被周恩来总理称作第一本马克思主义民族学著作。《起源》研究了史前文化阶段与人类婚姻形式的对应，例如蒙昧时代低级阶段开始有分节语言，中级阶段用火，高级阶段用弓箭，野蛮时代有制陶术、会驯养家畜、冶炼铁矿等，与蒙昧时代和野蛮时代对应，有群婚制、血缘家庭、普那路亚家庭，一夫一妻家庭的出现标志了阶级社会和文明时代的开始。恩格斯讲"两种生产"：

> 根据唯物主义观点，历史中的决定性因素，归根结底是直接生活的生产和再生产。但是，生产本身又有两种。一方面是生活资料即食物、衣服、住房以及为此所必需的工具的生产；另一方面是人类自身的生产，即种的繁衍。[②]

可以说，文化是两种生产的黏合剂，衣食住行有文化，婚姻家庭也有文化。马克思对"亚细亚生产方式"的重视并非偶然[③]，文化传统对上层建筑和经济基础有反作用，这在"中国经验"中表现尤为突出，金观涛、刘青峰提出中国社会是一个超稳定结构[④]，恐怕沉淀在汉字和礼仪之中的文化传统发挥了重要作用。国家主席习近平也注意到文化是"根"与"魂"的重要性，提出构建中华民族共有精神家园，又提出构建人类命运共同体的宏大理念，这些都和地天通的文化根基有关，而萨满文化和神话传说是人类文化根基的根基，是灵魂的灵魂。固然文化可以创新，甚至根基也可以重新打造，但是人类存在的物质生命的有限性和作为"种"的局限性，决定了这种创新和打造的范围，只能在范围内创新，在范围内打造。

哲学家和符号学家皮尔士提出符号三元观[⑤]，提出征象（representamen）、

---

① 恩格斯：《家庭、私有制和国家的起源》，中共中央马恩列斯著作编译局译，人民出版社，1972年。

② 同上书，第3页。

③ "大体说来，亚细亚的、古代的、封建的和现代资产阶级的生产方式可以看做是社会经济形态演进的几个时代。"马克思：《〈政治经济学批判〉序言》，载中共中央马恩列斯著作编译局编：《马克思恩格斯选集》第二卷，人民出版社，1972年，第83页。

④ 金观涛、刘青峰：《兴盛与危机：论中国社会超稳定结构》，法律出版社，2010年。

⑤ 赵星植称之为"符号三元构成说"，参见赵星植：《皮尔斯与传播符号学》，四川大学出版社，2017年，第3页。

对象（object）、释象（interpretant）[①]。征象表达物感物觉，是“质感”，通“地”，通“形”；释象通意义，通“神”；对象通事物相指，是指他的“势能”，通“气”，属于能动的认知过程。可以从某种意义上说，皮尔士从西方传统出发，以不同的方式解说了“三生无限”的大道理。在皮尔士的符号理论中，征象、对象、释象三性圆融，形气神互不分离，“谁也离不开谁”，是避免“符号之死”的古代“药方”。萨满文化和古代神话，无论中外，都是征象、对象、释象圆融、形气神合一的典范，抽象不会远离具象，物质纠缠着精神，礼仪的操演把二者紧密关联在一起，形成三元对转的开放过程。

现代病源于三元分裂，源于概念对人的奴化，象征系统脱离了物感物觉，脱离了人的主体创造，形成异己力量，导致形神冲突，心物背反。在现代性格局之下，从机器到身份，人们都在“异己”地生活着：人类制造了机器，反倒成为机器的奴仆，与其说人指挥机器，不如说机器指挥人；“验明正身”已经不如一片身份证重要，有人说，丢了户口就像丢了“魂”，丢了自己的存在。

要保持物感物觉、事物相指、象征意义的互动互融，要回归人的真实存在感，需要从神话时代传承下来的“颗粒观”做起：在西太平洋，美拉尼西亚的居民不把“人”作为最小单位，即他们不“以人为本”，而是把人和物再细划分为“颗粒”，共享这些“颗粒”的人与物关联，颗粒构成人和物。个体（individual）是可分的（divisible），你中有我，我中有你，山水相依，万物关联[②]。这是一种地天通的分类体系，小到颗粒、微尘，大到山水、天体宇宙，相互关联，交融一体。

古希腊和古中国一样，都有类似“地天通”的分类，公元前500多年，

---

① 赵星植分别称为“再现体”“对象”“解释项”，“再现体是符号的载体，对象是符号所代表的东西”，“而在这一组三元关系中，起决定作用的是‘解释项’这一项”。当然，皮尔士的符号定义并没有分哪一项更重要：符号或再现体是第一位，它与被称为其“对象”的第二位处于一个真正的三元关系（genuine triadic relation）之中，二者的这种关系决定了被称为“解释项”的第三位也与对象处于同一种三元关系中，并且解释项自身与同一对象相符。这种三元关系是实在的，也就是说，这种三元关系把上述三个组成部分捆绑在了一起，以致它们不可能存在于任何一种二元关系复合体之中。参见皮尔斯：《皮尔斯：论符号·李斯卡：皮尔斯符号学导论》，赵星植译，四川大学出版社，2014年，第32页。

② Alan Rumsey, “Agency, Personhood and the ‘I’ of Discourse in the Pacific and Beyond”, *The Journal of the Royal Anthropological Institute*, 2000, 6(1), pp.101–115.

希腊哲学家泰勒斯认为“水为世界最本初的元素”；阿那克西曼德认为“万物源于无限，且复归于无限”[①]；阿那克西米尼认为气生万物，气凝聚成为水、土、石、云、风，稀释成为火[②]。西方直到牛顿力学之前，现在的各学科合称“自然哲学”，现代的物理、化学、语言学等，都包括在内，只是后来才有了学科分类。现代学科体系伴随现代化的劳动分工出现，让人们走出村寨，进入城市，接受现代教育，从多面手变成专家，熟人社会变成生人社会，子承父业变成学历录取，职业分类，工作分群。到了数字化生存的年代，虚拟和不在场成为组织国民生活的必要手段，不上网、不刷卡难以保障“生活质量”，断网、断电能够让整个城市瘫痪。

古代萨满文化和传统神话可以让人类洞察和掌握发展的极限，不再局限于发展，而是以美好生活为尺度，吸收本土智慧中的营养，学习民族志里“三生无限”的大学问。我们有了地天通的广阔视域，就更加注重交往、交流、交融之“交”，更加注重关联、互联、并联之“联”，善用可持续的“交流能”，发现交流的节奏，创造交流的美韵，在万象共生的基础上建设中华民族共有精神家园，建设人类命运共同体，这些都是“地天通”的宏伟事业。

---

① 可以比较“道生一,一生二,二生三,三生无限”的道家思想。

② 梯利:《西方哲学史》，文竹译，中国华侨出版社，2017年，第10—13页。

西王母神话与信仰研究的谱系视角

田兆元
华东师范大学民俗学研究所

近年来，信仰研究的谱系视角颇受关注。谱系研究，是为了一种信仰的整体研究，也是对于一种信仰的派系与个性的研究，更是为了该信仰间的互动而研究，而三种视角都是据于信仰的联系性研究。一般说，具有以上三个关系（统一性、多样性、互动性）便是同一信仰，否则就不是完整意义上的共同信仰。以此视角研究西王母神话与信仰，或许对于西王母整体研究与联系性发展研究具有意义。对于具有异质性的信仰之间的理解与宽容，殊途同归，走向共同理想王国，均有其独特的学术意义与现实意义。

一种神话与信仰，或起因本同，但一源多流，形成庞大支系，虽其名为一，但形态各异。相互理解者有之，相互对立者同样存在。古代虽为一脉，但现状迥异。以相互亲善为胜，而以相互敌对为悲。故谱系之说，虽为理论建设之思考，也有现实关系建构之实用价值。

建立全球西王母数字谱系，是当下神话研究的重要尝试。

一、关于信仰谱系研究的一般问题

谱系之说，国内外皆有先贤述论，唯是体大论博，一时难以尽述。

知识谱系说，因知识内容不同，而其知识结构谱系不同。西方学人尼采讲述道德谱系，而福柯等人讲述知识谱系，实在是为非正统知识系统立传，为被忽略的片段知识缀连成整体而鸣；具有反对既存的知识系统的意味，是以一种知识谱系反对另外一种知识谱系。

本文的神话与信仰谱系，不是着意批判，而是一种知识谱系的建设。这些神话与信仰或为相对完整谱系，或为片断类型谱系，罕有完整的谱系呈现，而这就是研究者的任务。要之，谱系截取与功能目标有关。而传承谱系，即时间谱系、空间谱系、族群谱系则相对为人所重视。对于神话和信仰而言，其时间、空间与族群之谱系，往往是统一的。假如历史悠久，空间辐射面广，信众广泛，则表现复杂。

文化圈说、线性传播说、文化走廊说等，多是据空间而论。而传播发展之阶段说，则是时间谱系说。派系说，则与族群相关。时间谱系、空间谱系与族群谱系，三者则是相为关联，成为研究信仰谱系之不可忽略的存在。

然空间谱系，有恒定之圣地，也有迁移传播，或者飘移飘离，甚至中断。本为同一谱系之传承，因空间隔离或者族群隔离甚至对立而联系中绝，谱系因之断裂。如龙舟竞渡习俗，乃民俗与信仰为一体之文化形式。其发生应为中国大陆，后传播于世界各地。考琉球之龙舟竞渡习俗，明清两代册封使之多本《使琉球录》均有记载，言其与中国明清时期之竞渡大同小异，除其竞渡在大海举行外，其他多有相似之处。但是今日之日本在冲绳之龙舟竞渡岛屿，分别立有“日本国民俗文化财”之标牌，其龙舟习俗也未与中国大陆联系，故本为同一民俗，则与中国大陆隔断而不相关，是为谱系之断裂。然此种状况，也可通过建立联系续接，重建其谱系。是知谱系之存在，是以互动性为前提的。所以，互动性是谱系的存在方式，没有互动，即没有谱系。建立关系、实施互动以动态形式建立其文化谱系，也构建了文化亲情。谱系建立是信仰文化发展形式，也可能是文化分裂形式。互动形式决定谱系的性质。信仰谱系或者文化谱系往往是现实社会、人际甚至地区关系的缩影。

信仰发生地，或者信仰中心地，其恒定者，如耶路撒冷，作为圣地，不仅某一教派主张，而且多家宗教争论不休。这是圣地不能改变的经典案例。然而，如佛教，其在印度已经衰弱，尼泊尔虽然也保留着佛教发生地的名义，其圣地也没有达到其他教派朝圣的盛况，就其原因，是信众对于圣地的认同度下降。故圣地也是需要建构认同的。

一般说，圣地、祖庙是信仰的中心地，也是朝圣地，这样就在地域空间中形成了层次感。圣地祖庙需要具有信仰的资源的权威解说权和权威传播权。唐朝唐僧之西天取经，便体现出对于圣地的敬仰，对于信仰先知者的敬仰。中国人对于信仰圣地的膜拜是有深厚传统的。唐僧故事演绎成《西游记》这样的鸿篇巨制，且家喻户晓，无不体现对于神圣地的真挚的信仰情感，唐僧师徒历尽劫难，均为获取真经，体现出在信仰领域的严肃态度。空间的层次是在信仰中地域的等级属性的体现。地域的这种特性，往往体现出信仰世界中不同地域的层次特性。这种层次本无高低之分，但有辈分之别。祖庙分庙间，依此辈分秩序排列，有的信仰纵深达十级之多。其祖庙认同，往往以上一级为主，也有上溯到始祖庙的。据于顶端的始祖庙，具有高上特性，地位最高。由此，有些信仰出现祖庙地域之争。这些争论，往往损害信仰形象与信众情感，因此宜妥善应对。

有诸多信仰，尚无祖庙分庙之制度，因此各庙之间尚无关联。更有甚者，各庙之间相互奚落，关系不睦。因此这些尚未构成谱系的信仰，一般来说，其影响力较小。

就现有信仰分析，构成谱系的信仰相对影响大，信众多，社会评价高。因此，建立信仰谱系有利信仰发展，也有利信仰管理。故为学界重视，也为当局重视。

大陆近年对于信仰谱系研究较为偏重。本人2014年度申报《东海民间信仰谱系研究》一题为国家社科基金支持，已有成果《论端午节俗与民俗舟船的谱系》对于竞渡舟船进行了谱系学探索，发现龙舟竞渡仅仅为端午竞渡之一种，而凤舟竞渡更为古老，虎舟、麒麟舟等也是民俗舟船的重要构成。谱系观念让我们对于文化现象的解释增加了立体的视角，多样性的视角，很自然,也为文化传承提供了多样性的方案①。这样就改变了那种单一的思维观念。谱系学说同样具有文化发掘发现的意义。在当下，信仰文化往往为某种单一性遮蔽其丰富性，以至于许多文化形式被淹没，便造成了文化资源的损失。多文本变成单一文本，多形态变成单一形态，这是一个问题。谱系学有利于为同一名目下的民俗的多样性找到表达空间。

本人另外一篇论文《民俗研究的谱系观念与研究实践——以东海海岛信仰为例》主要讲述基本的民俗谱系的观念，并以观音信仰为例，讨论在东海海岛中，观音信仰如何通过民俗叙事，把普陀山、大悲山和嵊山三岛的信仰

① 田兆元:《论端午节俗与民俗舟船的谱系》,《社会科学家》2016年第4期。

联成一个整体，成为同一谱系的信仰亲缘关系。这些研究，主要是将那些看似散乱的民间信仰予以调研，发现其整体关系[①]。海外有对中国民间信仰研究的学者，认为中国民间信仰叫弥散性宗教，表现为无序状态。而我们的研究表明：中国的民间信仰整体有序，即便是暂时处在分散状态的中国民间信仰，都在积极构建其谱系，在追求统一性的前提下，实现个性价值的发挥。

近年大约有十余项以谱系命名的国家级、省级社会科学基金项目讨论谱系问题。这里举两个例子。一是雷伟平博士的国家社科基金项目《三官信仰的谱系与认同研究》。雷伟平博士毕业于华东师范大学，从学于本人。其所研究三官神话与信仰，即天地水古老信仰，后演变为尧舜禹三官信仰等多样表达。三官信仰遍布海内外，但是过去一直没有很好的研究。雷伟平博士出版了三官神话与信仰的两本著作，有很好的基础。这次项目研究，力图将三官信仰列为同一谱系进行研究，也力图将全球三官信仰纳入同一谱系。该项目处在实施过程中，有望对于三官神话与信仰予以前所未有的考察，并为全球三官信仰的沟通与融合起到良好的作用。

张晨霞博士有《山西帝尧传说的地方谱系研究》项目。中国创世神话之传说与信仰，过去普遍缺乏谱系观念，信仰偏于自由表达。山西临汾地区有帝尧家族形成的神界亲缘的信仰空间。但是跨越该地区，叙事不同，联系性并不强。将这些传说和信仰纳入一个共同的谱系讨论，这是张晨霞博士正在进行的一项使命。

本人曾经将伏羲、女娲、黄帝、炎帝、尧、舜等十余家中华创世神话与信仰的宫庙负责人召集一起，会同国内学者，举行创世神话学术会议，发现大家共同感很少。伏羲庙面对女娲庙，似乎缺少亲近感，不太像夫妻，也不太像兄妹。而黄帝祠与嫘祖庙的管理人员相见，很陌生。这说明，中国的信仰也确实存在着分散性的一面，凝聚力不强。这也让本人感慨万分，便有一种同类相聚，提升信仰文化影响力与感染力的强烈愿望。聚合才有力量，当我们将这些想法与这些宫庙主持者沟通时，大家立刻恍然大悟，表示这是很好的主意。这不仅是伏羲庙与女娲庙这样的跨信仰交流的问题，大家感到，

① 田兆元：《民俗研究的谱系观念与研究实践——以东海海岛信仰为例》，《华东师范大学学报（哲学社会科学版）》2017年第3期。

同一信仰更有联合的必要。开天辟地的盘古神话，全国到底有多少座庙不清楚，仅广西就有几十座。为什么不能建立一个谱系呢?

神话与信仰谱系的研究，不仅仅是一个学术的问题，也是神话与信仰正能量发挥的现实的有益的问题。

二、西王母神话与信仰谱系的研究思路

我们在研究西王母神话的时候，过去偏向古典时代的文献考据，但是对于当下的西王母神话研究，往往觉得是宗教与信仰的研究。这都与对于神话的形式谱系认识不足有关。神话存在着语言文字、仪式行为和图像景观三种形式。神话是一种神圣叙事，其本质是一种叙事。

当我们检视西王母研究的时候，发现这种信仰谱系的思路已然存在。如1992年关于慈惠堂的表述：

> 明末遗老为求结合民众，反清复明，多托道教之名开设道堂坛门，以为联络机构，分布于各地。以清廷防范周密，举事多遭失败。有供奉西王金母之“慈善堂”一宗，被分为三个道门，并各自化整为零，以求生存。一部分以“慈恩堂”名义，逃往南洋与当地华侨相结合。一部分以“慈济堂”名义，转进黔贵山区择地定居屯垦。一部分则以“慈惠堂”名义，滞留闽粤山区，其中少数随郑成功渡海开台，尔后迭经清廷镇压……日治期间，政策上抑道扬佛。一般信徒仅有各自敬神祭祖以延道流，不敢泛论中华民族精神。道门意义，日趋没落。……迨台湾光复，……于是兴建慈惠堂总堂于降乩原地。……规定每年农历二月十八日为慈惠堂总堂庆日，所有分灵各地之慈惠堂，均应组团奉神回銮团聚，明定台湾省花莲县花莲市及吉安乡为慈惠堂圣地。[①]

---

① 徐伟：《慈惠堂简介》，载慈惠堂辑：《西王金母信仰与天山瑶池圣地之研究》，台湾慈惠堂出版，1992年，第37页。

慈惠堂蓬勃发展，现有千余座之宏博气势，台湾而外，海外多有其分香，现已经成为秩序严明、谱系清晰之教团。这段叙事，具有鲜明的谱系意识。对其做谱系研究，相比那些散乱之信仰，最易着手。

1990年12月7日，台北松山慈惠堂堂主郭叶子率240人团队，赴泾川回山“回中降西王母处”朝拜西王母，揭开了台湾慈惠堂朝圣序幕。随后台湾朝圣团纷至沓来。2004年9月，泾川代表团第一次赴台交流，形成互动格局。台湾同胞捐资重修回山王母宫，其功德无量，此处不一一叙述。这就是我们讨论过的，文化谱系是以互动性为存在形式的。半个多世纪的隔绝，两岸西王母信仰交流中断，实际上形成了不同的派系。但当1990年重开交流之门，这也就是我们所说的谱系的续接与重建。曾经的共同信仰的情感被重新激活，焕发了新的能量①。松山慈惠堂朝圣、重修王母宫的义举，足可为全球各西王母信仰所效法。这样，全球之西王母信仰便可得而研究、知晓与交流。

花莲之西王母信仰，分为慈惠堂瑶池金母信仰一派，与相邻之胜安宫王母娘娘信仰一派，各有数百分庙。后有台北松山慈惠堂，虽与花莲慈惠堂有关，但自成一系，这变成了台湾地区西王母神话的三大派系。而明清时期之慈善堂，以及南洋之慈恩堂，和留在本地的慈济堂，传承情况不明。现大陆之甘肃泾川西王母、青海之西王母、新疆之西王母信仰各有建树，各有神话叙事。西王母之在大陆西部，似为共识。

这里的神话传布的空间谱系、族群谱系以及景观谱系，可得而查之。其仪式叙事谱系，如台湾之绕境，也可得到描述。台湾之西王母神话与信仰，不是大陆分灵模式，而是一种神话叙事的下降模式。如台湾圣安宫以文字呈现为网站叙事：

> 民国三十八年（岁次己丑）六月十三日上午六时，天上王母娘娘显圣降临本宫花莲胜安宫。现在巍峨耸立的空无极天上王娘娘下降圣迹纪念碑之处，当时是一间矮小的茅屋，王娘娘选择这户贫穷人家，除开是缘分，也表示了怜悯苦海苍生悲愿。这间不起眼的小茅屋，在日据时期

---

① 参见张怀群：《台湾-泾川　西王母朝圣之旅20年》，九州出版社，2011年。

前花莲县议会议长叶祐庚，为躲空袭“疏开厝”，抗战胜利，台湾光复，才租予从宛里迁居花莲的张烟、林金枝夫妇。张家育有三子，老大张村、老二张树、老三张东，卖蔬菜维持家庭生活。他们在花莲市中央市场认识由大陆逃难来台的苏烈东，并拨一个房间给他栖息，遂成患难之交的朋友。在张烟去世不久之后，从故乡来了一位术士名叫添丁兄，探望张家大小，获悉老友张烟去世了，唏嘘不已。林金枝知道添丁兄略谙乩僮的窍要，恳请施法“关亡魂”，即下阴府入地狱探望张烟的状况。添丁兄基于道义之情，答应在夜晚十时“施法”；好奇的苏烈东也参加了他生平第一次的“法会”。从晚上十点到翌日凌晨三点，添丁兄口中念念有词“施法”，并烧掉符咒，依然无动静。张家三兄弟因辛劳的工作，受不了熬夜之苦，都纷纷入睡。只有苏烈东一人似乎进入催眠状况，口中喃喃而语，但是语音模糊。

添丁兄对苏烈东的情况有点诧异，推不醒、叫不应的状况，自黎明将临，万一出人命不好玩的，在内心无比的惶恐下，便悄悄地溜走。这一幕残局，最后由因缘际会的林再添来收拾，并在瑞气氤氲中，使云游而过的王母娘娘竟下降显圣，缔下黄衣因缘。林再添，居住凤林镇，幼时与伯父学过“关亡魂”，便起了一个大早，去探究竟。当林再添抵达张家时，没有法师镇坛，只有苏烈东那副叫人乍舌的模样。林再添手快心灵，立刻取来桌上的金纸画下符咒，当场火化给苏某服下，结果，苏某竟然开口了，嘹亮的声音与现在胜安宫的胜化堂坛中神语一样，在旭日东升中，苏某的声音惊动了张家大小，也惊动了附近的居民。林再添便适时地扮演了“头仔”的任务，也就是看神字、译神语的工作。这是王娘娘下降救世的第一次，并表示：因与诸凤妹云游经过，嗅茅屋清香直上九霄，特下凡巡察，感觉福地有缘，决意在此驻跸一段时日，救世度众。

数日后，苏烈东又在王母娘娘附身下起乩，指示：备妥八仙桌三只，菜刀十八支，斋菜二十四碗，以便祭煞之用。如菜刀购买不便，可买一支，另十七支用纸张剪成菜刀模样，由我自化即可。速办。

下午三点多，苏烈东沐浴整装出来之后，当时大家脑中浑浑沌沌，不知王娘娘何时降临，祭煞的程序又是如何？忽然，苏某眼睛一闭，跃上重叠的八仙桌上，指示将十八支菜刀奉上，并作手势、打手印，对空中施法一番，展现王娘娘首次的法力，自从添丁兄开溜之后，附近摇曳的翠竹，含苞的叶心竟纷纷坠落。但经过王母娘娘祭煞之后，翠竹的叶心却戛然中止坠落。据说：当晚添丁兄广邀诸神之时，也包括了地祇神（俗称好兄弟仔），开溜时，匆忙间未及送回，地祇神便以叶心坠落，暗示求助及求食。王娘娘的祭煞即与此有关。林金枝自从添丁兄虎头蛇尾地开溜之后，心情忧闷，又受到风寒侵袭，染患了上吐下泻的恶症，幸王娘娘赐下炉丹饮用，才告痊愈。王母娘娘灵异事迹，很快的传遍东台湾，从台东、富里，玉里来的信徒，络绎不绝，因为有求必应，香灰炉丹已成善男信女祈求的灵药，大病小病皆可一服见效。[①]

1953年恭塑之王母娘娘圣像及大圣爷杨缙公

这个当代的神话，讲述了台湾花莲祭祀西王母，以及王母庙的由来。这是王母娘娘神话的当代叙事，也为圣地建设提供了依据。

当代西王母神话的叙事形式，在语言叙事、仪式叙事和景观叙事建设方面，均有充分的表现，较之传统神话的单一表达，今天要丰富得多。其空间传播形式，再经分灵制度，遂扩展到大洋洲、美洲等地。经由地域神话、国家神话，扩展为区域性国际神话与信仰。

观台湾西王母神话与信仰发展，神话学家的推动至为相关。刘惠萍教授

---

① 这段文字是圣安宫网站的表述，与该庙人员口述以及庙宇文字介绍基本一致。http://www.sheng-an.org.tw/origin.html。

图1　刘惠萍教授与花莲圣安宫西王母博物馆

图2　高莉芬教授与台北松山慈惠堂郭叶子堂主

团队为圣安宫助力，其博物馆为花莲民间文学研究所策办（图1）；高莉芬教授助力台湾松山慈惠堂，论坛主办悉为高莉芬团队（图2）。神话的当代传播，神话学家功不可没。

在研究西王母信仰之时间谱系、空间谱系与族群谱系之外，和谐建立起全球西王母信仰秩序至关重要。而信仰精神之结构谱系构建同样是关键。一种信仰谱系，其信仰的内在结构应包含信仰精神谱系内核，语言类的传说历史谱系、仪式行为谱系与景观图像谱系。

王母信仰精神之和平团结、长寿爱生、慈善助人、雅艺审美、尊道崇德、天人合一等精神内涵，因其众多宫观实践而有各种发挥。应该集成起来，综合借鉴，成就其大。其精神内涵或融汇于各类行为规范，故值得深入挖掘。

西王母之历史资料，一般典籍多有梳理，而各地，尤其是县志以下地方资料、各类宫观编写资料，以及各地口述传说资料，应是洋洋大观。分门别类，检讨其话语谱系，也是盛大功夫，故值得各信仰群体与研究学者群策群力，完成此壮举。西王母之仪式仪轨与民俗节庆，值得纪录并诠释其象征意义。

西王母之宫观建筑，图画雕像，也需要记录汇编。从虎齿豹尾到丽人，到神圣威仪，王母之像何其多！王母圣像系列，王母传说系列，自汉代开始至今，也可构建其图像之谱，也是至为珍贵。

所以，西王母之精神内涵谱系、语言叙事谱系、仪式行为谱系，以及景观图像谱系，构成全球之西王母文化资源大数据库，这样一项宏伟工程，期待仁人志士努力，也期待各类机构、政府部门资助完成，共襄盛举。

一项文化谱系之研究，尤其是神话与信仰研究，宜尊奉相关原则，例如：

多元一体原则与同心同德原则。西王母只有一个，其精神形态可化万千。该研究只为天下王母千万家，天下王母是一家。研究目的是，避免盲人摸象，只见一隅，不识天下之大。学问为天下之公，不为个人之私。

现实关怀原则。民生福祉，健康身心。民族振兴，家国情怀；“一带一路”，天下情怀，均是研究宗旨。助力家国之兴，助力天下太平。

学术发现原则，无论资料发掘，抑或意义诠释，均以传承学术、创新学术为根本。

西王母为中国古老创世神话，然于当今存有千座庙宇，香火鼎盛，在诸创世神中，最值得关注。神话谱系与信仰谱系，为最需要关注的大问题。

玉文化对日韩古辞书编纂的影响

王　平

上海交通大学海外汉字文化研究中心

东亚汉字文化圈有着共同使用汉字编撰汉文辞书的历史，这种持续的学术传播和交流带来了丰富的文化积淀，其突出特点就是继篆书字典《说文》之后，形成具有东亚规模的《玉篇》类辞书与影响整个东亚汉文古辞书编撰及今文字研究的《玉篇》学。有关中国玉文化对日韩的影响，我们自然可以从其他典籍文献中去了解、去总结。但是作为国家文明发展标志之一的辞书，以其时代性、典范性、准确性等特点，系统地反映了东亚各国精神文化和物质文化的交流与交融。从东亚乃至世界文化传播史的角度来看，日韩古辞书所收所释有关玉文化的名称和内容具有不可替代的价值。从中日韩《玉篇》文献入手，我们可以了解中国玉文化对东亚古辞书编撰的影响，《玉篇》视角下的中国玉文化传播研究，对于重塑以"玉"为纽带的东亚文化具有重要意义。

一、中国传统字典中的玉文化

"辞书编纂是一种语言文化现象，社会的发展和科学的进步是辞书发展的动力，辞书则是文化传承的重要载体。一部辞书是一个语言文化产品，又是一定时期思想、科学、文化和语言状况的重要见证。"[①]中国传统字典对玉及其玉部字的解释形成了"玉"语义场，该语义场不仅记录了一定时期玉文

---

① 徐时仪：《汉语语文辞书发展史》，上海辞书出版社，2016年，第182页。

化的概念与范畴，也反映了玉文化的发展脉络。比如，关于“玉”的最早解读发轫于中国第一部小篆字典《说文解字》(以下简称《说文》)：“玉，石之美。有五德：润泽以温，仁之方也；䚡理自外，可以知中，义之方也；其声舒扬，尃以远闻，智之方也；不桡而折，勇之方也；锐廉而不技，絜之方也。象三玉之连。丨，其贯也。凡玉之属皆从玉。”甲骨文“玉”字象串玉之形，可知《说文》析形“象三玉之连”无误。金文中竖收缩，致使字形易混于“王”，故战国各类文字以各种方式在“象三玉之连”的字形上附以点画以示区别。隶变以后，则逐步定型为附点于右侧下半部的“玉”。把玉和德结为一体，又将玉与君子结缘是《说文》的巨大贡献。而后世文献中以玉为君子之比喻，正是因“玉”有其“五德”，劝君子不可不勉之。

(一)《说文》中的玉文化

东汉许慎之《说文》首创汉字部首，为后世字典辞书所宗；首释“六书”概念，为中国传统文字学奠定了理论基础。北朝颜之推说：《说文》剖析穷根源，若不信其说，则冥冥不知其一点一画为何意焉。清人王鸣盛说：《说文》为天下第一种书，读遍天下书，不读《说文》，犹不读也[①]。《说文》设540个部首，统摄9 833个汉字，其中玉部收字140个[②]。《说文》通过汉字构形对玉以及玉部字内涵的阐释及归类，不仅为文字学研究提供了资料支持，也为后世中国玉文化的发展和研究奠定了科学的基础。例如：《说文》：“靈，靈巫。以玉事神。从玉霝聲。”“靈”字是个形声字，从“霝”得声一成不变，而其义符则多见更替，最初为“示”，继而为“玉”，最终定型于“巫”。说明人类之灵魂灵性无一不与“玉”有关。也正是因为这种崇拜玉的风俗，贯穿于整个中国传统文化中，作为文化与文明的体现物，古代字典也无一例外受玉文化的影响。中国玉文化与中国民族的历史、政治、文化、艺术的产生和发展都有着密切的关联，它影响着中华民族世代的观念和习俗，影响着中国历史上各朝各代的典章制度，还影响着一大批“新词”的创造和

---

① 王平：《〈说文〉研读》，华东师范大学出版社，2014年。

② 该数据根据王平等：《〈说文解字〉标点整理本》(附分类检索)，上海书店出版社，2016年。

诞生。《说文》:"球，玉声也。从玉求声。璆，球或从翏。"对于《说文》释"球"之本义为"玉声"，研究者多以为是后人在"玉"后误增"声"字，而《说文》所释只是"玉也"。就实物文字来看，"球"字之义确未见"玉声"（玉石撞击之声）者。可见，"球"也是一种玉。而用"球"组成的"全球"，指全世界。可见中国玉文化的影响与辉煌。而"国宝"二字，从汉字构形元素上更传达出"玉入其国则为国之重器，玉入其家则为传世之宝"的传统理念。

（二）《玉篇》:"字""玉"同质

魏晋南北朝300年间，音韵学的诞生、兴盛，使得字书迎来了新的发展阶段。其时字典层出不穷，但由于战乱等缘故多有亡佚，虽有残文，也难窥全豹。在这一阶段，比较重要的字典是《玉篇》，这也是中国现存的第一部楷书字典。《玉篇》由南朝的顾野王所编。顾野王，字希冯，南朝梁吴郡人，是当时闻名遐迩的神童，五岁能读五经，九岁即能文，及至长成，博览群书，通晓天文地理、卜筮史乘、书法绘画，梁大同四年（538）拜太学博士。入陈之后，又补撰史博士，掌国史。顾野王一生著述丰富，涉猎甚广，除了《玉篇》，还有地理著作《舆地志》、志怪小说《续洞冥记》，以及尚未完成的《通史要略》《国史纪传》等。顾氏所作，世称《原本》，大约亡于唐末宋初。唐代处士孙强于《原本》基础之上，稍增其字，世称"孙强本"。宋真宗大中祥符六年（1013），陈彭年等又奉诏重修孙强本《玉篇》，是为目前通行的《玉篇》，亦即《宋本玉篇》。《宋本玉篇》是继中国第一部小篆字典《说文》之后的第一部楷书字典，也是中国辞书历史上首次将"玉"和"篇"系联，形成新的字典命名。毋庸置疑，其命名为"字篇"，更是一目了然。但是，文字突破语言交际在时空上的局限，承载特定时代的社会历史与文化，还有汉字本身所具有的隐喻性、暗示性和"玉"之神圣、灵通、传世等是一致的，以"玉"代"字"，凸显了先贤对汉字的崇拜，已经达成"字""玉"通用、"字""玉"同质的认同。而"字典"与"玉篇"的同构，也证实了，中国古代对"字""玉"同质认同的实事。

二、东亚以“玉篇”命名的字典

以《玉篇》命名字典，源于中国。《玉篇》之名对东亚汉字文化圈的汉文辞书编撰产生过深远而广泛的影响，日本、韩国的传统汉文字典多名为《玉篇》，直至今天，《玉篇》依然是汉语字典的代名词。

（一）日本明治时期以《玉篇》命名的字典

中国玉文化7 000年前就影响日本：中日学者通过研究发现，距今8 000多年前的中国内蒙古兴隆洼遗址和日本列岛7 000多年前的绳纹时代遗址有着相同的玉文化因素，玉器的造型和组合十分相似，从而成为中日史前文化交流的直接见证。中日两国一衣带水，两国间的文化交流源远流长。据日本现存最早的书籍《古事记》记载，至少在3世纪，日本已经有汉字流传了。伴随着历史的发展，日本逐渐并大量吸收汉字，仿照汉字制造了自己的文字，汉字已经成为日语中不可缺少的元素。至明清两代，汉语文言仍然是日本通用的书写语言，汉字也是日本的通用文字。

“明治”是日本明治天皇在位期间使用的年号，时间为公元1868—1912年。我们在调查整理日本汉文辞书的过程中发现，明治时代40余年，日本学者编写的汉文辞书竟然多达192种。而以《玉篇》命名的汉文字典多达53种（或题名为《玉编》，实际上相同）。明治时代的《玉篇》类字典层次丰富，资料繁复，研究领域广阔。其编纂体例虽然祖法中国《玉篇》和《康熙字典》，但也具有明显的时代烙印①。

（二）韩国朝鲜时期以《玉篇》命名的字典

现存的韩国传统汉文字典大致有两种情况：一是从中国直接引进后在韩国重刻的字典，如《龙龛手鉴》《大广益会玉篇》《玉篇直言》《新刊排字礼

---

① 王平、李凡日：《本明治时代〈玉篇〉类字典版本概述》，《山东师范大学学报（人文社会科学版）》2017年第4期。

部韵略玉篇》等[①]。二是韩国学者以汉字为主要载体自编自刊的字典,如《训蒙字会》《韵会玉篇》《字类注释》《全韵玉篇》等。若能取韩国传统辞书与中国传统辞书相互印证,取韩国传统辞书与中国古籍相互印证,东亚汉文辞书视角下的汉语史断代研究必然会有新成果、新成就。朝鲜时期(1392—1910)是朝鲜半岛历史上最后一个封建王朝,亦称为“朝鲜王朝”,是经济、文化全面发展的鼎盛时期。1392年李成桂建立朝鲜王朝,后历经27代君主,共500余年。一方面,朝鲜历代国王都非常重视国内的汉语学习和汉语人才培养,并采取了一系列鼓励政策,这无疑是保障汉语在国内有效传播的最重要原因。另一方面,明朝对朝鲜来华使节的汉语水平有了更高的要求,促使朝鲜王朝格外重视汉语人才的培养。为了培养汉语人才,朝鲜王朝采取了诸多措施。在开国之初就设立了司译院[②],使高级汉语人才的培养得到有力保障;还增设乡校等机构,教授儿童学习汉字汉语;引进中国考试制度,鼓励民众参与科举考试[③]。李朝“世事中国,言语文字,不可不习。是以殿下肇国之初,特设本院,置禄官及教官,教授生徒,俾习中国言语音训,文字体式,上以尽事大之诚,下以期易俗之效”[④]。世宗十六年(1434),还制定了奖励汉语翻译和学习翻译人员的两项措施:一是允许翻译在辽东贸易以取利;二是学习翻译人员中已徙居中国的,完恤其家,以供居京之费。可以说,朝鲜时代一直弥漫尊重知识、尊重人才和重视汉语汉文化学习的浓厚氛围[⑤]。这既保证了汉语汉字在朝鲜的有效传播,也激发了学者从事编纂本土汉文辞书的积极性。另外,“崇儒抑佛”为李朝之国策。儒学兴,经学昌,小学亦盛。周秦诸子、《史记》《汉书》之属,皆多古言古字,非知小学者,必不能读。经学的兴盛,为经学之本的小学发展创造了客观条件。《字类注释·序言》

---

① 康寔镇:《韩国的字序法考察》,《中国学》2012年第43辑。

② 金哲俊在《“类解”类文献中的汉朝词汇研究》前言中指出:“朝鲜自古以来非常重视学习外国语。1276年,朝鲜高丽王朝设置了‘同文’(后来改称为‘司译院’),该机构专门用来培养外语人才。朝鲜设立‘司译院’的最初目的是为了学习汉语并开展与中国之间的外交。之后,随着管辖范围的不断扩大,除汉语外,还先后设立‘四学’即‘汉学’(1393)、‘蒙学’(1394)、‘倭学’(1415)、‘女真学’(1426)。1667年,‘女真学’改称为‘清学’。”

③ 参见王平:《论韩国朝鲜时期汉字字典的整理与研究价值》,《中国文字研究》2015年第1期。

④ 柳梦寅:《於于野谈》(洪万宗《诗话丛林》)许卷洙、尹浩镇标点本,首尔:喜鹊出版社,1993年,第178页。

⑤ 董明:《古代汉语汉字对外传播史》,中国大百科全书出版社,2002年。

在论及韩国汉文字典的编撰目的时，总结道："书契之作也，以言为字。言以道事指物，而事与物各有其字，故古书谓字曰言。华人言与字一，故识其字体而音义具焉。东人言与字二，故以方言释义辨音，而复求之字体，所以烦而难也。字书之学，语其至则列于六艺，并于三重。成天地之文，人文以化天下者也，尚矣，未可与议也。韩子曰：为文辞宜略识字，非识字无以读古书而通人情也。"为配合儒学教育和科举制度，韩国在引进中国音韵学书籍的同时，开启了韩国学者编纂本土汉文辞书的漫长之路。韩国以《玉篇》命名字典，始于朝鲜时期之《韵会玉篇》。朝鲜时期的《玉篇》类字典，数目不及日本，但形式多样。例如《韵会玉篇》《三韵声汇补玉篇》《全韵玉篇》《校订全韵玉篇》《国汉文新玉篇》等，都属于不同时期的里程碑之作。

辞书文明发展进程的标志之一，不同国家、不同时代的辞书皆有其物质文化和精神文化发展的特色印记。从某种意义上说，辞书发展史，往往是一个国家文明与文化的发展史。东亚流传至今的古辞书是研究东亚文化交流的重要语料。汉文辞书不仅是解读汉字形音义的范本，也是学习汉文化知识的模板。把东亚各国不同朝代或同一朝代的汉文字典视为一个系统，据此，我们可以考察东亚各国精神文明和物质文明交流的轨迹和进程。下面以朝鲜时代《全韵玉篇》为例，进一步说明中国玉文化对韩国汉文辞书编撰的影响。

三、从《全韵玉篇》玉部字看玉文化的影响

（一）关于《全韵玉篇》

《全韵玉篇》编者未详。正值《康熙字典》传入韩国，正祖时期学者以之为底本，参考其他字典，奉敕编纂了《全韵玉篇》。为便于检字，韩国辞书编纂史上惯有韵书和字典成对编纂的通例，故《全韵玉篇》首要的编纂目的便是为了《奎章全韵》检字之便利。汉字东传并广泛使用，字音出现了变化，为消除汉字华音和东音的混乱，是编纂此书的第二个目的。而目的之三则是普及汉文与汉字常识，倡导实用为本的思想。首尔大学奎章阁收藏了《全韵玉篇》五种版本，皆为木版，但惜其均不是初刊本。奎章阁所藏五种

版本中，最古者为纯组十九年（1819）版本，该本扉页印有“己卯新刊春坊藏板”的字样，现藏于韩国汉字研究所。另外，还有刊记上写“庚戌仲秋，由洞重刊”的版本，据笔者推测该版应为哲宗元年（1849）刊行。除此之外，还有不能确定确切年代和刊行时间的版本。本书研究以韩国汉字研究所藏纯组十九年刊本为研究底本。

《全韵玉篇》包括义例与正文。义例阐述了编纂目的与体例。正文分为上下两卷。全书按照214部首排列，部首数目及顺序与《康熙字典》完全一致，同部首字按照除去部首用字外的笔画数目，由少到多排列。共收字10 977个。《全韵玉篇》是韩国现存第一部从韵书附列中独立出来的汉字字典。该书上承中国传统字典，下启韩国字典编纂，对中韩语言文字及文化研究具有重要价值。该书首开韩国“玉篇类字典”编纂之先河。纵观韩国汉文字典编纂史，大致可以分为三个时期：甲午更张（1894）以前，甲午更张以后至1945年朝鲜光复，朝鲜光复以后至今。《全韵玉篇》处于第一个时期，上承崔世珍、洪启禧字典编纂之成绩，下启韩国近现代字典编纂之先河。作为韩国第一部独立字典，《全韵玉篇》的出现使得韩国汉文字典从韵书中彻底分裂，同时“玉篇”亦成为汉文字典名副其实的代名词。《全韵玉篇》以其较为成熟的编排体例，简洁明了的训释语言，鲜明的个人色彩，对韩国后世汉文字典的编纂起了模范作用。其次是文献价值突出。《全韵玉篇》以《康熙字典》为底本，充分吸收了中国传统字典尤其是《宋本玉篇》《字汇》和《康熙字典》的精华，所收汉字在时间层面上与中国字典有一定的传承关系，在保存字量与形音义等汉字信息方面意义重大。此书也是研究汉字域外传播与发展史、韩国字典文化及中韩文化交流与融合的重要材料。目前韩国学者对《全韵玉篇》的研究成果主要集中于声韵方面，对汉字形义等方面关注甚少，故尚有很大的研究空间。

（二）《全韵玉篇》玉部字及其解读

《说文》收字头9 833字，玉部有140字；《宋本玉篇》收字头22 052字，玉部有277字；韩国《玉篇》收字头10 977字，玉部有182字。从以上三部书收字头和玉部字的比例来看，韩国《全韵玉篇》收玉部字比例最大。从此也可以看出，中国玉文化对古代韩国影响之广大。其收182字如下：

玉 王 玎 玏 玒 玘 玗 玕 玖 玓 玤 玞 玠 玫 环 玟 玢 玭 玩 珏 玦 玼 珇 珖 珍 诗 珉 珊 玹 玻 珂 珈 玲 玷 珌 珀 琓 珙 珥 珠 珝 珪 珮 珣 班 珧 珓 珦 珕 珩 珹 珞 理 琂 琙 琋 琄 現 琊 琅 琞 珽 球 琉 琇 琀 琫 琮 琦 琪 琵 琚 琥 琲 琨 琬 琯 琖 琠 琱 琶 琤 琕 琳 琴 琰 琡 琭 琢 瑞 瑋 瑜 瑚 瑀 瑅 瑇 瑁 瑸 瑗 瑄 瑑 瑍 瑙 瑕 瑝 瑒 瑛 瑟 瑊 瑢 瑰 瑨 瑱 瑥 瑶 瑵 瑳 瑣 瑪 瑭 瑯 瑲 瑩 瑬 璅 瑴 琏 瑽 璃 瑻 瑿 璀 瑾 璊 璇 璉 璈 璅 璋 璆 璣 璐 璘 璡 璠 讯 璙 璜 璚 璟 璢 璞 璲 璨 環 璬 璪 璫 璹 璱 璧 璛 璽 璵 璺 璿 璷 璹 璻 瓃 瓊 瓄 瓆 瓅 瓏 瓌 瓓 瓔 瓖 瓘 瓚 瓛

（三）《全韵玉篇》和《宋本玉篇》玉部字比较

根据内容，《全韵玉篇》玉部收182字可以分为以下8种。其中有些是传承《宋本玉篇》而来，有的则未见于《宋本玉篇》。

（1）玉名

《全韵玉篇》：玒，玉名。

《全韵玉篇》：玹，玉名。

《全韵玉篇》：珂，玉名，

《全韵玉篇》：珙，玉名。

《全韵玉篇》：珝，玉名。

《全韵玉篇》：珦，玉名。

《全韵玉篇》：璙，玉名。

《全韵玉篇》：璹，玉名。

《全韵玉篇》：瓘，玉名，珪也。

《全韵玉篇》：瑅，玉名，瑅瑭。

《全韵玉篇》：瑭，玉名，瑭璑。

《全韵玉篇》：琠，玉名，瑱也。

《全韵玉篇》：琡，玉名，大璋。

《全韵玉篇》：瑋，玉名。奇玩，瑰瑋。

《全韵玉篇》：璇，玉名，璇瑰。星名，璇璣。璿同。

《全韵玉篇》：瓌，玉名，瓊瓌。大貌，瓌偉。瑰同。傀通。

按，《宋本玉篇》收玉名如下：

《宋本玉篇》：璙，玉名。

《宋本玉篇》：瓘，玉名。

《宋本玉篇》：瓎，玉名。

《宋本玉篇》：玘，玉名。

《宋本玉篇》：璽，玉名。

《宋本玉篇》：瓇，玉名。

《宋本玉篇》：瑖，玉名。

《宋本玉篇》：玒，玉名。

《宋本玉篇》：珦，玉名。

《宋本玉篇》：𤦀，玉名。

《宋本玉篇》：琳，玉名。

《宋本玉篇》：瑅，玉名。

《宋本玉篇》：瓗，玉名。

《宋本玉篇》：瑗，玉名。

《宋本玉篇》：琚，玉名。

《宋本玉篇》：璩，玉名。

《宋本玉篇》：𤩿，玉名。

《宋本玉篇》：𤪌，玉名。

《宋本玉篇》：玢，玉名。

《宋本玉篇》：珻，玉名。

《宋本玉篇》：瑊，玉名。

《宋本玉篇》：𤦷，玉名。

《宋本玉篇》：琿，玉名。

《宋本玉篇》：瑫，玉名。

《宋本玉篇》：璼，玉名。

《宋本玉篇》：玸，玉名。

《宋本玉篇》：珆，玉名。

《宋本玉篇》：𤥶，玉名。

《宋本玉篇》：𤩕，玉名。

《宋本玉篇》：玶，玉名。

《宋本玉篇》：玗，玉名。

《宋本玉篇》：瑎，玉名。

《宋本玉篇》：玐，玉名。

《宋本玉篇》：琠，玉名。瑕，古文。

《宋本玉篇》：瑋，玉名。瑇，古文。

《宋本玉篇》：球，玉名。一云珂球。與玪同。

《宋本玉篇》：琝，《穆天子傳》云：采石之山有琝瑤。郭璞曰：玉名。

（2）美玉

《全韵玉篇》：琳，美玉，球琳。

《全韵玉篇》：瑜，美玉，瑾瑜。

《全韵玉篇》：琨，美玉，琨瑶。

《全韵玉篇》：璐，美玉，寶璐。

《全韵玉篇》：璆，玉磬，美玉。球同。

《全韵玉篇》：璿，美玉也，天子寶璿珠。璇通。

《全韵玉篇》：球，玉磬，美玉。國名，琉球。

《全韵玉篇》：瑶，美玉，瑶琨，瓊瑶。斗杓，瑶光。池名。

按，《宋本玉篇》收美玉名如下：

《宋本玉篇》：璦，美玉。

《宋本玉篇》：璐，美玉也。

《宋本玉篇》：璆，美玉也。

《宋本玉篇》：瑹，美玉也。

《宋本玉篇》：玵，美玉也。

《宋本玉篇》：瑾，瑾瑜，美玉也。

《宋本玉篇》：瑾，瑾瑜，美玉也。

《宋本玉篇》：珵，美玉也。埋六寸光自輝。

《宋本玉篇》：瑹，《廣雅》云：瑹、珽，並笏也。又美玉。

《宋本玉篇》：瑓，《埤蒼》云：垂瑓，地名，出美玉。《春秋傳》作棘。

《宋本玉篇》：璿，《山海經》云：有沃之國，沃民是處，爰璿瑰瑙碧。《虞書》曰：璿璣玉衡。《孔傳》云：璿，美玉。《穆天子傳》：春山之寶，有璿珠也。叡，籀文。璿，古文。

（3）佩玉

《全韵玉篇》：玘，佩玉也。

《全韵玉篇》：珵，佩玉，珩也。

《全韵玉篇》：珶，佩玉，瓊珶。瑅通。

按，《宋本玉篇》收佩玉名如下。

《宋本玉篇》：瑽，瑽瑢，佩玉行皃。

《宋本玉篇》：珩，《説文》云：佩玉，所以節行步也。

《宋本玉篇》：瑀，《大戴禮》：佩玉琚瑀以雜之。《説文》云：石之似玉者。

《宋本玉篇》：儺，《説文》云：行有節也。《詩》云：佩玉之儺。又奴可切。

《宋本玉篇》：縈，聚也，垂也。《左傳》曰：佩玉縈兮。注云：縈然，服飾備也。

（4）玉器

《全韵玉篇》：璹，玉器也。

《全韵玉篇》：瓃，玉器。

《全韵玉篇》：瓄，玉器。又圭名。

按，《宋本玉篇》收玉器名如下。

《宋本玉篇》：璽，玉器也。

《宋本玉篇》：玨，玉器也。

《宋本玉篇》：玔，玉器也。又巨幼切。

《宋本玉篇》：璹，《説文》云：玉器也。

《宋本玉篇》：瓃，玉器。又力回切。

（5）玉声

《全韵玉篇》：玎，玉聲，玎玲。義同。

按，《宋本玉篇》释“玉聲”如下。

《宋本玉篇》：瑝，玉聲也。

《宋本玉篇》：瑣，玉聲也。

《宋本玉篇》：玐，玉聲也。

《宋本玉篇》：鐕，玉聲也。

《宋本玉篇》：琤，《説文》云：玉聲。或作錚。

《宋本玉篇》：瑲，《説文》云：玉聲也。《詩》曰：鞗革有瑲。

《宋本玉篇》：玎，《説文》云：玉聲也。齊太子謚曰玎。《謚法》：義不克曰玎。又竹耕切。

《宋本玉篇》：瓏，禱旱之玉爲龍文也。又音聾，玲瓏，玉聲。

（6）玉光

《全韵玉篇》：現，玉光，顯也，露也。見通。

按，《宋本玉篇》释“玉光”如下。

《宋本玉篇》：璄，玉光彩。

《宋本玉篇》：璨，玉光也。

《宋本玉篇》：霦，玉光色。

《宋本玉篇》：璀，璀璨，玉光。

（7）石次玉

《全韵玉篇》：玤，石次玉。

《全韵玉篇》：琹，美石，琨琹。

《全韵玉篇》：玏，石次玉，瑊玏。

《全韵玉篇》：玟，石次玉，瓀玟。珉同。

按，《宋本玉篇》释石“似玉名”如下。

《宋本玉篇》：璅，石次玉。

《宋本玉篇》：琅，石次玉也。

《宋本玉篇》：瑰，《説文》云：石之似玉者也。

《宋本玉篇》：玤，《宋本玉篇》：瑡，異之切。石之次玉者。《蒼頡》曰：五色之石也。

（8）石似玉

《全韵玉篇》：珉，美石次玉。

《全韵玉篇》：玕，美石次玉，琅玕。

《全韵玉篇》：玖，黑石次玉，瓊玖。

《全韵玉篇》：珷，石似玉，珷玞。碔同。

《全韵玉篇》：玗，石似玉。樹名，玗琪。

《全韵玉篇》：瓔，美石似玉。頸飾，瓔珞。

《全韵玉篇》：玞，美石次玉，珷玞。砆同。

按，《宋本玉篇》释“石似玉”有以下。

《宋本玉篇》：璁，石似玉。

《宋本玉篇》：琥，石似玉。

《宋本玉篇》：璋，石似玉。

《宋本玉篇》：竪，石似玉。

《宋本玉篇》：瓔，石似玉。

《宋本玉篇》：璶，石似玉。

《宋本玉篇》：琟，石似玉。

《宋本玉篇》：玒，石似玉。

《宋本玉篇》：瑂，石似玉。

《宋本玉篇》：璒，石似玉。

《宋本玉篇》：瑦，石似玉。

《宋本玉篇》：珣，石似玉也。

《宋本玉篇》：瑄，石似玉也。

《宋本玉篇》：璔，石似玉也。

《宋本玉篇》：璡，石似玉也。

从以上八个方面可以看出，《全韵玉篇》和《宋本玉篇》所收玉部字相互补充，为我们呈现出一个琳琅满目的世界。而前者在解读某些玉部字时，更具有“他山之石可以攻玉”的作用。例如：

《全韵玉篇》：琮，祭地玉，黄琮。按，“琮”之为器，外八角而内圆空，甲骨文“琮”正象其形，而其用则为人名。汉碑始见《说文》所谓“从玉宗声”者，然亦多被用为人名。中国传统经典字典如《说文》《宋本玉篇》《康熙字典》等，在解释“琮”时，并无“祭地玉”说。《周礼·春官》：有“以黄琮礼地。”《周礼》注曰：“琮之言宗，八方所宗。故外八方，象地之形。中虚圆，以应无穷，象地之德。故以祭地。”可见，《全韵玉篇》在编撰时，同时为我们保留了中国古代典籍的书证材料。又如：《全韵玉篇》：“琪，东方玉属，珣琪。”《全韵玉篇》：“珣，东夷贡玉。”以上所解释，同样未见于中国传统经典字典。

汉字在古代东亚文化圈，地位相当于拉丁文在欧洲。直至近代西学东渐之前，汉字一直是东亚诸国的意识形态根基与学问主流，各国史书及政治、思想、宗教、法律、医学、文学、辞书等领域的主要著作无不用汉字书写编撰。汉语曾是东亚贵族语言，使用汉字乃是贵族与知识阶层必备的素养。学者之有字书，犹夜行之有爝火，工人之有椎凿，未尝可一日废之也。学者就之而检字，亦犹照光而探物，持利器而施雕斫也。东亚各国历时性地走在相同的历史发展轨迹上，日韩《玉篇》字典为我们保留了比较系统的有关玉文化的诠释信息，将其与传世、出土、民俗、考古等相互印证，从词典学和语言学的角度研究中国玉文化的传播，探索东亚文化认同点，也许可以得到一部精要概括的东亚玉文化发展史。

政治学视野下的中华玉文化研究概论

王　宇
中国社会科学院中国历史研究院中国边疆研究所

细数中华传统文化的宝贵遗产，玉作为中华灿烂文明中的奇葩，自8 000年前延续至今，虽然只是一个“矿物石”，却跟中国的政治有着千丝万缕的关系。从中国传统政治文化的角度，玉见证了中华文明与中国国家起源、形成、发展、演变的全过程。玉的使用跟我国古代政治制度、原始政治仪式和宗教信仰、意识形态、传统礼制和边疆治理紧密相关，玉是儒家文化的物质载体和士大夫“比德”的“唯一”参照物，玉也是中国封建社会等级制度的一个物质证明和有力体现。从玉的使用亦可以窥探到中国的统一和分裂、国家繁荣与兴衰、中央政府的边疆治理能力等。可以说，玉作为一个政治符号深深嵌入中华文明和中国传统政治文化当中。

20世纪以来，中国考古发掘出了大量史前玉器，从史前6 000年前北方辽河流域的红山文化，到长江流域的良渚文化；从4 000年前“三皇五帝”时期陕西黄土高原的石峁文化，到黄河中下游流域的龙山文化华夏文明的形成，玉的使用是先夏时代历史存在的重要证明。山西陶寺遗址和河南二里头与“夏代”时期基本吻合；20世纪甲骨文和殷墟发掘的发现；一直到20世纪70年代妇好墓的发掘，其中出土了755件玉器，已完全确定了商朝武丁时期的确切年代，玉器印证了中国古代历史，也填补了文字和文献的空白。玉器与中华5 000年文明相辅相成、相互佐证。夏鼐先生曾指出考古学的重要价值和政治意义所在。他认为，考古学并不止于物质本身，而是把研究对象聚焦于社会现象，我们可以通过实物来研究社会组织、经济状况和文化面貌，按照马克思主义理论的研究方法，从生产方式到意识形态，以探求中国国家和文明的起源乃至人类社会发展的规律。已故著名考古学家、良渚文化研究专家牟永杭先生认为："玉之所以能够在中华民族的心理上造成如此深刻而长远的影响，其原因之一是因为这种被赋予山岳精英的矿物，对中国古代文明的诞生起了催酶的作用，进而将随着文明而来的政治权力，牢牢地包裹在了神秘的袍套之中。可以说超越自然属性的玉和政治的神秘化共同熔炼了中华民族的心理素质。"①

从西方学者研究政治仪式和政治符号的角度而言，玉作为中国独有的政治符号，在中国史前和封建社会里扮演了独一无二的政治象征，无论是众所周知的象征政权唯一政治合法性的传国玉玺，还是更早于秦汉之前《周礼》所记载的"六器"——璧、琮、圭、璋、璜、琥等重要玉器②，在史前中国和封建时期的政治仪式中都发挥了不可替代的作用。从考古发掘可以看出，特别是在无文字记载的早期中国，因为玉器的物理特性，得以在地底完整保存数千年，这是记录中国古代政治文明的重要政治符号和象征，通过这些史前埋藏的玉器，可以推析史前政治文明的发展和演变。

一、中国政治中的玉的重要意义

（一）中国传统政治文化中的玉文化

我国近代地质学家章鸿钊在《石雅》一书中写道："夫玉之为物虽微，使能即而详焉，则凡民族之所往反，与文化之所递嬗，将皆得于是征之。"中国社会科学院学部委员王巍谈道："在研究中华文明起源过程中，我深深地体会到，玉器在中华文明起源中占有极为重要的地位。从某种意义上来说，离开玉器，就无法深入研究中华文明。研究中华文化更离不开中国玉文化的研究。"③玉本身是中华文化的独有的未间断的物质载体。文化本身的含义很多，《辞海》里将"文化"定义为：人类历史发展过程中所创造的全部物质财富和精神财富，也特指意识形态。"文"原初字面意义就指各色交错的纹理，

① 浙江省文物考古研究所等：《良渚文化玉器》，文物出版社，1989年，第3页。

② 除了六器之外，玉戈、玉刀、玉柄形器等重要玉器也曾发挥过重要的功能，特别在"以玉为兵"的三皇五帝时期。

③ 刘国祥主编：《名家论玉》，科学出版社，2008年，第1页。

具有纹饰、文章之义；“化”指变易、生成与造化。按照马克思主义理论，物质决定意识，物质的发展影响精神和文化的改变。玉文化是依托于玉这个物质而产生、发展、演化并最终成为中华文明中的重要组成部分。玉不是普通的石头，它在神权支配的远古社会里是沟通上天的神器；在帝王主宰的封建社会里，它又是王权最神圣的象征；在古代士大夫的眼里，它又是君子的唯一物质象征；它温润莹洁、多彩多姿，它是山川的精华、大自然的造化，可以说，玉是中华大地上迄今为止“最古老、最完整、最具文化信息的物质和文化载体”[①]。

玉在我国的使用，历经8 000年而从未间断[②]，从历史和现实的角度，早在大禹时期，当时已经是“执玉者万国”的城邦林立时期，万国朝宗拿的是玉，为什么拿玉？因为玉是政治权力象征，是政治仪式的重要“符号”，玉是中国古代政治仪式中可以与神对话通天的“神器”，被赋予了最高政治权力。大卫·康纳汀（David Cannadine）认为：“仪式并非权力的面具，它本身就是权力。”[③]远古中国并没有文字记载，但通过结合先秦时期的文献，透过考古发掘的玉记录的信息，可以反映出当时那个时期蔚为壮观的用玉制度。《周礼》和《礼记》中玉占据了很大篇幅，如果没有玉器的使用，就没有完整的中国传统“礼制”。

特别是从政治仪式和政治符号的角度看，玉这个物质太重要了，玉的使用跟中国国家的起源有着紧密的联系。通过考古发掘来看，从玉料的开采到玉器的一系列程序的加工生产，离不开社会分工，反映了阶级分化。从玉器的器型的角度分析，玉在中国史前区域的使用和传播跟中原王朝的构建、形成也有重要的关联，比如说玉牙璋、玉柄型器、玉戈等。通过不同出土地点的玉器，对比文献，可以窥探到史前“无文字”时期的政治编码。

通过对中华玉文化的研究，还可以对中国古代政治文化、政治制度的发展变化进行一个独特视角的分析。

---

① 李宏为：《乾隆与玉》，华文出版社，2013年，第1页。

② 2017年在黑龙江饶河小南山遗址发掘出大量玉器，据碳十四测年数据显示为距今9 000年左右，这是目前我国发现的最早的应用玉器。

③ 克利福德·格尔茨：《文化的解释》，纳日碧力戈等译，复旦大学出版社，1999年，第251页。

（二）玉跟中国政治的关系

玉本身是一种物质，按照马克思主义理论，物质基础决定上层建筑，政治属于上层建筑，作为社会经济基础的要素，特别是经济关系，会引发政治的变化。玉作为一种物质，自中华文明始，几千年来一直处在中国社会、经济、政治结构的金字塔顶端[①]，是神权政治和王权政治的象征，其物质背后的观念和政治文化对中华文明和政治的发展意义重大。

总体而言，玉跟中国政治的关系可以以下几个角度考察：一是从历史角度而言，玉的使用早于中华文明和国家的起源，而中华文明和国家的起源却伴随着玉的使用，从玉的角度可以探究中国国家起源。二是玉最早作为通神的神器而被赋予了“权力”的象征，玉被赋予了意识形态而超脱于物质层面；封建王朝中玉（玉玺）的传承代表着王权政治的合法性，按照马克思主义理论，国家政权是政治的主要和根本的问题，而玉的使用在古代中国是等级和政权的象征。三是玉被儒家赋予了“道德”的含义而成为士大夫不可或缺的随身之物（以比德），玉被赋予了政治符号和道德符号的意义。四是《说文解字》中涉及玉的字和国家的“国”都把玉推到了国之重器的高度。五是玉石之路象征着中原王朝对于遥远西域的政治影响力，玉路和玉石成为王朝兴衰的物质见证。

玉是中华文化中特有的物质文化形态，其几千年来未间断的高度发展的玉雕艺术不仅是中国物质文明的最高典范，也是中国传统王权政治和礼制的最高等级物质载体。同时，玉器还是中国国家起源和文明的核心表现形式。

（三）“政治文化”和“中国传统政治文化”的界定

关于政治文化的定义和界定，一直以来存在颇多争议。“文化”一词的定义已经汗牛充栋，据统计不下百个，既包括精神要素，也包括物质要素。泰勒把文化观念定义为“包括人类作为社会一员所获得的知识、信息、艺

① 从物质层面的角度，任何其他物质都无法跟玉进行对比，包括青铜器，青铜器虽然也是权力的象征，但青铜器是特定时期的产物，到了秦汉时期后已经不具备政治属性，但是玉确是从未中断的、被皇权视为具有政治文化属性的稀缺资源。

术、道德、法律、风俗以及其他能力和习惯的复杂整体"[①]。费孝通先生的老师马林诺夫斯基在《文化论》里对于"文化"的解释认为，文化不是凭空产生的，他认为人文世界必然要先有一个物质基础，即人文世界是用自然世界的物质为资料而塑造成的，物质的背后有知识、宗教、法律、伦理规则等精神的支撑。文化的多元内涵决定了"政治文化"概念的复杂性。《布莱克韦尔政治学百科全书》中将政治文化定位为"关于一种旧观念的相当新的术语"[②]，从西方政治角度来看，旧观念指的是传统"经验"式的研究范畴，比如说柏拉图、亚里士多德、卢梭等政治哲学家的论述，而相对于中国而言，"旧观念"与中国传统文化特别是先秦时期的思想和观念密不可分。

美国的阿尔蒙德在1956年通过对政治信仰、象征符号和价值观的跨国研究，首次提出了政治文化的概念，他认为，政治文化是一个民族在特定时期流行的一套政治态度、信仰和感情。这个政治文化是由本民族的历史和现在社会、经济、政治过程所形成[③]。派伊和维巴1965年针对政治文化也给出了较为宽泛的概念，他们认为，社会传统、其公共机构的精神、其人民的激情和集体理性，以及其领导人的风格和工作符号（operating codes），不是历史经验的随机产品，而是作为一个意义整体而联结在一起，并构成了一个可以理解的关系网络[④]。

马克·霍华德·罗斯在《比较政治分析中的文化和身份》中对文化和政治的关系给予了较为系统的界定，他认为，政治的文化分析有五大视角，其中对于政治仪式和符号的考察非常重要，它们"便于探究政治身份的强度和意义"，与此同时对于政治的文化分析还构造了政治发生的文化背景，文化定义着"人们认为有价值的和值得为之争斗的符号性和物质性目标、这些争斗发生的背景，以及政治所赖以发生的和人们参与其中的（正式和非正式

---

① 罗纳德·H. 奇尔科特：《比较政治学理论——新范式的探索》，潘世强等译，社会科学文献出版社，1998年，第244页。

② 戴维·米勒、韦农·波格丹诺主编：《布莱克维尔政治学百科全书》，邓正来译，中国政治大学出版社，2002年，第550页。

③ 加里布埃尔·A. 阿尔蒙德：《比较政治学——体系、过程和政策》，曹沛霖译，东方出版社，2000年，第26页。

④ Lucian Pye, Sidney Verba, *Political Culture and Political Development*, Princeton: Princeton University Press, 1965, p.7.

性）规则"[①]。维尔巴同样认为政治文化是与个人信念相关联的一个调控系统，政治文化系"由经验信息、表达象征和界定政治行动环境的价值观的系统所组成"[②]。其中，表达象征的诠释就不仅仅是语言范畴，政治符号同样也是政治文化所考察的内容。

这就涉及政治文化中的"政治仪式"和"政治符号"研究。玉本身是一种政治符号，而中国古代的用玉制度从始至终都与政治仪式紧密相关，无论是红山文化牛河梁的"唯玉为葬"，还是良渚文化大规模的玉殓葬，以玉通神、以玉祭祀都是中国政治文化中独有的政治仪式。1964年美国学者默里·埃德尔曼发表了《政治的符号运用》一文，他认为"政治是一种符号的系列展示"，人们在两个层次上对政治符号作出反应：一是认知层次，它包含符号沟通的信息；二是情感层次，它包括政治符号所诉诸的强有力的情感。马克·霍华德·罗斯评论，对于政治学家而言，"对政治符号和政治仪式的研究已成为政治制度和政治动力分析的中心"[③]。从这点来看，玉和中国政治制度的关系非常特殊，先秦古籍《周礼》《仪礼》《礼记》中有大量关于玉器使用的记载，包括了用玉的整体理论、具体分类和使用规定，涉及政治、经济、军事、法律、外交、财货、祭祀、宗庙、朝聘、盟会、婚丧、车服、器物、礼乐等多方面。这说明早在先秦时期，玉已经作为一种政治符号成为政治礼制的组成部分。

国内学者也给出了政治文化的定义，公丕详将政治文化定义为"在一定社会物质生活条件下，民族、国家、阶级和集团所建构的政治规范、政治制度和体系，以及人们关于政治现象的态度、感情、心理、习惯、价值信仰和学说理论的复合有机体"[④]。

张小劲和景跃进在《比较政治学导论》中就西方对于中国政治文化的研究进行了概述，西方学界讨论中国政治文化基本有三种方式：汉学、非专业

---

① 马克·I. 利希巴赫等编：《比较政治：理性、文化和结构》，储建国等译，中国人民大学出版社，2008年，第62页。

② 罗纳德·H. 奇尔科特：《比较政治学理论——新范式的探索》，潘世强等译，社会科学文献出版社，1998年，第247页。

③ 马克·I. 利希巴赫等编：《比较政治：理性、文化和结构》，储建国等译，中国人民大学出版社，2008年，第75页。

④ 公丕详、李义生：《商品经济与政治文化观念》，《政治学研究》1987年第1期。

人士对中国社会的直接观察、社会科学研究方法。其中，汉学的研究方式主要是指“那些训练有素的历史学家或文学家通过研究成文文本和古典文献来理解和阐释中国社会特征的方法”[①]。从这点来看，汉学的研究方式有些类似于中国传统经学的方法，而关于中国古籍中的玉的论述则自然纳入汉学的研究视野。

刘泽华给中国传统政治文化下了比较明确的定义和范围，他认为，“中国传统政治文化”与传统的政治系统——古代君主政治赖以生成、运转和发展的文化条件和背景——相对[②]。刘泽华认为，中国传统政治文化和现代政治学所谓的政治文化不同，相对于后者侧重于现实人的政治心态和方法的多样性，后者的研究主体“隐藏在历史的残骸之中”，他认为研究中国传统政治文化要通过“分析历史文物和文献资料展现出历史人的政治心理、情感和意识”。他认为研究中国传统政治文化的方法主要就是依据材料的分析，因为在古代中国，政治具备“较强的弥散性”，政治不仅与文化紧密相关，同时还与中国古代宗教、教育、伦理相关，甚至“社会物质文化”也显示出“明显的政治性价值取向”[③]。

综上所述，政治文化所指的现象——无论是历史或现实，无论是器物或精神层面，还是民族国家或泛指文化圈——是宽泛的。从这个角度，对于中国玉器的使用和玉文化的研究，不应仅仅停留在政治仪式和政治符号这个层面，还可以从中国传统政治文化的多个维度进行较为系统的论述。

二、从政治学视角研究中华玉文化的维度

从中国传统政治文化研究的角度研究玉文化主要涉及三个维度：

一是“过去的”。主要探究玉与中国国家起源的关系。关于对中国国家

---

① 张小劲、景跃进：《比较政治学导论》，中国人民大学出版社，2001年，第183页。

② 刘泽华、张分田等：《思想的门径——中国政治思想史研究方法论》，天津古籍出版社，2006年，第42页。

③ 同上。

起源的研究，恩格斯在《家庭、私有制和国家的起源》一书中从马克思主义理论的角度分析了古希腊等西方国家的起源理论，对东方国家虽有涉及，但由于缺乏材料，并没有对中国古代国家起源的研究进行分析。20世纪以来，考古学对于探究中国古代国家起源起到了很大的推动作用，特别是对于中国文字出现之前的历史，考古学成为对照先秦文献的唯一对比手段，而玉的发掘和考证成为探究国家起源的独特视角。从8 000年前的兴隆洼文化，到夏早期的石峁文化和二里头文化，夏商周之前的历史的考证很大程度上就要借助于玉这个材质。

二是“现在的”。主要探究玉对于国家治理特别是边疆治理的重要意义。丝绸之路耳熟能详，也不过才2 000多年，比丝绸之路更早的是玉石之路，而这就要归功于考古学、矿物学、历史学等多学科的考证。据考古证明，早在不晚于商中晚期时，来自昆仑山北麓的和田玉石就已经被中原王朝所大量使用，中国社会科学院考古研究所发掘的殷墟妇好墓755件玉器中一大部分是来自新疆的和田玉。按照矿物学的角度，新疆和田玉进入中原王朝的时间，早于丝绸之路近2 000年。玉料的传送对于新疆跟中原的关系意义太大了，因为这是切不断的连接。可以说，没有了西域，没有了昆仑山，没有和田玉石，那中国历史就是不完整的，儒家传统文化和中华文化也是缺失的。以玉作为研究对象，是研究中国传统政治文化和古代政治文明的一个独特视角，而且对于史前中国特别是无文字时期的古代中国，玉因为其特殊的物理特性成为记录历史和古代政治的重要政治符号。

三是“未来的”。探究中国传统政治文化中的玉文化，与弘扬和发掘中国优秀传统文化息息相关，跟当下的边疆治理也有很重要的关系。此外，玉作为中国本土的原生性政治符号，对于中国本土政治学理论的构建而言，是一个独特的研究视角，中国的政治学研究太需要摆脱“西方化”和“美国化”的影响。中华人民共和国成立以来，特别是改革开放以来，中华大地发生了翻天覆地的变化，而中国本土政治学理论的构建也面临着前所未有的机遇和挑战，回归“传统”，通过玉这个材质，可以窥探到中国几千年来的政治密码，也可以折射中华文化和中华民族内在的精神以及未来的发展方向，“鉴于往事，而有资于治道”。

三、玉文化的研究现状

玉与政治的关系，是一个跨学科的研究领域。从政治学研究的文献来看，极少涉及玉文化及其政治功能的专门论述。从玉文化和“玉学”[①]范畴来看，目前研究玉文化的文献不少，绝大部分从考古学、金石学、美术史的角度探讨，但侧重于挖掘玉的政治功能的专门文献不多，大部分散见于中国玉文化及玉器功能的专著或论文里，大体上以文集收录为主。

目前国内出版的关于玉文化主要成系列文集的有几套：一是由费孝通倡议，后由已故考古学家张忠培先生主编的《玉魂国魄——中国古代玉器与传统文化学术讨论会文集》系列论文集，从2002年至2016年，收录了每年参会人员的文章并结集出版，其中关于玉文化的论文中有涉及玉器功能与政治相关的内容。二是由刘国祥主编的《名家论玉》三卷本，其中收集了中华人民共和国成立以来我国考古学家关于玉文化的经典论文。三是陆建芳主编的《中国玉器通史》，其按照时间顺序依次对中国玉文化进行了全面系统的总结，陆建芳在通史的序言中提到了中国玉文化的六个阶段说，他最后强调：“真正使中国玉文化历久不衰，并成为中国传统文化的重要特点和标志的，还是德玉阶段，这均和士大夫在中国的产生和发展相关。”[②]四是杨建芳主编的中国古玉研究论文集系列。五是杨伯达出版著述的一系列关于中国玉文化的专著和论文集。关于论用玉制度的专著有北京大学孙庆伟教授的《周代用玉制度》，该书系统论述了周代出土玉器的情况及其相关功能。

总体来说，真正把玉作为一门研究对象还是在近百年间，这是随着考古发掘而取得的进展，从历史的整体来看，玉文化的研究主要分为1949年前和1949年后两个阶段。

---

① 玉学是由前故宫博物院副院长杨伯达先生提出的一个概念，他在2002年提出了玉学可作为一个独立学科，他认为，“玉文化是上层建筑领域社会文化中的一个特殊分野，而其核心则是玉的物质性引发出来的社会性，即先哲们附丽其间的美学、神学、哲学的内涵与道德伦理的理论，以及服务于政治、巫术等统治之六瑞、六器的功能——玉学”。

② 陆建芳主编：《中国玉器通史——新石器时代北方卷》，海天出版社，2014年，第5页。

（一）1949年以前玉文化研究概况

对于中国玉文化的研究，从宋朝开始至今，经历了三个阶段，第一阶段是从宋至中华人民共和国成立前。玉器研究属于金石学的研究范畴，起源于宋代吕大临的《考古图》，里面记录了宋代之前历朝青铜器和玉器等古器物，大部分是青铜器，玉石只是作为其中的一小部分。该书卷八记载了67件玉器，但涉及的器型很少，且都是私人收藏的。吕大临在考证器型及功能时引用的是《周礼》《说文解字》等经典文献，但并未涉及玉的文化内涵，这是由考古及时代局限性所致。

元代朱德润所著的《古玉图》是我国第一部关于玉器的专门论著，记载了当时元大都（燕京）王公贵族所见的古玉40件，涉及玉器的形制、尺寸、玉色、收藏者等内容。朱德润在序言中谈到了中国古代制玉之精，“考《周礼》攻金之工、玉人之玉，皆专心至精，雕镂巧妙，非后人所可及者。盖其用心专一，致思无杂”[①]。但总体来说，该书仍属金石学的范畴。

而玉成为专门研究对象且有了更为系统的发展，是在清朝中晚期之后，以吴大澂的《古玉图考》、陈性的《玉记》和刘大同的《古玉辩》为代表。其中《古玉图考》写于清光绪十五年，是一本图文并茂兼具学术性的古玉器研究专著，其中记录了古玉器100多件。吴大澂对其进行了分类，详细记载了每一件玉器的名称、用途、尺寸、年代，对20世纪玉器研究起到了承上启下的作用。西方的劳佛在其1946年出版的《中国考古和宗教里的玉》（又名《中国玉器研究》），可以说很大部分是抄袭的吴大澂的这部著作，这说明了《古玉图考》的广泛影响力。但是由于历史局限性，“清末吴大澂的《古玉图考》不失为一部重要著作，但其贡献局限于一些古玉的名物制度的考证”[②]。

陈性的《玉纪》写于清朝道光十九年，这本书同样也是研究中国古代玉器的专著，字数虽不长，却是研究古玉的经典范例。该书把玉分了几个部

① 顾宏义主编：《宋元谱录丛编——考古图（外五种）》，上海书店出版社，2016年，第456页。

② 费孝通主编：《玉魂国魄——中国古代玉器与传统文化学术讨论会文集》，燕山出版社，2002年，第200页。

分：出产、名目、玉色、辨伪、质地、制作、认水银、地土、盘功等条目，对于玉器的鉴定等有参考价值，但也仅局限在鉴定上，没有对玉文化进行更深的挖掘。

刘大同的《古玉辩》写于1940年，是民国时期玉器研究的扛鼎之作。刘大同是民国著名政治人物，是近代中国一位民族革命者，先后加入过兴中会、民主同盟会，随孙中山先生在多地进行革命运动，特别在北方享有盛誉，在吉林曾成立过“大同共和国”，号称“南有孙中山，北有刘大同”。这样一位政治家对玉器也是情有独钟，他自己号称“玉痴”，对玉极为推崇，他在书中序言写道：“伏思吾国文艺之开化，以玉为最古，其他皆在其后。”①足见其“玉痴”一面。

《古玉辩》在继承吴大澂《古玉图考》和陈性《玉纪》的基础上，又更加系统化、专业化，条理清晰、言简意赅，全文分为79个条目，涵盖了玉器的名称、质地、产地、色泽等专业知识，还有自己的心得体会。值得一提的是，其书颇具文献价值，对历史文献有详细的考据，兼具文化价值和学术价值。但是，该书仍然属于金石学范畴，没有对玉的政治文化内涵进行挖掘和论述。

（二）1949年以后玉文化研究现状

跟之前传统局限在金石学领域的研究方法不同，中华人民共和国成立后，随着地下考古的大量发掘，数以万计的古代玉器出土②，运用考古学、地层学和现代科学手段研究玉器成为必由之路，这也是玉文化研究的第二阶段。值得一提的是，郭宝钧先生的《古玉新诠》③是民国时期玉器研究的代表作。由于当时可参考的考古发掘资料不多，主要是基于李济对于殷墟的发掘，郭先生第一次运用了考古学的方法，对玉器进行了分期，划分为新石器时代之玉、殷末周初之玉、春秋战国之玉、东西两汉之玉四期④。囿于考古材

---

① 刘大同：《古玉辩》，中州古籍出版社，2013年，第5页。

② 从中华人民共和国成立后，缘于经济建设，我国地下大量文物面世，出土的玉器更是繁盛，河南殷墟妇好墓出土玉器755件、三门峡虢国墓出土玉器1 773件（颗）、淅川下寺春秋墓出土玉器230件，广东南越王墓出土玉器200多件，湖北曾侯乙墓出土玉器400多件等，难以计数。

③ 写于1947年。

④ 郭宝钧：《古玉新诠》，（澳门）神舟图书公司，1976年。

料的匮乏，该书篇幅不大，但其研究的方法为之后的玉文化研究打下了基础。

文学家沈从文也有不为人知的一面，沈先生在中华人民共和国成立后致力于对中国美术史及相关领域的研究，他曾在其《中国古玉》《玉的应用》两篇文章中分析了玉在中国古代美术史占有的重要地位，并运用金石学的研究方法对中国玉器史进行了概论。

真正对玉从考古学进行系统性研究的是夏鼐先生，夏鼐可谓是运用考古学研究玉文化的第一人，而这一研究肇始于殷墟妇好墓的发掘。妇好墓出土了755件玉器，夏鼐通过地层学，分析综合出土文物、器物铭文和遗迹，推定出商代武丁时期配偶妇好的确切历史，并以此佐证了古代文献记载的真实性，这是考古研究的重大贡献。妇好墓的发现，改变了以往仅仅通过文献进行研究的单一方式，而这一改变，影响的不单纯是考古学和历史学的研究方法，对于诸多学科包括中国政治学研究（古代政治制度、政治思想、比较政治学）都有着现实的借鉴作用。夏鼐先生在其《商代玉器的分类、定名和用途》和《有关安阳殷墟玉器的几个问题》两篇经典论文中就通过考古发掘的妇好玉器，对于《周礼》和玉器的功能、用玉制度进行研究，分析推测殷商时期的等级制度和政治生活方式。

马克思认为，物质基础与意识形态存在着作用与反作用的关系。玉作为一种物质，广泛使用于中国新石器时代的各个文化期和有历史记载的各个王朝，那么如何透过现象看本质，见微知著，也就是说，把玉从科学的、考古的研究领域引向人文社会科学的研究领域？这也就是玉文化研究的第三阶段。简而言之，玉文化研究要根植于考古学，但又不局限在考古范围，通过考古发掘的玉器，分析其功能及意义，并综合运用文献记载，探究玉的更深层次的内涵，包括政治属性、文化属性、宗教属性等，进而透视和挖掘中国古代的政治、社会、文化生活，为研究中国古代政治及相关学科提供参考依据。英国考古学家霍德（Hodder）认为，"历史遗物都有其象征的意义，必须将其放在特定的历史条件下方可解读并了解其意义，其象征的意义同样也是该文化长期的历史积淀的结晶"[①]。要突破"历史遗物"的范畴，追根溯源，从文化、历史和政治的角度充分解析玉的功能和意义。

---

① Hodder, *Theory and Practice in Archaeology*, London:Routledge, 1992, pp.11-13.

李学勤在其主编的《中国古代文明与国家形成研究》一书中认为，古代玉器是文明起源与早期国家形成的物质基础之一，认为古代文明与国家的物质基础是由农业、畜牧业、手工业等多方面构筑的。在龙山文化时期，随着农牧业生产的发展和剩余农产品的出现，已形成专门化的手工业生产。这些专门化的手工业生产，既包括与人们日常生活和生产密切相关的陶器、石器制造，亦包括与宗教、意识相关的玉器制作①。

宋镇豪在《夏商社会生活史》一书中，通过凌家滩、石家河、殷商妇好墓等商代墓葬出土的神人玉器像分析了当时的服饰、发型、冠饰等，认为其多层面揭示了各地区先民各自的生活崇尚、思想观念和审美情趣。有迹象表明，并非所有人都能佩戴这类装饰品，主要集中在少数权贵或上层社会阶层中,有的显然已超出了一般的实际装饰功能②。宋镇豪从先民服饰的角度出发，揭示了当时阶层（人际）间的分配不公现象，这说明了玉器具备划分等级的功能，他认为，像玉石玉器这类装饰品，选材考究，工艺精细，造型亦十分奇特，不能单纯局限在服饰配饰层面，贵重物品向少数人集中，有其深刻的政治社会内涵。

杨伯达构建了中华玉文化的玉学体系，他认为，中国玉文化是我国历代玉器发展演变的总体构架及整体表现，是一个客观的历史存在，也是一种长达万年的社会文化现象。归根结底，它是玉的物质性和社会性在华夏民族历史过程中的一种正常表现，也是一定社会的政治、经济的反映，一旦具备系统的理念和形成完善的形式，反过来必将对政治统治和经济基础产生这样或那样的广泛而又深远的影响和作用。

叶舒宪从人类学和神话学的角度对玉进行了独特的分析，但叶先生对玉器功能的理解超过了神话学和人类学的范畴，他在其《中华文明探源的神话学研究》中把玉提到了非常高的地位，提出了中国玉文化的原生性理论分析范式，突破了王国维的二重证据法，并提出“四重证据法”——传世文献、出土文献、民族志和口传文化、出土实物及图像。叶先生提倡“让无言的史

① 李学勤主编：《中国古代文明与国家形成研究》，中国社会科学出版社，2007年，第68页。
② 宋镇豪：《夏商周社会生活史》，中国社会科学出版社，1997年，第308页。

前文物发挥叙事功能，拓展前文字时代的文化史探研的新途径”[①]。他认为玉是中国文明汉字出现之前的最重要的符号载体，玉还是中华大地史前信仰的共同核心和主线，对于华夏礼乐文化具有奠基作用，并由此提出了“玉教”的概念[②]，从本土文化的原生性、中国境内最早出现、膜拜信仰的宗教构建等角度对玉教进行了论证。此外，叶舒宪还分析了史前文化的玉器形制，认为华夏礼文化的根基就是玉礼器，并由此影响了儒家的思想。这点其实对中国政治学研究的角度也有启示意义，因为中国政治学理论的构建需要立足于中国本土的土壤，而玉作为中国原生性的物质与中国古代政治息息相关。

总的来说，对于玉的分析，绝大部分还是从考古学和历史学的角度，而缺乏从政治学研究的视角。玉并不单纯是一种物质，它更多地被赋予了中国古代政治象征和政治符号的角色，又被广泛应用于中国古代政治仪式中，其与中国皇权政治、传统士大夫、中央与地方（方国）的关系极为密切。

四、从政治学研究玉文化的主要范畴

围绕玉与中国政治的关系，可从以下五个方面进行分析。

一是对中国国家和文明起源中玉的重要作用进行分析。《越绝书》文献记载，在中国史前时期（黄帝时期）有一个“玉器时代”的存在，相关记载被20世纪的考古发现所佐证。考古证明，早在8 000年前，在兴隆洼地区就已出现了区分等级的用玉现象，到了公元前3500—前3000年，从辽河流域的红山文化到长江流域的良渚文化，从北到南出现了系统的不间断的大规模用玉制度，用玉的区域有着高度发达的文明现象。结合西方关于文明和国家起源的定义，中国有着自己的独特的评价标准，而玉的使用完全是中国本土的现象，并最终成为中国国家核心文明起源的独特标志。对史前文明起源论述较为系统的是考古学家苏秉琦先生，其有专门的文章进行解读和分析。

① 叶舒宪：《中华文明探源的神话学研究》，社会科学文献出版社，2015年，第11页。

② 叶舒宪定义玉教：在漫长的史前时期，在巫以玉事神的长期礼仪实践中形成的华夏大传统，铸塑出以玉为神灵、永生的信仰和神话体系，如今简称“玉教”。

二是对玉的内在政治意识形态进行分析。中国史前伴随着国家的起源，之前是有一个“宗教性”的信仰存在，而“巫”就是具体实施的主体，作为一个早期政治仪式行为，玉就作为重要的政治象征而被尊为与“天”与“神”沟通的“神物”。在中国传统文化中，巫与礼是同源且先后发展的传承关系，而玉从神玉变为礼玉，其内在的功能并没有变，都是超脱于政治实体之外具备意识形态的政治合法性的象征物，特别在红山文化和良渚文化中尤其明显。

三是对中国传统礼制中的用玉制度进行分析。我国玉文化与礼制的关系久远而密不可分，特别是夏商周之所以用礼来治理国家，形成一种独特的礼制性社会，是因为这种礼具有一定的约束性、权威性特质，三代的统治者正是利用这种礼的特质制定了礼仪制度，来维护统治秩序。玉是重要的维护礼制的载体，在《周礼》《礼记》《仪礼》中有大量的用玉制度的记载，并引申到对玉与儒家政治哲学的关系进行分析，其中主要侧重于“玉德”的分析。孔子在《礼记》中提出了玉的“十一德”，而这“十一德”完全对应了君子的品德，可以说孔子借助“君子比德于玉”，隐喻着“吾从周”的政治理念。

四是对玉的政治功能进行分析。主要借助了社会学和人类学的分析方法，从符号的角度，从依附性权力关系、权力分化和权势话语权分析玉的内在权力属性。此外，从玉玺切入，分析玉作为合法性的符号的重要意义。

五是对玉与中国古代边疆治理的关系进行分析。玉主要的产区在边疆地区，特别是新疆和田玉，产在距离中原万里之外的昆仑山。在交通存在严重局限性的史前时期和封建王朝，从遥远的西域把和田玉石运到中原王朝是一个看似“不可完成的任务”，这就凸显了和田玉石的重要意义和所映射的中央与地方关系。和田玉是中原王朝兴衰的晴雨表，玉路的通畅折射了中原王朝盛世和乱世对于西域的掌控能力。

五、结　　语

探讨玉与中国政治的关系，特别是玉的政治属性，是一个较为复杂的研究领域。作为中国独有的文化形态，玉切切实实跟中国文化和中国人息息相关。从文献的角度来看，且不说“国”字中有“玉”,《说文解字》中的涉玉的字之多无出其右，玉其实已潜移默化地融入中国人的性格深处，我们总说中国上下5 000年文明，中华文化博大精深，中国是礼仪之邦，玉在此间都承担了无法替代的政治角色和功能。尤为重要的是，作为中国本土政治学理论的构建，要超越西方的研究范式和研究方法，因为玉是在中国本土延续8 000多年而从未间断的特殊物质，以玉作为研究对象，是研究中国传统政治文化和古代政治文明的一个独特视角，而且对于史前中国特别是无文字时期的古代中国，玉因为其特殊的物理特性成为记录历史和古代政治的重要符号。

中华民族的伟大复兴是几个世纪以来仁人志士一直追求的目标，而民族的复兴首先是中华文化的复兴，从习近平总书记提出的道路自信、理论自信、制度自信、文化自信的角度来看，要发掘发扬中国传统文化中的精华，玉文化因为被儒家赋予了“道德”的含义，而突破了本身的材质所限，成为中国文化最具象征意义的物质载体。从政治学角度而言，要去“西方化”、去“美国化”，就要立足于中国本土的土壤去挖掘中国原生态的政治资源，玉所具备的各个条件，特别是其政治属性，是一个很好的切入点。

这又涉及中国考古学的发展，无论是从历史还是从长远来看，考古学都是立足研究中国古代政治和历史的基础，也为研究中国古代政治提供了最新鲜的给养，玉是其中最为重要的物质之一。从比较研究和跨学科研究的角度，政治学还可以借鉴考古学的研究方法和研究材料，为中国政治文化和政治文明的发展提供不同的研究视角。

纵合横连：欧亚大陆文明起源中的“金玉辩证法”

史　永
国际珠宝历史与传承研究院

一、寻找隐藏在新石器时代器物中的密码

欧亚大陆的新石器时代大约从距今12 000年到8 000年在各处开枝散叶，并持续到距今约4 000年左右，每个地方结束的时间不同。新石器革命标志着一种全新生活方式的开始，石制工具发生了变化，从食物采集到生产，动植物驯化在这个时候的“新月沃土”（从波斯湾北端向北到土耳其和叙利亚接壤处，再沿地中海东岸一直向南伸展到今以色列和埃及）和其他区域开始，深刻地改变了人类的生活方式。最早的革命出现在新月沃土之上，如以色列境内的纳吐斐文化（Natufian Culture，距今约1.45万年—1.15万年）和耶利哥遗址（Jericho Site，公元前7500—前6000年），安纳托利亚南部的加泰土丘（Catal Huyuk，距今8 500—7 500年），以及紧贴两河流域、位于扎格罗斯山脚下的贾莫遗址（Jarmo Site，距今约9 090—6 950年）等。动植物的驯化使得人类有了足够的粮食来支撑定居点的形成，在上述这些地方和后期逐渐发展起来的其他新石器时代遗址之上，人口缓慢增长；人们的居所先是形成聚落，然后增大为镇，进而扩展为城；早期聚落内控制稀缺资源、掌握特殊知识和技能的巫医群体，逐渐发展成为寺庙住持等宗教领袖，并开始作为城邦领袖处理经济事务，社会分工和阶级分化日趋复杂，最终出现法律、财产清单、文字和艺术等，也标志着“文明”的诞生。这一切都源自新石器时代革命中的动植物驯化，但同时亦产生了文明的阴暗面，如暴力、社会不平等和其他不公平现象。

既然要探讨欧亚大陆文明的起源，那么在这里就有必要首先明确一下文明的定义和纬度。20世纪上半期，澳裔英籍考古学家戈登·柴尔德（Gordon Childe）以“二次革命论”来解释文明之起源，提出“新石器革命”和“城市革命”的概念。“新石器革命”最重要的转变在于石器加工方法的改良，从打制进入磨制时期，并伴随动、植物的驯化和制陶的开始。而在“城市革命”时期，柴尔德尝试用十项标准将最早的城市，亦即早期文明与新石器时代村寨区分开来：（1）大型城市中心；（2）通过农民的剩余生产力支持的手工工匠、商人、官吏和祭司；（3）直接生产者将生产剩余贡献给神祇或者祭司酋长；（4）宏伟的大型纪念性建筑；（5）已摆脱手工劳动的统治阶级；（6）记录信息的系统；（7）精确的实践性科学的发展；（8）成熟复杂的纪念性艺术；（9）作为奢侈品和作为工业物质的原材料的稳定进口，即远途贸易；（10）政治上和经济上都受到世俗和宗教官吏控制的定居职业手工业工匠。查尔斯·曼赛尔（Charles Maisels）指出，柴尔德的最后一项是由三项独立的标准构成的，即（11）农民、手工工匠和统治者构成一个社会；（12）社会的稳定性通过神庙和墓葬仪式的完善予以表达（或者误表）；（13）国家组织居于主导地位，并且恒定不变。布鲁斯·崔格尔（Bruce Trigger）进一步指出，柴尔德确定的这些特征如果按照共同进化的方式进步，在任何已经达到一定复杂程度的社会系统中都能得到表现。这些早期文明的定义直到20世纪50年代仍被用来定义考古学文化的特征清单①。然而，随着研究的深入、越来越多考古材料的面世以及随之而来的更多种多样维度的出现，柴尔德的这些标准是否具有“普世性”，是否真能成为“放之四海而皆准”的基础，是有待进一步论证的。尤其是在文明特征的“共性”和普遍性规律之中一定存在某些地域或地区性的“特性”。例如，驯化动、植物种类的不同就必定导致生产流程和经济生态的不同，进而形成不同的社会合作分工体系和习俗，这些分化对于确立进入“文明”阶段的标准就会产生影响；而对于天文信仰和宇宙观的不同，也会导致不同的计时体系、宗教、祭祀、葬仪和社会惯例，具体来说，信仰太阳还是月亮，崇拜天狼星还是北斗

---

① 布鲁斯·G. 崔格尔：《理解早期文明比较研究》（第2版），徐坚译，北京大学出版社，2016年，第33—34页。

星，热爱金银还是玉石，都会产生文明形态的差异，而不可能用一种统一的表述来精准定义。

对于欧亚大陆文明“最早”诞生在苏美尔还是埃及，学界依旧存在较大争议。两种文明相互之间存在着惊人的相似之处，彼此依存很深，他们几乎同时发明了文字，而且还创建了塔庙和金字塔等纪念碑式的宏伟建筑。在欧亚大陆整体的层面来看，这是一个连贯的地带，两大文明的发源与“新月沃土”中的地中海东岸和安纳托利亚有着千丝万缕的联系。不断出现的考古材料越来越说明，欧亚大陆文明起源是一个联动、起伏、交替的动态过程，而非一成不变的静态发展，应当用更为客观、全面的发展观来研究和看待。而远在东亚相对隔离的中国，以及欧亚大草原、中亚、南亚等地，走的是不尽相同的发展演变之路。西亚、埃及和希腊等地中海周边文明的发展有“石器、铜器、铁器”的“三期论”作为分段依据，因为这一西端整体区域的文明相互依存度较高，容易作大致的划分和归纳，而中国和上述其他区域地域广袤、情况复杂，“三期论”虽有可借鉴之处，但是不可全盘移用。总体来说，欧亚大陆的文明史和艺术史发展此起彼伏、波澜壮阔，不存在一个绝对的优势地区，也不存在一个绝对的共同规律。

值得注意的是，当下关于文明起源的很多观点代表了颇为狭隘的“农耕文明”视角，而忽略了一个在历史当中长期不受重视的群体——游牧民族的存在。日本的欧亚历史学者杉山正明在其专著《游牧民的世界史》中指出，游牧民族是构成人类世界以及历史发展的重要部分，他们逐草而居，通过迁徙而串联起点状的大小绿洲，使得当成“文明圈指标”的“北耕地带”也因此免于互相孤立。更进一步，他认为欧亚大陆的中间部分是借游牧民所串联的点连成线、扩及面而成为一个整体世界①。中国的考古学界也越来越意识到处于“农牧争夺线”的长城地带是北方游牧民族和地处中原的农耕文明长期互动的区域，长城虽然在早期历史当中具有一定的防御性功能，但是长期以来长城两侧的交流和贸易从未停止，游牧文明和农耕文明的持续“纵合”与“互动”（这种“互动”甚至包括冲突和战争）成为中国历史深层次的驱动和交互。然而，必须认识到的一点是，游牧民族在其漫长的发展过程中有语言

① 杉山正明：《游牧民的世界史》，黄美蓉译，中华工商联合出版社，2016年，第9页。

而没有形成有效的文字书写体系，文物和建筑等遗存也相对较少，因此站在农耕定居文明角度制定的所谓标准，尤其是灌溉系统理论等，明显不适用于定义游牧文明这一文明重要组成部分的发展阶段。

另外一个值得关注的是，“四大文明古国”的说法在中国学界和社会上形成了一种“怪圈”，似乎许多的考古和历史研究工作都是围绕证明中国5 000年的时长而为之。东西方文明发展模式不一样，无法作直接比较，因此也谈不上谁先谁后的差异了。缺乏了探究文明起源的客观性，才会去争论文明起源的先后这样毫无意义的问题。倘若挣脱这个怪圈，讨论距今3 500年之前的“大传统”[①]和“中国精神”形成的过程是否更有意义呢？这个形成过程的探讨也不应该仅仅局限于当下国家疆域和民族概念的束缚，我们谈论的“最早的中国”，如果从地缘、社会、生态等方面和当今中国对比的话，那么“中国”形成的年代不会早于秦汉，商代出现文字之后到秦汉之间是“中国”雏形和这一天下精英的政治理念形成过程，时而缓慢时而剧烈。如果将商代开始的文明当成一个延续不断的文明的话，那么这似乎是一个具有3 500年时长的“小传统”，而突破3 500年文字传统和地缘文化的束缚，将视野聚焦在距今约9 000年到3 500年之间这5 500年“大传统”的“无字天书”之上，从发掘的越来越多新石器时代文物出发探寻大小传统之间的关联，试着以物本身阐释“中国精神”的积聚过程，从而讨论为何独有中国文明能够延续3 500年的“小传统”至今，这也许是从一个崭新的视角来看待中国考古学和其他学科间的互动。相对于两河与埃及的文明，中华文明的起源是一个复杂、缓慢而漫长的过程，一定要参照西方的学术标准简单说明哪一年代是中国由新石器的原始时代跨入文明的界限，是不合理也不太可能的。

那么如何寻找隐藏在新石器时代器物中文明起源的密码呢？从文化传统来看，西方似乎历来追捧黄金，而中国则无比崇尚玉器，这好像构成了鲜明对比。本文正是尝试从玉石和金银这两大类文物的角度来辩证地看待欧亚大陆各处早期文明的起源，尤其是在宏大的欧亚大视野中看待中国文明起源和其他文明的共性规律，以及东方文明的差异性和独特性。不得不承认的是，文明起源的整幅画面浩如烟海，目前出土的所有考古材料加起来也只是冰山

---

① 叶舒宪：《图说中华文明发生史》，南方日报出版社，2015年，第10—11页。

一角，而玉石金银文物往往只出现在社会上层阶级的墓葬之中，在出土文物中所占比例极低，更是难窥文明之全貌。故文章难免带有极大的局限性，亦旨在从一个特定角度描绘出文明起源的局部，以期与考古学中其他器物种类的研究和其他跨学科的研究成果相互印证、相互启发。

二、金 玉 合 鸣

“金”和“玉”作为两种截然不同的材质，在早期文明中的使用和内涵也是有所不同的。到了现代，人们的观念中这两种材质似乎都是用于“珠宝”制作的。在此有必要明确这两个字在早期文明起源研究中的丰富内涵：广义上的“金”涵盖了各种金属在欧亚大陆上的传播，冶金史中红铜、砷铜到锡铜的发展，以及金银饰品和工艺的发展，形成了数条东西传播的“金属之路”，意义重大，从草原和中亚等路线将欧亚大陆东西两端紧密连接起来；而广义上的“玉”即为“石之美者”，脱胎于细石器、骨质材料和象牙材料加工的各类宝、玉石，如微晶-隐晶透闪岩为主要成分的和田玉、蛇纹石玉、独山玉、蓝田玉、翡翠、绿松石、孔雀石、青金石、玛瑙、煤精和水晶等，还包括各种好看的石料和象牙，如数万年前就已是重要贸易物资的黑曜石，众多石制工具原料和装饰器具的燧石，与古埃及和古希腊等文明钟情使用的花岗岩、玄武岩、滑石和大理石等。而贝加尔湖马耳他遗址（Mal’ta Site，距今约20 000年）就开始流行的猛犸象牙雕刻，以及两河流域、地中海东岸和埃及等地喜爱的象牙制品等，也为宝玉石加工提供了相似的技术。

早期文明阶段，无论东西方，对于贵重稀缺资源的掌控都极其重要，甚至可成为控制聚落和城邦的重要手段。金和玉的资源除了当地矿产以外，有很多是需要“进口”的，也因此它们在自古以来就存在的贸易通道上成为重要的流通货品。早在中亚“丝绸之路”之前“金属之路”就已出现，而比“金属之路”更早的就是“玉石之路”，正如有很多研究中亚和西亚考古的学者把阿富汗通往两河流域和埃及的贸易之路称为“青金石之路”。从这样两大类文物的贸易、加工工艺、传播途径着手，相辅相成、互相交织，可以从不同维度恰如其分地展现欧亚大陆文明起源的过程。

三、玉石之路

早期的“玉石之路”连通各地，将相对孤立的早期文明之地串联起来。古代两河流域各类宝石材料依赖进口，那里的人们持续通过贸易进口黑曜石这种材质，并与产自波斯湾的贝壳材料结合使用。黑曜石的贸易之路可以上溯到数万年前，连通安纳托利亚和两河流域，以及广袤的欧洲区域。而在大英博物馆的镇馆之宝乌尔王军旗（公元前2600—前2500年）上我们可以看到，产自两河地区的沥青被使用到底板上，而沥青的上面镶嵌着各类嵌片，青金石来自遥远的阿富汗地区，红色大理石嵌片则来自印度地区，还有波斯湾产的贝壳。丰富的材料反映了当时乌尔港繁华的贸易往来。

而埃及在涅伽达时期（公元前4000—前3000年）就已经开始使用青金石、贝壳、紫水晶、象牙和绿松石等材料用于装饰。同样处于地中海航线中较为重要的克里特岛，在公元前三千纪时也能看到青金石、紫水晶、白水晶和玛瑙等材料制作的项链和饰品。

虽然在早期文明起源阶段欧亚大陆的东西两端都有宝玉石的使用，然而毫无争议的是，唯有中国“以玉为核”。希腊和土耳其之间、爱琴海上的基克拉迪群岛也有使用玉石雕刻的风俗，在公元前3千纪出土的一些器皿上，使用了接近于玉的石材制作成精美的器皿，如猪形玉碗、小杯和其他一些小动物。这是欧亚大陆在中国以外的地区发现的极少数使用漂亮的玉（或接近玉的石材）作为材质来雕刻的区域。另外，在欧亚大陆以外的中南美洲也有玉雕的习俗。

根据邓聪先生的研究，在旧石器时代末期和新石器时代早期有一条最早的玉石之路，从阿尔泰山丹尼索瓦洞穴中发现的距今约三四万年的绿泥石手镯，到玉石制品高度发达、距今约20 000年的贝加尔湖西侧马耳他遗址，再到距今9 000年左右的黑龙江小南山遗址出土的跟马耳他风格极其类似的玉器，最终在距今约8 000年的兴隆洼文化和距今约5 000年的红山文化时期形成了一个中国地域内最早的玉文化高峰。这条清晰的玉石之路也许可以映射出欧亚大陆东部早期文化互动圈形成的过程，未来如果有更多的考古材料出现，或者能将上述遗址使用的玉料来源使用地质学的方法加以论证，那么也许可以将这张网状（而非线状）贸易和交流图勾勒得更为清晰。

根据考古报告，丹尼索瓦洞穴生成于阿尔泰边疆区阿努伊河谷右岸一块巨大的志留纪石灰石生物礁之中，洞穴入口位于西南陡壁下、高出现今河水边线30米的阶地上。洞穴深110米，总面积270平方米。中央洞厅及小坑道靠近河口处全部覆盖着松梳的沉积物，共有20多个文化地层，完整且连续地呈现了从中石器时代早期到中世纪晚期的发展史。清理洞穴东坑道河口一带第11层的更新世沉积物上部厚层时收获的墨绿色硬绿泥石手镯，取材于阿尔泰南区或西南地区远离洞穴200千米以上的矿源。出土时，它早已断成两截，彼此相距75公分。手镯宽27毫米，厚8毫米，模拟复原直径近70毫米。与断口一端平齐有一个8毫米的双锥形圆孔。据推断，这个绿泥石手镯的年龄至少是30 000年，上面保留了加工留下的磨痕、抛光痕、钻孔痕，以及平行划线、佩戴痕、磨料污渍和人类皮肤分泌油腻残留等各种痕迹。这个手镯加工时采用了旧石器时代不曾有过的技术——高速钻孔器钻孔（侧孔）和类似现在粗锉的工具镗孔（敞口的手圈），高超的生产水平展示出丹尼索瓦洞穴人完成同类工作的劳动技能与稳健发挥，是晚些时候才成熟的一系列技术的雏形。石头钻孔是在中石器时代产生的，但到了新石器时代才渐趋成熟起来。新石器时代初期，古老的手工钻孔才被生产效率更高的弓形钻孔设备所取代。

马耳他遗址出土的大量精美石雕、玉雕和猛犸象牙雕刻作品，大部分保留在俄罗斯阿尔米塔什博物馆，可以推测在距今约20 000年的贝加尔湖地区已经具备获取原材料的能力，并形成了高度发达的手工业。这对小南山、兴隆洼等地的玉文化起源形成了较大的影响。从阿尔泰山、杭爱山到贝加尔湖，这是一个地处中国目前国境之外的互动区域，却与中国东北和朝鲜半岛、日本等东亚文化圈连成一片。

从最早的玉石之路展开之后，应该如何从欧亚大陆文明起源的整体视角来探视中国文明的起源？如何从考古学的角度认定“最初的中国”？最重要的一点就是，勿以现在的国家疆域和民族去定义狭义上的古代“中国”，而应从更广大地缘和更复杂层次的文化互动圈去理解“中国”文明逐渐形成的漫长、动态演变过程。社科院考古学家李新伟提出，“最初的中国”定义应为各主要史前文化区在同步发展的基础上，通过密切交流形成的，对中国历史发展产生了深刻影响的文化共同体。这个定义的重要意义在于明确提出该如何确定历史时期中国（即叶舒宪老师所提出的“小传统”）的史前基础，也是探索中国文明起源和早期国家形成的一个基本视角，其基点是：“最初的中国”这一相互作用圈形成后，其内部各地区的社会发展就产生了超过以往的深刻联系，已如一池春水。这里需要补充的一点就是，域外的关联和接触也为“最初的中国”的形成起到了客观上的促进和融合作用，也能更加明晰地阐明起源中的复杂情形。

为了能够更清晰地呈现共约5 500年的大传统期间，一个复杂文明共同体的渐次形成过程，在此有必要进行简单分期，将中国的史前文化进程、“中国精神”的形成机理和新石器时代艺术史大致划分为三个发展阶段。

第一阶段，农业萌芽—约公元前5000年。万年之前进入新石器时代，农业发生，依自然地理环境不同分成三大经济文化区，即华中和华南水稻农业经济文化区、华北和东北南部旱地粟作区、东北北部以及北方和西北狩猎采集区，这是文化区系的第一次组合[①]。约公元前6500—前5000年间，三大经济文化区形成若干区域性考古学文化：黄河流域老官台文化、裴李岗文化、北辛文化、内蒙古和辽西的兴隆洼文化，以及长江流域城背溪文化等。

兴隆洼-红山文化是一个相对独立的区域文化系统，该地区明确可知的新石器文化始于新石器时代前期的兴隆洼文化阶段。从出土的磨盘、磨棒等石器，以及在内蒙古敖汉旗兴隆沟遗址发现的黍、粟等栽培谷物来看，该时期已经有了初期农业。这一阶段伴随农业经济生态的发展，“观天象以授农时”开始成为原始聚落首领（巫师）们的要务之一。在分析兴隆洼南台子和白音长汉等遗址的聚落情境时发现，由于“观象授时”的重要性，玉玦的出现和加工方式也许代表了从马耳他时期以来天文和信仰的改变。首领们也控制了相应的社会资源、重要生产原料和专业化生产，如掌控燧石等细石器和玉石的原料来源和加工，开始通过远距离长途旅行交换原材料和加工技术，并严格控制生产流程。

第二阶段，约公元前5000—公元前3000年/前2500年。在进入公元

---

① 苏秉琦：《满天星斗》，中信出版社，2017年，第42—43页。

5000年之后，各地都在早期文化之后出现了过渡时期的文化，如辽西的赵宝沟、太湖流域的马家浜、菘泽文化等，为之后第二阶段中的红山和良渚等文化的繁盛奠定了坚实的基础。

第二阶段中后期，在各地先后涌现了高度发达的区域文化中心，如仰韶、红山、大汶口、凌家滩和良渚等。苏秉琦先生总结了其中的原因，他认为公元前4千纪间，由于农业的进一步发展和人口增殖，在一些地区形成了殖民垦荒浪潮，出现考古学文化的大传播和不同文化间的接触、影响与融合。如庙底沟大举西迁与大汶口文化的发展等。这是文化区系的第二次组合[①]，奠定了中国的史前基础。在这一阶段，随着农业在经济生态中的比例和重要性的提升，天文星象观测系统得到进一步完善，先人们形成了一整套较为完善的农耕节气、宗教信仰、礼仪祭祀体系。社会上层交流网更为广泛和持续，正是各地区精英们踊跃探索和互相借鉴，才形成共同的“玉信仰”，以祭祀神玉作为盟誓信物或盟约的一部分，大家在长时间内可以和平相处，资源共享。红山、凌家滩、良渚等地均出现了高度发达的礼仪、祭祀系统，尤以玉器制品见长。

由此可见，这是大传统时期极为重要的一个阶段，大传统强调中国广袤地域之内共同信仰的出现早于政治和地缘国家的统一，而这种共同信仰极有可能就是“玉信仰”，其核心密码就在于玉当中携带的天文观、宇宙观、盟约精神和礼仪祭典等。玉信仰的出现早于中国文明的出现，也可以说是“中国精神”产生的核心阶段，对于后世传承数千年的中国文明起到了重要的启蒙作用。这一时期为早期宗教信仰、哲学、政治体制、经济形态奠定了核心的基础。正如《系辞传（下）》中写道，“仰则观象于天，俯则观法于地，观鸟兽之文”，这是大传统时期“中国精神”的最佳显现，敬仰天地，崇尚自然。虽然红山和良渚等文化玉器器形所代表的内涵众说纷纭、百家争鸣，但其中红山玉猪龙、玉鹅、玉人、筒形器和良渚玉琮、玉璧等，也许在未来的某一天都可以围绕这一核心“中国精神”进行阐释，在天文考古、科技考古、神话研究、历史文献和其他各学科的综合论证当中求得答案。综上所述，在讨论中国文明形成之前，有必要先讨论超越地域限制的“中国精神”

---

① 苏秉琦：《满天星斗》，中信出版社，2017年，第43页。

形成的过程。正如“希腊精神”[①]的形成除了本地因素之外，还有诸如克里特岛的米诺斯文明、伯罗奔尼撒半岛的迈锡尼文明、爱琴海内基克拉迪群岛文明、黑海沿岸和小亚细亚地区文明、南俄草原游牧民族文明，以及地中海东岸的腓尼基文明（古代两河流域和埃及的艺术与传统在此汇集）等，这种精神形成的过程实际上已经大大超越了希腊的地域，地形、气候、人文、艺术、人种、经济和政治等都对精神的形成起到了重要的作用。

第三阶段，约公元前3千纪间。在良渚和石家河等兴盛期之后，各区系稍有先后进入所谓“龙山”阶段和“夏”纪年。陕西神木石峁、山西临汾陶寺、河南偃师二里头等文化体先后出现，但是这些都不是“最初的中国”，而应是文化共同体中不同时代的强大“方国”，这一轮此起彼伏、波澜壮阔的震荡一直持续到公元前2千纪中期，为后世商周王国和秦汉帝国奠定了事实上的政治和地缘基础。石峁古城规模达400万平方米，发掘仍在继续当中，但已经有许多重要的发现，尤其是石峁人有一种“藏玉于墙”的习俗，显然有别于之前的玉文化传统。李新伟曾在第三届考古大会的演讲中指出，在如此广阔的区域内展开恢宏的文明化进程，可能是中国文明的重要特色，这个宏大进程的一个重要结果就是，中国的政治精英们在文明形成之初就具备了“天下”的视野，在一个广大的自然和地理空间内勾画政治蓝图，构筑政治理想，实现政治抱负。

而在这一阶段里，由神玉谱写的壮丽乐章之中加入了隐隐金戈之声，青铜潮和黄金饰品通过北方草原和西域这两条“金属之路”源源不断地与“半月形地带”（英国考古学家杰西卡-罗森教授最先提出这一说法）接触，并进一步渗透到中国各区域内，为熔炼“复杂共同体”的过程添薪加火，国之大事开始戎、祀并重，而玉恰好是祭祀的用品，金属则多为用于战争的兵器。西方的“文明”和“国家”概念都不适宜用于描述东方文明的复杂起源过程，中国进入西方标准“文明”的时间相对两河和埃及文明较晚，但也许恰恰就是文字出现之前“大传统”期间数千年的沉淀和积累，使得后世的中国文明更具韧性和厚度，才得以延续至今。

---

① 参见阿诺德·汤因比：《希腊精神——一部文明史》，乔戈译，商务印书馆，2015年。

四、金属之路

在讨论金属之路之前，必须先讨论作为传播大动脉、东西纵贯的欧亚大草原，这是欧亚大陆北部以欧亚大草原为主体的广袤区域，包括今俄罗斯、乌克兰、蒙古和我国境内的内蒙古、新疆、东北等地。草原和森林草原带由西向东，跨越俄罗斯境内的东欧平原、乌拉尔山、中亚草原、西伯利亚以及蒙古高原，与中国北方地区接壤。草原的地理条件只容许少量耕地存在，因此动物畜牧的生活方式占据主导经济生态。

在铜冶金史和金冶金史上，这一广袤地域曾经是文化传播的走廊，冶金技术、马车和一些动植物的驯化极有可能顺此走廊传播开来。要研究清楚古代希腊、安纳托利亚、两河流域、伊朗高原、印度河流域、中亚腹地以及中国的文明发展过程，就必须研究这些区域（尤其是它们的北部）与欧亚大草原的广泛联系和深入互动。

由于金银类文物在古代世界的稀缺和贵重，加之数千年来在盗掘之中首当其冲，在所有出土文物中金银文物所占比例极低。正因如此，在研究金属之路时，不得不借助比对遗存相对较多的铜金属类文物。冶金史研究者杨建华等人指出，冶金技术是人类历史上最重要的发明之一，但是在学术界，起源问题长期以来存在较大分歧，近东起源还是多中心起源尚有待论证。人类最早使用铜器的时间可能与玉文化在中国开始的时间大致相同，发生在公元前8—前6千纪的小亚细亚，土耳其新石器时代文化恰约尼遗址发现直接打制的红铜器。同期的文化中并没有发现成熟的冶金技术，只是限于一些小件的器物，现在还无法明确欧亚大陆其他地区的冶金技术是否都来源于这个地区[①]。通过考古材料勾勒出的铜传播大致路线为：到了公元前7—前6千纪时，冶金中心从最早发现红铜的小亚细亚北移到黑海西岸的巴尔干和喀尔巴阡山，目前考古发掘的人类最早的一整批黄金饰品就发现于约公元前5千纪这一区域内的瓦尔纳（下文将有详细说明）；在约公元前4—前3千纪早期，巴

① 杨建华、邵会秋、潘玲：《欧亚草原东部的金属之路》，上海古籍出版社，2017年，第1页。

尔干冶金区由于目前尚未知晓的政治或经济原因崩溃后，冶金技术向东传播到南俄罗斯草原和外高加索地区，并形成环黑海冶金区，可能是发现了可利用的砷矿，因此这一时期出现了砷青铜的冶炼；进入公元前2千纪以后，环黑海冶金区没落之后，庞大的欧亚冶金区崛起。此时的冶金区可能呈现多点分布的趋势，同时锡青铜技术随之问世，这可能是印欧人的一支东迁萨彦-阿尔泰地区后，在当地发现较为丰富的铜矿和锡矿资源，因此发展了铜、锡合金的技术。在整个早期冶金史上，最发达的青铜文化分布在黑海北岸、乌拉尔山南部、西西伯利亚和哈萨克斯坦，东至阿尔泰山和外贝加尔湖地区。其中最具代表性的是安德罗诺沃文化和塞伊玛-图尔宾诺现象。

苏联学者根据青铜器的成分和产地，划分出超越考古学文化的金属制造中心和冶炼中心，互相关联的中心又形成了更大范围的冶金区。在苏联境内一共存在7个这样的冶金区，而整个欧亚大陆大约有10—20个这样的区[①]。

大致了解了铜冶金史之后，再回到金冶金史当中来看。约公元前4550—前4450年的瓦尔纳宝藏毫无疑问具有显赫地位。2005年8月，保加利亚考古学家在距首都索非亚120公里的古代墓地，发现了数以万计的黄金制品，现藏瓦尔纳考古博物馆。瓦尔纳宝藏的年代可能会被归于红铜时代中、晚期，这样早的时间使得它更加独特。在文明起源和冶金术发展过程中，它也始终是无与伦比的考古发现。丰富且精致的金属制品清楚地表现了冶金史初期的成果。这些高度的专业技术似乎已远超原始阶段应有的水准。因此，问题就出现了，究竟何时何地，以及为何会有冶金术的出现。这些问题不仅需从技术的角度考证，还需从当时的社会情况等各方面考证。

瓦尔纳金器中使用了多种且相当复杂的铸造技术，甚至在部分中空器物和薄壁器物中使用了失蜡法铸造。36号墓中发现一个关节骨或距骨形状的三维黄金吊坠，这么复杂的形状肯定是失蜡法制造。大部分复杂的空心物件表面非常光滑，只有内壁留下铸造的痕迹。4号墓出土的V形中空手镯表面不平整，这些不规则痕迹和可观察到的小坑说明它很可能脱胎于蜡制模型和泥制磨具，没有完全抛光。

另外一个非常有趣的现象就是，有一小组物件是金铜合金制作，包括3

① 杨建华、邵会秋、潘玲：《欧亚草原东部的金属之路》，上海古籍出版社，2017年，第3页。

号墓出土的金珠和271号墓出土的黄金环形祭祀物。这些物件的化学成分分析告诉我们，其中铜金属含量超过30%，远超自然金中间可能的含铜量。因此，它们是由几种金属熔炼而成的，更重要的是，这可能是目前发现的最早的人工合金。环形祭祀物合金比例大约为50%的黄金、14%的银和36%的铜。43号墓出土的一些环形珠串格外引人注目，它们因为含银较多呈特殊的黄色，偏白且带绿，这似乎是刻意在项链或手链中以颜色区分黄澄澄的黄金珠串，也许能加强闪闪发光的装饰效果。经过化学分析，珠串中检测出高达45%的银，有力地说明了这也极有可能是一种人工合金。有学者提出疑问，当时的工匠添加铜究竟是为何呢？是为了使合金成品由最初偏黄绿的颜色（80%黄金和20%银）变得更黄？抑或是为了节省黄金原材料？即使这些猜测也许都不准确，这些合金（即使只占瓦尔纳黄金制品很小的一部分）也表明了铜和金在冶金术上的技术关联。

已知考古材料表明，在所谓的红铜时代中、晚期，黄金消费不断增长。在目前发现的最早黄金上可以看出，古代工匠已掌握了如失蜡法等异常精细的制作工艺。这种体现在瓦尔纳黄金宝藏上特有的超前技术，从其遗址被发掘之初，就被视为谜一般的存在，这肯定不会是人类最早利用黄金的案例。约公元前5千纪早期的红铜时代，大量铜制品开始出现，人们很容易推断出铜冶金术发明的年代，可能这之后才是金冶金术的起点。然而不幸的是，在西部庞提克（Pontic）地区的考古发掘中没有精确的碳14数据。因此，学者们认为这两种金属的冶金术也有可能是同一种发明中的两个部分，因此铜冶金术和金冶金术也很可能是同步发明的。

另外值得注意的一点是，根据现有的考古发现，瓦尔纳现象似乎没有持续，直到公元前4千纪中期到公元前3千纪中期，两河流域（乌尔王陵出土了大批金银饰品）、埃及（公元前3700—前3250年涅伽达二期，出土了一把金手柄的燧石刀）和希腊等地才出现数量较多的黄金饰品。在环地中海各古代文明之中，黄金艺术和工艺在公元前3千纪中期之后开始相互传播。而瓦尔纳到乌尔之间出现断层的原因仍然存在争议。

总体来看，欧亚大陆上黄金之路的传播具有几个特点。第一，由于黄金的稀缺和便携性，其传播面较广，可以从贸易或工艺传播的角度关联到大部分的早期文明。一旦黄金这种稀缺金属登上历史舞台，立刻就成为各种文明聚焦之处，尤其在欧亚大陆西端，发展出一种“重金”的文化，无论是早期的两河流域还是埃及，甚或后来的迈锡尼文明、斯基泰人和希腊化时期等，黄金都和神灵联系到一起，成为至高信仰。古埃及人将黄金称为“神之肉体”。第二，黄金的冶炼和使用整体呈现由西向东传播的趋势，早期中国出土的黄金制品少之又少，直到春秋战国、两汉时期才得到王室贵族的喜爱，但始终未能取代玉文化的信仰体系。第三，黄金传播路线虽然错综复杂，但是仍可从工艺种类的不同大体区分为南北两条主线，即以南俄草原—乌拉尔山南部—中亚草原—阿尔泰山地区的“草原北线”，使用较多的为錾刻、铸造等工艺，无论是尺寸还是造型，都会使用较大量的黄金材料；而以两河流域为中心的区域，或许是由于黄金材料的缺少，反而发展出以金银细丝和造粒技术为代表的精细金属加工和处理工艺，向西传播到地中海东岸和埃及，并沿地中海向中西部传播。往东则构成了一条以精细工艺为主的“陆地南线”，通过伊朗高原传播到中亚腹地，并进一步传入阿尔泰山地区。

黄金之路的南北两线最终在阿尔泰山地区交汇，与前斯基泰和早期斯基泰同期的米努辛斯克盆地、图瓦和阿尔泰地区早期游牧文化遗存丰富，公元前9—前7世纪的阿尔然王冢是图瓦地区最具代表性的遗存，位于乌尤克高地，被称为图瓦的“帝王谷”。其中一号王冢规模巨大，直径120米；而二号墓地没有被盗，保存相当完好，出土9 000多件随葬品，其中有5 700件金器，总重20斤。40—45岁男性和30—35岁女性所穿及腰外衣上缝有超过2 500片豹形和野猪形金饰片，帽子上装饰着厚金片制成的动物装饰，颈部佩戴重1.5公斤、直径23.6厘米的嵌有动物牌饰的黄金项链。这些都可见北线风格的明显影响。而墓中出土的部分饰品上装饰着黄金细丝和造粒技术，从风格到工艺又是极其明显的南线风格。

西域、河西走廊、北方草原以及四川地区等半月形地带毫无疑问是黄金传入中国的主要区域。秦汉之前，金银饰品在中国的传播可以分为两个重要时期，第一个时期是夏纪年、商和西周。许晓东、杨军昌老师认为，尽管黄金在商朝应被认作一种珍贵金属（装饰在眼睛等重要部位），但其在礼制文化上的地位仍然有限；商王武丁配偶妇好（公元前1200年）的完整墓葬中出土过上千件青铜、玉器，仅有一件玉体镶嵌绿松石铜虎首饰件以金点睛。这种状况基本延续到了西周晚期。首先是西周王畿所在的渭河流域罕有金器发现，其次是此时金器的纹饰风格和装饰手法仍深受玉石青铜影响①。

在第一个时期里，对中国黄金饰品的造型和工艺产生影响的来源主要有四个：

一是切木尔切克文化。公元前3500年，里海-黑海北岸的印欧人开始向东迁徙，在叶尼塞河流域的米努辛斯克盆地形成阿凡纳羡沃文化（Afanasevo Culture），随后在阿尔泰山南麓的额尔齐斯河上游形成切木尔切克文化（公元前2500—前1800年）。随着古代印欧人东迁，黄金制品首先传入米努辛斯克盆地，阿凡纳羡沃古墓出土了一些螺旋状，用金、红铜、银、陨铁打制的耳环、手镯等饰品。金属器不超过100件，大部分是纯铜器，少量是金银器。公元前2400年，阿凡纳羡沃文化被北方森林草原的奥库涅夫文化（Okunev Culture）取代，其属于蒙古人种，是阿尔泰语系最古老的民族之一。奥库涅夫文化尚未发现黄金制品，但该文化流行的红铜丝耳环和手镯，与阿凡纳羡沃文化的金饰类似，而春秋早期，公元前800—前700年陕西韩城梁带村芮国墓地27号墓出土的螺旋状金丝手镯风格则应来源于此，可惜中间较长的一段时期并未找到足够的考古材料形成传承脉络。另外，切木尔切克文化也没有发现金器，但新疆吉木乃县森塔斯湖切木尔切克文化1号石人颈部的新月形佩饰可能是黄金制品。陕西淳化黑豆嘴村晚商墓葬和蒙古国前杭爱省特布希文化（Tevsh Culture，公元前1400—前1100年）出土的新月形金配饰，应该来源于年代更早的切木尔切克文化②。陕西华县大明乡大明村出土新月形黄金耳饰与胸饰是商晚期至西周早期，即公元前1300—前1100年制作的，毫无疑问其灵感来源也是该传播体系。

二是安德罗诺沃文化（Andronovo Culture）。公元前1800年，安德罗诺沃文化在中亚草原（俄罗斯阿钦斯克附近）兴起，该文化的创造者就是雅利安人。公元前1600年，安德罗诺沃文化传入米努辛斯克盆地，取代奥库涅夫文化。此外，安德罗诺沃文化继续南下，其中一支东下印度，取代古印度河文明。这些地区出土的铜制品90%以上都是高品质的锡青铜，锡含量3%—10%。新疆塔什库尔干县近年发现的安德罗诺沃文化墓地，就与雅利

① 许晓东、杨军昌：《中国古代黄金工艺》，香港中文大学文物馆，2017年，第20页。

② 林梅村：《西域考古与艺术》，北京大学出版社，2017年，第41—42页。

安人南下印度河流域有密切关系。这一时期安德罗诺沃文化也向东发展，阿尔泰山南麓的托里，伊犁河流域的尼勒克、特克斯，以及天山北麓的乌鲁木齐，相续发现安德罗诺沃文化遗存。

安德罗诺沃地处黄金资源富裕的哈萨克斯坦，多有古金矿遗址发现。因此，雅利安人发展了欧亚草原黄金艺术。哈萨克草原阿勒沙拉克墓地出土的金耳环虽然是传承了阿凡纳羡沃文化的传统，但是三角纹管状金手镯、耳环以及中亚撒马尔干发现的喇叭形金耳环则完全是雅利安人的独创。公元前1400年，安德罗诺沃文化传入蒙古高原，前杭爱省特布希文化出土的双羚羊纹金耳环与哈萨克草原艾巴斯独洛苏古墓发现的安德罗诺沃文化耳环如出一辙。随着雅利安人东迁，喇叭形金耳环或青铜仿制品在中国新疆、甘肃、内蒙古，乃至北京地区广为传播。甘肃齐家文化和四坝文化、内蒙古朱开沟遗址、北京平谷刘家河商代中期墓葬（夏家店下层文化）、新疆伊犁河汤巴勒萨伊墓地、塔什库尔干县下坂地墓地都有出土类似形制的金耳花或青铜仿制品。其中，甘肃玉门火烧沟遗址100余座墓葬中出土夏文化晚期到商早期200余件金银器，包括耳环、手环及鼻环等，开中国境内使用金饰之先河，其中环形金耳饰等都带有明显的安德罗诺沃文化风格①。

三是塞伊玛–图尔宾诺现象。塞伊玛–图尔宾诺文化是广布欧亚草原东部的一种青铜时代考古学文化，最初为盗墓者在俄罗斯乌拉尔地区发现，材料相当凌乱，学界或称“塞伊玛–图尔宾诺现象”（Seima-Turbino Phenomenon）。公元前2200—前1800年，塞伊玛–图尔宾诺文化在阿尔泰山异军突起，随即在欧亚草原广泛传播。在南西伯利亚地区，此文化前接奥库涅夫文化，公元前1600年时被安德罗诺沃文化取代。塞伊玛–图尔宾诺文化分布甚广，东起南西伯利亚，西经乌拉尔山，直迄乌克兰草原，并大举南下中国新疆、甘肃、青海，乃至中原地区（如陕西、山西、河南等地）。近年有学者甚至提出，泰国班清文化冶金术也和塞伊玛–图尔宾诺文化有关。

公元前2000年，塞伊玛–图尔宾诺人还大举南迁至天山北麓地区。这里发现的塞伊玛–图尔宾诺直銎铜斧、套管空首斧石范亦见于甘肃四坝文化、内蒙古朱开沟文化及山西东下冯遗址二里头文化层，说明塞伊玛–图尔宾诺

---

① 林梅村：《西域考古与艺术》，北京大学出版社，2017年，第42—45页。

文化与二里头文化年代大致相当。随着塞伊玛-图尔宾诺人的南迁，阿尔泰山与天山之间的切木尔切克人被迫南下塔里木盆地，形成新的考古学文化。例如，孔雀河流域小河墓地出土的木雕人像、木俑、木祖、尖底草篓，分别源于切木尔切克石人、石俑、石祖和圜底陶器，今称“小河-古墓沟文化”[①]。

四是商周时期值得一提的还有西南方的四川地区，三星堆遗址和金沙遗址均出土了黄金制品，其风格来源还需要更多考古材料进行综合分析。三星堆出土了中国其他地区都没有出现过的金面具和权杖，欧亚大陆上在大约相同的时期内，埃及法老图坦卡蒙的陵墓出土了木乃伊黄金面具（新王国时期第18王朝，约公元前1500年）；迈锡尼文明的墓圈A出土了“阿伽门农”黄金面具（约公元前16世纪），目前收藏在雅典国家考古博物馆。三星堆之后的金沙遗址也出土了太阳神鸟金饰和黄金面具，其来源仍然有待进一步探讨。

金银饰品在中国传播的第二个重要时期是春秋战国。黄金饰品的风格出现了一个明显的断层，早期出现的喇叭形、螺旋形、新月形饰品均未再次出现。而新的动物主题、黄金腰饰和本土化的各种龙形金饰开始大行其道。特别值得一提的是，战国晚期甘肃天水马家塬墓地出土的金器风格和工艺上可见南北两条黄金之路在河西走廊东南端的交汇：草原游牧风格的錾刻和铸造，以及希腊化带来的西亚、中亚的造型和造粒等金属加工技术，都深刻地体现在马家塬出土的金器之上。

杰西卡-罗森教授在比较了大量东西方早期文明当中出土的玉石金银类文物之后，于2019年在中国美院演讲时提出“西方重金、中华尚玉”的说法，中国文明进程中有过“黄金与玉的三次较量”。在西亚，黄金一直被认为是一种贵重的材料，用以制作饰品并展示。这种传统被欧亚草原上的人群沿袭，并逐步扩展至中国腹地的周围。然而，在公元前8世纪之前，中原地区的人群很少使用黄金。草原人群与中原人群的互动关系在公元前8世纪左右发生了改变。使用铁质武器和黄金饰品的马背民族让中原地区也逐渐产生了对黄金的兴趣。在其后的三次浪潮中，中原地区有限地接纳了一些金器文化，但最终还是没有将其纳入中原的主流价值中。

---

① 林梅村：《西域考古与艺术》，北京大学出版社，2017年，第10—31页。

五、结束语：关于早期文明起源模式的反思

最后要讨论的是，“文明”就一定代表了先进、高级的社会发展形态吗？

在漫长的旧石器时代和新石器时代早、中期，各人类聚落维持了相对的和平和共识，包括田猎、共同祭祀、资源分配和共享，即使爆发争端也限制在较小规模和损失。当一个“文明”的社会或城邦被建立起来，《人类简史》的作者赫拉利称“这种灾难的根源在于，人类在几百万年的演化过程中，一直都只是几十人的小部落。从农业革命之后，不过短短几千年就出现了城市、王国和帝国，但时间并不足以让人类发展出能够大规模合作的本能”①。领先进入所谓文明阶段的两河流域和埃及等地，建立大型城邦或王国，由于人类本身无穷欲望的驱使，对外发动大规模征战、对内则勾心斗角，似乎永无止息，因为战乱死伤的人数成几何级数量增长，这一切都和文明的本意背道而驰，引人深思。

反观地处东方的中国地域上曾经发生的文化现象，玉先于金，进入金属使用的年代相对较晚。我们会发现一个有意思的现象，那就是如果按照西方的标准，中国社会进入文明阶段相对较晚，但恰恰就是从公元前6000年开始到约公元前2千纪夏商之际这看似发展极其缓慢的4 000余年，在中国各地域的文化区域都具备一种共同的信仰，即信奉天地、敬仰自然，最终形成了一股极具凝聚力的社会联结，发展出一种非常有韧性的“中国精神”。这不正是中国文明能够持续至今的最重要原因么？是否正是因为早期中国地大物博、无须发动大规模战争就能轻易获取区域内的资源，这种“与世无争”的状态造就了中国大地“满天星斗”“多点起源”，能够发展出祭祀体系和相应礼制社会，以及得到共同承认的、用于祭祀和盟誓的“玉信物”和共同的“玉信仰”？

赵汀阳在给《满天星斗：苏秉琦论远古中国》写的代序中提道：在“中

① 尤瓦尔·赫拉利：《人类简史》，林俊宏译，中信出版社，2017年，第75—79页。

国”地域上众多文明之间存在着“恰当”距离的满天星斗时期，人们在理性选择上更容易倾向于和平交往而非你死我活的零和博弈。“恰当距离”的形成基于若干自然和历史条件：地理的广阔，各处皆有足够大的安家立业空间，不至于造成生存空间竞争；各地资源都足够支持一个群体的生存所需，而不至于形成经济学所谓的资源稀缺所导致的零和博弈；各地的文明发展程度相近而在技术上各有所长，不至于因财富的巨大差距而导致难以抑制的嫉妒；尤其重要的是，各个文明之间的距离不远也不近，这使得技术传播与交往成为可能，同时使发动战争的成本高于受益，因此，除非出现怒不可遏的偶然仇怨，战争的积极性通常低于和平交往和互相学习的吸引力。在众多文明之间有着恰当距离的满天星斗时期，战争并非谋生的最优策略。在远古时期，发动远距离战争或大规模战争恐怕非常困难，在拥有车马之前，以步行去发动远距离或大规模作战，后勤补给、通讯和组织都是不堪重负之事①。

现在生存在两河流域、尼罗河流域和印度河流域人的语言文字、生活方式、社会习俗和宗教信仰等已经跟过去古代文明时期几无直接关联，几大文明都已湮没在历史长河之中，唯有中国区域，尚能识别和使用3 000多年前遗留下来的文字，也形成了别具一格的东方审美和人文意境。因此，要讲清楚什么是最本源的“中国”，就必须要剥丝抽茧，还原真相，回到没有文字束缚的史前时代，观察“中国精神”形成的经过和内核。崔格尔也曾指出，“文化选择为文化变迁提供了一般性方向，这使我们能够确认包括早期文明在内的文化复杂程度更高的社会的不同发展阶段。这并不意味着所有社会将沿着统一的轨迹进化到共同的未来，也不意味着跨文化差异性不如相似性重要”②。

考虑到前述问题，当前摆在考古学家和历史学家面前的问题就是，我们要有自己的方法论和考古体系来说明中国文明起源的特殊性，而非争论东西端文明的先后问题、是否究竟存在夏朝，以及谁是“最早的中国”等。最亟待解决的问题反而是在文明起源的共性中寻求中国的特性，在欧亚大陆的宏观视野下才有可能把中国的进程说清楚。两河、埃及、安纳托尼亚、爱琴海

---

① 苏秉琦：《满天星斗》，中信出版社，2016年，选编代序。

② 布鲁斯·G. 崔格尔：《理解早期文明比较研究》，徐坚译，北京大学出版社，2016年，第33页。

等地中海区域文明于公元前3500—前3000年先后进入青铜时代，伴之而来的是必不可少的文明的黑暗面；而远处东亚地区的中国仍在某种程度上保留石器时代对于自然、天地崇拜的传统，进而演化成“中国精神”，延绵不绝的数千年沉淀和积累，造就了中国文明的韧性和厚度，也因此一旦踏入国家和王朝时期，就能够持续不断地发展更迭3 000多年。

苏秉琦先生认为，很难说进入文明时代在物质文化方面有什么统一的标准，西方学者认为的“城市”“文字”和“青铜器”文明三要素只能说是文明“因素”而非“要素”。不必急于把“坛、庙、冢”或“稻谷、蚕丝、玉器”说成是“中国文明因素”，更不必在中国史前史上另划出一个“玉器时代”，但是它们最终都成了具有中国特色的古代文化、文明的重要因素[①]。

金玉合鸣，恰好说明中国这一“复杂共同体”形成的过程。中国域内交流中最具代表性的就是玉文化，亦可代表中国文化传承和延续的一个重要组成部分。新石器时代和三代的传承和关联，可以通过玉器的器型和纹饰进行比对、归纳和总结；而中国和域内其他民族之间的交流，以及和域外草原游牧民族、中亚希腊化（包括阿富汗）地区的文化交流恰好可以通过“金文化”完美呈现。“西方重金、中华尚玉”实际上是两条不同体系下的社会发展路线。金、玉两个截然不同的角度，辩证地呈现了中国这一复杂共同体在形成过程中的各种文化元素影响和关联。通过研究，也可以更为视野开阔地看待欧亚大陆文明共同体的形成，以及在一体化形成过程中的南北“纵合”与东西“横连”，交融和碰撞，正是文明发展的主旋律，不断出现的考古新材料将持续刷新人们对于古代世界的认知。

---

① 苏秉琦：《满天星斗》，中信出版社，2016年，第18页。

让中国文化理论“活起来”

——从《山海经》研究与创造性呈现谈文化理论的多视点解读

韩 笑

北京电影学院动画学院

随着社会经济建设的不断发展，中国正走在中华民族伟大复兴的道路上。中国的文化及理论研究也呈现出百家争鸣、百花齐放的活跃绽放态势，各路学者专家著书立说，成果斐然。但无论我们的文化理论是怎样的，它都不应该只是存在于论文著作之中，它应该“活起来”。

2014年2月，习总书记在首都博物馆参观北京历史文化展览时强调，“让文物说话，把历史智慧告诉人们”。习总书记反复强调，“要让收藏在博物馆里的文物、陈列在广阔大地上的遗产、书写在古籍里的文字都活起来”。古籍里的文字需要“活起来”，那么我们今人撰写的文字呢？答案不言而喻。

中国文化理论界有许多知名学者和专家，他们呕心沥血撰写相关专著论文，其中不乏佳作。但一直以来，文化理论都高高在上，远离普罗大众，就如同图书馆里的古籍文献，被束之高阁、少人问津。想必，任何一位文化理论的研究学者，都希望他所撰写的文字能让更多的人了解，成为生动的、活跃的文字。

文化理论及其著作不应该只在文化理论界内部传播，成为“自娱自乐”的小众话题。它应该是开宗明义、启迪民智、指导实践的重要基础，应该也必须被更广大的人民群众所周知，发挥它应有的社会效益，承担应有的历史责任。所以，如何让高深莫测甚至晦涩难懂的学术理论著作“活起来”，是我们中国文化理论界以及社会各界相关人士迫切需要思考的重要课题。

在现今数字化、信息化、智能化的时代大背景下，大家的阅读习惯早已发生了重大改变，纸媒传播、文字阅读已越来越被边缘化，取而代之的是一系列新媒体的阅读方式：电子出版物、有声读物、互动式阅读等层出不穷。而文化理论的传播似乎还停留在传统的方式方法之中，没有太多创新与拓展。

年轻人永远是未来，是希望。如何争取年轻读者、学生群体的关注，是理论界需要思考的课题。

一是适合的表达方式。减少华丽辞藻，让理论接地气。

学术著作有学术著作的文法语境，这无可厚非。但不能否认，有一些学者为了彰显自己的学术水平，往往会将一个很浅显的问题复杂化，并用绕口的学术术语、修辞、语境、文法等使得文字看起来匪夷所思，令读者望而却步，凭空生出一种不明觉厉的仰视感，确有咬文嚼字、故弄玄虚的新八股之嫌。当然，学术语言必定会与口语及其他文本、文体有所区别，但事实上，这也必然使得文化理论远离大众视野。

正如古典文献《山海经》，里面记载的奇异世界神秘而有趣，但书中存在许多难以识别的古字。这些难检字多了，就自然会影响阅读，读不通、看不懂。再多了，读者就会弃书。古籍文献与文化理论同病相怜，很容易令普通读者，特别是年轻读者放弃和远离。

但也不必悲观，成功的案例也屡见不鲜。例如，《明朝那些事儿》曾经狂飙突起于天涯论坛，后转战新浪，天涯、新浪月点击率均力超百万，引起“明矾”骚乱。相关事件被媒体命名为“明月门”。作者当年明月，自称心灵历史开创者，强调写史即写人，写人即写心。文章以通俗的小说方式，用瑞士表匠的耐心、德国制造工人的严谨、法国酿酒师的情怀、美国戏剧演员的幽默讲述了600多年前那段波澜壮阔的元末农民起义，并将继续讲述至明末的276年历史。此文做工严谨而又不乏幽默，可做明史普及读物，也可用于茶余饭后消遣，皆是居家旅行、学习阅读、无事消遣之首选读物。

正如作者本人所言：“我写文章有个习惯，由于早年读了太多学究书，所以很痛恨那些故作高深的文章，其实历史本身很精彩，所有的历史都可以写得很好看，我写《明朝那些事儿》就是为了证明给别人看。”

作为理论学者，可不可以也借鉴这样的写作方式？即转换一种思维模式，在不影响自身学术价值的前提下，将学术写作变得更加接地气、更加亲民、更加年轻化，使更多的读者爱上学术、爱上理论。

二是多元的思维方式。运用现代化、多元化的视点，特别是寻找当代思维视点开展研究。

再以《山海经》为例，它是中国一部记述古代志怪的古籍，大体是战国中后期到汉代初中期的楚国或巴蜀人所作；也是一部荒诞不经的奇书，作者不详。

《山海经》全书现存18篇，其余篇章内容早佚。这部奇书对中国古代历史、地理、文化、中外交通、民俗、神话等的研究，均有参考价值。对于《山海经》的内容性质，古今学者有着不同的认识，如司马迁直言其内容过于荒诞无稽，所以作史时不敢以为参考。鲁迅认为是“巫觋、方士之书”。现大多数学者认为，《山海经》是一部早期有价值的地理著作。

叶舒宪先生以“玉文化”视点解读《山海经》，重新建构了一套新的文化理论视点与语境，以四重证据法完成了“玉成中国”的理论研究三部曲。用玉石神话、玉石信仰、玉石文化等文本编码，重新解读《山海经》，并梳理出“华夏精神”之渊源和脉络，得出玉文化是中华文明的信仰之根的结论。这一研究是独特的、创造性的，具有深刻的历史现实意义。这一理论构建了中华文化大传统、雅传统的研究基石，为后来学者的研究打下了坚实的基础。

而笔者在对《山海经》的研究中，也找到了另一个有趣的视点，它应该算是小传统的、俗传统的，那就是“食文化”。中国人的饮食文化是世界公认的，也是历史悠久的，别具特色的。而总结中国食文化的特色，其中很重要的一点就是：什么都吃！

“中国人什么都吃”这件事是世界闻名的。经常从新闻报道中获悉，国外有很多泛滥的动物，造成生态灾难，当地人却束手无策，例如英国的野鸡、丹麦的生蚝、美国的鲤鱼、德国的大闸蟹和澳大利亚的兔子。这些在西方人眼中的奇异生物，都是中国人的美餐。

有人若问：为什么中国人什么都吃？这是从什么时候开始的？答案就在《山海经》中。《山海经》中记载的大量的神奇生物都可以吃，而且还有一定的疗效。《山海经》可谓一本美食地图。

《山海经》记载：吃了茈鱼不会放屁，吃了虎蛟可以治痔疮，吃了九尾狐的人一辈子不会被人骗。有种鸟叫嚣，有四只翅膀，一只眼睛，一只狗尾巴，吃了可以治肚子痛。吃了狌狌的人跑得特别快。吃了飞鱼不怕打雷。少室山有帝休树，叶子像杨树，开黄花，结黑果，吃了花和果子可以让人心平气和，不爱生气。少陉山有蔄草，红秆开白花，叶子像向日葵，果子像山葡萄，吃了之后可以变聪明……

这本书中关于吃的记载，要远远多于关于玉的记载，可见这本书对于“民以食为天”这一中华文化的小传统、俗传统的重视程度。其实这里面蕴含着一个简单的道理："玉”是精神，而“食”是物质，物质基础决定上层建筑，这两者是不可分割的，紧密相连的。这恰恰建构了古代先民的世界观，体现了先人智慧。大传统与小传统相结合，雅传统与俗传统相结合，精神文明与物质文明相结合，天人合一、雅俗共赏。

这体现出《山海经》的博大与伟大之所在。当然这部奇书记载的内容还远远不止于此，需要我们历代学者，以现代化、多元化的视点去不断深挖解析。

三是正确的打开方式。用最适合的形式，表现最本真的内容。

任何一个文化研究对象，例如一件文物、一部古籍、一本论著都有它自己的内涵属性，而我们对其内涵进行剖析、解读、呈现的时候，就一定要找到适合它们的表现形式。如果不能契合，就意味着一定会产生偏差，甚至功亏一篑。

仍以《山海经》为例，这部古籍无疑是一座宝藏，许多人对它趋之若鹜。除了各界学者对它深入研究，还有许多商业产业精英希望将它转化为产品。一时间，根据《山海经》改编的网络小说、影视动画等作品层出不穷，但真正成功的凤毛麟角。这是什么原因呢？其实道理非常简单，就是打开的方式不正确。所以他们不是能力问题，而是方向问题。

众所周知，古典名著改编最成功的就是四大名著，成功的原因很简单，因为四大名著中都有鲜活的人物、跌宕的故事、深刻的主题，而影视剧就是要讲故事，所以一拍即合，顺理成章，水到渠成。但《山海经》很难进行影视改编，因为全书没有完整的故事，最多只有些零星的片段。而全书呈现的风格就如同《本草纲目》，很像一部账本，又是一部百科全书式的著作。

因为《山海经》没有核心人物、核心故事、核心主题，所以一旦要讲山海经的故事，势必要做加工，而且不是简单加工，而是一种覆盖式、颠覆式的加工。这就必将导致一个结果：人物塑造得越生动、故事讲得越好看，越不是《山海经》。用一句俗语来形容，就是“挂羊头卖狗肉”。所以，所有冠名以“山海经”的故事影片一定都是“伪作”，这就失去了改编的意义，也不可能让受众了解真正的《山海经》。

那么这本奇书又晦涩难懂，又无法故事化改编，该如何是好呢？

其实也很简单，就是找到与其相应的表现形式。《山海经》是记录性文体，所以如果要将它影视化，自然最适合的就是纪录片。正如BBC摄制的著名的纪录片《恐龙星球》《与兽同行》等。将《山海经》拍摄成为纪录片，以科学严谨的态度，再现远古的神话动物世界，正是笔者现在指导的纪录片《山海搜神》的主旨。

本片将围绕着《山海经》记载的神兽长什么样子、它们是如何生存的、它们有什么特点、它们跟人类的关系是怎样的、它们和西方的神话传说中神奇动物有什么关联、灭绝的史前生物是否就是这些神兽等问题，以科学严谨的态度再现这部文化经典。

根据《山海经》记载，摄制组走遍中国18个省、市、自治区的几十个景点，实景拍摄场景环境。然后根据文中描述神兽的特征，按照解剖学原理，利用三维动画技术，逼真地再现出远古神话动物世界。以生动有趣的神奇动物生态故事，情怀式的解说方式，原汁原味地演绎《山海经》的传奇。

当然，《山海经》中不仅仅只有神奇动物，还有多个维度，但无论从神性叙事，还是文化延展，抑或打造一个强大的文化传播新语境，纪录片、科教片、专题片甚至特种电影等形式，都是诠释这部巨著的绝佳打开方式。

而这些唯一的目的，就是更好地引导观众跳出思维定式，体会神话里的美好。无论是文化理论著作沉淀的文人心血，还是古籍里的文字承载的先人智慧，让它们能够真正地“活起来”，才应该是我们毕生努力的方向！

有句话说得好，“迟到的正义就不是真正的正义”，而沉寂的理论也不是真正有价值的理论。

创世神话与上海城市精神

吴玉萍
上海视觉艺术学

2017年12月15日，国务院批复原则同意《上海市城市总体规划（2017—2035年）》，这是党的十九大召开后国务院第一个批复的超大城市总体规划，也是改革开放以来，上海经国务院正式批准实施的第三轮城市总体规划。规划明确了上海的城市性质，即：上海是我国的直辖市之一，长江三角洲世界级城市群的核心城市，国际经济、金融、贸易、航运、科技创新中心和文化大都市，国家历史文化名城，并将建设成为卓越的全球城市、具有世界影响力的社会主义现代化国际大都市。

2018年6月27日，中共上海市第十一届委员会第四次全体会议特别以重大主题的形式专题部署，审议并通过《中共上海市委关于面向全球面向未来提升上海能级和核心竞争力的意见》，提出到2035年，把上海基本建成与我国综合国力和国际地位相匹配的卓越全球城市。

"卓越的全球城市"，卓越的核心之一便是打造上海文化现代化，守护上海城市品格、弘扬上海城市精神。从文化大传统视角来看，自崧泽文化伊始，上海6 000年的历史便得到了考古证实，再不是100来年（开埠以来）的小渔村。而福泉山遗址、广富林文化遗址、金山亭林遗址、闵行马桥遗址等则见证了新石器时代中晚期以降继往开来、多元荟萃的史前上海文化风采，显露出中国文明的龙头特征，文化积淀深厚。作为一座移民城市，上海秉承海纳百川之风格，迎接四方宾客，汇聚多元文化，充分体现了包容的力量，这也是改革开放40年来上海取得重要发展的主因之一。

2016年年初，"开天辟地——中华创世神话文艺创作与文化传播工程"在沪启动。中华创世神话讲述宇宙起源和人类由来的故事，表达了先民的精神指向，包含了中华文化基因，给族群奠定了最基本的文化观念和命运共同体意识。在漫长的中国历史上，初民时代的精神遗产不断被转化、发展，传承了中华文化的命脉，在当代更是弘扬强国文化、提炼中国精神的重要话语体系。尤其是创世神话负载着宇宙发生、人类起源、哲学象征等原始意象，这些意象包含的精神内核有开天辟地的创造、舍生取义的奉献、百折不挠的坚韧，这些均和上海的胸襟与气质颇为一致。

上海是一座充满想象的城市，城市精神植根于城市的历史，体现于城市的现实，引领着城市未来，区别于其他城市的灵魂。关于上海，有很多美丽的传说。不仅如此，上海历来也是中国神话学研究重镇，具有厚重的底蕴和现实力量。因此，从创世神话中发掘上海成之为上海的元素，探索上海城市基因，解码上海城市历史，寻找城市文脉，触摸上海城市精神，对于上海卓越的全球城市建设有着重要意义。

一、创世神话与上海城市起源有深厚的渊源，表达了东海一隅对于整个民族国家的认同

2017年，习近平总书记同特朗普参观故宫时介绍了中国悠久的历史文化。他说，文化没有断过流、始终传承下来的只有中国，我们这些人也延续着黑头发、黄皮肤，我们叫龙的传人。龙文化在中国源远流长，是中国文化的重要组成部分。而作为东海一隅，上海这座城市一直与整个民族国家同呼吸、共命运。龙文化的信仰在上海这座城市存续已久，这点我们可以从出土器物和图像上寻找到证据，如青浦区福泉山出土的蟠螭纹镂空足带盖陶鼎、福泉山战国墓双龙璧，以及距今3 000年左右的马桥文化的龙纹豆等，这些图像与器物都在告诉人们，上海也是龙文化的故乡。

除了图像器物为证，活态的民俗事项也让上海的龙文化精神在当代得到延续，如金山“小白龙信俗”以及崇明三民文化村的“二月二龙抬头文化节”。创世神话离不开创世神，在上海，创世神的崇拜也流传甚广，如闵行颛顼帝崇拜、青浦尧舜禹三官神话的重构等。详细梳理上海的城市起源与创世神话之间的关系，不难发现，上海在成为大都市以前，与国家认同相对应

的上海城市图腾符号已然存在。

以金山区“小白龙信俗”为例。“小白龙信俗”是吕巷地区最具影响力的信俗之一，起初是以祭祀刘猛将神为主的民间信仰仪式，在发展过程中，逐渐弱化了对刘猛将神的崇拜，强化了对小白龙的信仰。整个仪式通过神灵巡游、舞小白龙等仪式表达了当地民众对风调雨顺、农业丰产、安居乐业和美好生活的期盼。“小白龙信俗”的基本流程是：每年农历三月初三，村民们到“白龙洞”举行迎请仪式，邀请“小白龙神”参加庙会和巡游活动；迎接队伍到胥浦庙，并在胥浦庙载歌载舞举行盛大的祭祀仪式。

“小白龙信俗”（图1）历史悠久，发展至今已有几百年，长期以来，“小白龙信俗”对当地民众生活产生了积极的影响，成为当地民俗文化的重要载体。该信俗中的“白龙洞”、“小白龙”大战“黑蛇精”、吕良佐“应奎文会”中的“登龙门”等故事已内化于当地人们追求进取、积极向上、坚持正义、除暴安良、以民为本的精神之中。在每年的重大农事活动中，尤其是春播和秋收之时，百姓都要在家中或土庙中祭拜“小白龙神”；每当节庆日，百姓都要做“白龙糕”（被列为上海市非物质文化遗产）、吃“白龙糕”、剪“小白龙图”纸、贴“小白龙图”窗花、做“小白龙龙头”鞋、舞

图1　金山小白龙信俗

“小白龙”等。

进入20世纪以来，在民众与政府的合力之下，吕巷镇将“小白龙信俗”作为特色文化项目加以保护和传承。通过深入挖掘和有效保护后，“小白龙信俗”活动重新出现在金山和江浙沪地区各乡、村的庙会、赶集和各种节庆活动中。“小白龙信俗”民俗活动的开展，不仅使该民俗活动得以延续，更突出了吕巷镇浓厚的地域特色文化内涵，进一步传承和弘扬了传统文化，加深了人们对于当地龙文化的信仰。

二、创世神话中的民族精神与文化记忆，与上海城市精神一脉相承

新时代，挖掘创世神话新释空间，赋予其新的时代价值，能够激活民族精神情感。尤其是创世神话负载着宇宙发生、人类起源、哲学象征等原始意象，这些意象包含开天辟地（创造）、舍生取义（奉献）、百折不挠（坚韧）等精神内核，这与上海的胸襟与气质颇为一致。

相较于西方国家城市而言，从古到今，中国城市一直是国家政治统治、文化教化的中心。城市特点表现为区域性特点，且不与国家相对立。因此，在中国，城市精神与民族精神高度重合，城市精神是民族精神的具体体现，民族精神是城市精神的高度集中。创世神话中的民族精神与上海城市精神在这个意义上并为一线。

习近平总书记对上海城市精神作过高度概括，“海纳百川、追求卓越、开明睿智、大气谦和”，这十六个字，皆能从创世神话中找到原型。尤其是在当下，创世神话精神正慢慢得以体现，它与城市精神交互渗透，以多样的形态影响着城市人，如工匠精神、尚德贵义、追求卓越等对城市人的精神再造作用不可小觑。此外，创世神话还以民俗形态进入人们的日常生活中，如上海的民间信仰仪式、祭祀仪式，吴淞江的“霸王潮”、“金山三岛”神话、妈祖信仰等，这些信仰祭祀从感恩自然神的馈赠到感念人格神的引领，逐步落实到了现世生活。城市精神中对于生命的珍爱、秩序的重构和英雄的崇拜，既有助于社会伦理秩序的建构，也有助于上海城市社会的稳定和谐发展。

以浦东新区三林镇的相关活动为例。从社区和社群构成的角度看，三林是中国一线城市中具有代表性的一个区域，这里的人群主要由以下五类构成：第一是本地原住民，大抵1843年上海开埠之前其祖先就世居于此，这类人群在上海话语境中称为“本地人”，说的是“本地话”（与标准上海话是有区别的）；第二是从上海市中心城区拆迁过来的居民，这些人的祖辈大多是在上海开埠之后，从江苏、浙江、安徽等地进入上海的，由于长期生活工作在中心城区，成为上海近代城市文明特别是市民文化的建构主体，所以他们自居为“上海人”，说的是融合了苏州话、宁波话、苏北话、本地话等方言元素的城市语言——“上海话”；第三是近些年以来，以外来人才的身份进入上海，并在三林置业安家的“新上海人”；第四是来沪务工，在三林工作或租住，具有一定流动性的外来务工群体；第五则是游客。

在政府、地方精英、信众、学者、商家、媒体等多方合力下，三林镇“三月半”圣堂庙会（区级非遗）、西庙城隍出巡（区级非遗）及其背后的信仰行为被重新激活，信仰谱系得以续写，满足了本地信徒的心灵需求和记忆重构，成为原住乡民、城乡移民纾解各自“文化乡愁”的想象共同体。非但如此，以“三月半”圣堂庙会、西庙城隍出巡为载体的民俗活动，更成为整合、梳理、沟通本地人、外地人社会人际关系，化育人伦秩序，编织地域联结的重要场域和重塑地缘认同的黏合剂，新型城镇化语境中的地域社会也就被重新赋予意义。

三、创世神话在上海的传播未曾断裂，在文学、艺术、创作以及出版等方面产生了重要影响

上海在文脉方面从未与创世神话断开。一批活跃在上海的神话学研究者，如茅盾、谢六逸、吕思勉、鲁迅等人，他们在上海均创作了跟神话相关的研究性论著或小说。20世纪以来上海出版界对于神话学书刊出版的支持力度空前，如开明书店1927年出版了黄石的《神话研究》，世界书局1928年出版了谢六逸的《神话学ABC》，上海古籍出版社1982年出版了顾颉刚的《古史辨》，上海书店1990年出版了茅盾的《中国神话研究ABC》，上海文艺出

版社1991年出版了张振犁的《中原古典神话流变论考》等。这一批神话学文库和书籍的出版，为上海的神话学研究奠定了深厚的学理基础。从这个意义上说，上海研究神话有学统可溯源。到了21世纪，“开天辟地——中华创世神话文艺创作与文化传播工程”在上海启动，工程旨在通过创作一批优秀文艺作品，梳理中华文明起源，展现中华民族的精、气、神，寻找我们的文化初心，在文化源头上确立话语权，为中华民族的伟大复兴事业提供文化源头上的支持。

此外，创世神话的传播还借助于高校的平台，将其中的优秀品质和思想精神传向各地。在“中国非物质文化遗产传承人群研修研习培训计划”的课程中，上海负责研培计划的高校培训课程均特别增设创世神话专题。这些创世神话的故事和人物在非遗传承人的作品中得到了有形的传播，他们把故事嵌套在作品中，将创世神话的文化母体传向更广大的民众（图2）。

图2 琉璃烧制作品——盘古开天辟地及大禹治水

中华创世神话是中华民族记忆的来源，是一个富含民族精神和文化基因的宝库，与当代中国的整体精神面貌息息相关，更是地区、族群和国家的文化象征。创世神话不仅给“一带一路”中国段的文明发生史提供本土视角和本土话语再造的契机，也为全面理解华夏文明的历史、地理格局之由来，特别是对催生中原文明形成的物质与精神要素等话题，提供了全新的视角。在城市高度发达的今天，梳理创世神话与城市精神之间的关系，能够让城市的文明之光耀显，在构筑城市精神的过程中找到传统文化的支点。上海在建设卓越的全球城市道路上，本土视角和本土话语不可或缺，而正是创世神话研究与传播在上海的蓬勃发展，给这条通道燃亮了焰火。

| 附录一 |

会议综述

文学人类学引领人文学科范式转型

——上海交通大学神话学研究院首届新成果发布会暨专家论坛综述

谭　佳
中国社会科学院文学研究所

2019年4月6—7日，由上海交通大学神话学研究院、文学人类学研究中心、上海市社会科学创新研究基地主办、复旦大学出版社等协办的“中国文学人类学理论与方法研究”成果发布会，在上海交通大学闵行校区举办。这套专著是国家社科基金重大招标项目（批准号：10&ZD100）的结项成果，历经6年艰苦努力，以突出的理论创新和厚重扎实的成果规模（共计12部专著，103篇论文），获得国家免检结项。本次发布四部新著由复旦大学出版社于2019年出版，分别是：《玉石神话信仰与华夏精神》《文学人类学新论》《四重证据法研究》《希腊神话历史探赜》。

这套成果是上海交通大学文学人类学中心和神话学研究院进行学科交叉研究的集中呈现，为探索人文学术范式转型，走向“创新主导”提供了宝贵经验。所谓“范式转型”，体现为跨学科视域中不断递进问题新意识，构建新方法论并鼎力实践；“创新主导”则是在范式转型的探索过程中不断提出新理论命题，并积累而形成文化理论新体系。理论思维发挥着反思与整合功能，有效回馈了当代人文学对中国历史文化的深度认知。

一、会议概述

发布会开幕式由上海交通大学神话学研究院常务副院长杨庆存教授主持。上海市社会科学界联合会专职副主席任小文先生，上海交通大学党委副书记、神话学研究院院长顾锋教授，复旦大学出版社总编辑王卫东先生，分别致辞。神话学研究院首席专家叶舒宪教授对四部著作及其相关理论背景作整体介绍。

在上午的主题发言环节，进行演讲的学者及题目是：文学人类学研究会荣誉会长萧兵教授《跨学科吸纳与投射——兼论“反李约瑟难题”》，王一川教授（北京大学）《神话研究、文学人类学和文化文本论》，段勇教授（上海大学）《早熟的民族与凋零的神话》，朝戈金研究员（中国社会科学院）《口头传统与神话学》，宋镇豪研究员（中国社会科学院）《爱真玉，求真学》，王宁教授（上海交通大学）《中国文化走出去：外语学科应发挥重要作用》，邓聪教授（香港中文大学）《世界最早玉石之路》，唐际根教授（南方科技大学）《考古视点：地球、人类与家园》，杨朴教授（吉林师范大学）《中国本土文化理论之路》，彭兆荣教授（厦门大学）《美在他处：手工与艺术的名与实》，李继凯教授（陕西师范大学）《关于文学人类学的感想》。

上述著名学者来自文艺学、外国文学、民族文学、比较文学、历史学、考古学、人类学等不同领域。他们汇集到神话学研究院，共话文学人类学与中国理论的建构问题，这种学术现象本身表明了神话学作为边缘学科的跨界特性和文学人类学研究融通文史哲的多元向度。与此相呼应，围绕这批出版成果，来自中国社会科学院、北京大学、上海交通大学、复旦大学、华东师范大学、上海大学、上海视觉艺术学院、中国人民大学、北京电影学院、香港中文大学、南京大学、陕西师范大学、西北师范大学、扬州大学、淮阴师范学院、四川大学、厦门大学、浙江文物考古研究所、南京博物院、苏州博物馆、国际珠宝历史与传承研究院等单位的30多位专家学者，以及新华社、《人民日报》、《光明日报》、中央电视台、上海美术电影制片厂、华策影视克顿传媒、《中国社会科学报》、《三联生活周刊》、《社会科学报》、《文汇报》、

《解放日报》等媒体代表，济济一堂，在两个分论坛展开讨论。

第一分论坛主题为“中国本土的文化理论与方法论建构：文学人类学的创新”。发言专家有：王子今教授（中国人民大学）《文学人类学与考古学的“对接”》，李永平教授（陕西师范大学）《“玉教”信仰与文化大传统中的隐蔽秩序》，方向明研究员（浙江省文物考古研究所）《我们怎么看待良渚琮》，王仁湘研究员（中国社会科学院考古研究所）《玉琮遗用的考古学观察》，徐新建教授（四川大学）《全球地方化与多元本土观》，王平教授（上海交通大学）《中国玉文化对东亚古辞书编撰的影响》，易华研究员（中国社会科学院）《玉帛古国与青铜王朝》，徐坚教授（上海大学）《走出第二重证据的考古学》，陆建芳研究员（南京博物院）《良渚文化去向及与传说时代故事再考》，纳日碧力戈教授（复旦大学）《试论萨满“地天通”的现代意义》，冯玉雷教授（西北师范大学）《神话·考古·重述——通过文学人类学四重证据法激活华夏文明基因》，王倩教授（扬州大学）《情境性原则：多重证据间性规约》，胡建升副教授（上海交通大学）《现代文化何以自信》，谭佳副研究员（中国社会科学院）《文学人类学与中国思想史研究新视野》，王宇副研究员（中国社会科学院）《政治学视角下的中华玉文化研究》，史永（国际珠宝研究院）《欧亚大陆早期文明起源中的金玉合鸣》。与会专家们高度评价本次发布系列专著的学术价值，并从各自学科背景，在理论上阐发文学人类学的特色研究，从个案探讨不同研究视角及心得。尤其针对文学人类学所提倡的“四重证据法”问题和如何理解早期中国的物质文化问题，发言专家进行了有效交流与争鸣。

第二分论坛主题是“神话学成果的创意与传播”。发言嘉宾有：金明哲总导演（中央广播电视总台）《传播新语态：今天如何表现神话》，韩笑副教授（北京电影学院）《〈山海经〉与中国神话的多视点解读》，高小康教授（南京大学）《神话与集体记忆：结晶、假晶、活化》，郑虎先生（上海美术电影制片厂）《创世神话人物造像考究》，刘传铭教授（上海视觉艺术学院）《创世神话研究是华夏文明研究的创新与拓展》，田兆元教授（华东师范大学）《神话研究的民俗学路径与多元叙事》，杨骊副教授（四川大学锦城学院）《四重证据法新解商纣王之死》等。主办方安排这样多媒介的学术对话与讨论，旨在将前沿性的神话学研究成果推向创意转化的传播新天地，也为学科新理论找到影视动漫等新媒体再创作的机遇。

从这次发布会暨专家论坛，以及会后举行的第十五次玉帛之路文化考察看，其意义至少需包含“新成果发布”和“玉帛之路”调查项目的持续两方面。这二者并置绝非偶然。从学科的历时性发展来看，这正是文学人类学派的神话学研究发展的必然结果。下文按照这两个维度再作进一步阐述。

二、重大项目成果

2010年，国家首次在哲学社会科学重大招标课题中设置应用对策性之外的基础研究选题，“中国文学人类学理论与方法研究”便是入选项目之一。相比其他立项的人文学领域（例如“中国经学史”“百年佛学研究菁华集成”等），“中国文学人类学理论与方法研究”不仅立意新颖，而且更具独树一帜的跨学科性质。作为新兴交叉学科，文学人类学的研究起点和过程都建立在“跨域”和“重勘”上。“跨域”是指跨越、融合20世纪后期以来最重要的学术转向——“人类学转向”，以转向后的整合性文化大视野，重勘中国文学和文化传统。“重勘”指反思西学东渐以来的西方学院式文学专业教育模式的弊端，让“文学”回归本土现实，发挥既源于本土传统又能作用于当代文化和社会的意义功能[①]。8年过去了，从四部著作成果看，课题组不仅如期完成预定目标，而且在“跨越”和“重勘”方面走得更远更深入：在文学人类学与考古学的深度融合上卓有建树，在重勘本土文化并据此重建理论体系方面，均富有特色，这也是对当下人文学术范式转型的一种示范。这些探索具体体现在：

第一，本次发布成果之一——叶舒宪教授《玉石神话信仰与华夏精神》一书，以近万年的玉文化大传统为立论基点，通过西部7省区250个县市的古玉与玉料资源的调查采样，划定总面积达200万平方公里的“中国西部玉矿资源区”，凭借丰富而系统的田野新知识、“接地气”的田野经验，重新建构起一整套史前玉礼器的神话学，揭示华夏文明的精神和信仰之根，提出

① 谭佳：《“中国文学人类学理论与方法研究”会议综述》，《文学评论》2011年第4期。

"玉文化先统一中国"的独创观点。该著与《中华文明探源的神话学研究》（社会科学文献出版社，2015年），和《玄玉时代——五千年中国的新求证》（上海人民出版社），共同构成"玉成中国"三部曲，其相继问世定会带来前所未有的对中国文化整体的深度理论诠释。

鉴于国际上用来衡量文明的文字标准，在我国只有3 300年的历史，通常以为中国文明在世界四大文明古国中是出现最晚的一个。5 000年文明的传统观念在当代备受各方的质疑。玉文化研究可以从物质文化和精神文化两个角度，证实中华文明的源流远远超出文字的历史。在先秦时期，东方的鲁国是礼乐文化的中心，北方的海滨地区和燕国、齐国是巫术和萨满思想的故乡，南方的楚国拥有恢宏的宗教幻想，西北边陲粗犷的文化风气则是法家思想的温床。这些"多元"的文化能够在一个共同的话语框架内相互作用，最终形成一个统一国家，必定有隐藏其中的、共同的文化基因起作用。文学人类学的研究诉诸寻找这一文化基因，并且不是局限于文本，而是要深入文字诞生以前的"大传统"时代。因此，该书最具原创性的理论，就是通过对石峁遗址的玉璋——迄今为止在中华大地上分布最为广泛、形制最为稳定的一种史前玉礼器，得出"玉文化先统一中国"说。这就不难理解，为何在开幕式上，叶舒宪教授用很生动的蒙太奇画面，即紫禁城、景山、昆仑山、纣王自焚的鹿台、红山文化、良渚文化的玉殓葬景观，来说明华夏王权只有一个神圣象征物——玉。全世界只有华夏文明有这样延续不断的统治者的行为，而支配他们的都是同样的信仰驱动的神话信念——生则守玉玺，死则归玉山。这也是文学人类学派特别关注玉文化研究的原因。无疑，其根本诉求是突破文献知识的局限性，走出形形色色的传统偏见和成见，努力揭示中华文化的生成与发展的实际真相。

与这项成果相呼应，本论坛有多位专家都在讨论如何理解中国玉文化。宋镇豪研究员指出，中国在五六千年之前已有成规模、成体系的玉礼器文化。作为中国先秦史学会会长，他回忆20年来我国玉学、玉文化研究的兴起过程，认为这些研究为构建中国传统文化史贡献出诸多真知灼见。他认为，四重证据法的特点是走出社会文化小传统研究的窠臼，拓展到中华文化大传统哲学思辨层面，这就是与时俱进的人文研究新范式。针对玉文化研究，王一川在主题发言中认为，这些探索可理解为文化原根的精神探索，以此能支撑中国文学原初的意义根基或者意义根源。然而，也要适当走出文学研究的神秘性旨趣，文学人类学需要返回到文学经典文本体验之中，即从大传统回归到小传统的经典作品。

在下午的分论坛上，方向明研究员介绍良渚遗址在玉文化研究中起到的举足轻重作用。他认为距今5 100年之前的时候，真正的良渚玉琮就出现了。以琮和琮像为代表的良渚玉礼器系统，在良渚文化一开始就确立了。学界若要研究良渚祖先神话，其奥妙就在琮及其神像里。同样针对良渚玉琮，王仁湘研究员经过重新梳理考古资料，特别是分析墓主性别及出土位置，对玉琮的意义与使用方式提出新的解读。他指出，良渚文化的琮多为男性使用，且在墓葬中多数是被放在男性腹部附近，极有可能是殓葬用的，即作为男性性器官套盘使用。陆建芳研究员认为，研究玉文化的重点不在于阐述漂亮的玉器的系统，而在于探究背后是什么样的组织架构。王平则从文献角度研究玉文化。她从《玉篇》文献入手，探讨中国玉文化对东亚古辞书编纂的影响。《玉篇》视角下的中国玉文化传播研究，对于目前重塑以“玉”为纽带的东亚文化具有重要意义。

这些专家发言充分肯定了文学人类学与考古学的深度融合意义。针对这种融合与范式创新，王子今教授指出：文学人类学学者应该更多的向考古学者介绍自己的学术追求和学术目的、学术方式和学术风格。而文学人类学从考古学这里获得的东西，不仅仅是考古学的发掘收获，还应该参考借鉴考古学者的工作方式。尤其要处理好史实与想象的问题，这会让文学人类学的研究更具扎实性。

第二，本次发布成果之二——《文学人类学新论：学科交叉的两大转向》着眼于当代学术发展的跨学科大潮流，有着诸多创见。它的学术价值体现在：一是首次从学术史脉络上集中梳理20世纪两大学术转向及其相互跨界交叉所孕育出的崭新研究格局，重点论述人类学的文学转向及其方法论意义，尤其注重将文化视为一种可以深描和解读的符号文本，为文学与人类学的交叉研究提供了启示。二是深入梳理、挖掘了人类学的文学转向核心推动者——阐释人类学家格尔兹与作家兼文学批评家肯尼斯·伯克之间的关系。本书旨在发挥学科交叉与视界融合的优势，实现文史哲互通互动的理想，将文学本位的神话观拓展到大文化和大传统的新格局中去。

关于新兴交叉学科发展，专家从不同角度提出见解。徐新建教授认为，在“全球地方化”浪潮席卷下，面对“数智”时代的科技挑战，能否从多元本土观出发，打通外向与内联，将文明遗产继续传承，成为亟待解答的重大课题。在这个意义上，本次国家重大项目的新成果发布及相关研讨具有凸显的理论典范。近一个世纪以来，考古工作者在广袤的华夏大地上发现了很多重要的文化遗址，出土了大量有价值的“第四重证据”，未来的学术研究和创意产业对它们的运用方兴未艾。《玉石神话信仰与华夏精神》《文学人类学新论：学科交叉的两大转向》和《四重证据法研究》三部著作起点高、立意远，是30余年文学人类学研究发展中具有里程碑意义的著作，其创新观点将对整个人文社会科学研究产生深远影响，也会给文艺创作和文化创意产业带来重要启迪。

彭兆荣教授认为，西学东渐以来，我们袭用西方艺术学的观念，在知识、分类、学科、教学等方面削足适履。今天，到了重新反思和检讨的时候，我们不独要“疑古”，更要“质洋”。比如“手工/艺术”历来是重要的论辩性问题，这一问题的知识谱系主要沿着西方的思维传统与表述逻辑进行；传统人类学又植入了原始社会“遗留物”（survivals）的另一维度，使之变得更复杂，并呈现出话语中“分类/排斥”的强烈意涵；将这些西学分类思维以及由此产生的概念置于中国手工技艺传统，在表述和逻辑上都充满悖论。文学人类学对“文化”的理解，能带来诸多启发，从而整合这些悖论，形成具有生命力的本土概念系统。

第三，本次发布成果之三——《四重证据法研究》是国内第一部全面论述四重证据法的学术著作，该书体现理论联系实践的应用诉求。它在理论上整合了文学人类学新学科历经30年提出的一系列原创性命题。在实践上，以“天熊神话再钩沉”“猫头鹰的比较神话学解读”等个案研究体现出其超越文字有限世界、尝试立体释古的阐释和重建效果，凸显了多重证据互动的综合性优势。该书亮点在于理论与个案的有效衔接，对应着一个接着一个的问题意识的递进过程，充分体现文学人类学在多学科打通研究的长期实践中积聚形成的强大理论原创和阐释力。

朝戈金研究员在主题发言中指出，有史以来人类的知识只有7%被书写和印刷了，93%是在口头传承。这些基本的人类文化现象说明文学人类学运用各种研究方法的合理性所在，尤其对大传统、小传统的划分和合拍。人类学研究、神话学研究，很大程度上必须依赖口传传统，由此可见三重证据的必要性与合理性。展望未来人文学术前景，如何看待人工智能这些高度发展的社会变迁？跨学科研究成为必然，文学人类学、神话学和人类学、民俗学和民间文艺学等学科，也势必会打破小学科间的隔离，走向打通发展。

围绕证据法的具体使用方式，王倩认为：四重证据法建设面临的瓶颈是，一方面存在证据自身合法性尚待验证的问题，另一方面存在“建构”证据新意义的误区。两方面的问题本质上归结于四重证据法间性规约的缺失，即情境性原则的缺失。作为争鸣，徐坚教授认为，不管有多少重证据法，所有我们所看到的东西都不是证据。考古学发生了现代意义的民族考古学革命。然而这只是一种殖民主义的观念，它直接把物质、现象从背景中脱离出来，这并不合理。学者真正能比的是具体情境和机制。徐坚用自己在云南做的田野调查案例，说明不同情境如何制约“证据”的使用。

三、“玉石之路”系列田野考察

本次会后，随即开展第十五次“玉帛之路”的考察。所谓“玉帛”称谓，也是用文化自觉后的中国本土话语，对接德国人提出的“丝路”话语。在2013年完成“中华文明探源的神话学研究”项目后，课题组把精力投入对几千年来西玉东输运动的田野考察。2014—2018年考察组共完成有计划、有组织的玉帛之路考察14次，全覆盖西部7省区的200多个县市，总行程3万公里。注重考察以县为单位的地理地貌、古代交通、出土的和馆藏的文物，尤其是史前玉器文物，并特别注意各地玉矿资源的普查和标本采样。为何有如此长时段的考察计划呢？玉帛之路考察的目的在于：研究区系文化间的互动融合，即从“玉石之路”新视角探讨玉石崇拜及其观念、物质的传播和认同，如何超越具体的地域界限和族群界限，拓展出一整套以祭祀礼乐为基础的价值观，并对后来的中华认同的形成，自夏商周到秦汉的国家统一起到关键性奠基作用。换言之，“玉帛之路”通过研究物资传送的网络来探索文化传播和信仰交流的通道，尤其是最后形成的“白玉崇拜”的“一统”演变过程。近6年来，课题组梳理出“西玉东输”的运动轨迹和脉络，考证了新疆和田玉如何通过河西走廊输入中原，并成为商周两代统治者的精神崇拜。目前的结论是：7 000—5 000年前，玉文化发展领先一步的地方是长江三角区，而且其精神的和物质的遗产传承在良渚文化终结之后仍流传后世，体现为以玉为神的信仰和对玉礼器体系的崇拜，并在距今4 000年前辗转传进中原，在各地推广。所以，玉文化，尤其是与玉相关的礼制、神话、信仰，率先统一了华夏大地。最后形成用玉礼器来祭拜天地和祖宗的华夏礼制，以及以玉象征最高权力的传国玉玺制度，从公元前221年到1911年清朝覆灭，玉玺象征国家最高统治权的制度从没有改变过。

以上述背景为基础，课题组的第十五次玉帛之路文化考察，主题为“玉文化先统一长三角”，旨在对7 000—5 000年前长三角地区玉文化进行系统调研采样，并关注对原创性研究成果的创意与转化，为重建以厚重历史而著称的新的上海文化形象，奠定学术基础。对应“玉石之路”国家文化品牌重建要求，在发布会上，邓聪教授的主题演讲介绍了“世界最早的玉石之路”，认为最古老的玉文化可能是在两万年前的贝加尔湖地区兴起，而国内新证据显示玉文化有一万年之久。唐际根教授的报告认为，叶舒宪教授讲的大传统、小传统和玉石之路，其实是要研究人类在地球大背景上的历史，以及人类有了自己精神家园和生活家园以后复杂的发展轨迹。易华研究员用文学人类学方法，系统探讨玉帛古国与青铜王朝之关系。他认为玉帛之道贯古今，形成中国特色，良渚文化和齐家文化是最后一批玉帛古国。青铜之路通西东，将中国带入世界体系，石峁文化和二里头文化是第一代干戈王国，玉振金声共同形成华夏复合文明。

至此，可以大致理解：为何这次发布会协办方有良渚博物院、苏州博物馆和南京博物院等文博单位？为何文学人类学的研究要与中国考古学深度融合？回到会议主办方上海交通大学神话学研究院、文学人类学研究中心，借此总结本次发布会的现实意义。在国家重大招标项目立项时，上海交通大学的文学人类学研究中心刚刚创立。近10年来，该中心以其跨学科研究的视野与厚重的成果积累，派生出上海市首个社会科学创新研究基地和高端智库，并孕育出全球第一家神话学研究院，并于2018年年底纳入新时代的高校首批“双一流”建设项目。其在全国人文学界发挥着重要的学术创新示范性作用，不断探索中国版的文化理论体系与人文研究方法论。如此，便不难理解为何本发布会有诸多重要的市级、校级领导致辞，并对神话学研究院的发展前景寄予厚望。任小文副主席致辞中寄言："随着中国国际地位的日益提升，随着中华文化国际影响力的日益扩大，随着传播中华文化理论和实践的不断推进，弘扬、传承、发展中华文化成为学界和各界共同任务。这批成果的推出，对于我们中华传统文化的继承和发展，对于文学人类学的理论和方法论，对于中华创世神话的研究具有特别重要的意义。"正如上海交通大学党委副书记、神话学研究院院长顾锋介绍："他们以中国问题为本，以中国素材为着眼点，传承与发扬优秀中华传统文化，组建跨学科研究团队，积极探索中华文明历史起源，在全国人文学界发挥学术创新的引领和示范作用，建构出全新的中国版的文化理论体系与人文研究方法论。我们相信，神话学研究院将在今后继续发挥多学科研究优势，在中华优秀文化传统研究方面取得更大突破，在中国问题、本土特色、华夏体系研究中取得更大成绩。"

| 附录二 |

学者访谈

文学人类学的新理论与新方法

——萧兵先生访谈录

胡建升
上海交通大学人文学院

萧兵，原名邵宜健，福建福州人，1933年生，淮阴师范学院中文系教授，现任上海交通大学神话学研究院研究员。在20世纪80年代，萧兵先生的系列楚辞研究，方法独特，观点新鲜，成绩斐然，在学术界引起了极大的反响，被当时学界称为“萧兵现象”。出版了《黑马》《楚辞研究》《楚辞文化》《楚辞与神话》《楚辞的文化破译》《楚辞与美学》《中国文化的人类学破译》《中庸的文化省察：一个字的思想史》《孔子诗论的文化推绎》《中国早期艺术的文化释读》《中国上古图饰的文化判读》《神话学引论》《傩蜡之风》，以及《老子的文化解读》（与叶舒宪合著）、《山海经的文化寻踪》（与叶舒宪、郑在书合著）等著作30余种，曾获中国图书奖、江苏省优秀社科著作奖等。被评为全国自学成才优秀人物、国务院专家津贴享受者、江苏省高校优秀学科带头人以及省优秀哲学社会科学工作者。叶舒宪教授在谈到文学人类学的学术开拓与理论创新时，还总是以萧兵先生为榜样来教育和鼓励学生。

2019年4月6—7日，上海交通大学神话学研究院“首届新成果发布会暨专家论坛”在上海交通大学闵行校区学术活动中心举行，萧兵先生以86岁高龄参加了此次新书发布会，并作了《跨学科吸纳与投射——兼论“反李约瑟难题”》的主题演讲，受到与会学者的好评。会议期间，我很荣幸，就文学人类学的理论与方法，与萧先生开展一次深入的学术访谈。

胡建升：萧先生，您好！您是文学类人类学的早期开拓者之一，取得的学术成果极为丰厚，成绩斐然，极富创新力，令晚辈敬仰之至。很荣幸，今天能有机会采访您。首先，我想请萧先生回顾一下，您开始文学人类学的跨学科研究，是受谁的影响？

萧兵：1955年左右，我阅读了闻一多先生关于《楚辞》与神话方面的研究著作，还有郭沫若的《甲申三百年祭》，以及他的一些民族、神话、古文字方面的著作。我深受启发，那个时候，我才20多岁，在上海海军工作，我觉得，自己可以在这方面作一些努力，有可能会取得一些成绩。

胡建升：您是怎样开始文学人类学的全新思考与研究的？

萧兵：当时，闻一多、郭沫若等人还没有建构出文学人类学的理论。我将当时这方面的研究称为民俗神话学。民俗神话学相当于文化人类学，就是用民俗学的方法去研究神话，用神话的理论去引领民俗。我们所说的民俗，不是那种简单的在民间流行的传说信仰，而是整个史前富有历史意义的所有人文的风俗习惯与社会秩序构造，我们强调它的历史，从历史的维度去考虑它的过去、现在、未来。由于他们的研究更多地局限于当代的民间信仰，我们还要问当代的民间信仰是从哪里来的，它的根在哪里。换句话说，就是我们古老文化中的一些很神秘的东西，现在变成什么样子，也就是文化人类学家所说的遗迹研究或文化遗痕研究，即它的痕迹构造研究，以及将来会变成什么样子。这样就把文化的过去、现在、将来贯通起来。实际上，这也是人类学研究很重要的一部分。那么，到了文学人类学提出来以后，我觉得基本与早期民俗神话学还是一致的，文学人类学的研究重心还是神话与民俗。对文学人类学最简单的概括，就是以人类学作为理论与方法来研究广义的文学，再用广义文学的资料，来充实和改善人类学。这不仅改变了传统文学研究的格局，也改变了人类学研究的格局。为什么呢？第一，传统人类学研究的是史前社会，以田野调查为主，我们认为，应该将史前社会引入文明史，以及文明史的将来走向，都要贯穿起来。第二，以广义的文学为资料，即广义的文本资料，包含了过去的民俗神话、民间传说故事，乃至古典的文本神话。第三，就是诗学人类学，应该将文学人类学搞得很生动，具有文学性，人们便于接受，为群众喜闻乐见。因此，文学人类学既借鉴了人类学的理论，又充实和改善了人类学。

胡建升：请问文学人类学的研究与方法对阐释中国文化精神、揭示华夏文明起源研究有什么学术优势？

萧兵：最主要的一条，研究人类学，要从根源抓起，我们所谓的人类学，是以文化与文学为中心的，但又不能局限于它，还应该包含古人类学、哲学人类学、体质人类学。这三种人类学是人类学界、文化人类学界、文学人类学界研究不足之处。中国做人类学理论研究，不大考虑古人类学问题，文学研究仅仅局限于文本的文学，没有把哲学人类学、古人类学的根本包含在内。哲学人类学研究的第一个问题是人的本质、人的特性、人与动物的差异。第二个问题是人的过去、现在和未来。第三个问题是人与人之间的关系，以及人与自然之间的关系。重点在于这三个部分。这三个部分，我们要将其涵化在文学人类学中，因为哲学界的学者不大看得起人类学，而人类学的学者又怕讲空话，不愿意讲哲学。所以中国不够成熟的两门学问，一是哲学人类学，二是原始思维，包括神话思维与巫术思维。这两部分的研究较为薄弱。哲学思维与原始思维的研究都存在很多问题，原始思维涉及大量的民俗神话形象，他们研究原始思维，仅仅将其当成是理论化的东西，而原始思维研究还要精通人类学、心理学。心理学也是一个交叉学科，包含实验心理学、病理心理学，甚至通过实验的方法，将人类心理复现出来。当然还包括实验考古学、实验神话学、模拟神话学，等等。我的研究做了一些大胆的尝试，将古人类学纳入进去，人类学起源在什么地方，人类最初如何走出非洲，类人猿有几种，类人猿怎样转变为能人，能人在各个阶段代表性的文化是什么，这与过去的传统概念都有很多不同。比如，过去讲新石器时代革命，以达尔文为代表；现在不这样，而要讲旧石器时代的革命，这是一个重要的历史阶段，因为艺术的井喷期就在这个时期，而不是从新石器时代开始的。在旧石器时代中晚期，艺术萌芽并井喷，出现了大量的岩画、壁画，大量的所谓原始艺术在这个时候出现。这是人类的早期艺术，艺术是什么？艺术是人类适应自然、与自然作斗争的手段和工具，也是对自身的一种心理认识，过去我们没有提高到这种高度来认识，即艺术是人类生存的必需品。所以我写了一本书，题目叫《艺术的起源与发生》，主要研究两个问题：第一是古人类怎样向艺术转变，第二是专门讲人类的特征。我用自由能动来概括人类的特征，因为自由能动性包含以下三个方面内容：第一就是所谓劳动，也就是制造工具。工具就是将人类的力量传达到对象上去，如果人类用加工器来加工其他的加工器，这就是二次加工，这种二次加工才是真正的工具制造，这才是真正的劳动。所谓劳动，就是要创造价值。如果只是使用，不能创造价值，只是使用价值。第二就是语言。人类能够使用意义分明、有语法规则的音节语言，语言包含四个特征：一是音节性；二是有比较明确的语法规则；三是语意比较确定，便于交流；四是理性思维，所谓理性思维，是人类在所有创作中表现出来的思维模式、思维规律、思维形态。这些都包含在其中，神话思维只是其中的一种。在该书中，我认为，艺术首先表现在工具之中，制造工具、使用工具、改进工具，原始思维还没有从工具出发。我还谈到了神话故事，还包括语言，谈到了作品，包括民俗、神话等方面。

胡建升：谈到神话思维，是不是可以将艺术当成是神话思维的文化遗物或有形的表象形式？

萧兵：这种理解还远远不够，所谓原始思维，体现为人类的特性和人类的创造。我不用“创造”这个词，而用“能动”这个词，因为人类的生产资料，人类的生活源泉，很多都不是人类自身的创造。比如太阳，就不是人类的创造。

胡建升：通过您的研究，最后得出艺术起源于什么呢？

萧兵：艺术是基因与人类环境相互作用的一种成果，是一种积极的适应方式。具体来说，艺术发生于学习及其成果展演。因为人首先是体质性的东西，如基因、遗传编码等，但这方面还不够，人类要改进体质方面，还需要改进学习。只有通过学习，才能战胜本能，战胜基因的东西以及与基因相对抗的东西。

胡建升：学术界还有体质人类学、分子人类学等自然科学，也为我们带来很多关于人类自身的全新知识。未来文学人类学如何利用好这部分知识呢？

萧兵：首先要加强学习，要懂得这方面的新知识。古人类学、分子人类学等方面，我们一定要学习。艺术基因还没有破译，而语言基因已经接近了。我们的基因研究还处于初始阶段，特别是艺术基因。

胡建升：现在文学人类学开始成为国内具有理论创新的重要学派，我想听听您对文学人类学理论创新现状的看法。比如，叶舒宪教授最近提出了玉石神话信仰、大传统和小传统、神话中国、神话历史等，这一系列的新命题、新理论对促进文学人类学的发展有何意义？

萧兵：我们不能太乐观。人类学研究，包括文学人类学研究，在正规的传统学科中，属于旁门左道的边缘学科。最近好一点了，最多是成为现代学科中的一个分支，还谈不上什么引领作用。我们是对传统学科的挑战，是尝试，是冒险，但有一点是清楚的，它是创新的学科。叶舒宪所提出的这些理论，对文学人类学的研究有着极其深远的意义。

胡建升：能具体谈谈其中的一个理论命题吗？诸如大传统和小传统的文化理论，您怎么理解的？

萧兵：大传统和小传统，我们要辩证地对待。大传统和小传统与宏观研究、微观研究是紧密结合的。所谓大传统，就是民间的、机缘的、根本的东西，但是这个东西不是抽象的，不是我说机缘就是机缘，也不是我说是根就是根。它是微观的，用中国过去传统的话说，是用圣道来作为原则的，是用先验小巫，以知大巫，先从小到大，从根须慢慢向上延伸。比如，叶舒宪用玉石物质作为切入点，用熊图腾、猫头鹰的眼睛作为切入点，在传统学术界可能还不太认同，但需要慢慢地宣传，现在还不能太乐观。

胡建升：文学人类学还倡导四重证据的方法论，在20世纪90年代提出的三重证据法基础上，进一步提出了四重证据法，包括您自己在著作中，也大量地使用图像物质证据，来论证自己的学术观点。请您讲讲，作为第四重证据的物质图像在阐释文化、还原古史方面有哪些优势？

萧兵：叶舒宪提出四重证据法，在方法论上，还是有一定的引领作用。我的提法是多重证据，因为提四重证据还不够。多重证据的理论基础是什么？多重证据的理论基础就是跨学科研究，是交叉学科研究。人类学本身就是一个交叉学科，是自然科学与人文学科相结合的结果。我刚才讲了很多，环境学、基因学、分子生物学、古人类学，都是自然科学，你不使用这些东西不行。人类学天生就是一个交叉学科。在这个理论基础上，才能谈到跨学科研究，既然是跨学科，当然就要用到多学科的证据，因此，我提倡多重证据。过去不重视第四重证据，这次将第四重证据特别拿出来讲，重视物质图像证据，重视考古实物证据。王国维重视二重证据，杨向奎、饶宗颐也都讲过三重证据，叶舒宪提倡四重证据，比他们都讲得好。所谓图像证史，就更加有意义。利用考古学的出土实物，考古学就是器物学，我要说什么观点，我就拿什么证据给你看，以证据说话，而且是活生生的、具体可见的证据。

胡建升：萧先生自己也身体力行，用物质图像证据来阐释古代传统文化，能不能举一个您最有心得的例子，来说明图像证史或物质图像证据的有效性？

萧兵：诸如混沌、一元、气，这些东西都很深奥，但都在古代的图像中体现出来了。甚至一分为二,二分为三，在史前图像中都有表现。混沌形象也表现出来了，是多种形态的。我曾经提出千面混沌，坎贝尔提出千面英雄，叶舒宪提出千面女神。我提的是千面混沌。第一个是元气，是气体混沌、气态混沌，这个在图像中就有了。天地未分之时，是混沌一片，只有云气缭绕，然后才分开来，才有阴阳，才有天地，才有白天黑夜，才有万物产生。还有水体混沌，如《旧约・创世记》记载，原初是大水，什么也没有，一片混沌。水生太一，这是水元论的世界观，也就是水体混沌。天地浮在水上，明确的记载是管子的《水地篇》，以及葛洪的著作。太一生水，将其颠倒了一下，但依旧还是水体混沌，加以概括，有很大的意义。还有其他形态的混沌，如人体混沌、葫芦体混沌，都是混沌形象。将葫芦剖开，就是瓢。还有卵体混沌，宇宙卵（Cosmic Egg），盘古从卵中生出。在《薄伽梵书》《梨俱吠陀》《五十奥义书》等文献中记载，宇宙最初是一个混沌金胎，红和热就像太阳，从中裂开，梵天就出来了。这些讲空话是没有用的，过去都是用图像来表示，现在我们就可以将这些古老的图像拿出来给人家看。再举个小例子。我研究《楚辞》，就发现楚王宫中是多元文化的，楚国文化是多样性的，其审美趣味也具有多样性。楚王宫中嫔妃如云，美女很多，宫中不仅有楚国的姑娘，也有西北的姑娘，个子又大又胖，高大腰细为美，还有鲜卑好女，东北的姑娘，个头高大，还有一些长春纹面的姑娘。老一辈楚辞研究者都觉得很奇怪，楚国这么先进的文明，随县曾侯乙的编钟都有了，为什么还以纹面为美，这根本是不可能的事。我就拿出长沙纹面记的图像给大家看，图像证史，提供了文字以外的鲜活证据。还有楚国所划龙舟，龙舟底下有橛形物，这个橛形物就像一个突出的戈，犹如龙王的肚子下长个独橛。以前有人认为，这个东西会产生阻力，会影响前行。他们不理解，这个橛形物是为了防止水怪，可以避开危险，具有辟邪的文化功能，也是避凶啊。我也找到相关的证据，将证据拿出来，别人就很难驳倒了。

胡建升：另外，文学人类学特别关注华夏文明起源的问题，也提出来了一系列的文化命题，诸如神话中国、玉文化先统一中国说，等等，请谈谈您对这些理论命题的看法。

萧兵：这些提法都有很大的创造性，但是争论也比较大。首先什么是文明，过去对文明的界定，有三大标准，如文字、青铜器、城市。在这方面，我比较保守，我认为，这三大标准基本上是可靠的。虽然这三个东西并不错，但是过去讲得比较狭隘。叶舒宪提出神话中国，非常重要，比如说，中国为何能成为一个大一统的国家，内聚力特别强，这个是当前大家非常有兴趣的研究热点，为什么中国这个多民族国家，能够持续几千年，分分合合，最终又走向了统一。世界上古老的文明，都发生了一些变化。如苏美尔、古埃及，它们都灭亡了。印度文明，它存在，但可惜它中断了。第三种就是转移了，如希腊文明，它在欧洲文明得到了复兴。只有一个文明，既没有消灭，也没有中断，也没有被转移，这就是中华文明。当然，认知中华文明，应该有很多标准，不单是玉石神话，一个东西不能强调过分，要从各个方面、从多元证据来论证。根据我的《中庸的文化省察：一个字的思想史研究》，这可能与环境有关。这里的环境是广义的地理环境，是基因与环境互动的结果。所有环境，不单指地理环境，也不仅仅是指气候，这里的环境还包括社会构造，包括地理大系，包括人所创造的东西，甚至包括住宅，等等。人在自然环境中生活，没有自然，哪里有人，强调这一点，也不是自然环境决定论。中国的地理有一个非常妙的方面。第一，有广阔的土地，广阔的疆域，基本上是平原和丘陵地带，可以互相支撑。也有河流，河流的作用，与其说是分割，不如说是交流，还可以交通。它比较困难的，就是对外沟通，所以中国有一个广阔而又相对封闭的结构，西北有大山，北面有沙漠，东面有大海，这在当时，都是比较难以沟通、难以开放的。它有一个广阔而又相对封闭的环境。当然，也有的小规模方面在因子水平上的交通交际。第二，中国的人种相对单纯，绝大多数都是蒙古人种，而且大部分都是大陆蒙古人种，以及一部分海洋蒙古人种。人种相对单纯，认同感就强烈。也有一些少数民族，比如高加索人种、突厥人种、通古斯人种、南方马来人种，也有人将马来人种列为海洋蒙古人种。华夏文明的稳定，人种单纯是一个重要的因素。第三，与神话有关。比如龙，在中国传统文化中，龙是一种神话动物，它是在蛇、蜥蜴、鳄、虫等动物形态基础上创造出来的神话动物，它能伸能屈，从南方到北方，都有玉龙出土，都崇拜龙。龙的神话是很好的文化纽带。另外，中国神话与中国土壤构造、地理环境有关，气候不太严酷，相对稳定，温度适中，适合农耕。美国芝加哥大学的何炳棣，他研究中国文明为何能持续这么长久，为什么不会中断。他首先研究北方的黄土结构，从黄土的微粒结构研究起，因为黄土具有极好的垂直结构，具有很好的保水性和一定的制肥力，不需要花过分辛苦劳作就可以获得一定的生活资料。他将这种农业称为旱作农业。一方面，这种旱作农业可以养活很多人；但另一方面又需要下很大力气，所以中国人民勤劳勇敢，你不花力气耕作，就很难有收获啊。但是在中国这片土地上，只要你花了力气，就一定能够种出庄稼，而世界上有的地方，你再努力，也种不出东西来。南方是黑土地，很肥沃，只要你精耕细作，就可以养活很多人，所以农耕与中国文明有很大关系。综合来看，中国文明的形成不是一个单一的原因，而是多元的原因。当然，在青铜出现之前，是古代中国的玉器时代，玉石神话信仰对于解释华夏文明起源与民族认同是非常重要的。

胡建升：讲到神话，我想请教萧先生，东西方神话观念有什么差异？

萧兵：有很大的不同。就如我刚才提到的，中国文化的特色是农耕文化，人们需要付出辛苦的劳动，才能得到收获，而且通过劳动确实能够得到收获，所以养成了一种非常实际也非常实用的文化观、宇宙观与人生观。在中国的神话中，纯粹的自然神话是很少的，自然神都人化了，都与人文、英雄神话结合在一起，我将中国的神话称为神话的传说化，或传说的历史化，也就是文学人类学当前所讲的神话历史。神话传说化了，传说历史化了，中国没有单纯的神话。比如黄土神话，没有单纯的黄土神话，而是黄土的人格化。如黄帝，黄帝首先就是黄土地，其次就是黄风，黄沙卷地，风沙萧瑟，混沌一片，是风尘形态的，是混沌原型，所以黄帝开头就是混沌，黄帝又称帝鸿。黄帝是黄土地的人格化，又可以用龙来表示，所以很多少数民族也称为黄帝子孙，游牧民族也称黄帝子孙。中国古人的人与自然，是一体化的，天人合一，天人以合，没有单纯的自然，它的自然都是人化的自然，它的神话都是文化的神话，人化的神话。还有如黄息、黄土、黄色、黄水、黄海、黄河，都是人格化的，黄河之水天上来，奔流到海不复还，黄色是中国最重要的颜色；还有黄帝，人也是黄种人；还有古代皇帝的黄袍，黄色是最高贵的颜色，黄色是中和之色，它不太黑，也不太白，是一种中和的颜色。自然神话与神话传说、神话历史结合在一起，完全历史化了，没有单纯的自然神话。希腊神话也有一些共同之处，但通常强调自然神赋予人的东西，是神的人化。中国神话是人的神话，是以人为主体，来同化和吸纳这些自然神话。这是两者最大的不同之处。

胡建升：也就是说，文学人类学讨论的本土神话，与西方人讨论的神话，在神话观念上是有所不同的。

萧兵：是的，存在一些不同之处。另外，我还有一句很重要的话要说。中华民族为什么能够这样持久，这样有内聚力？中华民族大一统很重要的原因，是它既具有内聚力，也有外向力和吸纳力。它是一个多元的、包容性很大的国家神话。我们说自己是炎黄子孙，而不太说我们是黄帝子孙，实际上，炎帝与华夏汉族人根本是两回事，炎帝是羌族的祖先，但是华夏汉族将其吸纳过来，炎黄子孙具有包容性、联合性，所以“炎”字就可以代表很多少数民族。羌族人对中国文化的贡献极大，农业就是它发明的，姜原生稷，后稷是农业之祖，还有姜子牙，都与商人、周人有联姻关系。我们能将羌人的文化吸纳过来，而其他少数民族也很认同这一点，这是中国文化十分重要的东西，所以它能团结多民族，多民族也愿意团结它。

胡建升：萧先生一辈子在文学人类学的跨学科研究方面开疆拓土，贡献极大。请结合您现在的研究，谈谈未来文学人类学还可以在哪些方面发挥自己的长处，使自身的文化理论更加丰满，更加成熟，能够创造它更加美好的未来。

萧兵：第一，以叶舒宪为首的学派，对于文学人类学的理论建设开拓，做得非常好。因为没有理论，就没有后发力。他所带领的团队，在这方面做出了很大努力，这是非常好的。文学人类学首先要有自己独立的理论，我们不能认为西方人的抽象思维能力就很强，中国人就不能抽象。中国人也能抽象，我们的抽象还与西方人不同，我们也有能力建构我们学科的理论。

第二，要有更大的包容心。要包容更多的学科，更多的知识，尤其是要有自然科学知识，弥补我们最大的不足，我们的自然科学知识太差，还有一些自然科学方面的学科，诸如人类学、心理学、古地理学，我们了解不够。现在的跨学科不但有点狭隘，而且水平还不够。

第三，要有适当的扩张性。文学人类学是多学科的研究，要不断吸纳别人的最新成果，还要向外投射我们的影响。检查文学人类学是否成功的一个重要指标，就是各个学科是否承认你，是否引用你，是否关注你的研究。举个例子，如王仁湘，他是纯粹的考古学者，而且是优秀的、资深的考古学家，他们愿意关注、吸收文学人类学的理论精华，来充实考古学的相关研究，具有较强的创新性，成就较大。王仁湘的旋涡、彩陶、玉器研究，与传统考古学的研究都不太一样，因为他适当借鉴和吸收了文学人类学的一些成果。所以考核文学人类学一个很重要的标准，就是看人家承认不承认你。现在学术界不少人吸引到这边来了，如王子今、王一川也来了。文学人类学是一个开放性的学科。就我自己而言，就喜欢向其他领域扩张。

第四，要尽可能地开拓我们的研究领域，但又不要散漫过火。我的研究就有点散漫，我试图向各个方面扩张，比如文化人类学、比较文学、比较宗教学、比较文化等，各个领域都侵入进去。在扩张领域的同时，还是要坚持以人类学为本位。我们主要扩张了以下学科：一是古代思想史。我和叶舒宪用人类学方法研究古代思想史，研究孔子、老子、庄子，研究孔子诗论、中庸之道。现在我又搞到科学史里面去了，提出反李约瑟难题了，这是我最近研究孔子得出的结论。我还提出文字人类学，过去叫文字民俗学，准确地讲，应该是文字人类学。从文字观点，又侵入美学领域了。我写过一本书叫《汉字与美学》，就是从羊人为美和羊大为美中引申出来的，先是羊人为美，后来变为羊大为美，讲的是民俗学，也是神话学，还是文字学和美学。美学研究通常说美是主观的，美是客观的，美是主客观的，都很难讲清楚。我们通过汉字来研究中国美学的特征，美是从哪里来的，真是从哪里来的，善是从哪里来的，有一个奇怪的现象，在真善美三个价值理想中，有两个字与羊有关，那不从羊开始研究怎么行呢？我研究羊，就搜集了将近一百万字，东西方的羊，东西方羊的形象、图像，都搜集了。“善”，什么是善？善就是膳食中的羊肉最好吃，善从口，一方面是吃，一方面是讲话，那么，从牧羊人口中说出来的话，就是好话。真、善、伪原本都是好的价值，后来才演变为对立的价值。荀子就提出，人要伪善。“人之初，性本善”，后面还有一句话，达到了当时心理认知的最高水平，即“性相近，习相远”。“习”包括行为与环境等，中国的“习”字，非常妙，环境、习惯都要改造，“学而时习之，不亦说乎”。学习就是科学与艺术的起源，也是关键的动力。孔子重视学习，就形成了孔子的美学核心观念。荀子说的人为，就是要慢慢改造，这样坏人也可以变成好人，坏习性可以变成好习性。再看“恶”字，从亚，“亚”是中国古代的神圣建筑，我写过《中国古代对时空的划分》，专门研究“亚”，“亚”是一种神圣建筑。叶舒宪研究明堂，得出的结论与我一样，我很高兴。在科学研究中，两个人不约而同走到一块，你用你的方法，我用我的方法，最后两人殊途同归了。这就说明，科学研究具有客观性，具有图式性。

第五，研究方法还要更加多元。要向各个学科开放，多听取别人的批评。今天开新成果发布会，这种会议越多越好，有这么多媒体参加，可以起到强化宣传的作用。

胡建升：您今天的访谈非常精彩，我受益颇多，尤其加深了我对文学人类学的学科特色、研究方法及其未来发展的认识。谢谢您。

乘骐骥以驰骋兮，来吾道夫先路

——萧兵教授访谈

杜琳宸
上海交通大学人文学院

杜琳宸（以下简称杜）：萧老师您好！久仰大名！我们对您的了解大多是从您《〈楚辞〉的文化破译》开始的，您在上古神话方面做过很多原创性的阐微索隐、赏奇析疑的工作，对古史与传统礼俗进行了新的还原与破译，取得了很多经典的成果。您是怎样走上这样一条学术道路的呢？

萧兵（以下简称萧）：我小的时候，对诗歌、艺术，有很大的兴趣，也就是形象思维发达于逻辑思维，现在还是这个样子。

当时，在中国，在我生存的20世纪50时代，搞创作有极大的困难，既要符合国家的、时代的需要，又要有一定的艺术水准，需要极大的政治才能和艺术才能，而我这方面比较欠缺，所以选择了另外一条路——搞研究的道路。

刚开始，我在上海的海军东海舰队工作，住在杨浦区复兴岛。稍微写一点东西，在《解放日报》《文汇报》《文艺月报》《中国电影》《文艺报》发表，受到一些重视。当时我20岁左右。那个时候搞学术的年轻人比较容易成功，因为搞学术的人不像现在这么多，凤毛麟角。老专家们思想观念很难一下子改变过来，而我们接受马克思主义比他们要快一些，我们用所学的半生不熟的马克思主义理论，和中国的诗歌文艺、戏曲小说相结合起来，容易出成果。我发表了一些东西，还小有一些名气。

之后，由于不谨慎，随便说话，从上海到苏北农村去接受监督劳动。劳动不算重，就是肚子饿一点，也还有一些时间，所以可以看看书。我接触到闻一多、郭沫若等人关于上古史、上古神话传说的一些著作，对它产生了很大的兴趣——因为这是艺术和学术的契合点、结合部，既要一点学术水平，又要一点想象力，而且还要写得生动一点。这刚刚好就是我自己最有兴趣的，也是能把我的形象思维和逻辑思维结合在一起的领域。过去研究上古史的人主要分为三派：第一是疑古派，就是以顾颉刚为代表的古史辨派；第二是考古派，这个考古和现在不大一样，是发掘加考证；第三是释古派，把考古所得的东西（包括古文字等）结合起来，解释上古的事情——我对这一部分最有兴趣。在此前后，也有有利条件，比方说甲骨文的发现，吸引了全国最优秀的学者来研究，从郭沫若到丁山，继承了闻一多的传统，全部力量都投入这里。我就学习这些东西，研究神话。我从1954年开始，作一些笔记，写一些心得。当然这些都不能发表，那个时候发表这些很困难。我的水平也太低，有些东西很深奥。

劳动没有几年，解除后到淮阴的文化局、文联，搞戏剧创作。戏剧创作非常辛苦，却锻炼了我的思维能力和组织能力。同时，还在作笔记，渐渐把心得写出来。以后发表的作品，有一些在这个时候已经孕育成功了。到了“文化大革命”，我失去了我的书、资料和卡片，笔记整个都散落了，这是我半生的心血。但是我一直在坚持作笔记，还在写，开始重新准备资料，以后就没有损失了。

“四人帮”一打倒，我又开始写东西，那个时候的学术刚刚开始解放，还放不开，发表东西极其困难，纯学术作品基本上不发表。渐渐地，《社会科学战线》等开始发有一点学术性的文章了。这就回到你的问题，就是为什么我搞楚辞。因为楚辞既是文学，又包含大量的神话，比《诗经》的神话还多。我是搞神话传说专业的，叫民俗神话学。所谓民俗神话学和现在的“民间文学”不大一样，它是一个专门的科学。民俗学，又研究神话；神话，又带有民俗。那个时候，中国的神话科学没有建立起来。袁珂比较聪明，他把神话编成故事，给少年儿童看，而外国人不太知道中国神话，他编成的故事很生动，外国人很欢迎，他的作品被翻译成十几种文字，旁人就不行了。我就从楚辞入手。屈原是爱国诗人，世界文化名人，是毛主席推荐过和表扬过的，所以我从这方面切进去。于是就发表了楚辞方面的文章，将近100篇。由于我是用民俗神话学的观点来研究楚辞，别人不大用这个，所以比较新鲜，受到重视，得到学术界的奖励，我的文章复印率在80%左右，是相当高的。

之后来到淮阴师专，现在叫淮阴师范学院。我提出三个要求：第一，那个时候我没结婚，生活也很困难，请求学校给我分一间房子；第二，我问，以后可不可以给我提供一点出去参加学术活动和讲学的方便，领导说可以，只要批准都可以；第三，我提出要能够编一本杂志，叫《活页文史丛刊》。为什么是“活页”呢？可以一页一页地、一篇一篇地发表和赠送。为什么是“文史丛刊”呢？我只搞文史考释。中国的学问是分三种：考据、义理、辞章。第一是考据，考据是专门搞词句训诂，文献考据，这是最基础的东西，就是汉学；第二是义理，讲道理，这是宋学；第三是辞章，所谓辞章就是搞艺术性的，或者创作，或者研究它的艺术、它的美学的。学术，应该是考据、义理、辞章三个结合起来，才可以取得成绩。但是我专门搞考据。我的考据跟别人不同。研究神话，我不但考据字词句，甲骨文、金文，都用上去，解释它是什么意义。这样一来，一个是不讲空话，一个是不引人家来开后门。你一个人掌握一本杂志，多少人都想让你帮忙发表一篇，我们可以说：“对不起，我们是搞考据的呀。”我们的方针是，第一考据，第二找有名的人写稿。我找茅盾先生写刊名，接受约稿的老先生们好得不得了，年轻的就是李学勤、裘锡圭这些人，现在都很有名了。我们专门发表名家的文章，各种各样的回忆、书信、考据文章……居然很受欢迎。还有海外投稿，也发表一点译文。我把书寄给北京大学的朱光潜，朱先生说：“天呐，人家的学术发展到这个样子，我们怎么一点都不知道呢？你这个小小杂志怎么会发表这些东西呀！”当时芝加哥大学的著名汉学家何炳棣写《东方的摇篮》，由故友程德琪译出一篇摘要，它讲中华文明之所以持久的三个原因，这在当时是从来没想过，更是闻所未闻的……当然也发表自己的，稍微有了点成绩。但是评职称仍然非常困难。因为我是自学出身，一点学历也没有。第一，知识不系统。第二，外语不行。我们这一代外语不过关，像我只能看点工具书、查点资料，勉强可以。现在离开外语没法搞学术。评职称的时候人家给我报副教授。我知道副教授很难通过。我说如果不行你给我报个讲师试试看吧。我有那么曲折的“资历”，也发表了一二百篇文章，即将出版一两本著作，想着评讲师大概勉强可以。但是，不行，通不过。正好香港中文大学那边来信说“我们听到你们有个萧兵教授，发表一点东西，用一些人类学观点来研究神话、研究楚辞，有一点新见解，我们希望他到我们这里来讲讲”。好啊！香港中文大学都来请喽，好了，职称办下来了，之后就一帆风顺了。

后来到香港去，到台湾去，以后又到美国去。美国之行，带队的是杨周翰，队里像王佐良、乐黛云和张隆溪等，当时都是非常有名的，都是牛津大学、剑桥大学、哈佛大学等名校毕业的。我们到美国的一些大学转一转，我上去讲我的东西，他们闻所未闻。我考据，他们最烦考据。像斯蒂芬·欧文（宇文所安），年纪轻，脾气又不好。他说：“考据？考据就是伪科学！”我说：“你根本就不懂科学。你不懂学术，所以你才这样讲。你不考据清楚了，你怎么知道是真是假？你那样搞出来的东西，都是空话连篇！”他也没办法，不理我就是了。他这个人也厉害，他把整本《全唐诗》都看下来了，而且能大体看得懂。大部分的人对中国的老学者还是很客气。我讲的是凤凰涅槃故事的来源，张隆溪替我做了翻译。外国人觉得非常有趣。因为神话还有个文学性。文学人类学，第一是它以文学——广义的文学，作为对象；第二它用人类学的理论方法进行研究；第三它具有一定的文学性。研究神话，神话是个生动有趣的东西，给你搞得枯燥无味，就一点意思都没有，你看闻一多的文章、郭沫若的文章，写得是何等生动、何等有趣。我们要向他们学习，也写一点这样的东西。郭沫若写的凤凰涅槃，在阿拉伯那里有、希腊那里也有，到了波斯、印度又有变体，而且有“凤凰涅槃”这个“事实”。张隆溪译了半段，瞪着眼睛看着我说：“怎么会有真的凤凰涅槃故事？”我说：“真的！云南，还有印度的阿萨姆邦就发生这种事情，八月十五左右，晚上把火一点，呼地就烧起来了，各种各样的飞鸟往里跳，自焚而死。孔雀也往里头跳。这里面最大的鸟叫鸰鹦鸟，他们把它当凤凰，跳进去死了。第二天，火熄了，还有鸟在上面飞。这是凤凰的死而复生。”这个在《楚辞·天问》里有记载，《山海经》里面有透露。这是他们觉得难懂的东西，我们考据出来的，很受欢迎。乐黛云他们也很欢迎，我们文学人类学的发展和乐黛云的鼓励分不开，她鼓励我们搞。

杜：可以看出，您很注重考据。

萧：中国学问的基础是考据学。考据学的基础是文字学和音韵学，这一条是最受年轻一代和中年一代反对的。但这一条，千万不能改变。你们的研究有困难，也主要在这些地方。现代人搞中国的东西，外语水平高，文章写得不错，理论水平也呱呱叫，但是你指着甲骨文、金文或者经籍文句，问他，“这是什么东西”，他愣在那里了。你搞上古那一套东西，你不懂甲骨文、金文，你上哪里看得懂它，你从哪里去破译它、去解释它？

杜：是的。您管它叫“新考据–诠释学”。“新考据–诠释学”的优势是显而易见的，那么您认为它的不足在哪些地方，应该怎样克服？

萧：旧考据一大缺陷是汉与宋的“门户之见”，排斥义理，不顾辞章。新考据学努力由叙述层面切入意义层面，进入象征层面、背景层面，与“义理”“辞章”结合起来。但它依然缺乏理论的支持和指导。中国古代文化的特征之一是务实趋善，先天地“理论匮乏”，尤其是不重视自然科学及其基础理论的抽象研究。而现代学术要求的是高理论、超学科、跨文化——这就必然要使用多元方法、多重证据。像神话的心理–病理学研究，有时居然是可实验的、可重复的。例如使用某种药物，试验可否多次达到同一性的幻视、幻听、幻觉效果，早在数十年前，“小人国幻想症”就因此被证明是小人国神话的发生机制之一。我们的“新考据”能够达成这个水平吗？

杜：那您认为应该怎么办？

萧：办法之一是集体努力，学习友邻学科，例如“实验考古学”，造一条纸草船，看看能不能横渡太平洋。

杜：仅仅如此吗？

萧：这只是举个例子。仍然要求多学科协作。先解释什么是“焦侥：侏儒”，看看侏儒症起不起作用，再由人类学和民族学考据矮黑人种（尼格利托或俾格米）是否曾在古代中国出现……这才能开始研究小人国神话。

杜：这还是神话学吗？

萧：是，又不仅是。新考据必须开拓，深入，提升，才能走向中国话语的“诠释学”。

杜：我们看到，现在有一大批文学人类学的同仁正在积极地进行理论建构，作一些系统性的整理，尝试建构学科框架，进行宏观的理论建构，而您一直是志在微观的、细节的研究，您是出于怎样的学术考虑?

萧：做学问的基础是作笔记，大量的笔记，并且积累卡片，或电子信息存储卡，就像你刚才讲的，要解决一个细节问题，比如中国的“中”字，跟“中”有关系的神话信仰，包括全世界我所能搜集到的，都为了这个字，所以我说要做卡片，以后我才能写出《中——一个字的思想史》，一个“中”字用100万字。我是从微观突破，先验小物，再证大物，推到宏观。

你问我现在搞理论好还是实际好，搞宏观好还是搞微观好，在我看来都好。基本上像你们这样年轻的，第一理论基础要打好；第二外语要学好；第三要先从比较小的、微观的东西入手，先解决一些具体的小的疑难。你有时候看它很小，就一个字，比如《离骚》的“离”字，你看起来很简单，但你把《离骚》的“离”解释通，就解释通了上古史的三四个重大的问题，例如《离骚》得名，《周易》离卦由来，以至凤凰涅槃的来源等，都迎刃而解。要是不认识“离”字你到哪里去解释，对不对？所以你必须懂得这些，以后它自己逐渐会走向宏观。叶舒宪也是先从甲金文和经典古籍寻找突破口，我们两个人一拍即合，很早就有合作。以后我们就转一个方向，研究中国经典著作，为什么呢？所谓大传统和小传统，大传统必须集中体现在小传统上，不然大传统就是个空泛的东西，而小传统就是著作要从文字出发，小传统研究好了又会回馈给大传统，对研究大传统有很大的好处。为什么现在要着重搞理论，因为文学人类学是个新鲜学科，必须有理论基础。没有理论就没有合法性。现在必须有一批人偏于理论，建构中国式的带有普遍性的理论，所谓中国式的也是要为外国通用的。虽然有很多缺点，但成果辉煌。但你也不能完全搞空的，搞理论搞得枯燥得要命，讲了半天不晓得讲什么，玄之又玄，这也不行。建构一个新的学科是有条件的。这座大厦要先有具体的东西在底下作支撑，不是玩逻辑游戏、语言游戏。我和叶舒宪，除了他建构理论这些阶段，我们都从具体问题入手。比如“明堂”。“归来见天子，天子坐明堂。”什么叫“明堂”？“明堂”最早是什么形状？它为什么是四方形？它的实质就是亚洲的“亚”字，“亚”字是非常重要的。这就牵扯到美学。我最近写了一本书，叫《汉字与美学》，因为我过去写过一篇文章《从“羊人为美”到“羊大则美”——为美学讨论提供一些古文字学资料》。现在我要探讨“真、善、美”和“伪、恶、丑”的来源。“恶”是从哪里来的？“恶”是从“亚”字来的。“伪、恶、丑”三个字本都是好字。这些东西美学界许多人不懂，一般人更不懂了，还是要从甲金文入手探讨。

杜：那“伪、恶、丑”这些字是怎样变成不好的词呢？

萧：现在原因还不是很明确。现在殷商及其前的“亚”形明堂还没有发现。有一点是知道的。先是地面上有“亚”形建筑。事死如事生。死了以后坟墓的结构也是“亚”字形的，所以，“亚”字变成死亡的象征，变成死亡的艺术。你看“亚”加个“土”变成“垩”。白垩，用我们现在的话说，刷墙、刷石灰，过去墓里要刷石灰，使它干燥。“恶”，慢慢就和死亡建立联系，慢慢就变成不好的东西。“丑”过去也是好的，“丑”过去是个氏族的名称，北方的游牧民族，鬼方，跟殷商人打仗，也友好往来。鬼方的巫酋爱喝酒，构成“醜”的意象，并无恶意。后来周人意识到酗酒很可怕，“醜”就变成了“丑”。“伪”呢，听起来更糟糕。但是，“伪”本是一个好字。不相信可以去看《荀子》，“伪，人为”，人性是恶的，必须“人为”，“人为”就是必须去改造它，人去再造人，所以“人为”是好的。不懂甲骨文你根本没办法解释：“为”是什么？“为”就是人手抓象、驯象，上面是一个爪子，能够驯象。所以，“为”就是有作为，就是能够驯象。就如舜和他弟弟的关系一样。舜很厉害，是个好猎人，很会驯象，把“弟弟”驯得服服帖帖的（他弟弟叫象）。你要不懂甲骨文、金文和神话，根本解释不出来这些。美学脱离美学史、文化史，容易空泛。

我和叶舒宪多是先从具体的事情来深入研究。但我也有缺点，逻辑思维就差一些，我自己有察觉，应该扬长避短。我不大谈理论，谈理论谈不过你，虽然也能讲一讲。比如证据要形成证据链，要互相证明，就像唐启翠讲的，证据有自证性、它证性、互证性，这就成为一个系统，不能孤立、不能脱离情境。唐启翠和王倩都反对脱离语境而滥用民俗学、民族学、民间文艺学的证据，是有道理的。

杜：大概是为了消解证据的选择性考虑？

萧：不但有选择性，证据就有选择性，你不能仅依主观去选择。你讲客观，也还是有选择的：选择主要证据或次要证据，形成证据链。它自证，自己使自己成为证据的对象和新的证据。最佳的结果是：被证的，得到了成功，证明人的证据本身，也得到了新的阐释、新的提高。她们（王倩和唐启翠）所反对的是滥用民俗学、民族学、民间文艺学的证据。国外考古学叫作“中程理论”，她们反对没有规定情境、没有间性规约的纯中程证明。

证据有主要证据，有次要证据，即主证、辅证；有直接证据，有间接证据；还有一种，终结性的物证，即“铁板证据”。所以考古是非常重要的。你用实物证据，再用人类学资料、民俗学资料作一下辅证有什么不好呢？所以我叫多重证据，叶舒宪叫四重证据或者三重证据。为什么强调四重证据，因为三重证据人家早就提出来过了，他提出第四重证据，想突出第四重证据的重要性。我呢，从1978年就提倡跨学科研究、超学科研究、多重证据研究，但是缺乏理论提升，所以不受重视。

杜：不止四重？

萧：不止四重，还有语言证据（如古文字学的证据、比较语言学的证据、历史语言学的证据……），自然科学证据（如生物学的证据）……证据本身就是个证据科学。四重证据它本身不是理论，它是个方法，但它又是个方法论，有一个证据学。所以说，既要搞理论又要搞实践。

杜：您用国外的理论研究中国的文本，取得了丰硕的成果。不过也有观点认为用西方的理论解释中国的文本，存在牵强附会之嫌。那么，我们在用国外的理论对中国的文本进行研究的时候，是应该把国外的理论当作一个工具，还是把中国的文本当成一个例子？

萧：这两个东西是一个互补结构。第一，我们目前的研究是将中国作为例证，也许不能叫作例证，应该说是作为一个典型“标本”，来解剖；西方理论可以作为使用的方法，甚至有时候作为指导。它的理论本身也是多元的、多样的、多层次的，它有各个层面的理论。以原型来说，如果是照搬照套原型理论，恐怕是比较麻烦的。原型理论是多层次的，有文学上的“典型”，有“母型”（model），到“原型”（archetype），再到“类型”

(prototype)，现在有些人都弄混了。这个（类型）要跟“元语言”结合起来。埃利亚德的“模式”理论，比如“母亲”是原型，整个对女性的“母性崇拜”就要提到类型的层次上了。“生死循环”“永恒回归”都是类型。你看《〈老子〉的文化解读》就写了“永恒回归”这个类型。原始类型，就是从元语言中推论出来的基本模式。所以，用理论要小心、要灵活，而且要知道它的含义。

外国人的理论比我们先进，这一点必须讲出来，他们的抽象思维、逻辑思维比我们强，中国的学术注重实际的经验。我现在做的是初级的工作：挖掘中国的一些宝藏。挖掘这些，就是表面看不出来的、潜在的一些东西。我命名中国的美学为“潜”美学，在《读书》杂志上发表，到现在还有人提起。

杜：这让我想起您在台湾出版的论文集《黑马》，您说您在其中讨论的是“原哲学”“原语言”，文学人类学派最近也提出了一些相近概念，比如“元编码”。以“元编码”为例，编码是为了解码，您之前也曾提出要做中国文化的“破译”，最近又在写作《汉字与美学》，我感到这其中具有相同的指向——通过美学与哲学上的探讨，作一个文化的寻根与溯源。这似乎是您心目中文学人类学最终的价值追求。

萧：对，你这个理解基本不错。我自己的价值追求，我一直是很清楚的。

我是想解释中华民族的民族性格、文化心理，因为神话最能体现一个民族的心理、民族的性格，所以我想研究我们中国人为什么成为中国人，中国人的优点在哪里，缺点在哪里。但现在，我个人的能力很难达到，逐渐有点淡化。现在的工作，我想为我自己所认知的，比较熟悉、比较有兴趣的一些上古文化的现象，取得一个比较合理的、比较好的解释，“近真”的解释，为后人服务。如此而已。最后搞《孙子兵法》。我是军人出身，看了大量军事方面的书。我平时会看军事战略和名将回忆录方面的书、政治方面的书。搞中国的元典，所谓小传统，小传统回复、融入大传统，大传统有助于解剖、破译小传统，小传统反过来能够反馈给大传统，有助于大传统的解剖。能够用这个方法研究中国军事学元典，倡导“双轨战略”，也许对实践和大、小传统结合，会有些好处。

杜：在这里您采用的是文学人类学关于“大、小传统”再定义的概念。

萧：不错的。本体的、本根的、根源性的东西，是整个大的文化传统，一个是一万年左右的传统，一个不过是一两千年的传统。用大传统来解释、推进小传统，小传统反馈过来又帮助解释大传统。这两个东西是互动的，互释性的。

再讲具体一点就是刚才讲的“元语言”，这个东西现在有争论。首先要分清两个字，一个“原来”的“原”，一个“元首”的“元”，这两个字的意义是不同的，我一般用“原来”的“原”比较多。因为我要追根、寻底，“原”字有基源性、根本性的这样一些意义。“元语言”并不是说“一套话”，而是这句话能够代表人类基本的生存模式、基本的思维习惯、基本的思想概念。比如人都要死亡，但是人又希望复活，希望得到长生，能够在生死中间取得一种循环。如果不能实现的话，牺牲小我还有大我，小我大我能够得到循环、得到互动，不然人类为什么要自我牺牲呢？这种话是哲学性的，“元语言”是一个哲学性的命题，“永恒回归”是它的一个图式。

杜：在这里，“元语言”不是一般的“语言”，它更接近于——

萧：它更像是“话语”的意思。

杜：没错！这让我想到了从“文学文本”到“文化文本”的命题，这个命题的拓充似乎也带有抽象性的意味。

萧：对。首先，“文学文本”和“文化文本”，涉及广义“文本”和狭义“文本”。文学作品是文本，我们所谓的田野资料也是文本，“text”本来就包含这些东西，这不是我们的理论，西方也都这样用的，现在有些人不大喜欢这样的用法，以为这是意义的扩大，容易搞成过度诠释，不是这样的。文学要保持它的特性，语言艺术性的东西、语言艺术形象的东西才能算是文学。这是一种文本，但文学人类学面对的不仅是文字记载的文本，也不能仅用过去的含义，要用现在的含义。要维护“文本”的多样性与广义性。还要从“文本”发现“本文”，让二者互动，结合起来。

那么，“元语言”跟文本的关系，很简单，是它的抽象，是它的提纯，找出根本性的、基元性的、规律性的、原初性的东西。但要小心，第一不要搞得玄之又玄，人家听不懂；第二不要搞得牵强附会，要顺水行舟、水到渠成，让人看了很自然、很妥帖。

杜：您是文学人类学研究会创会会长，文学人类学学科的开路者，目前您仍在积极地拓展其新的疆界，尝试把“文学人类学”拓展到“审美人类学”上去，您认为二者间沟通与拓展的联结点在哪里？

萧：联结的点就是“人类”或“人类学”。人类只有一个，地球也只有一个。要研究它，必须要跨文化、跨国家和跨学科，并且多证据、多手段。

杜：这样是不是漫无边际？

萧：可以分阶段、有重点地进行，但“比较”总是其核心。

杜：这跟比较文化、比较文学有什么不同？

萧：“文学人类学”更多考虑“总体性”研究，考虑多元整合，追求考据、义理与辞章、分析与综合、归纳与演绎，以及个案与普适、实际与理论、时间与空间的对立统一。

杜：您的领域这么广，可能做到吗？

萧：我曾提倡“跨学科而定对象”。看样子，定对象也有困难。我这几年尝试“考古人类学”“审美人类学”，乃至“哲学人类学”，各有几本著作，都是试验性质的。

杜：您一直在不断试验、不断探索，令人敬佩！近期您还有什么研究计划？

萧：每个人都有不同情况，都有特长，有限制，有困难。像我们要重写或扩写“中华元典的人类学解读”，出版社要求外国和中国最关注的四大经典都要搞，我们才搞了《老子》和《论语》。《周易》，我只有一点点储备，看样子很难搞出来。至少要求懂得世界上的古典占卜学、预测学，太困难。搞《孙子兵法》，是因为我早就有兴趣、有积累，人家讽刺我是患了“军事情结”的发烧友——可是学习、使用“军事人类学”还很困难。努力吧。

杜：正所谓“乘骐骥以驰骋兮，来吾道夫先路”，学术的前进与发展需要像您这样的开拓者的不断试验。祝您成功！非常感谢！祝您身体健康！

纳日碧力戈教授访谈录

刘晓霜　王　浩
上海交通大学人文学院

第三次创世神话论坛我们有幸请到了纳日碧力戈老师，纳日碧力戈老师著作颇丰，对语言人类学、艺术人类学、民族学、萨满教都有深厚的造诣与独到的见解。于是我们在纳老师参会期间对其进行了一次学术采访，与其说成是采访，倒不如说借此机会我们向纳老师请教一些学术路途中的困境问题。虽然我们采访的问题总体来说是“弥散性”的，但纳老师依旧在多学科的脉络和谱系中为我们细致作答，既关照当下社会，又闪烁学理之光芒。特整理如下，以分享给更多学人。

1. 在您看来人类学是实证居多还是阐释居多？

“实证”这个词要定义的，不然会有误解。人类学是民族志浓描的学问，也是比较的学问，更是“地天通”的学问，涉及“规范哲学”，也涉及民间智慧。人类学会研究不同人群的宇宙观，因此人类学者研究的宇宙观总是复数的，不是单数的，这一点其他学科很少有。当然也有不同意见，也有按科学去做的，哥伦比亚大学就曾经把“科学”人类学和“人文”人类学一分为二，成为著名的个案。格尔茨最后总结自己的治学之道，说别问我是唯物还是唯心，我是中间的，不完全属于唯物，也不完全属于唯心。无论是唯物还是唯心，偏激了都不好。人类学讲相对论，涉及中程理论，它是相对论的，相对地说每个民族、每个人群、每个文化甚至每个人都有自己的不同的宇宙观。

2. 人类学家如何看待不同的民族、文化之间的碰撞，比如边缘民族与主流民族?

首先，边缘民族的声音很小，就没有办法把自己表达得很清楚，而主流的媒体与印刷术在我们现代社会都很发达，人口也多，所以在主流社会说话必须用主流社会的语言来说，很难用非主流社会的语言。可是我们要知道少数民族语言也非常丰富，用少数民族语言表达的时候，不同的宇宙观会呈现出来。比如说汉语国家的“国（國）”，一看就知道它是象形的，四方块，中间有人，脚下是一片土地，还有个兵器戈保护着，看得清楚它是带墙的。蒙古语的“国”不带墙，蒙古族的国叫作Oron，是进去、位置的意思，它是动态的，表示出来和进去。所以，蒙古语的呈现和汉字的呈现有所不同。后来有的学者就说有墙的民族和无墙的民族互相碰撞，变成一个大中国。不比较不同的宇宙观，不比较不同的生活方式，不用人类学的方法，很难把中国故事说清楚。人类学善于从本土人观点看问题，这是它的一个特点。人类学者明白不可以恃强凌弱。

我教过一门课，讲这个小孩如何养大，西方人一般在小孩几个月就把他们放到另外一个屋子去了，小孩自己慢慢地自我“规训”，所以等他到两三岁的时候就很乖，几乎没有像我们的小孩在地上打滚的——他们已经被培养成独立的个人了。这样的话到老了以后，他们作为父母很少跟自己的儿女一起住，都进养老院了。我也问他们为什么你不让孩子管你们，他们说要自立，只要能动弹就要自己管自己，不能让别人照顾自己，不能随便依赖别人。比较起来，我们是四世同堂、五世同堂，养儿防老，生得越多越好，将来有人管我，所以我们是紧紧连在一起的。其实这里边就没有什么谁好谁坏，如果我们生活在中国，当然中国的好，但到了英美，要按人家英美的来，这也是人类学最好的地方，都是相对的，每一种文化都是平等的，都有他的生活智慧、生存智慧。或许通过碰撞以后它会产生第三种东西，不是消灭，而是产生新的综合走向。通过碰撞，有的淘汰了，有的留下了，有的被借走了，最后回首一看剩下的就是这样一些东西。

3. 那么属于人文学科的人类学与科学的互补性是什么？

以语言为例，关于语言有种争论：是语言在先还是概念在先？有的说概念在先，后来用语言表达，有的说没有语言哪有概念，还有的认为语言与概念是同时产生的，这些都是有争论的。咱们文科就是这么一种学问，每个人都有自己的特点，每个人会坚持自己的立场，会坚持到底。当然，科学看似有根有据，可到最后就是解决不了最终极的问题。

我们做事情很多都是靠信，信本身就是一种生存方式，但是这个信不是我知道了，而是说你平常有这些习惯，这个习惯里边就有信的东西。所以皮尔士说得非常好，人是一堆习惯，然后习惯还不够，还有感情呢。萨特又说，人是一堆无用的感情，这也说得很精彩。今天哭了明天笑了，其实哭了笑了，你一分钱挣不着，那是你自己在折磨自己，但是折磨就像喝咖啡，苦里有刺激，会有瘾。所以人类学这套东西才是我们生活中经常遇到的。说这是唯物的，那是上层建筑的——属于另外一套，跟我们日常生活有一定距离，日常生活中有我们的日常生活方式，跟外面说的是两码事情，但是我们一定要记住，国家也好，社会也好，恰恰是靠日常生活这种不经意的方式维系运转的，国家仪式是不够的。

皮尔士是逻辑学家，演过戏，也是地质学家、哲学家，实用主义的奠基人。到了晚年，他就突然发现上帝，但是之前他是不相信上帝的，最后他丢下一句话，逻辑学要服从于伦理学，伦理学要服从于美学，美学比神学都要高。美学它为什么美？费孝通先生说它有一种美韵、神韵。韵是什么呢，它是一种能量的有节奏地播放。所以物理学家爱因斯坦、波恩他们讲质量（mass）是能量的呈现，我们对视是能量交流，注意力往那边去，能量就往那边输送。道家说形气神中的“气”与能量完全是相通的，最后科学与人文又合流了。

4. 您对学生的读书有何建议，积累知识与思考怎么样才能结合？

一开始一定要有一些哲学功底，要有个思想主线，然后看书就会不走样，知道是怎么回事，到了这个水平以后你就不会被淹没，否则你会被别人的话带着跑。我现在看书是根据三元论立场：一是物感物觉，你摸得着看得着的；二是事物相指的，表示一种能量的转换；三是很抽象的象征概念。这三个东西就看你怎么平衡。如果这个是完全物质的，没多大意思；完全是精神的，好像把物质和物象之间的交流给丢了。现在社会科学就开始回归物质了，以前包括我自己玩弄概念太多了，现在研究线条的、口感的、触摸的都出来了，就是因为它要回归到物质，但是回归到物质一定要和你的宇宙观相连，你不能够用孤立的物质割断。

世界是混沌的，到现在也是混沌的，所以对世界看法要多观照别人的视角，不要仅仅限于一己立场，要像格尔茨一样，尽量用浓描把本土文化呈现给大家。印第安人这样看问题，蒙古人是那样看问题，汉族社会看问题也有特点，每个人群看法都会有差别。同时，人们的世界观会慢慢地、悄悄地发生变化。

在你接触了各种各样的宇宙观后，就可以把他们内化存放起来，作为你解决问题的一部分，在不同的宇宙观里徜徉、行走，达到这个境界就好。人类学说的宇宙观永远是用复数的。

当你把各种哲学流派、神学流派都弄明白了，那你就知道学术上何去何从了，你会非常惬意，就像在指挥一个乐队，这个是亚里士多德的，这是柏拉图的，这个是老庄的……这样就不会迷路了。当然达到这个程度是有难度的，因为那些东西确实花时间，那么厚的哲学书你怎么能看得完，也只能学到老读到老。

5. 请谈谈您自己的学术心得？

我现在是以求知为本，求知与指号、伦理、美学相结合，其精华也许到晚年可以提炼出来。

人的生活以试错、试推为主——比如我够一个东西，够不着时就调整，直到够得着——现代科学也是试错的。

图书在版编目(CIP)数据

深度认识中国文化:理论与方法讨论集/顾锋,杨庆存主编. —上海:复旦大学出版社,2021.6
(中国文学人类学理论与方法研究系列丛书)
ISBN 978-7-309-15394-1

Ⅰ.①深… Ⅱ.①顾… ②杨… Ⅲ.①中华文化-文集 Ⅳ.①K203-53

中国版本图书馆 CIP 数据核字(2020)第 221056 号

深度认识中国文化:理论与方法讨论集
顾 锋 杨庆存 主编
责任编辑/宋启立

复旦大学出版社有限公司出版发行
上海市国权路 579 号 邮编:200433
网址:fupnet@fudanpress.com http://www.fudanpress.com
门市零售:86-21-65102580 团体订购:86-21-65104505
出版部电话:86-21-65642845
上海盛通时代印刷有限公司

开本 787×960 1/16 印张 27.5 字数 436 千
2021 年 6 月第 1 版第 1 次印刷

ISBN 978-7-309-15394-1/K·744
定价:138.00 元